省级精品课程配套教材

全国高等职业院校名师名家精品系列教材

Gongsi Yunying

Zonghe Shizhan

公司运营综合实战

王媚莎 陈飞飞 主编 | 戴玉林 孙伟力 周炳伟 副主编

东北财经大学出版社 大连

图书在版编目（CIP）数据

公司运营综合实战 / 王媚莎，陈飞飞主编．—大连：东北财经大学出版社，
2020.5（2022.7重印）

（全国高等职业院校名师名家精品系列教材）

ISBN 978-7-5654-3875-2

Ⅰ．公…　Ⅱ．①王…②陈…　Ⅲ．公司-企业管理-高等职业教育-教材　Ⅳ.
F276.6

中国版本图书馆CIP数据核字（2020）第093376号

东北财经大学出版社出版

（大连市黑石礁尖山街217号　邮政编码　116025）

网　　址：http：//www.dufep.cn

读者信箱：dufep@dufe.edu.cn

大连日升彩色印刷有限公司印刷　　东北财经大学出版社发行

幅面尺寸：185mm×260mm　字数：558千字　印张：23.75　插页：1

2020年5月第1版　　　　　　　2022年7月第3次印刷

责任编辑：王天华　曲以欢　　　　　　责任校对：京　玮

封面设计：冀贵收　　　　　　　　　　版式设计：冀贵收

定价：49.80元

教学支持　售后服务　　联系电话：（0411）84710309

版权所有　侵权必究　　举报电话：（0411）84710523

如有印装质量问题，请联系营销部：（0411）84710711

Preface

前言

随着我国市场经济的飞速发展，企业对人才的总体要求越来越高，现代企业已经不再是单纯对员工的专业知识提出要求，而是更加注重员工综合素质，如专业技能、处理问题的能力、思考问题的方式和不断汲取新知识以适应不断发展的社会要求的能力。各个行业对专业技能的要求已经越来越高，企业需要的是能熟练完成工作的一线操作人员。如果不能熟练掌握本专业的各项技能，就很难圆满完成自己的工作了。

作为我国教育事业重要组成部分的职业教育，在这样的社会环境下应该转变自己的观念并进行相应的改革，以确定合理的教学目标以适应社会和企业的需求。2013年广州城建职业学院和新道科技股份有限公司签订了战略合作协议，校企合作利用虚拟商业社会环境VBSE平台开发培养学生实际操作技能的实战系列课程，"公司运营综合实战"作为系列课程之一，于2015年作为广东省精品资源共享课程进行建设。校企双方在该课程的建设基础上联合编写了本教材。

本教材以新道科技股份有限公司的虚拟商业社会环境VBSE平台综合版（3.5版）为依托，通过该平台，学生可在毕业前进行综合实训锻炼，训练学生对企业全面管理知识的理解和掌握，有利于学生综合素质能力的锻炼和提高。学生通过在多类社会组织中从事不同职业岗位"工作"，训练在现代商业社会中从事经营管理所需的综合执行能力、综合决策能力和创新创业能力，感悟复杂市场营销环境下的企业经营，学会工作、学会思考，从而培养自身的全局意识和综合职业素养。

本教材通过对不同形态组织典型特征的抽取，营造一个虚拟的商业社会环境，详细介绍了各个实际的工作岗位，让受训者在虚拟的市场环境、商务环境、政务环境和公共服务环境中，根据现实岗位工作内容、管理流程、业务单据，结合与教学目标适配的业务规则，将经营模拟与现实工作接轨，进行仿真经营和业务运作，可进行宏观微观管理、多人协同模拟经营，是一个可以满足多专业学习与实践一体的实战教材。

本教材完全按照企业的真实工作流程进行编写，实用性非常强。学生通过本教材可以了解具体业务岗位的工作职责和要求，能够按照业务岗位的要求填报与完整业务流程相关的单据和表格，结合实际业务理解业务策略和管理理论，锻炼学生的实际操作能力，能很好地帮助学生打下坚实的职业能力基础。

本教材由广州城建职业学院王媚莎教授和陈飞飞副教授担任主编，广州华立科技职业学院戴玉林、广州城市职业学院孙伟力、广东女子职业技术学院周炳伟担任副主编。东莞理工

学院城市学院黄庆泉，广州城建职业学院邱漠河、王爱文、李丹，新道科技股份有限公司副总裁宋健，新道专家顾问翁义春参与教材编写。编写人员分工如下：王媚莎、宋健编写模块一和模块十；翁义春编写模块二；孙伟力、戴玉林编写模块三；周炳伟、翁义春编写模块四；陈飞飞、邱漠河编写模块五；黄庆泉、戴玉林编写模块六；邱漠河、翁义春编写模块七；王爱文编写模块八；李丹编写模块九。王媚莎和陈飞飞负责拟定编写大纲、确定编写的具体结构，以及总纂、调整、补充、修改、技术规范校订与定稿。

由于编者水平有限，教材中的疏漏之处在所难免，期待广大读者批评指正，以助我们不断完善。

编 者

2020年5月

目录

Contents

Contents

模块一
课程整体介绍

模块一　课程整体介绍

"公司运营综合实战"课程是利用 VBSE（Virtual Business Social Environment，虚拟商业社会环境）这款平台开设的一门面向商科跨专业综合实践教学的课程。课程通过对真实商业社会环境中典型单位、部门与岗位的系统模拟，让学生体验身临其境的岗前实训，认知并熟悉现代商业社会内部不同组织、不同职业岗位的工作内容和特性，培养学生从事经营管理所需的综合执行能力、综合决策能力和创新能力，使其具备全局意识和综合职业素养。课程的目标定位是培养高潜质、有全局观的实务型岗位人员。该目标是通过逐级递进的概念进行设计并实现的。

（1）能够根据业务岗位要求，填报与完成业务流程对应的单据、表格，熟悉该岗位日常工作要求与常用表单的逻辑关系。

（2）理解岗位业务处理、上下游部门合作关系及对其他业务可能造成的影响。

（3）理论结合实际，增加院校教学对企业实践和企业业务的认知，了解真实企业中的典型岗位和典型业务流程。

（4）体验和感受企业思考方法和业务培训方法，了解当前毕业生与企业用人需求之间的能力差距。

（5）能够针对较为前沿的管理目标综合应用管理知识，提出对业务的优化建议。

VBSE平台提供企业运营模拟实习的引导系统和相关教学环境，让学生在自主选择的工作岗位通过完成相关岗位对应的岗位工作任务，学会基于岗位的基本业务处理，体验基于岗位的业务决策，理解岗位绩效、组织绩效之间的关系；真实感受企业三流（物流、信息流、资金流）之间起承转合的过程；全面认知企业经营管理活动和主要业务流程；体验企业职能部门间协作关系以及政企合作等外围相关经济组织与管理部门之间的业务关联。学生通过教学反复练习，进而形成符合现实经济活动要求的行为方式、智力活动方式和职业行为能力，达到全面认知企业岗位、职位的要求。

通过不同职业的角色岗位训练，使得学生在从事经济管理中锻炼综合执行能力、综合决策能力和创新创业能力。

企业是社会经济的基本单位，企业的发展受自身条件和外部环境的制约。企业的生存与企业间的竞争不仅要遵守国家的各项法规及行政管理规定，还要遵守行业内的各种约定。在开始企业模拟竞争之前，各岗位工作人员必须了解并熟悉这些规则，才能做到合法经营，才能在竞争中求生存、求发展。

生产制造企业仿真业务规则是企业管理全景仿真的主体企业——生产制造企业开展生产经营活动时必须共同遵守的行业规则。

一、实习动员与团队组建

（一）实习动员

仿真实习开始之前，由实习组织者就本次实习的目的、内容、时间安排、组织形式、实习要求、实习考核等内容做统一宣讲。通过实习动员会使学生：

（1）理解本次实习的意义；

（2）明确实习的要求及工作规范；

（3）了解实习考核评价指标体系。

微课：实习动员

（二）系统操作培训

基本操作如图1-1至图1-4所示。

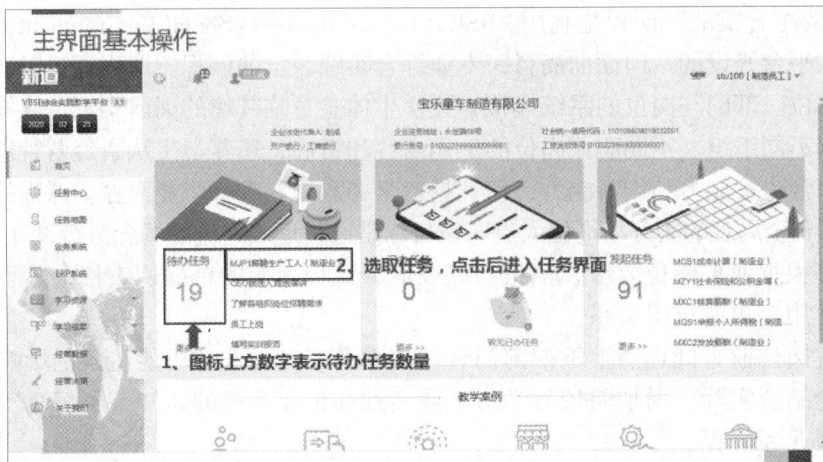

图1-1　待办任务操作

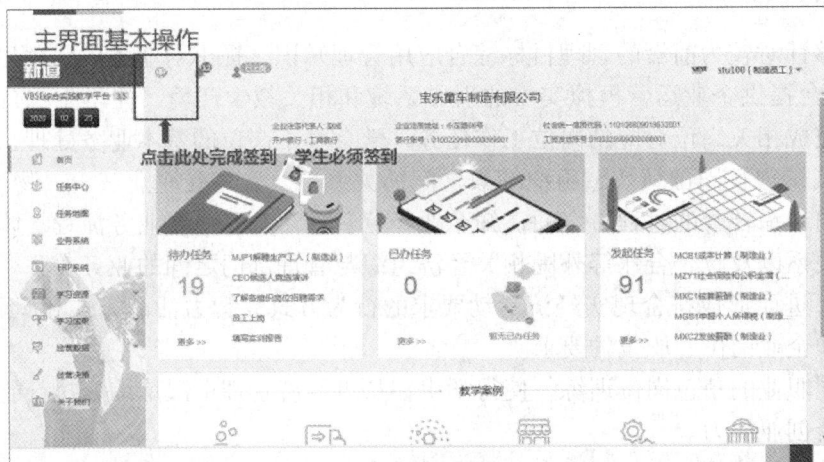

图1-2　系统签到操作

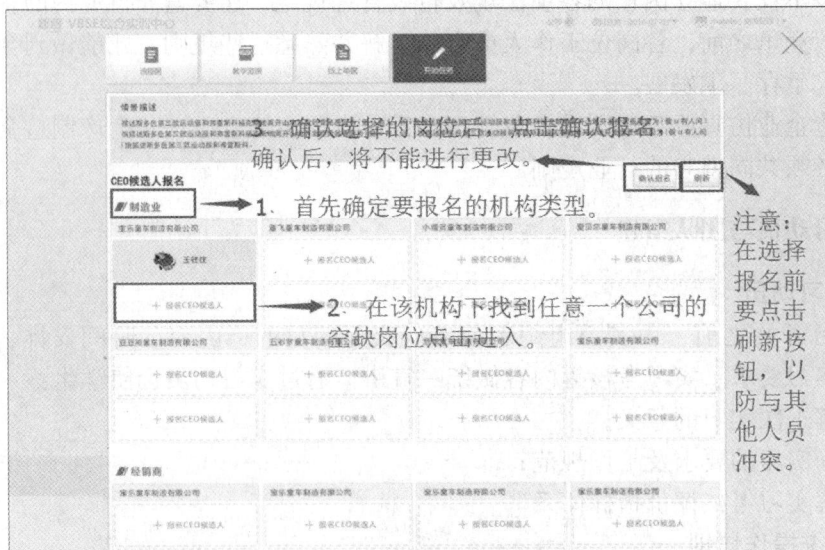

图1-3　CEO报名参选

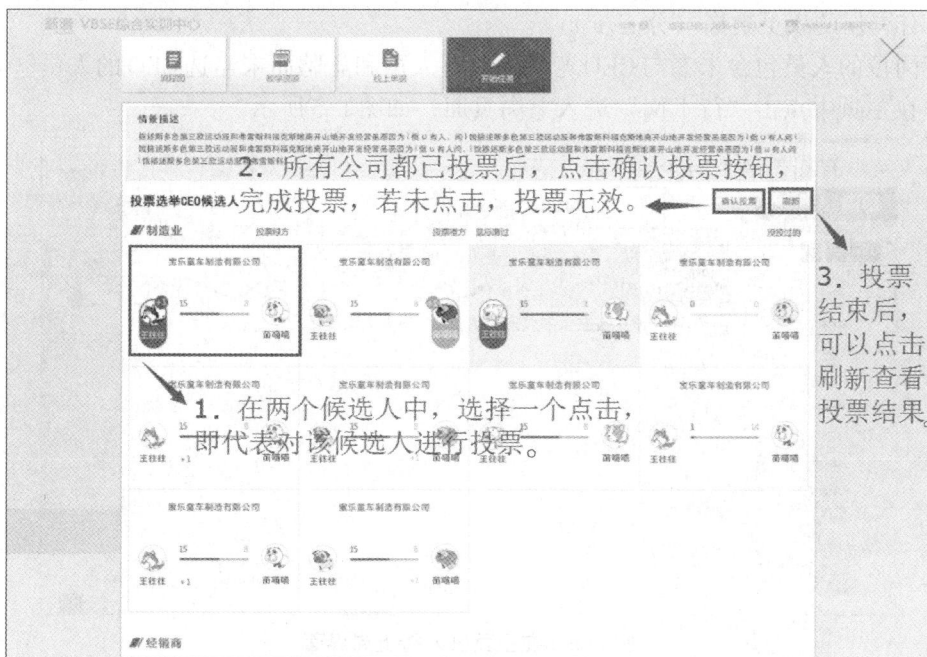

图1-4 CEO选举投票

（三）综合素质测评

实习之前，对所有同学做综合素质测评。综合素质测评由实习系统自动抽题、自动计分，题目类型包括基本素质、通用管理、营销、采购、生产、仓储、人力资源、行政管理、财务等各方面内容。

在参与仿真实习的学生中，根据综合素质测评结果，选取综合素质测评分数高的作为CEO备选人选，再参考个人意愿及教师推荐，指定若干位CEO候选人。

（四）竞聘CEO

CEO（Chief Executive Officer），即首席执行官。首席执行官是在一个企业中负责日常经营管理的最高级管理人员，也称行政总裁。CEO向公司的董事会负责，在公司或组织内部拥有最终的执行经营管理决策的权力。

在企业全景仿真综合实习中，采用竞聘方式确定每个管理团队的CEO。

（1）竞选发言。由竞聘者陈述对CEO角色的理解、价值主张、处事原则等。

（2）所有参与实习的学生可以参与投票。最终以竞聘者得票多少决定是否胜出。

微课：CEO
竞选

（五）招聘管理团队

为了快速组建公司管理团队，CEO需要立即着手招聘企业人力资源主管。待人力资源主管选定后，和人力资源主管一起制作招聘海报，提出岗位职责要求，收集、筛选招聘简历，面试应聘人员。

（1）每个学生持个人填写的应聘登记表去意向单位应聘，经过双向选择，最终确定自己的企业及岗位。

（2）每个同学应充分重视这次面试，做好面试前的准备工作。

（六）员工上岗

员工上岗分两种情况：

1.没有岗位的人员上岗（分三步）

没有岗位的人员包含未参与CEO竞聘的所有人员和竞聘而未当选CEO的人员。

（1）在主页中点击"待上岗"进入上岗页面，如图1-5所示。

图1-5 在主页进入待上岗界面

（2）在1处选择自己要上岗的机构，在2处选择自己要上岗的企业，在3处选择自己要上岗的岗位，如图1-6所示。

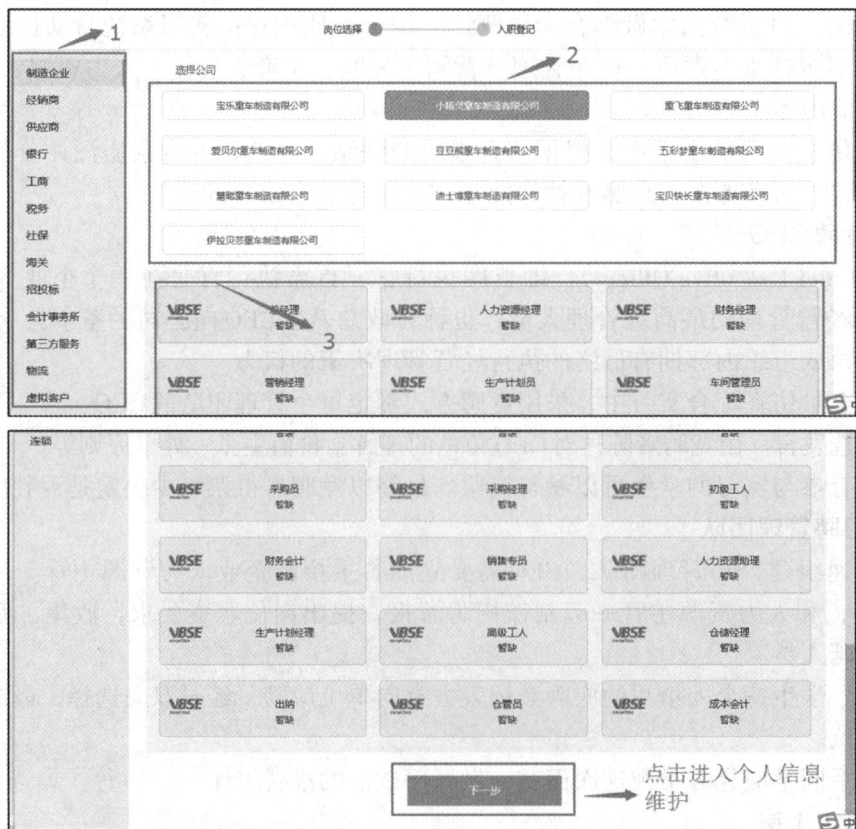

图1-6 选择机构、企业和岗位界面

（3）维护个人信息后，点击提交，上岗操作完成，如图1-7所示。

图1-7　个人信息维护界面

2.已有岗位的人员上岗（分两步）。

已有岗位的人员是指在CEO竞聘中当选为CEO的人员。

（1）在主页中点击"已上岗"进入上岗页面，如图1-8所示。

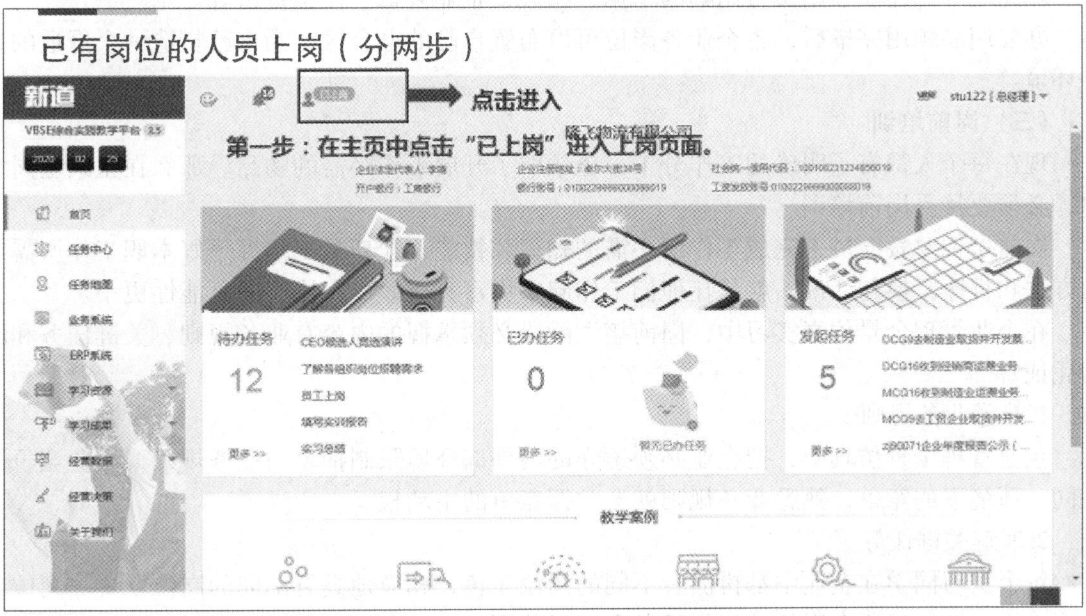

图1-8　在主页进入已上岗界面

（2）进去后，直接点击下一步，进入到"个人信息维护"页面，如图1-9所示。

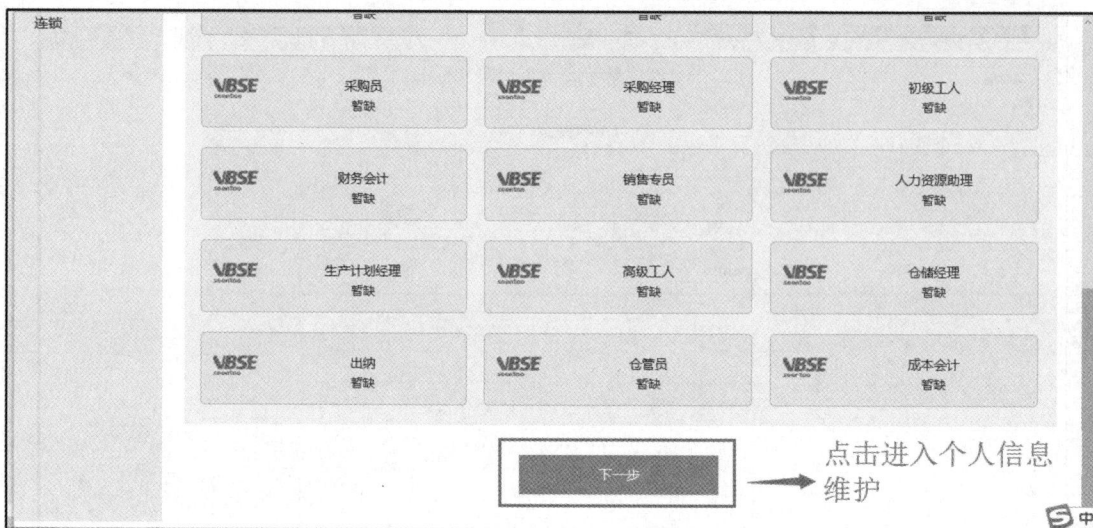

图1-9　个人信息维护界面

二、工作交接

（一）公司成立，熟悉企业基本情况

公司管理团队确认后，CEO召开公司成立大会，介绍公司组织机构，对企业战略和企业未来发展前景与管理团队进行分享。

（二）领取办公用品

在正式开始实习之前，需要领用必需的办公设备及办公用具。

信息化时代，公司为每位管理人员配备了电脑，并安装配置在工位上。

除此之外，还要领用实习用到的单据、账表、企业公章、模拟货币等。

办公用品领用完毕后，各企业各岗位可以布置自己的办公区，为自己打造一个舒适的办公环境。

（三）岗前培训

现在每个人都有了明确的工作分工，也领取了开展工作必需的物品。那么在正式上岗之前，必须要接受岗前培训。

岗前培训要教会员工完成工作所必需的知识和技能，让新员工掌握干好本职工作所需要的方法和程序。换句话说，就是让他们工作起来更富有成效，犯错误的可能性更小。

在企业管理全景仿真实习中，岗前培训阶段必须掌握的内容有业务规则、关键任务和原始凭证。

1.熟悉业务规则

企业管理全景仿真中，把企业必须遵守的内外部环境限制抽象为业务规则，企业竞争是在同一环境下的竞争，熟悉业务规则就会掌握竞争的主动权。

2.理解关键任务

每个实习同学在企业中都扮演着不同的岗位角色，相应地具有不同的岗位职责。岗位职责明确规定了职工所在岗位的工作任务和责任范围。

企业管理全景仿真中，每个角色定义了不同数量的关键任务，学会这些关键任务的处理即具备了该岗位的基本胜任能力。

3.认知原始凭证

原始凭证是指经办单位或人员在经济业务发生或完成时取得或填制的，用以记录经济业务发生或完成情况、明确经济责任的会计凭证。例如购物取得的发票。

因此，无论你担任什么岗位，都要掌握原始凭证的填制、识别等基本要求。

由于各项经济业务的内容和经济管理的要求不同，各种原始凭证的名称、格式和内容也是多种多样的。但是，所有的原始凭证（包括自制的和外来的凭证），都是作为经济业务的原始证据，必须详细载明有关经济业务的发生或完成情况，必须明确经办单位和人员的经济责任。因此，各种原始凭证都应具备一些共同的基本内容。原始凭证所包括的基本内容，通常称为凭证要素，主要有：（1）凭证的名称；（2）凭证的编号；（3）填制凭证的日期；（4）接受凭证单位名称（抬头人）与填制单位名称；（5）经济业务简要内容；（6）金额（单价、数量）；（7）有关人员（部门负责人、经办人员）的签名盖章。

如果是开给外单位的原始凭证一定要加盖填制单位的公章或专用章。从外单位取得的原始凭证，也应由填制单位加盖公章或专用章。

为了保证岗前培训的效果，可以结合运用多种培训方式，包括教师现场培训、新手上路多媒体课件和自学。

（四）熟悉企业期初业务数据

新的管理团队成立之后，要与好佳童车厂上一代管理者进行各项业务的交接，尤其关键的是要理清各部门管理的未完结的各项业务，以使各项业务能够连贯地延续下去。

部门职责不同，决定了其管理的业务类型也不同。

（五）第一阶段考核

根据工作交接的内容，各个岗位完成第一阶段考核。

三、岗位体验

岗位体验是综合实习的主体内容，根据企业管理环境不同分为手工管理环境岗位体验和信息化管理环境岗位体验两个阶段。

（一）认知业务流程

业务流程是为达到特定的价值目标而由不同的人分别共同完成的一系列活动。活动之间不仅有严格的先后顺序限定，而且活动的内容、方式、责任等也都必须有明确的安排和界定，以使不同活动在不同岗位角色之间能够相互配合、协同完成。业务流程是对企业关键业务的描述。从中可以体现出企业资源的配置、企业组织机构的设置以及一系列管理制度。

传统的高等教育划分了多个专业方向，专业的划分有利于教学实施和专业化发展，但同时会弱化全局观、不利于工作协同。因此，仿真实习的首要目标是认知企业业务流程，学会与他人协同工作，共同实现企业目标。

（二）完成岗位工作

仿真实习中，每个岗位的岗位工作都划分为两类：一类是业务流程中相互对接的工作，与他人的活动有严密的逻辑关系，称之为业务工作，如计划员在编制主生产计划时一定要根据营销部提供的销售订单汇总和市场预测数据；另一类是与岗位相关、与其他部门无关的日常工作，如报销办公费等。

业务工作需要遵从逻辑关系，按照业务流程执行的先后顺序在系统提示下依序完成。日常工作可以根据需要随时完成。

（三）体验手工管理

这里的"手工"是指企业全部的业务处理及管理全部采用人工管理的方式。这是作为管理者必须亲身经历并深度体验的一个阶段。

制造企业通过生产过程将原材料转化为产品。要从这个转化过程中获得最大的价值，必须设计能高效生产产品的生产过程；进而必须管理作业从而更加经济地生产产品；管理作业就意味着对过程中使用的资源即人力、财力和物力进行计划和控制。管理层的计划和控制的主要方法是通过物料流动，物料流动控制着流程绩效。

手工管理方式下，无论是经济业务的发生，还是物流、信息流、资金流的流动都是以单据来体现的。通过手工管理方式，能清晰地洞察企业业务的发生是如何驱动物流、信息流、资金流的流动，从而对企业经营管理的全貌有一个整体性认识。"懂业务、会管理"是成为合格管理人才的必修课。

（四）体验信息化管理

经过一个时期的手工管理体验，企业深刻感受到了信息化的必要性，因此准备采用信息化手段进行企业业务管理。

信息化不是对手工的简单复制，而是要结合企业业务需求和计算机系统的优势，对原有的业务进行梳理，优化业务流程，深化管理精度，提升管理效率。例如，信息化环境中，凭证只需录入一次，审核之后，系统自动完成记账，同时完成日记账、明细账、总账的记录。

企业信息化是一个复杂的系统工程，通过对信息化环境下岗位工作的完整体验，可以充分对比手工和信息化两种环境下的工作流程、岗位工作的不同，体验信息化给管理工作带来的方便和快捷。

四、实习总结

仿真实习结束了，每个人都满载着收获，或许也带着些许的遗憾。这将是你成长中的一段重要经历，是开启你未来职业生涯的新起点。

实习总结是仿真实习的最后一个环节，记入整体实习成绩的一部分。作为实习体验的真实写真，通过它你可以与大家分享你内心的点点滴滴，分享你成长的心路历程，它也将作为你一生中最值得记忆的一段经历被永久珍藏。

微课：实习
总结

模块二
经营规则

模块二　经营规则

任务一 制造企业经营规则

一、仓储规则

（一）仓库

在期初交接的时候，制造企业拥有一座普通仓库，普通仓库用于存放产成品、半成品和原材料，详细信息见表2-1至表2-3。

表2-1 仓库信息

仓库名称	仓库编码	可存放物资
普通仓库	A01-10	钢管、坐垫、车篷、车轮、镀锌管、记忆太空棉坐垫、数控芯片、经济型童车包装套件、舒适型童车包装套件、豪华型童车包装套件
	B01-03	经济型童车车架、舒适型童车车架、豪华型童车车架
	C01-03	经济型童车、舒适型童车、豪华型童车

表2-2 仓库容量信息

仓库类型	使用年限（年）	仓库面积（平方米）	仓库容积（立方米）	仓库总存储单位	售价（万元）
普通仓库	20	500	3 000	30 0000	540

表2-3 普通仓库可存放物资种类与数量信息

物料编码	存货名称	存货占用存储单位
P0001	经济型童车	10
P0002	舒适型童车	10
P0003	豪华型童车	10
M0001	经济型童车车架	10
M0002	舒适型童车车架	10
M0003	豪华型童车车架	10
B0001	钢管	2
B0002	镀锌管	2
B0003	坐垫	4
B0004	记忆太空棉坐垫	4
B0005	车篷	2
B0006	车轮	1
B0008	数控芯片	1
B0007	经济型童车包装套件	2
B0009	舒适型童车包装套件	2
B0010	豪华型童车包装套件	2

存货办理入库后立即占用仓库容量，办理出库后立即恢复仓库容量。制造企业在办理领料的时候不会恢复仓库容量，在派工之后才会恢复仓库容量。

（二）原材料及成品

仓储部负责原材料采购入库、生产领料出库、生产完工入库、成品销售出库和原材料及产成品的保管工作。

在制造企业，原材料只用于采购、生产领料工作中，不能进行销售；半成品只用于完工入库和生产领料工作中，不能进行销售；产成品只用于完工入库和销售工作中，不能进行采购，详细信息见表2-4至表2-6。

表2-4　　　　　　　　　　　　　　原材料信息

物料名称	物料编码	单位	规格型号	来源
钢管	B0001	根	Φ外16/Φ内11/L5000 mm	外购
镀锌管	B0002	根	Φ外16/Φ内11/L5000 mm	外购
坐垫	B0003	个	HJM500	外购
记忆太空棉坐垫	B0004	个	HJM600	外购
车篷	B0005	个	HJ72×32×40	外购
车轮	B0006	个	HJΦ外125/Φ内60 mm	外购
数控芯片	B0008	片	MCX3154A	外购
经济型童车包装套件	B0007	套	HJTB100	外购
舒适型童车包装套件	B0009	套	HJTB200	外购
豪华型童车包装套件	B0010	套	HJTB300	外购

表2-5　　　　　　　　　　　　　　半成品信息

物料名称	物料编码	单位	规格型号	来源
经济型童车车架	M0001	个	无	自制
舒适型童车车架	M0002	个	无	自制
豪华型童车车架	M0003	个	无	自制

表2-6　　　　　　　　　　　　　　产成品信息

物料名称	物料编码	单位	规格型号	来源
经济型童车	P0001	辆	无	自制
舒适型童车	P0002	辆	无	自制
豪华型童车	P0003	辆	无	自制

（三）物料清单（BOM）

1. 经济型童车

经济型童车产品结构如图2-1所示，经济型童车产品物料清单见表2-7。

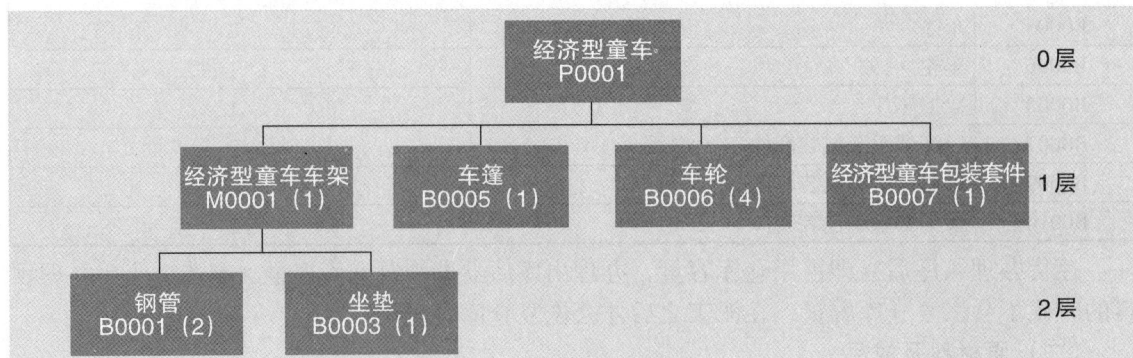

图2-1　经济型童车产品结构

表2-7　　　　　　　　　　　　经济型童车产品物料清单（BOM）

结构层次	父项物料	物料编码	物料名称	规格型号	单位	用量	备注
0		P0001	经济型童车		辆	1	自产成品
1	P0001	M0001	经济型童车车架		个	1	自产半成品
1	P0001	B0005	车篷	HJ72×32×40	个	1	外购原材料
1	P0001	B0006	车轮	HJΦ外125/Φ内60mm	个	4	外购原材料
1	P0001	B0007	经济型童车包装套件	HJTB100	套	1	外购原材料
2	M0001	B0001	钢管	Φ外16/Φ内11/L5000mm	根	2	外购原材料
2	M0001	B0003	坐垫	HJM500	个	1	外购原材料

2.舒适型童车

舒适型童车产品结构如图2-2所示，舒适型童车产品物料清单见表2-8。

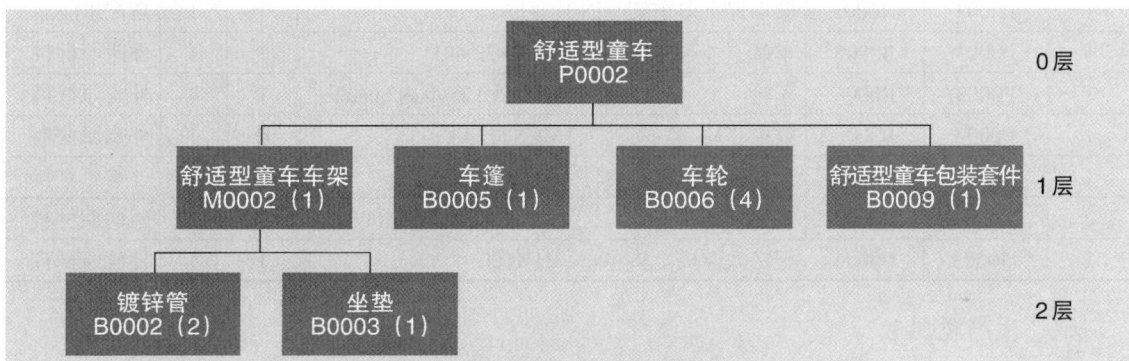

图2-2　舒适型童车产品结构

表2-8　　　　　　　　　　　　舒适型童车产品物料清单（BOM）

结构层次	父项物料	物料编码	物料名称	规格型号	单位	用量	备注
0		P0002	舒适型童车		辆	1	自产成品
1	P0002	M0002	舒适型童车车架		个	1	自产半成品
1	P0002	B0005	车篷	HJ72×32×40	个	1	外购原材料
1	P0002	B0006	车轮	HJΦ外125/Φ内60mm	个	4	外购原材料
1	P0002	B0009	舒适型童车包装套件	HJTB200	套	1	外购原材料
2	M0002	B0002	镀锌管	Φ外16/Φ内11/L5000mm	根	2	外购原材料
2	M0002	B0003	坐垫	HJM500	个	1	外购原材料

3.豪华型童车

豪华型童车产品结构如图2-3所示，豪华型童车产品物料清单见表2-9。

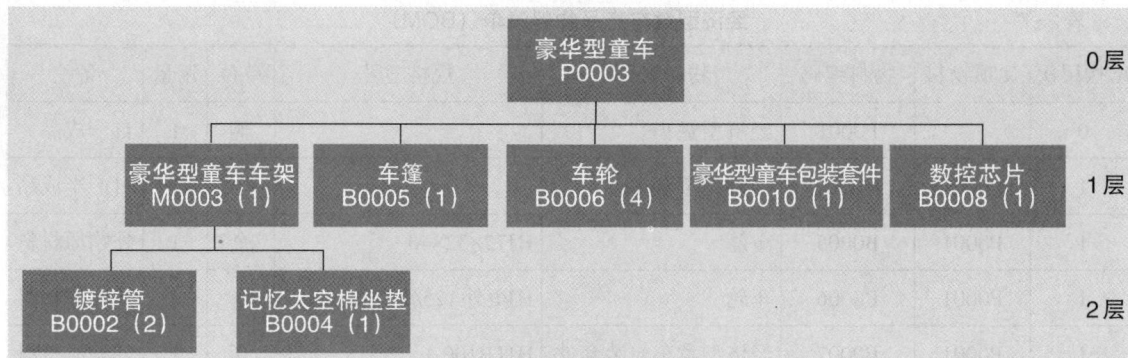

图2-3 豪华型童车产品结构

表2-9 豪华型童车产品物料清单（BOM）

结构层次	父项物料	物料编码	物料名称	规格型号	单位	用量	备注
0		P0003	豪华型童车		辆	1	自产成品
1	P0003	M0003	豪华型童车车架		个	1	自产半成品
1	P0003	B0005	车篷	HJ72×32×40	个	1	外购原材料
1	P0003	B0006	车轮	HJΦ外125/Φ内60mm	个	4	外购原材料
1	P0003	B0008	数控芯片	MCX3154A	片	1	外购原材料
1	P0003	B0010	豪华型童车包装套件	HJTB300	套	1	外购原材料
2	M0003	B0002	镀锌管	Φ外16/Φ内11/L5000mm	根	2	外购原材料
2	M0003	B0004	记忆太空棉坐垫	HJM600	个	1	外购原材料

二、生产规则

在虚拟商业社会中只有制造企业开展生产工作，企业生产离不开厂房、生产设备、基本生产场地及生产设施。在VBSE虚拟商业社会中制造企业期初交接时，制造企业拥有一座大厂房，大厂房内安装10台普通机床和1条组装流水线，且各设备无损坏，运行良好。

（一）厂房规则

厂房详细信息见表2-10。

表2-10 厂房信息

厂房类型	价值（万元）	使用年限（年）	容量	面积（平方米）
大厂房	720	20	20台机床位	1 000
小厂房	480	20	12台机床位	800

（1）期初交接的大厂房经营期间不得出售。

（2）在经营过程中，如遇厂房容量不足的情况可以向服务公司进行购买，服务公司只提供小厂房。厂房容量与安装设备数量之间的关系如下：1个机床位可以安装1台普通机床；2个机床位可以安装1台数控机床；4个机床位可以安装1台组装流水线。

（3）厂房没有租赁业务，只能购买。

（二）设备规则

设备详细信息见表2-11至表2-13。

表2-11 设备信息

生产设备	购置费（万元）	使用年限（年）	折旧费（元/月）	维修费（元/月）	生产能力（台/虚拟1天）			出售
					经济	舒适	豪华	
普通机床	21	10			500	500		按账面价值出售
数控机床	72	10			3 000	3 000	3 000	
组装流水线	51	10			7 000	7 000	6 000	

表2-12 生产设备对生产工人的要求

设备	人员级别	要求人员配置数量（人）
普通机床	初级	2
数控机床	高级	2
组装流水线	初级	5
	中级	15

表2-13 生产设备生产各种童车的能力 单位：台

设备名称	产品	定额生产能力（台数×单台生产产能/虚拟1天）	所属部门
普通机床	经济型童车车架	10×500	生产计划部
	舒适型童车车架	10×500	
数控机床	经济型童车车架	1×3 000	生产计划部
	舒适型童车车架	1×3 000	
	豪华型童车车架	1×3 000	
组装流水线	经济型童车	1×7 000	生产计划部
	舒适型童车	1×7 000	
	豪华型童车	1×6 000	

企业根据生产经营状况，可以向服务公司随时购买生产设备。

（1）设备安装周期：虚拟1天。

（2）折旧：生产设备按月计提折旧，企业所得税法规定，火车、轮船、机器、机械和其他生产设备折旧年限为10年，购买当月不计提折旧。

（3）电费收费标准：电1.5元/度，日常电费忽略不计。普通机床每台耗电1 478.4度/月，数控机床每台耗电2 640度/月，组装流水线每台耗电4 329.6度/月，管理部门忽略不计。

（三）产能规则

（1）生产设备根据各自生产能力进行派工，派工时，派工数量应小于等于该设备的生产能力。

（2）派工时，一条组装流水线只允许生产一个品种的产品。例如给一条组装流水线安排生产5 000台经济型童车，剩下的产能不能用于生产舒适型童车与豪华型童车。必须等该资源产能全部释放后才允许安排不同种类的产品生产。

（3）派工时，需要根据产品的物料清单（BOM）检查原材料是否齐套，原材料没有达到齐套要求，不能派工。（注：要生产某一产品时，产品物料清单中所需的材料、用量都达到要求时称之为齐套）

（四）工艺规则

工艺路线是指企业各项自制件的加工顺序和在各个工序中的标准工时定额情况，也称为加工路线，是一种计划管理文件，主要用来进行工序排产和车间成本统计，各种童车的工艺详细信息见表2-14至表2-16。

表2-14　　　　　　　　　　　　P0001-经济型童车工艺

工序	部门	工序描述	工作中心	加工工时
10	生产计划部-机加车间	经济型童车车架加工	普通（或数控）机床	虚拟1天
20	生产计划部-组装车间	经济型童车组装	组装流水线	虚拟1天

表2-15　　　　　　　　　　　　P0002-舒适型童车工艺

工序	部门	工序描述	工作中心	加工工时
10	生产计划部-机加车间	舒适型童车车架加工	普通（或数控）机床	虚拟1天
20	生产计划部-组装车间	舒适型童车组装	组装流水线	虚拟1天

表2-16　　　　　　　　　　　　P0003-豪华型童车工艺

工序	部门	工序描述	工作中心	加工工时
10	生产计划部-机加车间	豪华型童车车架加工	数控机床	虚拟1天
20	生产计划部-组装车间	豪华型童车组装	组装流水线	虚拟1天

（五）研发规则

制造企业初始默认的生产许可为经济型童车，随着企业运营提高，需要生产舒适型或豪华型童车，该企业则在服务公司购置相应的生产技术成果，代表企业已完成新产品的研发，可以立即开工生产。舒适型、豪华型童车产品研发时间：虚拟1天，具体研发费用见表2-17。

表2-17　　　　　　　　　　　　研发费用

研发类型	价格（元）
舒适型童车	1 000 000
豪华型童车	1 500 000

（六）ISO 认证规则

制造企业进行生产前，首先进行ISO9000的资质认证，制造企业生产计划部需要前往服务公司办理本企业的ISO9000资质认证的业务。具体费用为50 000元/次，认证一次即可。

（七）3C认证规则

制造企业产品销售出库前，首先进行3C的资质认证，初始默认的生产许可为经济型童车，制造企业生产计划部需要前往服务公司办理相应产品的3C认证。具体费用为22 000元/次，认证一次即可，具体3C认证费用见表2-18。

表2-18　　　　　　　　　　　　3C认证费用

产品	3C认证费用（元）
经济型童车	22 000
舒适型童车	22 000
豪华型童车	22 000

三、采购规则

在 VBSE 虚拟商业社会中，制造企业的原材料只能从工贸企业类型的企业进行采购，不能从其他类型的企业进行采购，具体原材料价格信息见表2-19。

表2-19　　　　　　　　　　　　　　　　原材料价格信息

采购商品编码	采购商品名称	规格型号	单位	来源	参考市场供应平均不含税单价（元）	参考市场供应平均含税单价（元）
B0001	钢管	Φ外16/Φ内11/L5000mm	根	外购	104.59	118.19
B0002	镀锌管	Φ外16/Φ内11/L5000mm	根	外购	171.43	193.72
B0003	坐垫	HJM500	个	外购	78.88	89.13
B0004	记忆太空棉坐垫	HJM600	个	外购	217.71	246.01
B0005	车篷	HJ72×32×40	个	外购	141.98	160.44
B0006	车轮	HJΦ外125/Φ内60 mm	个	外购	26.29	29.71
B0008	数控芯片	MCX3154A	片	外购	267.14	301.87
B0007	经济型童车包装套件	HJTB100	套	外购	89.40	101.02
B0009	舒适型童车包装套件	HJTB200	套	外购	189.31	213.92
B0010	豪华型童车包装套件	HJTB300	套	外购	221.91	250.76

此处的增值税税率为：13%。

采购双方需要签订纸质《购销合同》，制造企业根据《购销合同》在系统中制作采购订单，由工贸企业进行确认，确认后工贸企业可以发货，制造企业接货入库，双方再根据《购销合同》中的结算约定进行收付款。

四、销售规则

制造企业销售童车给经销商、国际贸易类型企业，不得销售给其他类型企业，须与经销商类型企业签订订单并在系统中录入订单相关信息，订单相关信息作为系统中发货、结算的依据。

制造企业还可以参与招投标公司的招投标业务，中标后可以进行销售、发货、开发票、收款等业务活动。

制造企业销售童车给华中地区的虚拟经销商。销售之前，需要完成市场开拓，然后再广告投放。

制造企业每月固定销售童车给国贸企业（约生产量的3%），以供国贸企业出口。

（一）市场开拓规则

制造企业进行生产销售前，首先要进行市场开拓。制造企业市场专员需要前往服务公司办理市场开拓的业务，首先开拓中部市场，具体费用为531 000元。

（二）广告投放规则

制造企业可以委托服务公司进行华中地区的市场开拓，开拓后投入广告费，广告费的起投金额为10万元，以1万元为单位递增，投入广告费后，依据得分由高到低依次选择华中地区的市场订单。

（三）产成品价格信息

产成品价格详细信息见表2-20。

表2-20　　　　　　　　　　　　产成品价格信息

存货编码	存货名称	单位	规格型号	市场平均含税单价（元）
P0001	经济型童车	辆	无	1 011.00
P0002	舒适型童车	辆	无	1 499.00
P0003	豪华型童车	辆	无	1 886.00

注：市场平均含税单价（元）为根据历史数据估算出来的，仅供参考。

五、财务规则

在会计分期假设下，企业的会计期间分为年度和中期，此案例的会计期间是月度（2019年1月）。虚拟财务工作日为5日与25日。

结算方式采用现金结算、转账支票和电汇三种方式。原则上，日常经济活动，低于2 000元的可以使用现金结算，超过2 000元的一般使用转账支票结算（差旅费或支付给个人业务除外），转账支票用于同一票据交换区内的结算。异地付款一般采用电汇方式。

（一）税率规则

税种类型：增值税、个人所得税、企业所得税、城市维护建设税、教育费附加等。

（1）增值税。销售货物和购进货物的税率均为13%，物流费用的税率为9%，产品研发、市场开拓、ISO9000、3C认证和广告费的税率为6%。

（2）个人所得税，具体个人所得税税率见表2-21。

表2-21　　　　　　　　　　　　个人所得税税率表

级数	全年应纳税所得额	税率（%）	速算扣除数
1	不超过36 000元的	3	0
2	超过36 000元至144 000元的部分	10	2 520
3	超过144 000元至300 000元的部分	20	16 920
4	超过300 000元至420 000元的部分	25	31 920
5	超过420 000元至660 000元的部分	30	52 920
6	超过660 000元至960 000元的部分	35	85 920
7	超过960 000元的部分	45	181 920

注：本表所称全年应纳税所得额是指居民个人全年取得的综合所得，以每一纳税年度收入额减除费用6万元以及专项扣除、专项附加扣除和依法确定的其他扣除后的余额。

（3）企业所得税：按应纳税所得额的25%缴纳。

（4）城市维护建设税：增值税税额的7%。

（5）教育费附加：增值税税额的3%。

（二）存货计价规则

存货核算按照实际成本核算，原材料计价采用实际成本计价，材料采购按照实际采购价入账，材料发出按照全月一次加权平均计算材料成本。

全月一次加权平均相关计算：

$$\begin{array}{c}\text{材料}\\\text{平均单价}\end{array}=\left(\begin{array}{c}\text{期初}\\\text{库存数量}\end{array}\times\begin{array}{c}\text{库存}\\\text{单价}\end{array}+\begin{array}{c}\text{本月实际}\\\text{采购入库金额}\end{array}\right)\div\left(\begin{array}{c}\text{期初}\\\text{库存数量}\end{array}+\begin{array}{c}\text{本月实际}\\\text{入库数量}\end{array}\right)$$

材料发出成本＝本月发出材料数量×材料平均单价

记账凭证账务处理程序：根据各种记账凭证逐笔登记总分类账。

（三）固定资产取得方式及折旧规则

固定资产均通过购买的方式取得。固定资产购买当月不计提折旧，从次月开始计提折旧，出售当期须计提折旧，下月不提折旧。固定资产折旧按照直线法计提，具体固定资产折旧信息见表2-22。

表2-22　　　　　　　　　　　固定资产折旧相关信息　　　　　　　　　　金额单位：元

固定资产名称	使用年限（月）	开始使用日期	原值	残值	月折旧额
办公楼	240	2017.9.15	12 000 000.00	600 000.00	47 500.00
普通仓库	240	2017.9.15	5 400 000.00	270 000.00	21 375.00
大厂房	240	2017.9.15	7 200 000.00	360 000.00	28 500.00
普通机床（机加工生产线）	120	2017.9.15	210 000.00		1 750.00
组装流水线	120	2017.9.15	510 000.00		4 250.00
笔记本电脑	48	2017.9.15	6 000.00		125.00

（四）制造费用的归集及分配

各生产车间发生的各项直接费用和共同发生的间接费用分配计入制造费用。（车间发生直接费用分别计入制造费用——×车间，间接费用按分配标准分配后再计入各车间制造费用中）

生产计划部发生的各项费用计入制造费用，例如管理人员的工资、固定资产的折旧、办公费等。

如果同一车间生产不同产品，以各产品完工数量为分配标准，分配该车间制造费用。

（五）成本核算规则

产品成本包括直接材料、直接人工和制造费用。

完工产品和在产品之间费用的分配方法：在产品所耗原材料计算法。

月末在产品只计算其所耗用的原材料费用，不计算制造费用和人工费用，即产品的加工费用全部由完工产品成本负担。

直接材料成本归集：材料出库单的发出数量×平均单价。

人工成本为当月计算的生产车间的生产工人工资。

车架为半成品，车架核算的范围为车架原材料，生产车架发生的人工费用、制造费用，以及分摊的相关生产制造费用。

（六）坏账损失

制造企业采用备抵法核算坏账损失。

坏账准备每年按照年末应收账款账户余额的3%提取。

已经确认为坏账损失的应收账款，并不表明公司放弃收款的权利。如果未来某一时期收回已作坏账的应收账款，应该及时恢复债权，并按照正常收回欠款进行会计核算。

（七）利润分配

公司实现当期利润，应当按照法定程序进行利润分配。根据公司章程规定，按照当期净利润的10%提取法定盈余公积，根据董事会决议，自行提取任意盈余公积。

（八）票据使用规则

企业使用的支票必须到银行购买，任何企业和个人不得自制支票。

从银行取得的支票，发生的费用计入财务费用中。

企业制定完善的票据使用登记制度，记入支票登记簿，以备检查。

企业为一般纳税人开具增值税专用发票。

取得的增值税专用发票，增值税进项税额需要进行申报、抵扣联认证、缴纳。

购销双方的结算必须以增值税发票为依据，不取得发票的不能进行结算。

税务局有定期的发票使用情况检查，税务局有权对发票使用不合法企业进行行政罚款。

六、人力资源规则

（一）人员信息规则

人员信息见表2-25。

表2-25　　　　　　　　　　　　　　人员信息

部门	岗位名称	岗位级别	在编人数	直接上级
企业管理部	总经理（兼企管部经理）	总经理	1	董事会
	行政助理	职能管理人员	1	总经理
营销部	营销部经理	部门经理	1	总经理
	市场专员	职能管理人员	1	部门经理
	销售专员	职能管理人员	1	部门经理
生产计划部	生产计划部经理	部门经理	1	总经理
	车间管理员	职能管理人员	1	部门经理
	生产计划员	职能管理人员	1	部门经理
	初级生产工人	工人	25	车间管理员
	中级生产工人	工人	15	车间管理员
仓储部	仓储部经理	部门经理	1	总经理
	仓管员	职能管理人员	1	部门经理
采购部	采购部经理	部门经理	1	总经理
	采购员	职能管理人员	1	部门经理
人力资源部	人力资源部经理	部门经理	1	总经理
	人力资源助理	职能管理人员	1	部门经理
财务部	财务部经理	部门经理	1	总经理
	出纳	职能管理人员	1	部门经理
	财务会计	职能管理人员	1	部门经理
	成本会计	职能管理人员	1	部门经理

（二）薪酬信息规则

基本工资标准见表2-24，具体社保、住房公积金缴存比例见表2-25。

表2-24 基本工资标准

人员类别	月基本工资（元/月）
总经理	12 000
部门经理	7 500
职能管理人员	5 500
市场专员/销售专员	4 500
初级/中级/高级生产工人	3 600/4 000/4 600

表2-25 社保、住房公积金缴纳比例

险种 \ 缴纳比例	单位承担	个人承担	合计
养老保险	20%	8%	28%
医疗保险	10%	2%+3	12%+3
失业保险	1%	0.20%	1.20%
工伤保险	0.30%	0	0.30%
生育保险	0.80%	0	0.80%
住房公积金	10%	10%	20%

注：单位养老保险缴费20%，其中17%划入统筹基金，3%划入个人账户。医疗保险个人承担比例为2%+3，其中的3，代表每个月3元，为大额医疗保险。实训中以员工转正后的基本工资金额为社会保险和住房公积金的缴费基数。

（三）个人所得税

具体个人所得税税率见表2-26。

表2-26 个人所得税税率表

级数	全年应纳税所得额	税率（%）	速算扣除数
1	不超过36 000元的	3	0
2	超过36 000元至144 000元的部分	10	2 520
3	超过144 000元至300 000元的部分	20	16 920
4	超过300 000元至420 000元的部分	25	31 920
5	超过420 000元至660 000元的部分	30	52 920
6	超过660 000元至960 000元的部分	35	85 920
7	超过960 000元的部分	45	181 920

注：本表所称全年应纳税所得额是指居民个人全年取得的综合所得，以每一纳税年度收入额减除费用6万元以及专项扣除、专项附加扣除和依法确定的其他扣除后的余额。

（四）辞退福利规则

企业辞退员工需支付辞退福利，辞退福利为3个月基本工资。辞退当月的薪酬为：

辞退当月薪酬 = 实际工作日数 ×（月基本工资 ÷ 当月全勤工作日数）+ 辞退福利

（五）招聘费用规则

服务公司人员派遣费用（每月）：初级生产工人1 000元/人，中级生产工人1 200元/人，高级生产工人1 400元/人。

（六）考勤管理

VBSE实习中实行月度考勤，但因每月只设计2个虚拟工作日，在进行考勤统计时依照下列规则计算：

$$员工出勤天数 = 当月虚拟工作日出勤天数 ÷ 当月虚拟工作日总天数 × 21.75$$

$$员工缺勤天数 = 21.75 - 员工出勤天数$$

考勤周期：实行月度考勤，考勤周期为本月26日至次月25日。

七、物流规则

物流运输只针对工贸企业与制造企业间的购销业务、制造企业与经销商间的购销业务，其他类型组织的物流运输不走物流公司。

物流费用由购货方支付。

物流费为货物货款金额的5%（含税）。

$$运费分配率 = 运费 ÷ 材料总数量$$

任务二　商贸企业（经销商）规则

一、人力资源规则

微课：商贸企业（经销商）经营规则

人力资源是企业生产经营活动的基本要素。公司的员工配置、工资标准及核算、员工招聘与培训，要在遵循本规则的前提下，作出科学合理的规划安排，以保证公司的生产经营活动协调、有序、高效进行。

（一）人员信息规则

商贸企业组织结构如图2-4所示，具体岗位及人员设置信息见表2-27。

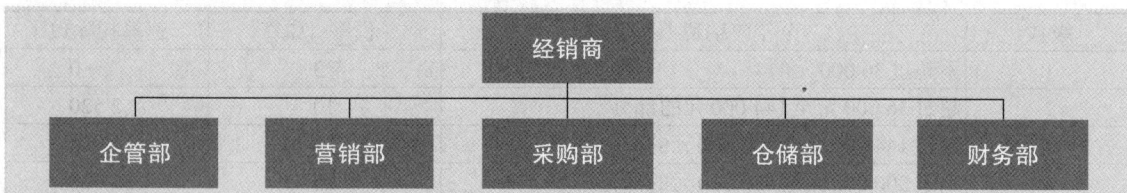

图2-4　企业组织结构图

表2-27　　　　　　　　　　商贸企业岗位及人员设置

部门	岗位名称	在编人数	直接上级
企管部	总经理	1	——
企管部	行政经理	1	总经理
营销部	营销经理	1	总经理
采购部	采购经理	1	总经理
仓储部	仓储经理	1	总经理
财务部	财务经理	1	总经理
财务部	出纳	1	财务经理

（二）企业薪酬规则

职工薪酬是指企业为获得职工提供的服务而给予各种形式的报酬以及其他相关支出，基本工资标准见表2-28，年度奖金和绩效规定见表2-29。在企业管理全景仿真中，职工薪酬主要由以下几个部分构成：（1）职工工资、奖金（奖金按年度计算，根据企业本年度的经营状况而定）；（2）医疗保险费、养老保险费、失业保险费、工伤保险费和生育保险费等社会保险费；（3）住房公积金；（4）因解除与职工的劳动关系而给予的补偿，即辞退福利。

表2-28   基本工资标准

人员类别	月基本工资（元/月）
总经理	12 000
部门经理	7 500
职能管理人员	5 500

表2-29   年度绩效奖金

人员分类	年度绩效奖金（元/年）
总经理	12 000×4
部门经理	7 500×4
职能管理人员	5 500×4

注：绩效奖金按季度发放，季度绩效奖金实际发放金额与个人业绩考核评定结果挂钩，业绩考核采取百分制，业绩评定85分及以上者发放全额季度绩效奖金，低于85分的发放季度绩效奖金的80%。总经理绩效得分为企业员工得分的平均数。

企业人员的薪酬组成为：

年度总薪酬＝月基本工资×12＋年度绩效奖金＋企业应缴福利

职工每月实际领取的工资＝月基本工资－缺勤扣款－个人应缴五险一金－个人所得税

缺勤扣款＝缺勤天数×（月基本工资÷当月全勤工作日数）

（三）五险一金规则

五险一金缴费基数及比例各地区操作细则不一，本实习中社会保险、住房公积金规则参照北京市有关政策规定设计，略作调整。

社保中心行使社会保障中心和住房公积金管理中心职能。社保、住房公积金缴费基数于每年3月核定，核定后的职工月工资额即为缴纳基数，社保、住房公积金缴费比例见表2-30。

表2-30   社保、住房公积金缴纳比例

险种 \ 缴纳比例	单位承担	个人承担	合计
养老保险	20%	8%	28%
医疗保险	10%	2%+3	12%+3
失业保险	1%	0.20%	1.20%
工伤保险	0.30%	0	0.30%
生育保险	0.80%	0	0.80%
住房公积金	10%	10%	20%

注：单位养老保险缴费20%，其中17%划入统筹基金，3%划入个人账户。医疗保险个人承担比例为2%+3，其中的3代表每个月3元，为大额医疗保险。实训中以员工转正后的基本工资金额为社会保险和住房公积金的缴费基数。

（四）个人所得税规则

个人所得税计算采用2019年1月1日起开始执行的综合所得税税率表，具体税率见表2-31。

表2-31 个人所得税税率表

级数	全年应纳税所得额	税率（%）	速算扣除数
1	不超过36 000元的	3	0
2	超过36 000元至144 000元的部分	10	2 520
3	超过144 000元至300 000元的部分	20	16 920
4	超过300 000元至420 000元的部分	25	31 920
5	超过420 000元至660 000元的部分	30	52 920
6	超过660 000元至960 000元的部分	35	85 920
7	超过960 000元的部分	45	181 920

注：本表所称全年应纳税所得额是指居民个人全年取得的综合所得，以每一纳税年度收入额减除费用6万元以及专项扣除、专项附加扣除和依法确定的其他扣除后的余额。

个人所得税计算方式为：

本月实缴个税 = 累计应缴个税 – 累计已缴个税

累计应缴个税 = 累计应税所得额 × 预扣率 – 速算扣除数

累计已缴个税：应当从上月工资表中取数，若员工当月新入职，则取当月数据。

（五）辞退福利规则

企业辞退员工需支付辞退福利，辞退福利为3个月基本工资，辞退当年无绩效奖金。辞退当月的薪酬为：

辞退当月薪酬 = 实际工作日数 × （月基本工资 ÷ 当月全勤工作日数）+ 辞退福利

（六）考勤规则

每天的实训开始后，学生必须登录VBSE系统点击"考勤"按钮进行考勤签到。

VBSE实训中对实际业务进行了抽象，一个实际工作日完成一个月的工作内容，每月工作任务集中在2个虚拟工作日。

计算出勤天数时，实训学生因病、事休假一个实际工作日的按3个工作日计算，休假类型按照实际情况确定。

如：学生A因病没有参加当天的课程，则他的实际出勤天数 = 当月应出勤天数 – 3天，休假类型为病假。其中应出勤天数为当月实际工作日天数。

迟到、早退按照实际情况计算，每次罚款30元。考勤扣款从当月工资中扣除。

二、销售规则

商贸企业将童车卖到虚拟市场中，虚拟市场分为：东部、南部、西部、北部、中部，其中东部、南部、西部、北部四个地区由商贸企业经营，中部地区只能由制造企业经营。虚拟市场的订单需要先到服务公司开拓市场，再投广告费。市场开拓费用：北部（351 000元）、东部（368 000元）、南部（351 000元）、西部（334 000元）。广告费的投放在固定经营阶段按照系统给定的数据投放，到自主经营阶段，广告费的投放金额是10万元起投，以1万元为单位递增，这样服务公司才能根据投放金额派发订单（一个区域内的虚拟订单派发依据是已投放金额占本区域总投放金额的比例，由高至低依次进行选单，每次选择一笔虚拟订单，直至虚拟订单选完）。市场开拓一次一年有效，广告投放一次有效期限为一个虚拟日，下一个虚拟日需要重新投放广告费。

虚拟市场的订单，可以在库存充足的情况下，提前发货、收款。

注：在对虚拟客户的销售过程中，遵循先发货后收款的原则，在系统中未销售出库的订单不支持收款。

三、采购规则

商贸企业的商品采购途径，在固定数据阶段只从制造企业采购，在自主经营阶段可以从制造企业、其他商贸企业采购，具体信息见表2-32。

表2-32　　　　　　　　　　　产品采购相关信息

商品编码	商品名称	规格	单位	来源	市场平均含税单价（元）
P0001	经济型童车	无	辆	外购	1 011.00
P0002	舒适型童车	无	辆	外购	1 499.00
P0003	豪华型童车	无	辆	外购	1 886.00

注意：价格只为参考价格，在自主经营阶段，价格需要供需双方进行谈判确认。

市场平均含税单价是根据历史数据估算出来的，仅供参考。

经济型童车采购价格在固定数据阶段为1 010.32元（含税）；自主经营阶段采购价格为双方协商制定。

商品从供应商送达企业时会发生相应的运输费用，运输费用为采购订单金额的5%（含税），运费结算以物流公司的运单金额为准。

四、仓储规则

商贸企业现有一座仓库，用于存放各种采购来的商品，其详细信息见表2-33。

表2-33　　　　　　　　　　　仓库信息

仓库名称	仓库编码	可存放物资
普通仓库	A库	经济型童车、舒适型童车、豪华型童车

仓储经理担当仓管职能，负责采购入库、生产出库和保管，产品的完工入库和销售出库。企业的存货清单见表2-34。

表2-34　　　　　　　　　　　存货清单

物料编码	物料名称	规格	单位	来源
P0001	经济型童车	无	辆	外购
P0002	舒适型童车	无	辆	外购
P0003	豪华型童车	无	辆	外购

注：普通仓库不做储位管理。

五、财务规则

在会计分期假设下，企业的会计期间分为年度和中期，此案例的会计期间是月度（2019年1月），虚拟财务工作日为5日与25日。

财务业务规则主要包括：会计核算制度、会计管理制度、账簿设置与会计核算程序等方面的主要规则，各公司必须按照本规则的各项规定组织会计核算，进行会计管理。

记账凭证账务处理程序：根据各种记账凭证逐笔登记总分类账。具体固定资产分类及折旧方法见表2-35。

表2-35 固定资产分类

分类编码	分类名称	折旧年限（月）	折旧方法	残值率
01	房屋及土地	240	直线法（一）	5%
02	生产设备	120	直线法（一）	0
03	办公设备	60	直线法（一）	0

注：会计科目参考期初数据中的科目余额表，可以根据实际业务的发生进行增加。

六、税务规则

商贸企业从事生产经营活动，涉及国家或地方多个税种，包括：企业所得税、增值税、城市维护建设税、教育费附加、个人所得税等。

按照国家税法规定的税率和起征金额进行税额的计算，企业所得税按照利润总额的25%缴纳，销售货物和购进货物增值税税率均为13%；水电费的增值税税率为13%；物流费用的增值税税率为9%；市场开拓和广告费的增值税税率为6%；城市维护建设税为增值税税额的7%，教育费附加为增值税税额的3%。

需要进行日常纳税申报及缴纳税款，在税收征收期内，按照企业的经营情况，填制各税种申报表，携带相关会计报表，到税务部门办理纳税申报业务，得到税务部门开出的税收缴款书，并到银行缴纳税款。依据税务部门规定，每月月初进行上月的纳税申报及缴纳。如遇特殊情况，可以向税务部门申请延期纳税申报。

七、结算规则

商贸企业可以采用现金结算、转账结算和电子银行三种结算方式。原则上，日常经济活动，低于2 000元的可以使用现金结算，超过2 000元的一般使用转账支票或电子银行结算，结算货款、代扣代缴各种税费通过电子银行结算，其他业务可以使用转账支票结算。

银行支票主要使用转账支票，转账支票用于同一票据交换区内的结算（主要用于商贸企业购买服务类的商品和一些费用的支出等）。异地付款一般采用电子银行的结算方式（主要用于货款的结算、代扣代缴的结算等）。

任务三 工贸企业（供应商）规则

一、人力资源规则

人力资源是企业生产经营活动的基本要素。公司的员工配置、工资标准及核算、员工招聘与培训，要在遵循本规则的前提下，作出科学合理的规划安排，以保证公司的生产经营活动协调、有序、高效进行。

微课：工贸企业（供应商）经营规则

（一）人员信息规则

工贸企业组织机构如图2-5所示，具体岗位及人员设置信息见表2-36。

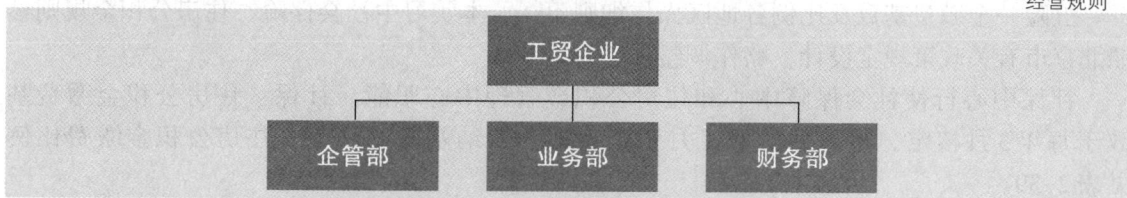

图2-5 企业组织结构图

表2-36 工贸企业岗位及人员设置

部门	岗位名称	在编人数	直接上级
企管部	总经理	1	—
企管部	行政经理	1	总经理
业务部	业务经理	1	总经理
财务部	财务经理	1	总经理

（二）企业薪酬规则

职工薪酬是指企业为获得职工提供的服务而给予的各种形式的报酬以及其他相关支出，基本工资标准见表2-37，年度奖金和绩效规定见表2-38。在企业管理全景仿真中，职工薪酬主要由以下几个部分构成：（1）职工工资、奖金（奖金按年度计算，根据企业本年度的经营状况而定）；（2）医疗保险费、养老保险费、失业保险费、工伤保险费和生育保险费等社会保险费；（3）住房公积金；（4）因解除与职工的劳动关系而给予的补偿，即辞退福利。

表2-37 基本工资标准

人员类别	月基本工资（元/月）
总经理	12 000
部门经理	7 500

企业人员的薪酬组成如下：

年度总薪酬＝月基本工资×12＋年度绩效奖金＋企业应缴福利

职工每月实际领取的工资＝月基本工资－缺勤扣款－个人应缴五险一金－个人所得税

$$缺勤扣款 = 缺勤天数 \times (月基本工资 \div 当月全勤工作日数)$$

表2-38　　　　　　　　　　年度绩效奖金

人员分类	年度绩效奖金（元/年）
总经理	12 000×4
部门经理	7 500×4

注：绩效奖金按季度发放，季度绩效奖金实际发放金额与个人业绩考核评定结果挂钩，业绩考核采取百分制，业绩评定85分及以上者发放全额季度绩效奖金，低于85分的发放季度绩效奖金的80%。总经理绩效得分为企业员工得分的平均数。

（三）五险一金规则

五险一金缴费基数及比例各地区操作细则不一，本实习中社会保险、住房公积金规则参照北京市有关政策规定设计，略作调整。

社保中心行使社会保障中心和住房公积金管理中心职能。社保、住房公积金缴费基数于每年3月核定，核定后的职工月工资额即为缴纳基数，社保、住房公积金缴费比例见表2-39。

表2-39　　　　　　　　　　社保、住房公积金缴纳比例

险种　　缴纳比例	单位承担	个人承担	合计
养老保险	20%	8%	28%
医疗保险	10%	2%+3	12%+3
失业保险	1%	0.2%	1.20%
工伤保险	0.30%	0	0.30%
生育保险	0.80%	0	0.80%
住房公积金	10%	10%	20%

注：单位养老保险缴费20%，其中17%划入统筹基金，3%划入个人账户。医疗保险个人承担比例为2%+3，其中的3代表每个月3元，为大额医疗保险。实训中以员工转正后的基本工资金额为社会保险和住房公积金的缴费基数。

（四）个人所得税规则

个人所得税计算采用2019年1月1日起开始执行的综合所得税税率表，具体税率见表2-40。

个人所得税计算方式为：

$$本月实缴个税 = 累计应缴个税 - 累计已缴个税$$
$$累计应缴个税 = 累计应税所得额 \times 预扣率 - 速算扣除数$$

累计已缴个税：应当从上月工资表中取数，若员工当月新入职，则取当月数据。

（五）辞退福利规则

企业辞退员工需支付辞退福利，辞退福利为3个月基本工资，辞退当年无绩效奖金。辞退当月的薪酬为：

$$辞退当月薪酬 = 实际工作日数 \times (月基本工资 \div 当月全勤工作日数) + 辞退福利$$

表2-40 个人所得税税率表

级数	全年应纳税所得额	税率（%）	速算扣除数
1	不超过36 000元的	3	0
2	超过36 000元至144 000元的部分	10	2 520
3	超过144 000元至300 000元的部分	20	16 920
4	超过300 000元至420 000元的部分	25	31 920
5	超过420 000元至660 000元的部分	30	52 920
6	超过660 000元至960 000元的部分	35	85 920
7	超过960 000元的部分	45	181 920

注：本表所称全年应纳税所得额是指居民个人全年取得的综合所得，以每一纳税年度收入额减除费用6万元以及专项扣除、专项附加扣除和依法确定的其他扣除后的余额。

（六）考勤规则

每天的实训开始后，学生必须登录VBSE系统点击"考勤"按钮进行考勤签到。

VBSE实训中对实际业务进行了抽象，一个实际工作日完成一个月的工作内容，每月工作任务集中在2个虚拟工作日。

计算出勤天数时，实训学生因病、事休假一个实际工作日的按3个工作日计算，休假类型按照实际情况确定。

如：学生A因病没有参加当天的课程，则他的实际出勤天数=当月应出勤天数−3天，休假类型为病假。其中应出勤天数为当月实际工作日天数。

迟到、早退按照实际情况计算，每次罚款30元。考勤扣款从当月工资中扣除。

二、销售规则

工贸公司将商品销售给制造企业，双方进行合同洽谈，并签订纸质合同，制造企业在VBSE系统中提交订单后，工贸企业进行确认作为后续交易依据。如出现延期交货，按双方合同中的约定进行处理，如出现争议，提交市场监督管理局进行调解或处罚。

三、采购规则

工贸企业可从系统虚拟的供应商中选择采购的商品品种及数量，具体商品采购相关信息见表2-41。

表2-41 商品采购相关信息

采购商品编码	采购商品名称	规格型号	单位	来源	平均单价（元）
B0001	钢管	Φ外16/Φ内11/L5000mm	根	外购	86.28
B0002	镀锌管	Φ外16/Φ内11/L5000mm	根	外购	
B0003	坐垫	HJM500	个	外购	65.16
B0004	记忆太空棉坐垫	HJM600	个	外购	
B0005	车篷	HJ72×32×40	个	外购	117.62
B0006	车轮	HJΦ外125/Φ内60 mm	个	外购	21.94
B0007	经济型童车包装套件	HJTB100	套	外购	73.48
B0008	数控芯片	MCX3154A	片	外购	
B0009	舒适型童车包装套件	HJTB200	套	外购	
B0010	豪华型童车包装套件	HJTB300	套	外购	

注：钢管、坐垫、车篷、车轮、经济型童车包装套件的采购价格在固定数据阶段按照表2-41中的采购价格（含税）采购；自主经营阶段采购价格为双方协商制定。

商品从供应商送达企业时会发生相应的运输费用，运输费用为采购订单金额的5%，运费结算以物流公司的运单金额为准。

在向虚拟供应商采购的过程中，下达采购订单后，先进行付款，付款后才能进行采购入库操作，没有付款，系统的入库无法完成。

工贸企业在付款后，依据采购订单到税务局代开虚拟供应商的销售发票（增值税专用发票）。

四、仓储规则

企业现有一座仓库，用于存放各种采购来的商品，具体信息见表2-42。

表2-42 仓库信息

仓库名称	仓库编码	可存放物资
商品库	A库	钢管、坐垫、车篷、车轮、经济型童车包装套件、镀锌管、记忆太空棉坐垫、数控芯片、舒适型童车包装套件、豪华型童车包装套件

行政经理担当仓管职能，负责采购入库、生产出库和保管，产品的完工入库和销售出库，具体物料和产品清单见表2-43。

表2-43 物料和产品清单

物料编码	物料名称	规格	单位	来源
B0001	钢管	Φ外16/Φ内11/L5000mm	根	外购
B0002	镀锌管	Φ外16/Φ内11/L5000mm	根	外购
B0003	坐垫	HJM500	个	外购
B0004	记忆太空棉坐垫	HJM600	个	外购
B0005	车篷	HJ72×32×40	个	外购
B0006	车轮	HJΦ外125/Φ内60 mm	个	外购
B0007	经济型童车包装套件	HJTB100	套	外购
B0008	数控芯片	MCX3154A	片	外购
B0009	舒适型童车包装套件	HJTB200	套	外购
B0010	豪华型童车包装套件	HJTB300	套	外购

注：普通仓库不做储位管理。

五、财务规则

在会计分期假设下，企业的会计期间分为年度和中期，此案例的会计期间是月度（2019年1月），虚拟财务工作日为5日与25日。

财务业务规则主要包括：会计核算制度、会计管理制度、账簿设置与会计核算程序等方面的主要规则，各公司必须按照本规则的各项规定组织会计核算，进行会计管理。

记账凭证账务处理程序：根据各种记账凭证逐笔登记总分类账。具体固定资产分类及折旧方法见表2-44。

表2-44 固定资产分类

分类编码	分类名称	折旧年限（月）	折旧方法	残值率
01	房屋及土地	240	直线法（一）	5%
02	生产设备	120	直线法（一）	0
03	办公设备	60	直线法（一）	0

注：会计科目参考期初数据中的科目余额表，可以根据实际业务的发生进行增加。

六、税务规则

工贸企业从事生产经营活动，涉及国家或地方多个税种，包括：企业所得税、增值税、城市维护建设税、教育费附加、个人所得税等。

按照国家税法规定的税率和起征金额进行税额的计算，企业所得税按照利润总额的25%缴纳，销售货物和购进货物增值税税率均为13%；水电费的增值税税率为13%；物流费用的增值税税率为9%；城市维护建设税为增值税税额的7%，教育费附加为增值税税额的3%。

日常纳税申报及缴纳税款：在税收征收期内，按照工贸企业的经营情况，填制各税种申报表，携带相关会计报表，到税务部门办理纳税申报业务，得到税务部门开出的税收缴款书，并到银行缴纳税款。依据税务部门规定，每月月初进行上月的纳税申报及缴纳。如遇特殊情况，可以向税务部门申请延期纳税申报。

七、结算规则

工贸企业可以采用现金结算、转账结算和电子银行三种结算方式。原则上，日常经济活动，低于2 000元的可以使用现金结算，超过2 000元的一般使用转账支票和电子银行结算，结算货款、代扣代缴各种税费通过电子银行结算，其他业务可以使用转账支票结算。

银行支票主要使用转账支票，转账支票用于同一票据交换区内的结算（主要用于商贸企业购买服务类的商品和一些费用的支出等）。异地付款一般采用电子银行的结算方式（主要用于货款的结算、代扣代缴的结算等）。

任务四 物流企业规则

一、人力资源规则

（一）人员信息规则

物流企业组织结构如图2-6所示，具体岗位及人员设置信息见表2-45。

微课：社会资源经营规则

图2-6 企业组织结构图

表2-45 物流企业岗位及人员设置

部门	岗位名称	在编人数	直接上级
企管部	总经理	1	无
业务部	业务经理	1	总经理

实习模型的物流企业组织结构分为1个管理层次，2个部门。总经理可以对企管部、业

务部下达命令。各部门经理对本部门下属有指挥权，对其他部门进行业务指导但没有指挥权。

人力资源是企业生产经营活动的基本要素。公司的员工配置、工资标准及核算、员工招聘与培训，要在遵循本规则的前提下，作出科学合理的规划安排，以保证公司的生产经营活动协调、有序、高效进行。

（二）考勤规则

每天的实训开始后，学生必须登录VBSE系统点击"考勤"按钮进行考勤签到。

VBSE实训中对实际业务进行了抽象，一个实际工作日完成一个月的工作内容，每月工作任务集中在2个虚拟工作日。

计算出勤天数时，实训学生因病、事休假一个实际工作日的按3个工作日计算，休假类型按照实际情况确定。

如：学生A因病没有参加当天的课程，则他的实际出勤天数=当月应出勤天数−3天，休假类型为病假。其中应出勤天数为当月实际工作日天数。

迟到、早退按照实际情况计算，每次罚款30元，考勤扣款从当月工资中扣除。

二、运输规则

物流企业与其他企业签订的运输合同年限为1年。费用结算以运单为依据，详见合同，如出现争议，提交市场监督管理局进行协调。运费为货款金额的5%，由购货方负责。物流公司拥有的车辆信息见表2-46。

表2-46　　　　　　　　　　　　　　物流公司车辆信息

车型	最大载重（T）	最大容积（m³）	车厢尺寸	数量（辆）
短途运输车	4	13	4m×1.8m×1.8m	40
短途运输车	8	40	7m×2.4m×2.5m	20
40尺柜牵引车	20	75	12.5m×2.5m×2.5m	20

三、税务规则

物流企业从事生产经营活动，涉及国家或地方多个税种，包括：企业所得税、增值税、城市维护建设税、车船使用税、教育费附加、个人所得税等。

按照国家税法规定的税率和起征金额进行税额的计算，企业所得税按照利润总额的25%缴纳，物流费用的增值税税率为9%，城市维护建设税为增值税税额的7%，车船税按车辆缴纳；教育费附加为增值税税额的3%。

个人所得税计算采用2019年1月1日起开始执行的综合所得税税率表，具体税率见表2-47。

个人所得税计算方式为：

本月实缴个税 = 累计应缴个税 − 累计已缴个税

累计应缴个税 = 累计应税所得额 × 预扣率 − 速算扣除数

累计已缴个税：应当从上月工资表中取数，若员工当月新入职，则取当月数据。

表2-47　　　　　　　　　　　　　个人所得税税率表

级数	全年应纳税所得额	税率（%）	速算扣除数
1	不超过36 000元的	3	0
2	超过36 000元至144 000元的部分	10	2 520
3	超过144 000元至300 000元的部分	20	16 920
4	超过300 000元至420 000元的部分	25	31 920
5	超过420 000元至660 000元的部分	30	52 920
6	超过660 000元至960 000元的部分	35	85 920
7	超过960 000元的部分	45	181 920

注：本表所称全年应纳税所得额是指居民个人全年取得的综合所得，以每一纳税年度收入额减除费用6万元以及专项扣除、专项附加扣除和依法确定的其他扣除后的余额。

在税收征收期内，按照物流企业的经营情况，填制各税种申报表，携带相关会计报表，到税务部门办理纳税申报业务，得到税务部门开出的税收缴款书，并到银行缴纳税款。依据税务部门规定，每月月初进行上月的纳税申报及缴纳。如遇特殊情况，可以向税务部门申请延期纳税申报。

四、结算规则

物流企业可以采用现金结算、转账结算和电汇三种结算方式。原则上，日常经济活动，低于2 000元的可以使用现金结算，超过2 000元的一般使用转账支票结算（差旅费或支付给个人业务除外）。

银行支票分为现金支票和转账支票。现金支票用于提取现金，转账支票用于同一票据交换区内的结算。异地付款一般采用电汇方式。

任务五　服务公司规则

一、人力资源规则

（一）人员信息规则

服务公司组织结构如图2-7所示，具体岗位及人员设置信息见表2-48。

图2-7　企业组织结构图

实习模型的服务公司组织结构分为1个管理层次，2个部门。总经理可以对企管部、业务部下达命令。各部门经理对本部门下属有指挥权，对其他部门进行业务指导但没有指挥权。

人力资源是企业生产经营活动的基本要素。公司的员工配置、工资标准及核算、员工招聘与培训，要在遵循本规则的前提下，作出科学合理的规划安排，以保证公司的生产经营活动协调、有序、高效进行。

表2-48　　　　　　　　　　服务公司岗位及人员设置

部门	岗位名称	在编人数	直接上级
企管部	总经理	1	无
业务部	业务经理	1	总经理

（二）考勤规则

每天的实训开始后，学生必须登录VBSE系统点击"考勤"按钮进行考勤签到。

VBSE实训中对实际业务进行了抽象，一个实际工作日完成一个月的工作内容，每月工作任务集中在2个虚拟工作日。

计算出勤天数时，实训学生因病、事休假一个实际工作日的按3个工作日计算，休假类型按照实际情况确定。

如：学生A因病没有参加当天的课程，则他的实际出勤天数＝当月应出勤天数－3天，休假类型为病假。其中应出勤天数为当月实际工作日天数。

迟到、早退按照实际情况计算，每次罚款30元，考勤扣款从当月工资中扣除。

二、办公用品采购规则

服务公司出售VBSE实训所需的各项办公用品，如表单、胶棒、曲别针等。买卖双方可对结算方式进行协商，既可选择当场结清价款，也可自行约定结算时间，如月结（每月统一结账）。办公用品价款可采用现金或支票进行结算。服务公司提供的办公用品项目及价格见表2-49，此表中价格作为参考，实际实训中可以根据实际情况调整。

表2-49　　　　　　　　　　服务公司商品价目表

序号	商品名称	单价
1	表单	1元/份
2	胶棒	2元/支
3	印泥	3元/盒
4	长尾夹	1元/个
5	曲别针	0.5元/个
6	复写纸	1元/页
7	A4白纸	0.5元/张

企业办公用品管理由业务员承担，业务员每月月初收集、统计办公用品采购需求，统一购买、按需发放。行政经理依照员工使用需求发放办公用品并做好领用记录。

三、税务规则

服务公司从事生产经营活动，涉及国家或地方多个税种，包括：企业所得税、增值税、城市维护建设税、教育费附加、个人所得税等。

按照国家税法规定的税率和起征金额进行税额的计算，企业所得税按照利润总额的25%缴纳，服务公司销售商品的增值税税率为13%，各项业务的增值税税率为6%（广告费用、研发费用、设备费用、市场开拓费、ISO9000认证费、3C认证费等），水电费的增值税税率为13%，城市维护建设税为增值税税额的7%，教育费附加为增值税税额的3%。

个人所得税计算采用2019年1月1日起开始执行的综合所得税税率表，具体税率见表2-50。

表2-50 个人所得税税率表

级数	全年应纳税所得额	税率（%）	速算扣除数
1	不超过36 000元的	3	0
2	超过36 000元至144 000元的部分	10	2 520
3	超过144 000元至300 000元的部分	20	16 920
4	超过300 000元至420 000元的部分	25	31 920
5	超过420 000元至660 000元的部分	30	52 920
6	超过660 000元至960 000元的部分	35	85 920
7	超过960 000元的部分	45	181 920

注：本表所称全年应纳税所得额是指居民个人全年取得的综合所得，以每一纳税年度收入额减除费用6万元以及专项扣除、专项附加扣除和依法确定的其他扣除后的余额。

个人所得税计算方式为：

本月实缴个税 = 累计应缴个税 – 累计已缴个税

累计应缴个税 = 累计应税所得额 × 预扣率 – 速算扣除数

累计已缴个税：应当从上月工资表中取数，若员工当月新入职，则取当月数据。

在税收征收期内，按照服务公司的经营情况，填制各税种申报表，携带相关会计报表，到税务部门办理纳税申报业务，得到税务部门开出的税收缴款书，并到银行缴纳税款。依据税务部门规定，每月月初进行上月的纳税申报及缴纳。如遇特殊情况，可以向税务部门申请延期纳税申报。

四、结算规则

本公司可以采用现金结算、转账结算和电汇三种结算方式。原则上，日常经济活动，低于2 000元的可以使用现金结算，超过2 000元的一般使用转账支票结算（差旅费或支付给个人业务除外）。

银行支票分为现金支票和转账支票。现金支票用于提取现金，转账支票用于同一票据交换区内的结算。异地付款一般采用电汇方式。

任务六 银行贷款规则

制造企业、经销商、工贸企业、国贸企业、连锁企业可向中国工商银行申请抵押贷款。贷款金额0—1 000万元，贷款期限1—12个月，企业可根据自身情况申请贷款金额与期限，具体企业抵押贷款利率见表2-51。

表2-51 企业抵押贷款利率

年利率（%）	6	7	8	9	10	11	12
月利率（%）	0.50	0.58	0.67	0.75	0.83	0.92	1.00

申请企业抵押贷款所需基本资料：营业执照、法定代表人身份证、银行开户许可证、最近一期财务报表（均需加盖财务印鉴）、房屋产权证（抵押保证）。

还款方式：一次还本付息。

任务七　国际贸易企业规则

一、国际贸易规则

（一）英文函电格式和标点符号

（1）英文信封的格式有两点与中文信封书写的习惯几乎相反：一是寄信人信息在左上角；收信人信息在中间略靠下、略靠左。二是双方的信息都按从小到大的顺序表达。

（2）信内的双方信息是：寄信人信息在右上角，由小到大；并在最下行写上日期；如果公文纸中间最上方已有铅印好的公司信息，则右上角处不用再重复，只需将写信日期写在右上角即可。收信人信息写在左上角，略低于右上角的寄信人信息；信息排序依然是由小到大。

（3）信内称呼收信人后，要使用逗号；信尾结束语后也要使用逗号。

（4）英语书写中使用的句号永远是一个实心的点。

【例2-1】建交函。

国贸进出口部门从网上查询并了解到一家意大利公司 Artigo S.P.A. 经营童车产品，便给该公司寄送了一封建交函，介绍自己公司的业务，表达希望能与 Artigo S.P.A. 公司建立贸易伙伴关系（销售自己公司的童车产品）。收到对方回函询价后，双方便开始了交易的洽谈，之后达成合同，进而是各自义务的履行。

WuZhou Import&Export Co.，Ltd.

June 28 of 2018

To：Artigo S.P.A.

Dear Sirs,

We are pleased to have learnt，from the Internet，that you are a reputable dealer of baby cart. We therefore take the liberty to write you for a possible start of business relationship with you.

Located in Beijing，China，our company is a baby cart supplier，with total capacity of 75 000 sets / year. Thanks to our products verifiable quality and our reliable service，we are foreseeing our market share in China to reach 3.9% by the end of year 2015，up from the 3.2% in 2011.

However，our recent business expansion to international market has proved that our products have good opportunities in other countries too. We thus enclose our product catalogue for your convenient reference，and wish you to join us for a successful business in your market.

Upon your specific enquiry，we will be happy to provide you with any further information in detail.

Sincerely yours,

Li Ming （Mr）

Sales Dept.

（二）CIF报价计算规则

下面来看按一个集装箱装货量报价的计算过程：

产品从工厂进货价（含13%税）：1 010.32元/辆。

出口退税：9%。

查询国际海运至热那亚每个20英尺货柜的费用：2 800美元。

保险费：按成交价格加成10%；再投保一切险（0.9%）和战争险（0.1%）。

纸箱包装尺寸：110cm×70cm×20cm。

净重：15千克。

毛重：20千克。

国内杂费（国内运费、港杂费、报关费、商检费等）：2 000元。

公司预期利润：10%。

一个20英尺货柜的内容积为25立方米，可承载17.5吨货；但通常情况下都按着体积来计算内装货物数量；因为按重量计算的话，一般货物要是有17.5吨重，那它的体积要远远大于25立方米，一个货柜是装不下的。

出口报价公式：

$$CIF报价 = \frac{实际采购成本 + 国际运费 + 国内杂费}{1-(1+投保加成率)\times保险费率-佣金率(如有)-公司预期利润率}$$

运用公式先分步计算分子（分母都是已知数）：

实际采购成本=含税成本-［含税成本/（1+增值税税率）］×出口退税率

=1 010.32-［1 010.32÷（1+13%）］×9%

=929.8520（元）（运算过程中保留小数点后四位）

国际运费=2 800×6.20（汇率）=17 360（元）（一个20英尺货柜）

一个20英尺货柜内装数量=25÷（1.1×0.7×0.2）=162（辆）

每辆童车的国际运费=17 360÷162=107.1605（元）

每辆童车的国内杂费=2 000÷162=12.3457（元）

将所有已知数代入公式：

$$CIF报价 = \frac{929.8520 + 107.1605 + 12.3457}{1-(1+10\%)\times(0.9\%+0.1\%)-10\%} = 1 180.3804（元）$$

CIF报价=1 180.3804÷6.2=190.38（美元）（对外报价前要换算为美元、保留小数点后两位）

总金额=190.38×162×5=154 207.80（美元）

（三）结算规则

信用证结算，国际贸易支付方式除了信用证还有托收（D/P，D/A）和汇付（T/T，M/T，D/D），但是相对来讲信用证是最安全的支付方式。它属于银行信用，即买方通过其往来银行依据买卖双方签订的合同条款开出以卖方为受益人（Beneficiary）的银行付款担保；卖方交货后凭信用证规定的相关单据向指定银行议付货款；银行承担第一付款责任。

（四）销售合同规则

合同中，销售价格为含税价，增值税税率为13%，销售商品时需要给顾客开具增值税专用发票。

本实训的通知行、议付行都是中国银行，开证行是BANKA DI MILANO。

在催证、审证、改证业务流程中，明确开证时间和种类、催开信用证、买方申请开证、买方银行开证（开证行）、开证行把信用证交给卖方银行（通知行）等等，这些业务活动因为没有出口商组织，也没有开证行组织，所以本实训假设这些活动已经发生，并正确完成。

以 CIF 术语成交的出口合同，在信用证得到落实、货物准备工作尽在掌握之中的情况下，出口方应尽可能提前租船或订舱，以确保船货衔接、按时出运。租船或订舱是货物出运的前期工作，是交货环节中至关重要的部分。大多数情况下，这部分工作连同出口报关和储运业务，一并委托专业的涉外货运代理公司（货代）去做。货代企业提供的服务相对出口企业自己来做往往更专业而高效，同时也可以节省出口企业自己做可能产生的更多成本。但是，为了让学生们体验这部分业务而更好地掌握前面外贸环节的诸多知识点，我们将这部分工作设计为由国贸公司进出口经理代替货代公司完成。

船公司的业务也由国贸公司进出口经理代替完成。

国贸公司的进出口经理具有报关员证和报检员证。

保险公司的保险费和船公司的船运费的转账说明：因为没有保险公司组织和船公司组织，保险费和船运费在国贸公司扣除后转到服务公司的指定账号上。

二、采购规则

采购商品主要依据销售预测制定采购计划，从童车制造企业采购，采购品种主要有经济型童车、舒适型童车和豪华型童车三种，详细信息见表2-52。

表2-52 采购产品品种信息

商品编码	商品名称	计量单位	市场供应平均单价（元）	安全库存（辆）
JJTC0111	经济型童车	辆	1 010	200
SSTC0112	舒适型童车	辆	1 800	200
HHTC0113	豪华型童车	辆	2 400	100

注：此处单价为含税单价，增值税税率为13%。

（一）销售预测方法

移动平均法是用一组最近的实际数据值来预测未来一期或几期内公司商品的需求量的一种常用方法。移动平均法适用于近期预测。当商品需求既不快速增长也不快速下降，且不存在季节性因素时，移动平均法能有效地消除预测中的随机波动，是非常有用的。移动平均法根据预测时使用的各元素的权重不同，可以分为：简单移动平均法和加权移动平均法。

本实训用简单移动平均法进行销售量预测。

国贸公司销售的童车在10月、11月、12月的销售量分别为1 000辆、700辆、1 000辆，预测2019年1月份的销售量为：（1 000 + 700 + 1 000）÷ 3 = 900（辆）。

若2019年1月份的实际销售量为810辆，则2019年2月份的预测销售量为：（700 + 1 000 + 810）÷ 3 = 837（辆）

计划采购量 = 预测销售量 −（剩余库存量 − 安全库存量）= 837 −（490 − 200）= 547（辆）

(二) 采购商品的流程

(1) 国贸内陆业务部门根据销售预测、市场供求形势、采购提前期、安全库存以及采购批量等因素，编制采购计划表。

(2) 国贸内陆业务部门与童车制造企业签订合同，确定未来一段时间里即将采购的商品品种、预计数量和约定价格等内容。

(3) 每月月末，国贸内陆业务部门根据销售情况与童车制造企业签订纸质采购合同。

(4) 制造企业根据约定的时间向国贸公司发货，国贸公司验收入库。

(5) 货款结算的时间及金额依据双方签订的合同，并根据实际情况执行。

三、仓储规则

仓库相关信息见表2-53至表2-56。

表2-53 仓库容量信息

仓库类型	使用年限（年）	仓库面积（平方米）	仓库容积（立方米）	仓库总存储单位	售价（万元）
普通仓库	20	500	3 000	300 000	540

表2-54 普通仓库可存放物资种类与数量信息

存货编码	存货名称	存货占用存储单位
JJTC0111	经济型童车	10
SSTC0112	舒适型童车	10
HHTC0113	豪华型童车	10

表2-55 商品信息

商品编码	商品名称	计量单位
JJTC0111	经济型童车	辆
SSTC0112	舒适型童车	辆
HHTC0113	豪华型童车	辆

表2-56 货位信息

商品编码	商品名称	单位	货位
JJTC0111	经济型童车	辆	A0001
SSTC0112	舒适型童车	辆	A0002
HHTC0113	豪华型童车	辆	A0003

任务八 招投标公司规则

一、人力资源规则

人力资源是企业生产经营活动的基本要素。公司的员工配置、工资标准及核算、员工招聘与培训，要在遵循本规则的前提下，作出科学合理的规划安排，以保证公司的生产经营活动协调、有序、高效进行。

(一) 人员信息规则

招投标公司具体岗位及人员设置信息见表2-57。

表2-57 招投标公司岗位及人员设置

部门	岗位名称	在编人数	直接上级
董事会	总经理	1	—

（二）考勤规则

每天的实训开始后，学生必须登录VBSE系统点击"签到"按钮进行考勤签到。

VBSE实训中对实际业务进行了抽象，一个实际工作日完成一个月的工作内容，每月工作任务集中在2个虚拟工作日。

计算出勤天数时，实训学生因病、事休假一个实际工作日的按3个工作日计算，休假类型按照实际情况确定。

如：学生A因病没有参加当天的课程，则他的实际出勤天数 = 当月应出勤天数 − 3天，休假类型为病假。其中应出勤天数为当月实际工作日天数。

迟到、早退按照实际情况计算，每次罚款30元，考勤扣款从当月工资扣除。

二、销售规则

与业主进行合同洽谈，并签订纸质合同，作为后续交易依据。费用结算按双方合同中的约定进行处理，如出现争议，提交市场监督管理局进行协调。

三、招投标代理收费规则

招投标代理服务收费标准见表2-58。

表2-58 招投标代理服务收费标准

费率 ＼ 服务类型 中标金额（万元）	货物招标	服务招标	工程招标
100以下	1.5%	1.5%	1.0%
100~500	1.1%	0.8%	0.7%
500~1 000	0.8%	0.45%	0.55%
1 000~5 000	0.5%	0.25%	0.35%
5 000~10 000	0.25%	0.1%	0.2%
10 000~50 000	0.05%	0.05%	0.05%
50 000~100 000	0.035%	0.035%	0.035%
100 000~500 000	0.008%	0.008%	0.008%
500 000~1 000 000	0.006%	0.006%	0.006%
1 000 000以上	0.004%	0.004%	0.004%

注：（1）按本表费率计算的收费为招标代理服务全过程的收费基准价格，单独提供编制招标文件（有标底的含标底）服务的，可按规定标准的30%计收。

（2）招标代理服务收费按差额定率累进法计算。例如：某工程招标代理业务中标金额为6 000万元，计算招标代理服务收费额如下：

$100 \times 1.0\% = 1$（万元）

$(500 - 100) \times 0.70\% = 2.8$（万元）

$(1\ 000 - 500) \times 0.55\% = 2.75$（万元）

$(5\ 000 - 1\ 000) \times 0.35\% = 14$（万元）

$(6\ 000 - 5\ 000) \times 0.20\% = 2$（万元）

合计收费 $= 1 + 2.8 + 2.75 + 14 + 2 = 22.55$（万元）

固定数据阶段不需缴纳投标保证金，自主经营阶段可由总经理决定是否需缴纳投标保证金。付款方式：转账支票或网银转账。

四、税务规则

招投标公司从事中介服务，涉及国家或地方多个税种，包括：企业所得税、增值税、城市维护建设税、教育费附加、个人所得税等。

按照国家税法规定的税率和起征金额进行税额的计算，城市维护建设税为增值税税额的7%，教育费附加为增值税税额的3%。

个人所得税计算采用2019年1月1日起开始执行的综合所得税税率表，具体税率见表2-59。

表2-59   个人所得税税率表

级数	全年应纳税所得额	税率（%）	速算扣除数
1	不超过36 000元的	3	0
2	超过36 000元至144 000元的部分	10	2 520
3	超过144 000元至300 000元的部分	20	16 920
4	超过300 000元至420 000元的部分	25	31 920
5	超过420 000元至660 000元的部分	30	52 920
6	超过660 000元至960 000元的部分	35	85 920
7	超过960 000元的部分	45	181 920

注：本表所称全年应纳税所得额是指居民个人全年取得的综合所得，以每一纳税年度收入额减除费用6万元以及专项扣除、专项附加扣除和依法确定的其他扣除后的余额。

个人所得税计算方式为：

本月实缴个税 = 累计应缴个税 - 累计已缴个税

累计应缴个税 = 累计应税所得额 × 预扣率 - 速算扣除数

累计已缴个税：应当从上月工资表中取数，若员工当月新入职，则取当月数据。

在税收征收期内，按照公司的经营情况，填制各税种申报表，携带相关会计报表，到税务部门办理纳税申报业务，得到税务部门开出的税收缴款书，并到银行缴纳税款。依据税务部门规定，每月月初进行上月的纳税申报及缴纳。如遇特殊情况，可以向税务部门申请延期纳税申报。

五、结算规则

本公司可以采用现金结算、转账结算和电汇三种结算方式。原则上，日常经济活动，低于2 000元的可以使用现金结算，超过2 000元的一般使用转账支票结算（差旅费或支付给个人业务除外）。

银行支票分为现金支票和转账支票。现金支票用于提取现金，转账支票用于同一票据交换区内的结算。异地付款一般采用电汇方式。

任务九 连锁企业规则

一、门店销售规则

销售订单说明：

订单中，销售价格为含税价，增值税税率为13%，销售商品时需要给顾客开具增值税普通发票。

在固定经营阶段，会由计算机扮演顾客，选中4张订单小票。

订单小票上写明客户名称，购买童车品种、数量、价格等信息。需要避免反复购买。

在自主经营阶段，订单小票信息见表2-60，销售订单信息见表2-61。

表2-60　　　　　　　　　　　　订单小票信息

客户名称	日期	货品名称	数量	单位	含税单价（元）	应收金额（元）
个人客户订单合计1	2019-1-5	经济型童车	100	辆	1 250	125 000
个人客户订单合计2	2019-1-5	经济型童车	100	辆	1 250	125 000
个人客户订单合计3	2019-1-5	经济型童车	100	辆	1 250	125 000
个人客户订单合计4	2019-1-5	经济型童车	100	辆	1 250	125 000

表2-61　　　　　　　　　　　　销售订单信息

客户名称	日期	货品名称	数量	单位	含税单价（元）	应收金额（元）	赠品	实收金额（元）
个人客户订单合计5	2019-1-5	经济型童车	100	辆	1 250	125 000	无	125 000
个人客户订单合计6	2019-1-5	舒适型童车	100	辆	1 850	185 000	无	185 000
个人客户订单合计7	2019-1-5	豪华型童车	100	辆	2 450	245 000	无	245 000
个人客户订单合计8	2019-1-5	经济型童车	100	辆	1 250	125 000	无	125 000
个人客户订单合计9	2019-1-5	舒适型童车	100	辆	1 850	185 000	无	185 000
个人客户订单合计10	2019-1-5	豪华型童车	100	辆	2 450	245 000	无	245 000
个人客户订单合计11	2019-1-5	经济型童车	100	辆	1 250	125 000	无	125 000
个人客户订单合计12	2019-1-5	舒适型童车	100	辆	1 850	185 000	无	185 000
个人客户订单合计13	2019-1-5	豪华型童车	100	辆	2 450	245 000	无	245 000
个人客户订单合计14	2019-1-5	经济型童车	100	辆	1 250	125 000	无	125 000
个人客户订单合计15	2019-1-5	舒适型童车	100	辆	1 850	185 000	无	185 000
个人客户订单合计16	2019-1-5	豪华型童车	100	辆	2 450	245 000	无	245 000

二、门店补货规则

通常在第一次进货之后，要根据销售情况和计划进行补货，以免出现断货的情况。完善的货品管理可以减少货品流失的机会及提高补货质量，令货品的出入得以平衡。而有效的存货管理就在于出数与入数的有效管理。

补货基本上属于连锁企业内部的业务流程范畴。有的连锁企业把补货工作称为"向配送中心点菜"，这样的提法非常形象。

补货业务的要点如下：

（1）店长每天查看商品库存和销售情况；

（2）设置门店最小、最大库存量；

（3）一次进货量保持在30天的销售量内；

（4）店长根据最小库存量，即订货点法填制补货申请单；

（5）总部物流部配送员在规定时间内根据申请单要求组织送货到门店。

门店补货量计算公式如下：

$$\begin{array}{l}\text{计划}\\ \text{补货量}\end{array} = \begin{array}{l}\text{平均每天}\\ \text{销售量}\end{array} \times \left(\begin{array}{l}\text{补货}\\ \text{周期}\end{array} + \text{交货期} + \begin{array}{l}\text{安全库存}\\ \text{天数}\end{array}\right) + \begin{array}{l}\text{最小}\\ \text{陈列量}\end{array} - \begin{array}{l}\text{最后}\\ \text{库存量}\end{array} - \begin{array}{l}\text{在途}\\ \text{补货量}\end{array}$$

$$\text{月销售量} = \text{平均每天销售量} \times \text{订货周期}$$

$$\text{配送交货期库存量} = \text{平均每天销售量} \times \text{交货期}$$

$$\text{安全库存量} = \text{平均每天销售量} \times \text{安全库存天数}$$

$$\text{最小陈列数量} = \text{货架容量} \times \text{最小陈列系数}$$

$$\text{补货点} = \text{送货天数} \times \text{每天销售量} + \text{安全库存} + \text{最小陈列数量}$$

具体门店最小陈列量见表2-62，一个门店的补货计划见表2-63。

表2-62　　　　　　　　　　　　门店最小陈列量表

门店	货架容量	最小陈列系数	最小陈列量
东区门店	40	0.5	20
西区门店	40	0.5	20

表2-63　　　　　　　　　　　　一个门店的补货计划样表

项目	1月
月均销售量	400
安全库存量（2天×13辆）	26
配送交货期库存量（2天×13辆）	26
店面最小陈列量	20
最高库存量	472
期初库存量	420
在途补货量	0
30天销售量	400
补货点（最低库存量）	72
月末补货量（下单）	400

三、仓储中心补货规则

补货业务的要点如下：

（1）每天查看商品库存和配货情况；

（2）设置最小、最大库存量；

（3）一次进货量保持在30天的配送量内；

（4）根据最小库存量即订货点法的计算结果，填制补货申请表；

（5）总部采购部采购员依据仓储中心补货申请表编制采购计划。

仓储中心补货量计算公式：

$$\text{计划补货量} = \text{平均每天配送量} \times (\text{配送周期} + \text{交货期} + \text{安全库存天数}) - \text{最后库存量} - \text{在途订货量}$$

$$\text{月销售量} = \text{平均每天配送量} \times \text{订货周期}$$

$$\text{配送交货期库存量} = \text{平均每天配送量} \times \text{交货期}$$

$$\text{安全库存量} = \text{平均每天配送量} \times \text{安全库存天数}$$

$$\text{补货点} = \text{交货天数} \times \text{平均每天配送量} + \text{安全库存量}$$

仓储中心补货计划见表2-64。

表2-64   仓储中心补货计划样表

项目	1月
月均配送量	1 600
安全库存量（5天×52辆）	260
配送交货期库存量（5天×52辆）	260
最高库存量	2 120
期初库存量	2 000
在途订货量	0
月末一次配送量	1 200
订货点	520
月末补货量（下单）	1 200

四、采购规则

商品主要从童车制造企业采购，采购品种主要有经济型童车、舒适型童车和豪华型童车三种，具体信息见表2-65。

表2-65   产品采购品种信息

商品编码	商品名称	计量单位	市场供应平均单价（元）
JJTC0111	经济型童车	辆	1 000
SSTC0112	舒适型童车	辆	1 500
HHTC0113	豪华型童车	辆	2 000

注意：此处单价为含税单价，增值税税率为13%。

采购商品的流程：

（1）采购部门根据仓储中心库存净需求（仓储中心补货申请表）、市场供求形势、采购提前期、安全库存以及采购批量等因素，编制采购计划表。

（2）采购部门与童车制造企业签订合同，确定未来一段时间里即将采购的商品品种、预计数量和约定价格等内容。

（3）每月月末，采购部门根据库存情况与童车制造企业签订纸质采购合同。

（4）供应商根据约定的时间向连锁企业发货，连锁企业验收入库。

（5）货款结算的时间及金额依据双方签订的合同，并根据实际情况执行。

（6）采购运费的具体细节在采购合同中由双方进行约定。

五、仓储规则

连锁企业有3个仓库：仓储中心库、东区门店库、西区门店库。具体仓库信息见表2-66。其中：东区门店库和西区门店库的仓库和店面是一体的，不单独设立仓管员。

表2-66　　　　　　　　　　　　　　仓库信息

仓库编码	仓库名称	可存放商品
ZBCK01	仓储中心库	经济型童车、舒适型童车、豪华型童车
AZCK02	东区门店库	经济型童车、舒适型童车、豪华型童车
DDCK03	西区门店库	经济型童车、舒适型童车、豪华型童车

仓储中心负责企业所需商品的采购入库、配送出库和管理，具体商品信息见表2-67。

表2-67　　　　　　　　　　　　　　商品信息

商品编码	商品名称	计量单位
JJTC0111	经济型童车	辆
SSTC0112	舒适型童车	辆
HHTC0113	豪华型童车	辆

门店负责销售所需的商品补货入库、销售出库和保管。

六、财务规则

本版本财务实训由会计师事务所代理记账。

任务十　会计师事务所基本规则

会计师事务所基本规则如图2-8所示。

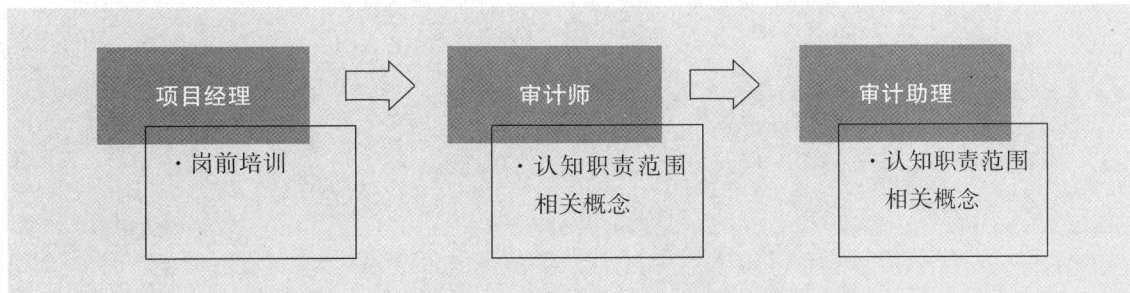

图2-8　会计师事务所基本规则

项目经理岗前培训：组织部门人员学习审计的基本概念和理论，布置学习任务。

一、审计师认知

（1）了解审计准则的分类及一般构成；

（2）掌握中国审计准则基本准则内容；

（3）掌握审计抽样的种类和样本的选取方法。

二、审计助理认知

（1）了解审计过程每一个阶段的具体工作内容；

（2）了解审计证据可靠性的判定标准；

（3）了解审计工作底稿的基本要素及分类内容。

模块三
团队组建

模块三　团队组建

任务一　实习动员

一、实习总动员

仿真实习开始之前，由实习组织者就本次实习的目的、内容、时间安排、组织形式、实习要求、实习考核等内容做统一宣讲。通过实习动员会使学生：

（1）理解本次实习的意义；

（2）明确实习的要求及工作规范；

（3）了解实习考核评价指标体系。

二、综合素质测评

实习之前，对所有同学做综合素质测评。综合素质测评由实习系统自动抽题、自动计分，题目类型包括基本素质、通用管理、营销、采购、生产、仓储、人力资源、行政管理、财务等各方面内容。

在参与仿真实习的学生中，根据综合素质测评结果，选取综合素质测评分数高的作为CEO备选人选，再参考个人意愿及教师推荐，指定若干位CEO候选人。

任务二　VBSE系统操作培训

一、登录VBSE系统

在IE浏览器地址栏输入VBSE系统登录地址，登录至"用户登录界面"，学生输入自己的用户名（学号）、密码（111111），点击"登录"，进入学生的主页面。

在该页面可进行以下操作：

（1）签到；

（2）企业信息查看，分配完岗位后可点击企业名称看到本企业的基本信息；

（3）资源搜索，在页面右下方可以看见学习资源的按钮，点击进去可以看到教学案例和资源库，教学案例可以查看各种规则，资源库里包括所有上课资源，还可以通过输入关键字进行资源的搜索，这些资源包含WORD、PPT、EXCEL等，可进行各项学习和了解；

（4）维护个人信息时，可以修改个人的密码，并可录入身份证号完成身份的登记（该操作完成后才可在银行批量发放工资）；

（5）工作日期：该日期为虚拟日期，在VBSE3.5中，有虚拟日期可用于课程训练，具体虚拟日历见表3-1。

二、使用菜单

VBSE使用图标式菜单，菜单分为两级，如图3-1所示。

表 3-1 　　　　　　　　　　　课程虚拟日历

	月份	日期1	日期2
2019年虚拟日历	1月	5	25
	2月	5	25
2020年虚拟日历	1月	5	25
	2月	5	25
	3月	5	25
	4月	5	25
	5月	5	25
	6月	5	25
	7月	5	25

图 3-1　VBSE 使用的图标式菜单图

三、实训任务

（一）任务中心

登录 VBSE 系统后，窗口中间的位置会显示"任务中心"，"任务中心"中显示的是老师推送的当前需要代办的任务。任务分为"待办任务"、"已办任务"和"发起任务"，如图3-2所示。"待办任务"是指由教师或别的同学发起的任务，一旦完成便不可再次执行；"已办任务"是指已经完成的任务；"发起任务"是指可由当前用户根据需要随时、任意次发起的任务。

（二）任务类型

任务分为学习型、测验型、手工型和交互型。

（1）学习型任务，主要显示视频以及教材的 PPT、Excel 和 Word，便于老师讲解或者自学时参考，如图3-3所示。

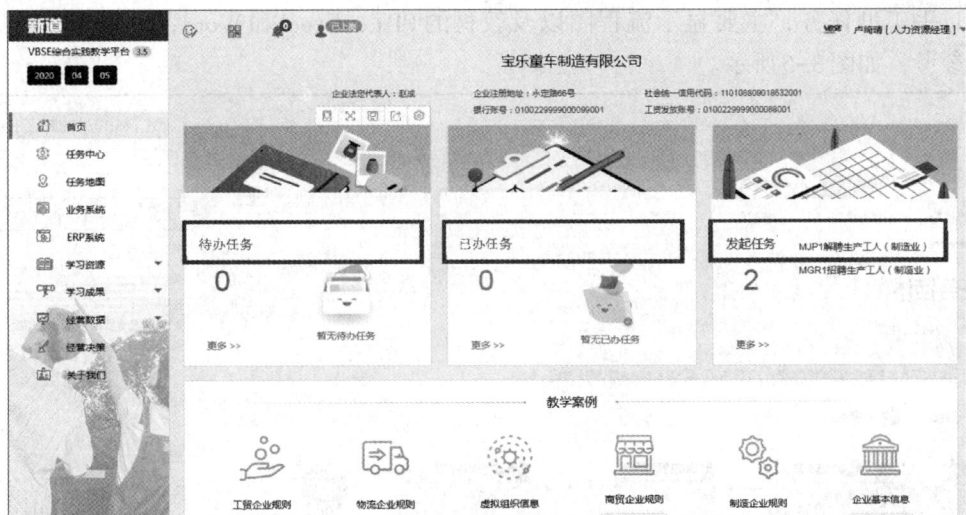

图3-2　任务中心窗口

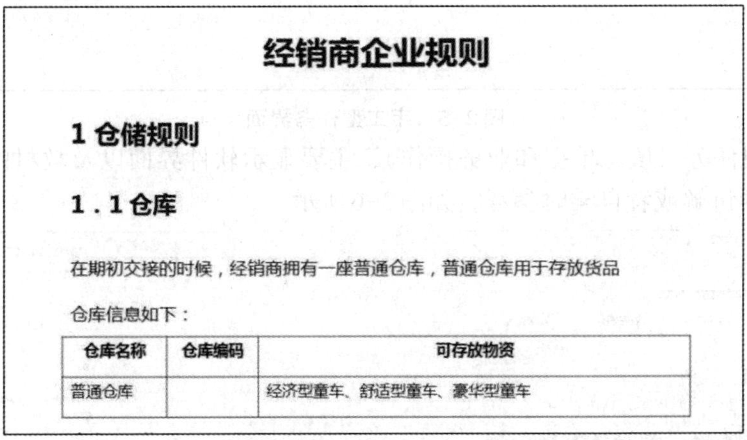

经销商企业规则

1 仓储规则

1.1 仓库

在期初交接的时候，经销商拥有一座普通仓库，普通仓库用于存放货品

仓库信息如下：

仓库名称	仓库编码	可存放物资
普通仓库		经济型童车、舒适型童车、豪华型童车

图3-3　学习型任务界面

（2）测验型任务，一般是需要在线答题的任务，答题完成后，点击提交试卷。如果试卷全是选择题，则可以直接到教学考核管理的学生查询单项成绩中查询这次考试的成绩，如图3-4所示。

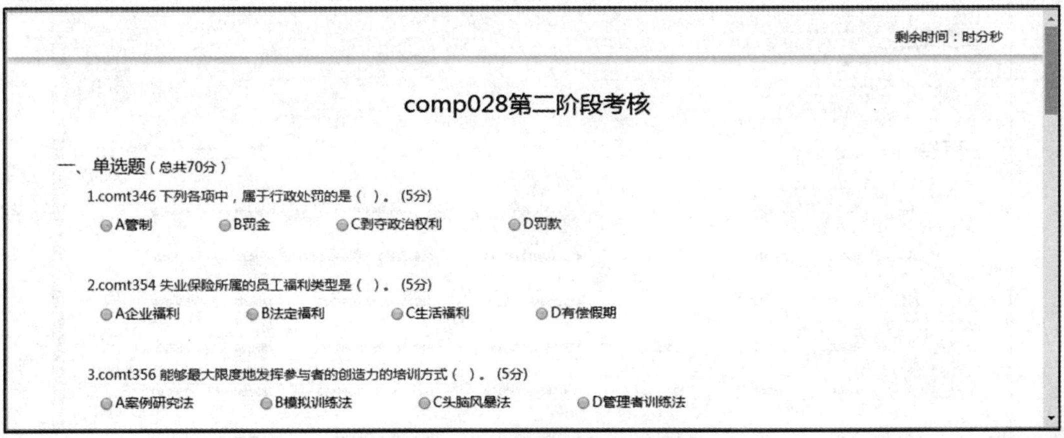

剩余时间：时分秒

comp028第二阶段考核

一、单选题（总共70分）

1.comt346 下列各项中，属于行政处罚的是（ ）。(5分)

A管制　B罚金　C剥夺政治权利　D罚款

2.comt354 失业保险所属的员工福利类型是（ ）。(5分)

A企业福利　B法定福利　C生活福利　D有偿假期

3.comt356 能够最大限度地发挥参与者的创造力的培训方式（ ）。(5分)

A案例研究法　B模拟训练法　C头脑风暴法　D管理者训练法

图3-4　测验型任务界面

（3）手工型任务，主要显示流程图以及教材的PPT、Excel和Word，便于老师讲解或者自学时参考，如图3-5所示。

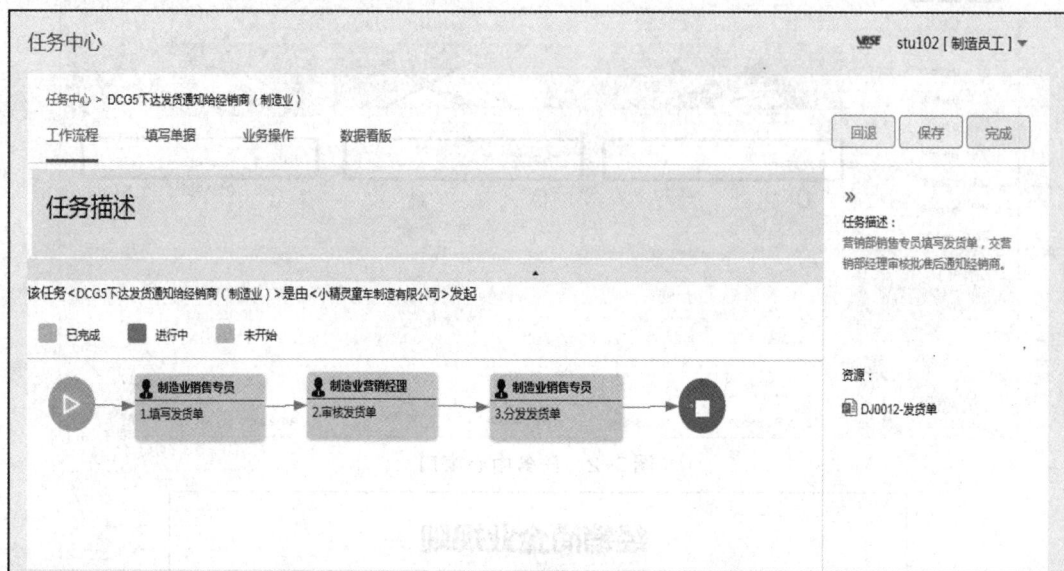

图3-5　手工型任务界面

（4）交互型任务（填写单据和业务操作），主要显示软件界面以及教材的PPT、Excel和Word，便于老师讲解或者自学时参考，如图3-6所示。

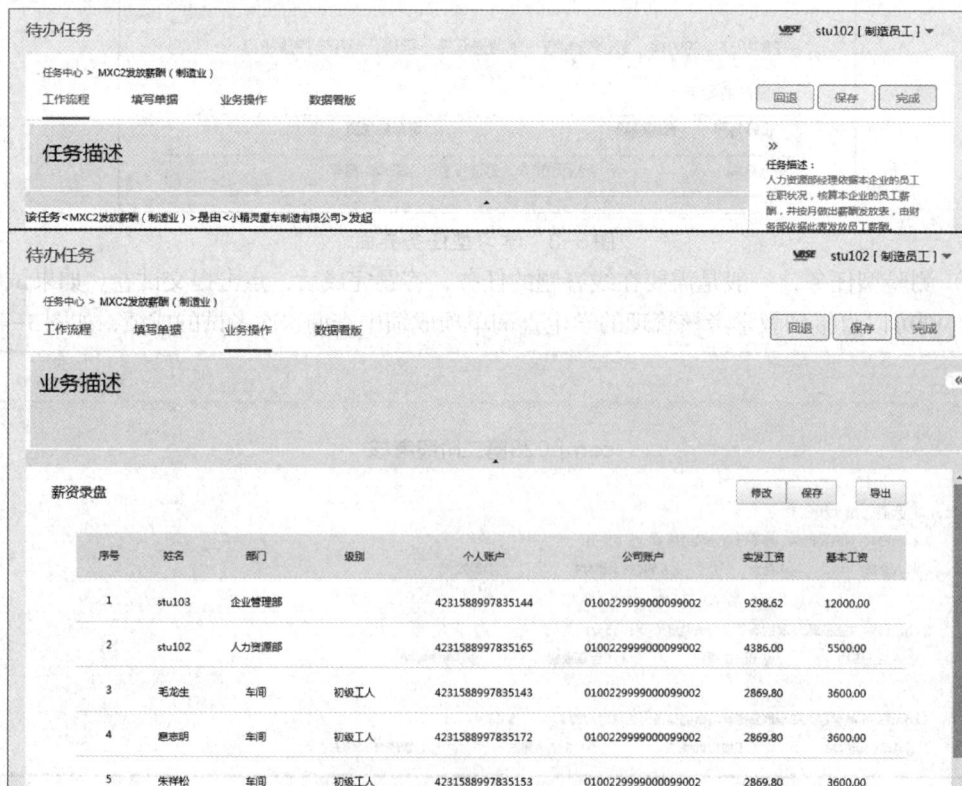

图3-6　交互型任务界面

（三）执行任务

点击"任务中心"中的任务标题，就会弹出点击的任务的当前页面，不同类型的任务，列示资源的形式也不同。任务完成后，需要点击右上角的"保存"和"完成"按钮，才能真正完成该任务。如果任务处理错误，可以退回到上一个人进行修改和完善，点击右上角的"回退"按钮就可以了。点击左边的首页按钮后，VBSE系统将回到"任务中心"界面并自动刷新尚未完成的任务列表，如图3-7所示。

图3-7　VBSE任务中心窗口

如果暂时不想完成此工作，可直接点击左边的任务中心回到"任务中心"去完成其他的任务。

如果完成任务的窗口较小，无法看到全部的任务流程，可以点击右上角的红色箭头，以看到所有的流程，如图3-8所示。

图3-8　VBSE任务窗口完整流程

（四）查看学习进度

1.查看当前任务的进度

如果是自己的待办任务和已办任务，点击任务中心的任务名称，就可以进入查看具体任务的进度，如图3-9所示。

图3-9 VBSE任务进度链接

2.查看整个课程的进度

有时候学生需要了解整个课程有哪些任务、哪些任务还没有完成,此时可以使用经营数据中的"进度管理"菜单进行查询,如图3-10所示。

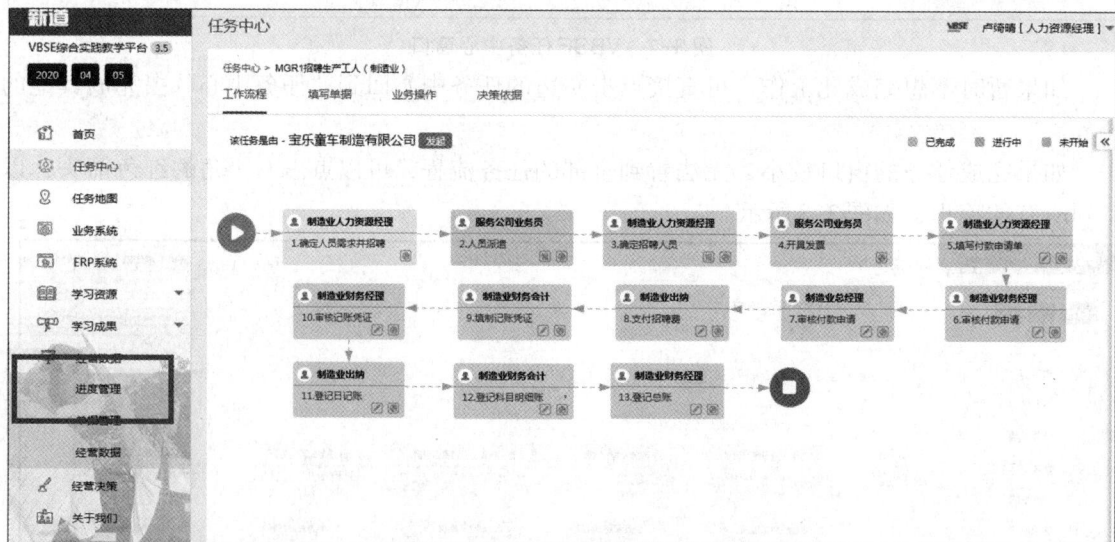

图3-10 VBSE任务进度管理菜单

(五)使用教学资源

1.查看当前任务相关的教学资源

当执行某个任务时,学生可以在操作界面的右方查看相关课件和手册,如图3-11所示。

2.搜索全部教学资源

学生也可以通过菜单"学习资源">"资源库",进行教学资源的查询和搜索,如图3-12所示。

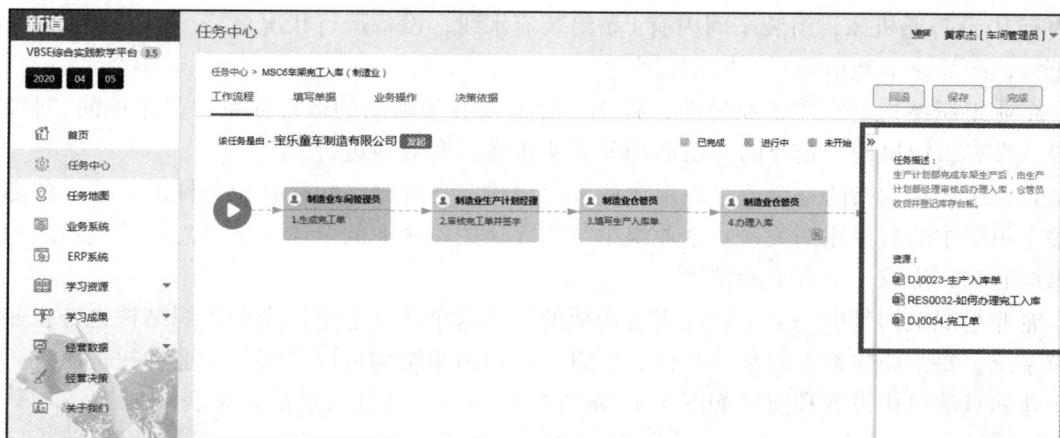

图3-11 VBSE任务相关教学资源

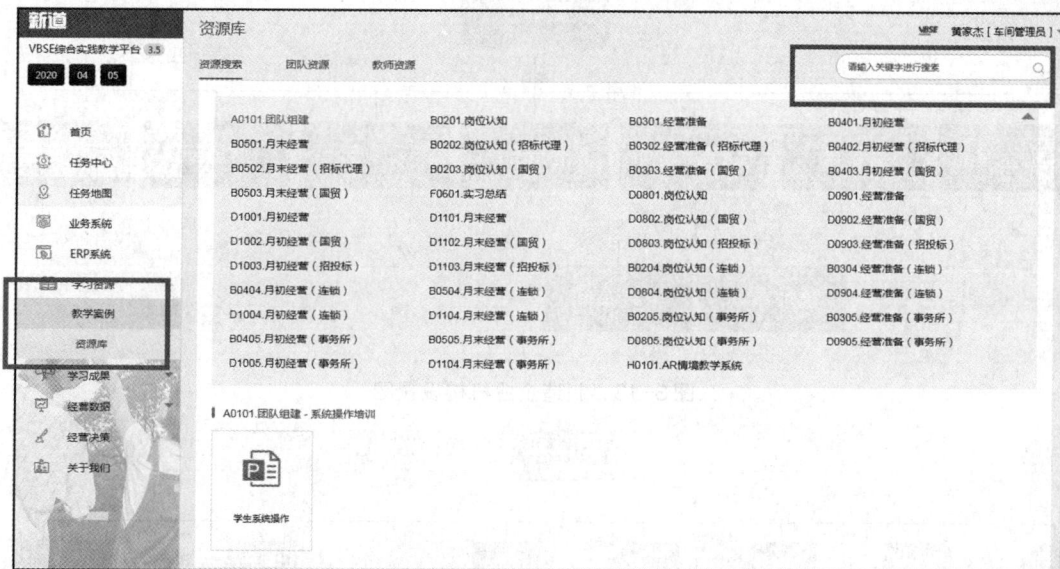

图3-12 VBSE查询和搜索教学资源

任务三 各组织部门职责及对应岗位职责

一、制造企业组织结构及岗位职责

制造企业是以营利为目的，从事工业生产经营活动或提供工业性劳务，实行自主经营、自负盈亏、独立核算，依法成立的具有法人资格的基本经济组织。

制造企业区别于其他行业的典型特征是生产职能，生产职能是将资源转化为对客户更具有价值的商品的活动。从资源材料的获取到最终消费品有多个阶段，开发产品的每个阶段都会增加附加值，从而创造更多的财富。

仿真企业是一家中小型制造企业，属于有限责任公司，创建于2010年1月，主打产品是经济型童车。目前企业拥有自主产权的大厂房一座，厂房内设机加车间和组装车间。机加车间内有10台普通机床，组装车间内有1条组装流水线，设备运行状况良好，目前公司财务状况正常，产品在本地市场有一定知名度。

企业组织结构是支撑企业生产、技术、经济及其他活动的运筹体系，是企业的"骨骼"系统。没有组织机构，企业的一切活动就无法正常、有效地进行。

企业组织结构指的是企业组织由哪些部分组成，各部分之间存在着怎样的关联，各部分在整个组织中的数量比例关系。企业组织结构表达的是企业的全体人员以怎样的模式及构架被组织起来，形成一个有机的整体。

企业组织机构是由一个个职位组合而成的。从这个意义上讲，企业组织结构也是企业的职位系统。每个职位都有权利和责任，所以，企业组织结构可以看成是企业的权责系统。制造企业的具体机构设置和岗位如图3-13和图3-14所示，详细人员信息见表3-2。

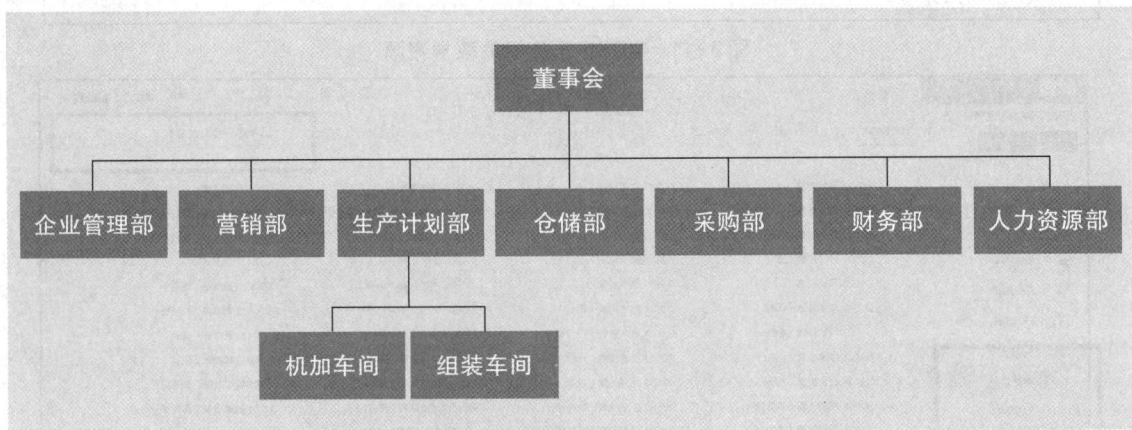

图3-13　制造企业机构设置图

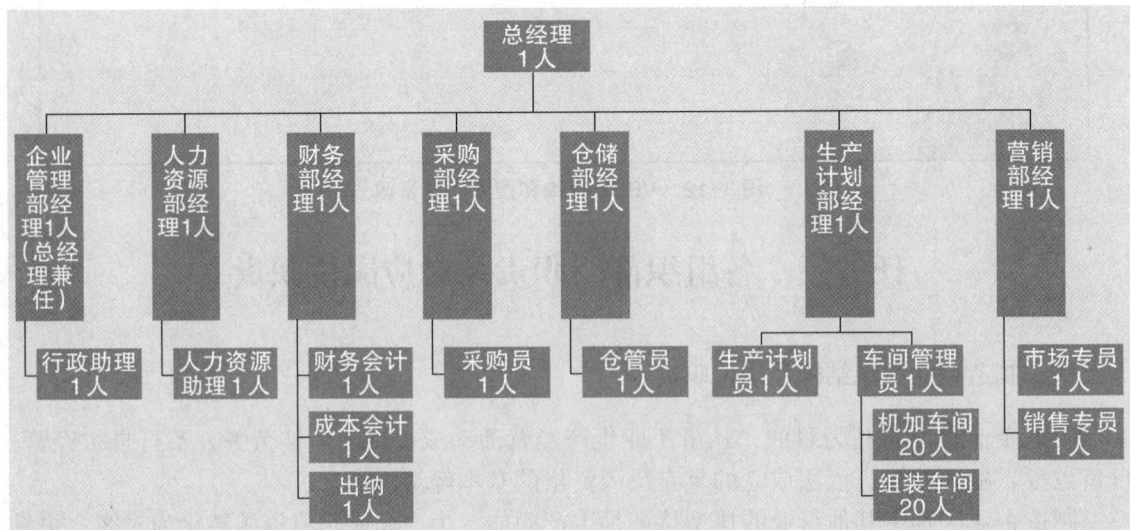

图3-14　制造企业标准岗位设置

VBSE实训系统中核心制造企业有7个部门，分别为企业管理部、营销部、生产计划部、仓储部、采购部、财务部、人力资源部。企业规模较小，人数不超过100人，由18个管理岗位及若干工人组成。

表 3-2　　　　　　　　　　　　　　　　人员信息

部门	岗位名称	岗位级别	在编人数	直接上级
企业管理部	总经理（兼企管部经理）	总经理	1	董事会
	行政助理	职能管理人员	1	总经理
营销部	营销部经理	部门经理	1	总经理
	市场专员	职能管理人员	1	部门经理
	销售专员	职能管理人员	1	部门经理
生产计划部	生产计划部经理	部门经理	1	总经理
	车间管理员	职能管理人员	1	部门经理
	生产计划员	职能管理人员	1	部门经理
	初级生产工人	工人	25	车间管理员
	中级生产工人	工人	15	车间管理员
仓储部	仓储部经理	部门经理	1	总经理
	仓管员	职能管理人员	1	部门经理
采购部	采购部经理	部门经理	1	总经理
	采购员	职能管理人员	1	部门经理
人力资源部	人力资源部经理	部门经理	1	总经理
	人力资源助理	职能管理人员	1	部门经理
财务部	财务部经理	部门经理	1	总经理
	出纳	职能管理人员	1	部门经理
	财务会计	职能管理人员	1	部门经理
	成本会计	职能管理人员	1	部门经理

（一）企业管理部

企业管理部（简称企管部）是企业的重要管理部门，主要负责企业管理及运营、上下联络沟通、及时向领导汇报情况等工作，承担督查和考核各部门的工作，如行政文案事物、内务后勤、制度规程、监督管理等工作。部门主要职责如下：

（1）管理协调督查，包括企业日常工作的管理和协调，指导、督察和考核各部门的工作，建立、完善、检查和指导各部门管理制度等工作。

（2）行政事务管理，包括企业各项管理制度的制定和完善、会议管理等工作。

（3）公文档案管理，包括合同管理、公文管理、档案管理等工作。

（4）对外公共关系管理，包括印章管理、公关管理等。

（5）内务后勤管理，包括固定资产管理、办公用品管理等。

根据企业目标和企业管理部业务特点，企业管理部岗位一般有总经理、副总经理、总经理办公室主任、总经理办公室秘书、行政总监、行政经理、安全保密专员、办公室专员、行政专员、后勤专员、前台接待专员、车辆专员、公关事务专员等。根据中小企业的特点，主要工作岗位有总经理、行政助理。

1.总经理

（1）工作职责。总经理是企业的最高管理者，同时兼任企业管理部的负责人，在董事会领导下，负责总经理职责范围内的所有工作。具体职责如下：

①负责组织制定公司总体战略与年度经营规划；

②负责组织制定公司经营预算；

③负责建立和健全公司的管理制度和组织结构；

④负责主持公司的日常经营管理工作；

⑤负责制定公司的经营管理目标；

⑥负责主持召开有关企业重大决策会议；

⑦负责对公司经营状况进行诊断和改进；

⑧负责督察和考核各部门的工作状态和经营指标；

⑨负责协调公司人力资源；

⑩负责协调公司对外联络。

（2）工作任务。

公司组建任务：制作招聘海报、组织招聘、组建团队、内部会议、岗前培训等。

公司经营任务：制定公司战略和经营计划、组织制定公司预算、建立规章制度、建立组织结构、组织销售、组织生产、组织采购、组织财务核算等。

公司管理任务：财务管理（主要是分析财务指标）、税务管理、工商管理、团队管理、召开经营分析会、企业文化管理等。

2.行政助理

（1）工作职责。行政助理由总经理任命，工作涉及各个部门的多种工作，比较繁琐，对公司经营过程中的日常行政进行管理，承担执行公司规章制度、管理规程等工作。具体职责如下：

①负责企业日常行政工作的管理和协调；

②负责协助制定公司各项管理规章制度；

③负责各种合同、公文、档案等文字资料的整理归档；

④负责企业证照的办理、年审、更换、作废等管理，印章的保管、使用管理等；

⑤负责企业各部门办公用品的领用和分发工作；

⑥负责公司固定资产的管理。

（2）工作任务。

公司组建任务：管理办公用品、组织九宫格活动。

公司经营过程中的任务：部门工作考核、协助制定规章制度、办公用品管理、合同公文档案管理、证照印章管理、资产设备管理、组织会议等。

（二）营销部

营销部是企业的重要部门，是企业利润的创造部门，在企业中具有举足轻重的地位，营销工作的成功与否直接决定企业的成败。在本实训模拟的企业中，营销部包括两大职能：一为销售，二为市场。具体来说，营销部的主要职能如下：

（1）完成公司制定的营销指标；

（2）营销策略、计划的拟订与实施；

（3）营销经费的预算和控制；

（4）营销管理制度的拟定、实施和改善；

（5）部门员工管理。

根据企业目标和业务特点，依据集中管理、分工负责的原则，营销部的岗位主要设立为营销部经理、市场专员、销售专员三个岗位。

1.营销部经理

（1）工作职责。营销部经理是营销部的负责人，在总经理的领导下，各部门有效配合，全面负责营销部的所有工作。其具体职责如下：①负责制定本部门营销管理制度；②负责制订公司营销总体规划并组织实施；③负责编制本部门的营销预算，并严格控制；④负责制订和组织实施本部门营销计划并监督执行；⑤负责本部门业务的经营分析；⑥负责本部门各项业务审批审核工作；⑦负责对本部门员工进行绩效考核；⑧负责本部门员工管理；⑨公司总经理交办的其他临时性工作。

（2）工作任务。市场调研和分析、广告投放申请、产品定价、编制营销企划方案、营销企划方案跟进、编制部门预算、组织制定部门规章制度、销售合同审批、审批销售发货计划、广告费财务报销、召开部门工作会议、部门员工绩效考核。

2.市场专员

（1）工作职责。市场专员是在营销部经理的领导下，承担公司产品市场调查、市场分析和预测、市场开发、产品开发、产品促销等工作，其主要职责如下：①负责相关市场调查和分析，为公司研发、生产及销售提供决策支持；②负责根据市场调研和分析的结果，对公司的产品销售进行预测；③负责根据市场调研和分析的结果，制订公司新产品开发计划；④负责公司广告方案的策划和实施；⑤负责编制公司广告预算；⑥部门经理安排的其他工作。

（2）工作任务。市场调研、销售预测、市场开拓、编制营销企划方案、广告投放申请、新产品开发计划、广告预算编制、产品定价、广告费报销等。

3.销售专员

（1）工作职责。销售专员是在营销部经理的领导下，负责完成公司下达的销售指标，负责指定区域内公司产品的客户推广和销售管理工作，其主要职责如下：①负责搜集和寻找潜在客户，开发新客户，拓展与老客户的业务；②负责与客户进行产品销售沟通与商务谈判；③负责销售合同的签订工作；④负责销售合同的履行和管理等相关工作，包括及时组织货源、发货与货款回收；⑤负责建立客户档案，做好产品的售后服务工作，经常走访，维护客户关系；⑥负责公司产品销售竞单工作；⑦负责编制销售统计报表；⑧部门经理安排的其他工作。

（2）工作任务。与客户谈判并签订销售合同、销售竞单、编制销售发货计划、销售发货、货款回收、建立客户档案等。

（三）生产计划部

生产计划部是企业的重要管理部门，主要负责有效组织生产部门资源，实现产品高效优质生产，成品准时入库。生产计划部的主要职能如下：

（1）生产管理。根据生产计划部中生产计划员下达的生产计划，组织产品生产，保证产品、质量、交期的有效实现；以更低的成本按时、保质、保量地完成生产计划部和其他职能部门下达的产品生产任务和其他临时工作任务作业，确保作业安全并可持续运行；制定生产部门人力资源、物料、设备需求计划，以满足生产的需要；"ISO9000"体系及"5S"活动在生产车间的有效实施与推行。

（2）物料控制。严格执行各项物料管理制度，降低物料成本；负责生产过程中物料的控制与管理；确保物料配套生产，提高物料利用效益。

（3）设备管理。监督设备管理运作，提升设备利用率；执行设备的日常维护管理；遵守国家安全生产法规，执行公司安全操作规程，采取有效的劳动保护措施，监督劳动防护用品的有效利用，实行安全文明生产，并使其可持续运行。

（4）日常工作管理。每日组织召开生产协调会；定期组织部门例会；制度与工作任务的执行与监督；负责部门成本预算与控制；制定相关工作制度，设置相关工作流程，规范部门协作；设定例会制度，保证部门信息流通、信息共享，确保整体运作内耗持续下降；健全生产人才培养机制，积极组织培训学习，提高工作技能，提升工作绩效，提高员工职业素养。

根据中小企业经营特点，生产计划部的主要管理岗位有生产计划部经理、生产计划员及车间管理员。

1.生产计划部经理

（1）工作职责。生产计划部经理是生产计划部的负责人，在总经理的领导下，全面负责和完成公司生产计划部门的所有工作。具体职责如下：①负责制定本部门生产战略并组织实施；②负责组织制订生产计划；③负责编制本部门的生产预算，并进行各项审批审核工作；④负责制定部门的生产规章制度；⑤负责组织设备采购计划的制订，设备的维护保养；⑥负责组织新产品开发计划；⑦负责与人力资源部协调，进行生产人员配备。

（2）工作任务。制定生产战略、编制生产预算、制定规章制度、组织新产品开发、购买生产设备、生产计划审批、物料需求计划审批、生产通知单审批、请购单审批、领料单/出库单/完工入库单审批、生产人员配置、部门绩效考核、召开部门工作会议等。

2.生产计划员

（1）工作职责。生产计划员是根据客户订单及市场预测，结合企业实际产能及原材料供应情况，在不影响交货的前提下编制合理均衡的生产计划，并安排生产。具体职责如下：①负责制订企业的生产计划；②负责编制物料需求计划；③负责填写生产通知单，并派发给生产车间；④负责进行生产监控，保证生产计划的实现；⑤负责进行日常的物料管理和控制，使得物料配套供应，以满足正常的生产所需。

（2）工作任务。归档整理BOM、编制生产计划、编制物料需求计划、填写并派发生产通知单、填写并发放请购单、生产监督、物料监控等。

3.车间管理员

（1）工作职责。车间管理员全面负责所辖车间的各项工作，通过有效的统筹、调度安排，达到车间生产效率最大化，保证企业各项生产任务和目标顺利完成。具体职责如下：①按公司下达的生产任务，编制生产作业计划，全面完成生产计划；②负责原材料领用和完工入库；③负责生产过程中物料的控制和管理，降低物料成本。

（2）工作任务。编制生产作业计划、配备生产线人员、领取原材料、实施生产、产成品入库、填写产品质检单、填写生产报表等。

（四）仓储部

在社会分工和专业化生产的条件下，为保持社会再生产过程的顺利进行，必须储存一定量的物资，以满足一定时期内社会生产和消费的需要。仓储是指通过仓库对暂时不用的物品进行储存和保管。制造企业的核心竞争力体现在产品的开发、生产和制造上，仓储作为企业生产和营销的保障，主要体现在对物料、备品备件和成品的仓储管理。物料是指企业生产所需的原材料、零部件、在制品等。搞好物料仓储管理对确保企业生产正常进行有着重要意义。

仓储部是企业的重要业务部门，主要负责储存保管生产所需的各类原材料、半成品，以及生产完工等待销售的产成品等物资，并根据业务部门需要适时做好物资的入库、出库、库存控制等主要工作。仓储部的主要职能如下：

（1）验收入库管理。其主要包括物料数量、质量、包装的验收和入库作业，以及入库信息处理。

（2）储存保管职能。其是指对企业拥有的、处于暂时停滞状态的物资进行储存，并对物资进行保养和管理，包括对仓储空间进行科学规划，合理利用仓容及各种资源，使各类物料摆放适当、位置合理，保持物资数量和质量完好，便于取用。

（3）出库配送管理。其主要包括对出库物料进行拣选、清点及办理出库手续等。

（4）物料的盘点。其主要包括出库入库数据的统计、定期物料盘点及盘点异常的处理等。

（5）库存控制。其主要包括核定和掌握各种物料的储备定额，确定合理的库存水平，利用物资储备来实现企业生产所需的均衡、连续的供应。

1.仓储部经理

（1）工作职责。仓储部经理是仓储部的负责人，在总经理的领导下，负责完成企业年度的仓储规划，制订部门作业计划、控制库存成本和库存费用等工作。具体职责如下：

①负责制定本部门的管理制度；

②负责制订本部门的仓储规划及组织实施；

③负责编制本部门的仓储作业计划；

④负责编制本部门的库存费用预算；

⑤负责进行合理库存控制，加快存货周转速度，降低库存成本；

⑥负责核实对物料收发存的管理，并监督仓库进行盘点清查，保证账、物、卡相符；

⑦负责物资的出入库管理，并对各类出入库单据进行整理归档；

⑧负责物资的合理存放、保管和防护工作；

⑨负责物资的日常盘点。

（2）工作任务。制定管理制度、制订仓储规划、编制仓储作业计划、编制部门费用预算、库存控制、仓储布局、仓储安全管理、核实物料收发存、员工绩效管理。

2.仓管员

（1）工作职责。仓管员是在仓储部经理的领导下，按照仓储经理下达的作业计划，规范地完成入出库、在库保管、盘点、库存控制等工作，保证企业生产和销售所需物资的及时供应。具体职责如下：①负责执行仓库的物料入库、保管、出库等日常工作；②负责合理安排物料在仓库内的存放次序；③负责仓库区域内的安全、防盗、消防工作；④负责维护物料的存储环境；⑤负责定期对仓库物料盘点清仓，做到账、物、卡三者相符；⑥负责处理物料仓库单据、账册的整理归档；⑦负责完成上级领导交办的其他临时性工作。

（2）工作任务。库存控制、仓储安全管理、填写入库单、填写出库单、填写盘点单、填写库存台账等。

（五）采购部

采购部是企业的重要业务部门，主要负责外购商品及支付价款等工作，承担公司物资采购、供应商管理、收货验收、采购结算等任务。采购部的主要职能如下：

（1）采购计划管理。初审公司各部门呈报的年度物料需求计划，统筹策划和确定采购内容等。

（2）供应商管理。开发和选择供应商，评审和管理供应商，建立完整的供应商档案库等。

（3）采购活动管理。根据生产需求编制采购计划，签订采购合同和下达采购订单，组织实施采购活动等。

（4）采购合同管理。组织采购合同的评审，建立采购合同台账，对合同进行分类档案管理，并对合同的执行进行监督等。

（5）采购成本管理。积极与供应商进行询价、比价、谈判，尽量把采购成本降低。

（6）采购监控与评价。对供应商货物进行到货验收，并对供应商进行评价等。

（7）根据企业经营目标和采购部业务特点，采购部一般设有采购经理、采购计划主管、采购合同主管、供应商管理主管、采购成本控制主管和采购员等岗位。根据一般中小企业经营的特点，采购部主要设置采购部经理和采购员等岗位，各岗位职责如下：

1.采购部经理

（1）工作职责。采购部经理是采购部的负责人，在总经理的领导下，与各部门有效配合，全面负责和完成采购部的所有工作。具体职责如下：①负责制定本部门的采购管理制度；②负责制订公司采购规划并组织实施；③负责编制本部门采购预算；④负责分析和预测市场行情；⑤负责参与收集供应商信息；⑥负责开发、选择及评定供应商；⑦负责审核采购合同并监督执行；⑧负责审核采购订单。

（2）工作任务。制定采购战略、制定部门制度、编制采购预算、分析和预测市场行情、审核采购合同、审核采购订单、选择和评定供应商、召开部门工作会议、跟踪合同执行情况。

2.采购员

（1）工作职责。采购员负责收集供应商资料信息，编制采购计划并进行跟进，确保采购物资按时保质保量低价送达。具体职责如下：①负责收集供应商资料；②负责编制采购计划；③负责日常采购谈判；④负责签订采购合同；⑤负责填制采购订单；⑥负责采购过程从订购到交货的全程跟进；⑦负责协助仓储部收货、点货、检货与入库；⑧负责货款申请与支付。

（2）工作任务。收集供应商资料、建立供应商档案、编制采购计划、采购谈判、签订采购合同、填制采购订单、采购跟踪、协助仓储部入库（采购到货）、采购货款申请与支付、召开部门工作会议等。

（六）财务部

财务部是企业的重要管理部门，主要负责核算和监控企业经营情况，税务管理、资金筹措和运用、向利益关系人报送财务报告和经营管理报告等。其主要职能如下：

（1）会计核算与报表职能。其包括会计核算，即依据会计准则归集、处理各类会计信息；报表编制及分析，即及时编制和提交财务报表，按时编制企业对外报送的财务报告；资产管理，保证企业资源的有效利用；成本核算与监控。

（2）会计监督职能。其主要包括制定企业的会计制度，编制财务计划或预算，对部门资金的使用情况，进行绩效考核等。

（3）参与管理职能。其主要包括建立内部控制制度，编制内部管理用报表，资金管理，实施财务资金运作，促使企业形成和保持健康的经营状态。

财务部门的这三个职能各不相同，但都基于企业最基本的会计数据。通过对会计数据的分析，了解企业目前的资源情况，随市场变化作出积极的调整，实现企业价值和股东价值最大化。

财务部门是企业的主要管理部门，为了明确工作职责，严格落实责任，一般企业财务部的岗位设置为：财务负责人岗位、财务会计岗位、出纳岗位、固定资产核算岗位、材料物资核算岗位、工资核算岗位、成本核算岗位、收入利润核算岗位、资金核算岗位、往来结算岗位、总账报表岗位、稽核岗位。上述岗位，可以一人一岗、一人多岗或一岗多人，但必须坚持内部牵制制度。

根据企业目标和业务特点，依据集中管理、分工负责的原则，财务部的岗位主要设立为财务部经理（兼管预算、总账、报表）、财务会计、成本会计、出纳等四个岗位。

1.财务部经理

（1）工作职责。财务部经理是财务部的负责人，在总经理的领导下，负责财务部职责范围内所有工作。具体职责如下：①负责制定、解释、解答公司的财务管理规章制度；②负责制定各级会计科目；③负责组织日常财务核算；④负责组织企业的财务分析工作；⑤负责审核公司各项财务收支、资金结算事项；⑥负责审核记账凭证、会计报表、财务报告；⑦负责组织公司固定资产、存货、库存现金等的盘点工作；⑧组织期末结算与决算；⑨负责组织公司的财务预算工作，包括预算体系建设，资金收支、利润预算等；⑩负责编制部门财务预算；⑪负责公司资金管理、筹融资管理，资金使用计划等；⑫负责保证按时纳税，负责按照国家税法和其他规定，严格审查应交税金，督促有关岗位人员及时办理手续；⑬负责上级领导交付的其他临时性工作。

（2）工作任务。制定管理制度、制定会计科目、组织财务分析、编制财务报告、审核凭证、审核报表、组织资产盘点、组织期末结算、预算管理、资金筹集、日常资金审批、印章管理、组织纳税。

2.财务会计

（1）工作职责。财务会计负责审核和填制有关原始凭证，编制记账凭证，登记账簿，编制报表和纳税申报等工作。具体职责如下：①负责启用公司账簿；②根据制度要求开设相关总分类账户、明细分类账户；③负责审核和填制原始凭证，编制记账凭证；④负责审核相关记账凭证；⑤负责登记有关总分类账簿和明细分类账簿；⑥负责定期进行对账工作；⑦负责做好期末业务处理；⑧负责编制财务报表；⑨负责纳税申报；⑩负责做好会计资料的整理及保管工作；⑪负责上级领导交付的其他临时性工作。

（2）工作任务。启用账簿、开设账户、填制和审核原始凭证、编制记账凭证、审核相关凭证、登记相关总分类账簿、登记相关明细分类账簿、对账、期末处理、编制财务报表、纳税申报、会计资料整理与保管。

3.成本会计

（1）工作职责。成本会计是在财务部经理的领导下，对生产过程中发生的各种耗费，采用会计的专门方法，依据一定标准进行确认、归集、计算和分配，为企业计算盈亏、确认成本补偿提供依据。具体职责如下：①负责制定成本控制规章制度；②负责编制生产成本预算；③负责材料入库和领用的审核和记账工作；④负责库存商品入库和出库的审核和登记工作；⑤协助仓储部门做好存货的清查盘点和结构分析；⑥负责存货核算；⑦负责薪资的核算与分配；⑧负责固定资产的核算与管理；⑨负责制造费用的核算与分配；⑩负责生产成本、销售成本的核算；⑪负责编制成本费用报表并进行分析；⑫负责上级领导交付的其他临时性工作。

（2）工作任务。制定成本制度、编制生产成本预算、材料入库记账、材料领用记账、库存商品入库记账、库存商品领用记账、存货核算、薪资核算与分配、固定资产核算与管理、制造费用核算与分配、产品成本计算、产品销售成本计算、编制成本费用报表、成本报表分析。

4.出纳

（1）工作职责。出纳工作，是财会工作的一个重要组成部分，主要工作是收付和保管。具体职责如下：①负责办理银行账户的开立、变更和撤销业务；②负责办理现金收支业务，做到账款相符，确保现金的安全；③负责办理银行收支业务；④负责定期进行银行对账，编制银行存款余额调节表；⑤负责支票管理；⑥负责保管库存现金、有价证券、重要空白凭证、印章等；⑦负责登记库存现金日记账和银行存款日记账；⑧编制资金报表，按月装订并定期归档；⑨完成领导交给的其他各项临时工作。

（2）工作任务。银行开户、购买空白发票、购买空白支票、支票管理、现金收支、转账付款、银行收款、现金管理、印章管理、登记库存现金日记账、登记银行存款日记账、编制资金报表、银行贷款、发放薪资。

（七）人力资源部

人力资源部是企业发展的助推器，其核心职能是选、训、考、用、留五个方面。人力资源部是对公司人力资源管理工作全过程中的各个环节实行管理、监督、协调、培训、考核评比的专职管理部门，对所承担的工作负责，具体而言，其主要工作职责如下：

（1）制订人力资源规划，拟定企业人员编制，编制人力资源支出预算，进行成本控制。

（2）拟定、修改、废止、解释人力资源管理制度，进行各部门职责权限的划分。

（3）负责组织结构设计和职位说明书的编写。

（4）进行人员招聘与录用、员工异动和离退职管理。

（5）拟定、研究、改进薪酬管理制度，进行薪酬调整，进行考勤管理，核算和发放职工工资。

（6）建设完善培训管理体系，调查、统计分析培训需求，拟定培训计划，组织监督培训工作，进行培训效果评估。

（7）负责绩效考核体系建立和绩效考核工作的组织、实施与反馈。

（8）劳动关系管理，解决处理人事问题、劳动纠纷，维护稳定和谐的劳动关系。

（9）负责人事档案、劳动合同、培训服务协议等资料的汇集整理、存档保管、统计分析。

（10）部门内部组织、协调、提升工作的管理。

基于公司经营业务、规模的不同，人力资源部的组织结构和岗位设置也有所区别。本实习企业属于中小制造型企业，其组织机构设置相对简单，人力资源部只设置人力资源部经理和人力资源助理。

岗位职责如下所示：

1.人力资源部经理

（1）工作职责。人力资源部经理是公司人力资源部门的负责人，对公司的招人、选人、用人、培训、考核进行统筹安排，保证人力资源满足公司的发展要求。具体职责如下：①负责制定公司人力资源管理制度；②负责制订招聘计划，组织技能考核鉴定；③负责制订培训计划，组织培训实施；④负责人力资源支出预算的编制，成本控制；⑤负责组织公司人员招聘活动；⑥负责人事材料及报表的检查、监督；⑦负责组织制定公司绩效考核体系，定期进行员工考核；⑧负责本部门员工绩效管理；⑨负责上级领导交办的其他临时性工作。

（2）工作任务。制定管理制度、制订招聘计划、制定绩效考核体系、制订培训计划、制定预算、组织招聘、人事资料检查、员工绩效管理。

2.人力资源部助理

（1）工作职责。人力资源部助理负责公司人力资源部门的日常工作，内容烦琐。具体职责如下：①负责招聘渠道的管理与维护，发布招聘信息；②负责筛选应聘简历，预约，安排面试，跟进面试流程；③负责员工入职、激励、离职等手续的办理；④负责员工档案管理；⑤负责劳动合同管理；⑥负责培训实施；⑦负责人事资料的实时更新与维护；⑧负责公司员工考勤管理；⑨负责公司全员薪资核算与发放；⑩负责办理社会保险、住房公积金缴纳等相关手续；⑪负责上级领导交办的其他临时性工作。

（2）工作任务。发布招聘信息、安排面试、办理入离职手续、员工档案管理、合同管理、实施培训、日常考勤、薪资核算与发放、办理社保、住房公积金缴纳。

二、商贸企业（经销商）组织结构及岗位职责

商贸企业就是买进货物，然后转手卖给别人，从中获取利润。商贸企业的特征如下：

（1）以商品的购、销、运、存为基本业务。

（2）对经营的商品基本上不进行加工或只进行浅度加工。

（3）实现商品使用价值的运动和价值形态的变化。

（4）商贸企业的"商业利润"主要来自生产企业的让渡。

（5）经营周期短，资金周转快。

（6）商贸企业比生产企业更接近市场。

在 VBSE 中，商贸企业（经销商）的组织结构如图 3-15 所示，详细人员信息见表 3-3。

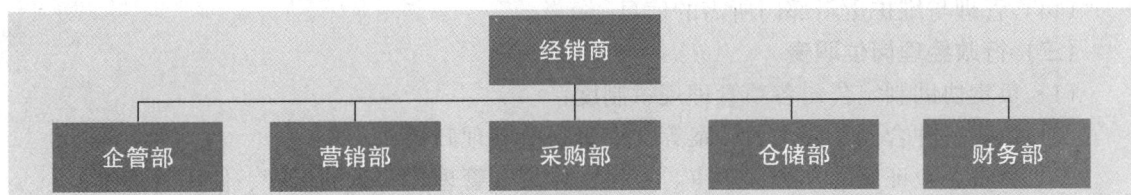

```
                        经销商
    ┌─────────┬─────────┼─────────┬─────────┐
  企管部     营销部    采购部     仓储部     财务部
```

图3-15 商贸企业组织结构图

表3-3 人员信息

部门	岗位名称	在编人数	直接上级
企管部	总经理	1	—
	行政经理	1	总经理
营销部	营销经理	1	总经理
采购部	采购经理	1	总经理
仓储部	仓储经理	1	总经理
财务部	财务经理	1	总经理
	出纳	1	财务经理

（一）总经理岗位职责

（1）组织制定公司总体战略与年度经营规划；

（2）建立和健全公司的管理体系与组织结构；

（3）组织制定公司基本管理制度；

（4）主持公司的日常经营管理工作；

（5）对公司的经营管理目标负责；

（6）主持召开有关企业重大决策会议；

（7）各职能部门经理的任免。

（二）财务经理岗位职责

（1）根据公司发展战略，协助公司领导组织制定公司财务部的战略规划，制定部门工作目标和计划并分解到个人；

（2）负责公司的全面财务会计工作；

（3）制定并执行公司的财务会计制度、规定和办法；

（4）分析检查公司财务收支和预算的执行情况；

（5）审核公司的原始单据和办理日常的会计业务；

（6）编制财务报表、登记总账及财务数据审定；

（7）日常会计凭证审核，包括总账会计的凭证审核和成本会计的凭证审核；

（8）部门预算制定；

（9）负责定期财产清查；

（10）负责公司预算制定与监控，包括预算体系建设、日常预算控制、预算支出审核；

（11）资金管理，筹融资管理，资金使用计划等；

（12）组织期末结算与决算，进行经营分析；

（13）保证按时纳税，负责按照国家税法和其他规定，严格审查应交税金，督促有关岗位人员及时办理手续；

（14）管理与维护更新部门所需的信息。

（三）行政经理岗位职责

（1）负责协助制定公司各项管理规章制度；

（2）负责各种合同、公文、档案等文字资料的整理归档；

（3）负责企业证照的办理、年审、更换、作废等管理，印章的保管、使用管理等；

（4）负责公司固定资产设备的管理；

（5）负责制定公司人力资源管理制度；

（6）负责人事材料及报表的检查、监督；

（7）负责组织制定公司绩效考核体系，定期进行员工考核；

（8）负责筛选应聘简历，预约，安排面试，跟进面试流程；

（9）负责员工入职、激励、离职等手续办理；

（10）负责员工档案、劳动合同管理；

（11）负责公司员工考勤管理；

（12）负责公司全员薪资核算与发放；

（13）负责办理社会保险、住房公积金申报、变更、缴纳等相关工作；

（14）负责上级领导交办的其他临时性工作。

（四）出纳岗位职责

（1）负责办理银行账户的开立、变更和撤销业务；

（2）现金收支管理，做到账款相符，确保现金的安全；

（3）定期进行银行对账，编制银行存款余额调节表；

（4）银行结算业务的办理；

（5）签发支票、汇票等重要空白凭证并登记；

（6）保管库存现金、有价证券、重要空白凭证、印章等；

（7）登记库存现金日记账和银行存款日记账；

（8）及时整理并传递原始票据，完成协同工作；

（9）编制资金报表，按月装订并定期归档；

（10）办理贷款卡的年检；

（11）完成领导交给的其他各项临时工作。

（五）采购经理岗位职责

（1）统筹采购规划和确定采购内容，保证满足经营活动的需要，降低库存成本；

（2）制订采购计划和目标，改进采购的工作流程和标准，降低库存成本；

（3）参与收集供应商信息，开发、选择、处理和考核供应商，建立供应商档案管理制度；

（4）负责采购物流、资金流、信息流的管理工作；

（5）审核、签署与监督执行采购合同，审核采购订单和物资调拨单；

（6）根据需要采取相应的应急行动或进行后续跟踪，保证完成紧急采购任务；

（7）解决与业务主管在合同上产生的分歧以及支付条款问题；

（8）负责制定本部门各级人员的职责和权限，负责指导、管理、监督本部门人员的业务工作，做好下属人员的绩效考核和奖励惩罚工作，进行部门建设、部门内员工的管理培训工作；

（9）负责并确保所采取的采购行为符合有关政策，法规和道德规范；完成上级领导交办的其他临时性工作。

（六）营销经理岗位职责

（1）根据公司发展战略和总体目标，负责制定企业营销总体规划并组织实施；

（2）负责制定本部门业务计划并监督执行；

（3）负责营销经费的预算和控制；

（4）负责营销方案审核、批准与监督执行；

（5）负责营销管理制度的拟定、实施与改善；

（6）负责对本部门员工绩效结果进行评定；

（7）负责本部门年度经营分析；

（8）负责本部门员工的培训工作；

（9）负责本部门员工队伍建设工作；

（10）公司总经理交办的其他工作。

（七）仓储经理岗位职责

（1）依据公司经营计划，配合公司总目标，制定本部门的目标及工作规划；

（2）根据仓储规划和目标，改进仓库的工作流程和标准，优化库存方案，加快存货周转速度，降低库存成本；

（3）合理规划公司仓储场所，对公司仓储场所进行全面管理，达到最佳利用率；

（4）监督执行仓库的安全管理和现场规范管理；

（5）督促仓库管理员对物料收发存的管理，并监督仓库进行盘点清查，发现账、物、卡不符时，找出原因并予以调账或上报处理；

（6）设计、推行及改进仓储管理制度，并确保其有效实施；

（7）安全库存分析与制定，通过以往经验对每个季度销售或会计周期进行预测，库龄评估，避免呆、滞、死货占用资金；

（8）负责制定本部门各级人员的职责和权限，负责指导、管理、监督本部门人员的业务工作，做好下属人员的绩效考核和奖励惩罚工作，进行部门建设、部门内员工的管理培训工作；

（9）运用有效的领导方法，有计划地培养教育和训练，激励所属人员的士气，提高工作效率，并督导其按照工作标准或要求，有效执行其工作，确保本部门的目标高效达成；

（10）完成上级领导交办的其他临时性工作。

三、工贸企业（供应商）组织结构及岗位职责

工贸企业就是买进货物，然后转手卖给别人，从中获取利润。不对进来的货物进行加工，再生产以得到更大的利润。工贸企业的特征如下：

（1）以商品的购、销、运、存为基本业务。

（2）对经营的商品基本上不进行加工或只进行浅度加工。

（3）实现商品使用价值的运动和价值形态的变化。

（4）工贸企业的"商业利润"主要来自生产企业的让渡。

（5）经营周期短，资金周转快。

（6）工贸企业比生产企业更接近市场。

在 VBSE 中，工贸企业（供应商）的组织结构如图 3-16 所示，详细人员信息见表 3-4。

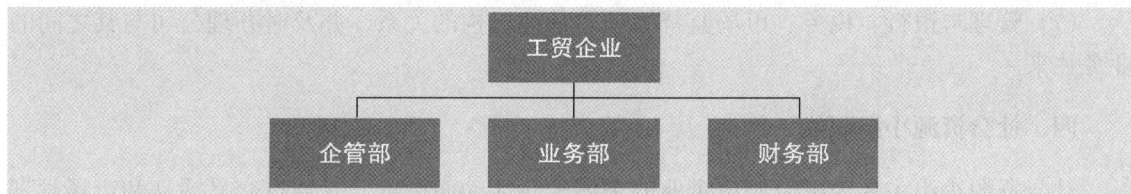

图3-16 工贸企业组织结构图

表3-4 人员信息

部门	岗位名称	在编人数	直接上级
企管部	总经理	1	—
	行政经理	1	总经理
业务部	业务经理	1	总经理
财务部	财务经理	1	总经理

（一）总经理岗位职责

（1）组织制定公司总体战略与年度经营规划；

（2）建立和健全公司的管理体系与组织结构；

（3）组织制定公司基本管理制度；

（4）主持公司的日常经营管理工作；

（5）对公司的经营管理目标负责；

（6）主持召开有关企业重大决策会议；

（7）任免各职能部门经理。

（二）行政主管岗位职责

在本课程中，行政主管负责人力资源及企业现金管理。

（1）人力资源管理：缴纳社会保险、住房公积金、核算工资、劳动关系管理；

（2）财务工作：现金收付、银行结算等有关账务，保管库存现金。

（三）业务主管岗位职责

负责采购、销售及仓储岗位的业务。

（1）采购岗位的主要任务是与虚拟市场签订原材料的采购订单、采购入库等；

（2）销售岗位的主要任务是与制造企业签订购销合同、确认制造企业的采购订单、销售发货等；

（3）仓储管理：包括验收入库管理、储存保管、出库配送管理、物料盘点、库存控制。

（四）财务主管岗位职责

（1）负责公司资金运作管理、日常财务管理与分析、资本运作、筹资方略、对外合作谈判等；

（2）负责项目成本核算与控制、负责公司财务管理及内部控制，根据公司业务发展的计划完成年度财务预算，并跟踪其执行情况；

（3）制定、维护、改进公司财务管理程序和政策，以满足控制风险的要求；

（4）监控可能会对公司造成经济损失的重大经济活动；

（5）全面负责财务部的日常管理工作；

（6）负责编制及组织实施财务预算报告、月/季/年度财务报告；

（7）管理与银行、税务、市场监督管理及其他机构的关系，并及时办理公司与其之间的业务往来。

四、社会资源小组职能

社会资源小组主要为配合制造企业的主体经营活动而设置，并通过交易活动和市场管理活动与制造企业发生联系。包括政务服务中心、服务公司、银行、会计师事务所、物流企业、国贸企业、连锁企业、招投标公司等。

（一）政务服务中心

其包括市场监督管理部门、税务局、社保局和住房公积金管理中心，下面介绍每个部门的职能。

1.市场监督管理部门

市场监督管理部门的工作目标是：确认市场主体资格，规范市场主体行为，维护市场经济秩序，保护商品生产者和消费者的合法权益，促进市场经济的健康发展。其职能包括：

（1）受理企业核名。要审核企业申请的公司名称是否与其他相关企业重名，或者公司名字是否规范。如果重名，企业必须起另外的名字直到市场监督管理部门审核通过为止。企业名称预先核准是企业开业登记设立前必须履行的重要工作。

（2）公司注册登记。依据国家市场监督管理的法律、法规，按照一定的程序，对设立在中国境内的工商企业的开业、变更、注销活动进行注册登记。在本实习中，主要进行公司变更登记。

（3）企业年检。依法按年度对领取营业执照的单位进行检查，确认企业继续经营资格。

（4）市场监督。依法组织监督检查市场竞争行为，组织实施各类市场经营秩序的规范管理和监督，维护社会公共利益。

（5）广告、合同和商标管理。依法组织管理广告发布与广告经营活动，依法管理合同行为，依法管理注册商标、保护注册商标专用权。

2.税务局

税务局是企业按照国家有关税收政策办理所有公司的涉税业务，行使税收管理职能。仿真市场中的制造企业均需在税务部门办理纳税登记，并依法纳税。

（1）税收的含义。税收是国家（政府）公共财政最主要的收入形式和来源。税收的本质是国家为满足社会公共需要，凭借公共权力，按照法律所规定的标准和程序，参与国民收入分配，强制取得财政收入所形成的一种特殊分配关系。它体现了一定社会制度下国家与纳税人在征收、纳税的利益分配上的一种特定分配关系。马克思指出："赋税是政府机关的经济基础，而不是其他任何东西""国家存在的经济体现就是捐税"。恩格斯指出："为了维持这种公共权力，就需要公民缴纳费用——捐税。"19世纪美国法官霍尔姆斯说："税收是我们为文明社会付出的代价。"这些都说明了税收对于国家经济生活和社会文明的重要作用。

（2）税收的特征。税收与其他分配方式相比，具有强制性、无偿性和固定性的特征，习惯上称为税收的"三性"。

①强制性。税收的强制性是指税收是国家以社会管理者的身份，凭借政权力量，依据政

治权力，通过颁布法律或政令进行强制征收。负有纳税义务的社会集团和社会成员，都必须遵守国家强制性的税收法令，在国家税法规定的限度内，纳税人必须依法纳税，否则就要受到法律的制裁，这是税收具有法律地位的体现。强制性特征体现在两个方面：一方面是税收分配关系的建立具有强制性，即税收征收完全是凭借国家拥有的政治权力；另一方面是税收的征收过程具有强制性，即如果出现了税务违法行为，国家可以依法进行处罚。

②无偿性。税收的无偿性是指通过征税，社会集团和社会成员的一部分收入转归国家所有，国家不向纳税人支付任何报酬或代价。税收这种无偿性是与国家凭借政治权力进行收入分配的本质相联系的。无偿性体现在两个方面：一方面是指政府获得税收收入后无须向纳税人直接支付任何报酬；另一方面是指政府征得的税收收入不再直接返还给纳税人。税收无偿性是税收的本质体现，它反映的是一种社会产品所有权、支配权的单方面转移关系，而不是等价交换关系。税收的无偿性是区分税收收入和其他财政收入形式的重要特征。

③固定性。税收的固定性是指税收是按照国家法令规定的标准征收的，即纳税人、课税对象、税目、税率、计价办法和期限等，都是税收法令预先规定的，有一个比较稳定的试用期间，是一种固定的连续收入。对于税收预先规定的标准，征税和纳税双方都必须共同遵守，非经国家法令修订或调整，征纳双方都不得违背或改变这个固定的比例或数额以及其他制度规定。

税收的三个基本特征是统一的整体。其中，强制性是实现税收无偿征收的强有力保证，无偿性是税收本质的体现，固定性是强制性和无偿性的必然要求。

（3）税务局的主要职能。

①税务登记。按照国家税收法规的规定，新设立的企业或者企业经营情况发生变化，需要到当地税务部门办理开业税务登记或变更税务登记，核发税务登记证。

②税款征收。税务机关依照税收法律、法规规定将纳税人应当缴纳的税款组织征收入库。税款征收的主要内容包括税款征收的方式、程序，减免税的核报，税额核定，税收保全措施和强制执行措施的设置与运用以及欠缴、多缴税款的处理等。

③发票管理。发票管理主要针对发票的印制、购领、使用、监督以及违章处罚等各环节进行管理。

④纳税检查。征收机关依据国家税收政策、法规和财务会计制度规定，对纳税人、扣缴义务人履行纳税义务、扣缴税款义务真实情况进行监督和审查。纳税检查是税收征收管理的重要环节，也是贯彻国家税收政策法规，严肃税收纪律，加强纳税监督，堵塞税收漏洞，纠正错漏，保证国家财政收入的一项必要措施。纳税检查主要分为三个环节：纳税人自查、常规检查和专项检查。

⑤税收统计、分析。税务部门应按年度进行税收统计工作，主要任务包括建立税收统计报表体系以及对税务统计结果进行分析，撰写分析报告。税收统计的主要内容包括税源统计、税收统计、税政统计和税负统计等。税务部门每年要对外提供税收统计报表及分析报告。

⑥税务违法处罚。企业由于工作上的失误或者主观上的故意，违反了税收法律法规的规定，按照法律规定必须承担法律后果。

3.社保局和住房公积金管理中心

现实社会中，社保局和住房公积金管理中心是两个独立的部门，分别开展各自的业务。但是在VBSE中，对所涉及的业务两个部门的职能是重合的，所以在此共同介绍社保局和住房公积金管理中心的职能。

（1）社会保险的基本知识。

①社会保险的定义。社会保险是指国家为了预防和分担年老、失业、疾病以及死亡等社会风险，实现社会安全，而强制社会多数成员参加的，具有所得重分配功能的非营利性的社会安全制度；是一种为丧失劳动能力、暂时失去劳动岗位或因健康原因造成损失的人口提供收入或补偿的一种社会和经济制度。社会保险计划由政府举办，强制某一群体将其收入的一部分作为社会保险税（费）形成社会保险基金，在满足一定条件的情况下，被保险人可从基金获得固定的收入或损失的补偿，它是一种再分配制度，它的目标是保证物质及劳动力的再生产和社会的稳定。社会保险的主要项目包括养老保险、医疗保险、失业保险、工伤保险、生育保险等。

②社会保险的特征。社会保险的客观基础，是劳动领域中存在的风险，保险的标的是劳动者的人身；社会保险的主体是特定的，包括劳动者（含其亲属）与用人单位；社会保险属于强制性保险；社会保险的目的是维持劳动力的再生产；保险基金来源于用人单位和劳动者的缴费及财政的支持。保险对象范围限于职工，不包括其他社会成员。保险内容限于劳动风险中的各种风险，不包括此外的财产、经济等风险。

③社会保险管理原则。权利与义务相对应，公平与效率相统一的原则；"以支定收"和"以收定支"的收支平衡的原则；基金财政专户管理，社会监督的原则；属地化管理的原则。

④社会保险的主要内容。

a.养老保险。养老保险是劳动者在达到法定退休年龄退休后，从政府和社会得到一定的经济补偿、物质帮助和服务的一项社会保险制度。国有企业、集体企业、外商投资企业、私营企业和其他城镇企业及其职工，实行企业化管理的事业单位及其职工必须参加基本养老保险。参加基本养老保险的个人劳动者，缴费基数在规定范围内可高可低，多交多受益。职工按月领取养老金必须达到法定退休年龄，并且已经办理退休手续；所在单位和个人依法参加养老保险并履行养老保险的缴费义务；个人缴费至少满15年。中国的企业职工法定退休年龄为：男职工60岁；从事管理和科研工作的女干部55岁，女职工50岁。基本养老金由基础养老金和个人账户养老金组成，职工达到法定退休年龄且个人缴费满15年的，基础养老金月标准为省（自治区、直辖市）或市（地）上年度职工月平均工资的20%。个人账户养老金由个人账户基金支付，月发放标准根据本人账户储存额除以120。个人账户基金用完后，由社会统筹基金支付。

b.医疗保险。城镇职工基本医疗保险制度，是根据财政、企业和个人的承受能力所建立的保障职工基本医疗需求的社会保险制度。所有用人单位，包括企业（国有企业、集体企业、外商投资企业和私营企业等）、机关、事业单位、社会团体、民办非企业单位及其职工，都要参加基本医疗保险，城镇职工基本医疗保险基金由基本医疗保险社会统筹基金和个人账户构成。基本医疗保险费由用人单位和职工个人账户构成。基本医疗保险费由用人单位和职工个人共同缴纳。用人单位所缴纳的医疗保险费一部分用于建立基本医疗保险社会统筹基金，这部分基金主要用于支付参保职工住院和特殊慢性病门诊及抢救、急救。发生的基本医疗保险起付标准以上、最高支付限额以下符合规定的医疗费，个人也要按规定负担一定比例的费用。个人账户资金主要用于支付参保人员在定点医疗机构和定点零售药店就医购药符合规定的费用，个人账户资金用完或不足部分，由参保人员个人用现金支付，个人账户可以结转使用和依法继承。参保职工因病住院先自付住院起付额，再进入统筹基金和职工个人共付段。参加基本医疗保险的单位及个人，必须同时参加大额医疗保险，并按规定按时足额缴纳基本医疗保险费和大额医疗保险费，才能享受医疗保险的相关待遇。

c.工伤保险。工伤保险也称职业伤害保险。劳动者由于工作原因并在工作过程中受意外伤害，或因接触粉尘、放射线、有毒害物质等职业危害因素引起职业病后，由国家和社会给负伤、致残者以及死亡者生前供养亲属提供必要物质帮助。工伤保险费由用人单位缴纳，对于工伤事故发生率较高的行业工伤保险费的征收费率高于一般标准，一方面是为了保障这些行业的职工发生工伤时，工伤保险基金可以足额支付工伤职工的工伤保险待遇；另一方面，是通过高费率征收，使企业有风险意识，加强工伤预防工作使伤亡事故率降低。职工上了工伤保险后，职工住院治疗工伤的，由所在单位按照本单位因公出差伙食补助标准的70%发给住院伙食补助费；经医疗机构出具证明，报经办机构同意，工伤职工到统筹地区以外就医的，所需交通、食宿费用由所在单位按照本单位职工因公出差标准报销。另外，工伤职工因日常生活或者就业需要，经劳动能力鉴定委员会确认可以安装假肢、矫形器、假眼、假牙和配置轮椅等辅助器具，所需费用按照国家规定的标准从工伤保险基金中支付。工伤参保职工的工伤医疗费、一至四级工伤人员伤残津贴、一次性伤残补助金、生活护理费、丧葬补助金、供养亲属抚恤金、辅助器具、工伤康复费、劳动能力鉴定费都应从工伤保险基金中支付。

d.失业保险。失业保险是国家通过立法强制实行的，由社会集中建立基金，对因失业而暂时中断生活来源的劳动者提供物质帮助的制度。各类企业及其职工、事业单位及其职工、社会团体及其职工、民办非企业单位及其职工、国家机关与之建立劳动合同关系的职工都应办理失业保险。失业保险基金主要是用于保障失业人员的基本生活。无固定工资额的单位以统筹地区上年度社会平均工资为基数缴纳失业保险费。单位招用农牧民合同制工人本人不缴纳失业保险费。当前中国失业保险参保职工的范围包括：在岗职工；停薪留职、请长假、外借外聘、内退等在册不在岗职工；进入再就业服务中心的下岗职工；其他与本单位建立劳动关系的职工（包括建立劳动关系的临时工和农村用工）。城镇企业、事业单位失业人员按照有关规定具备以下条件的失业职工可享受失业保险待遇：按照规定参加失业保险，所在单位和本人已按照规定履行缴费义务满1年的，其次不是因本人意愿中断就业的，还有已经办理失业登记，并有求职要求的。

e.生育保险。生育保险是针对生育行为的生理特点，根据法律规定，在职女性因生育子女而导致劳动者暂时中断工作、失去正常收入来源时，由国家或社会提供的物质帮助。生育保险待遇包括生育津贴和生育医疗服务两项内容。生育保险基金由用人单位缴纳的生育保险费及其利息以及滞纳金组成。女职工产假期间的生育津贴、生育发生的医疗费用、职工计划生育手术费用及国家规定的与生育保险有关的其他费用都应该从生育保险基金中支出。所有用人单位（包括各类机关、社会团体、企业、事业、民办非企业单位）及其职工都要参加生育保险。生育保险由用人单位统一缴纳，职工个人不缴纳生育保险费。享受生育保险待遇的职工，必须符合以下三个条件：用人单位参加生育保险在6个月以上，并按时足额缴纳了生育保险费；按计划生育政策有关规定生育或流产的；在本市城镇生育保险定点医疗服务机构，或经批准转入有产科的医疗服务机构生产或流产的（包括自然流产和人工流产）。

（2）住房公积金的基本知识。

①住房公积金的概念。住房公积金，是指国家机关、国有企业、城镇集体企业、外商投资企业、城镇私营企业及其他城镇企业、事业单位、民办非企业单位、社会团体及其在职职工缴存的长期住房储金。住房公积金制度是国家法律规定的重要的住房公积金社会保障制度，具有强制性、互助性、保障性。单位和职工个人必须依法履行缴存住房公积金的义务。

②住房公积金的内涵。住房公积金只在城镇建立，农村不建立住房公积金制度。只有在职职工才建立住房公积金制度。无工作的城镇居民、离退休职工不实行住房公积金制度。住房公积金由两部分组成，一部分由职工所在单位缴存，另一部分由职工个人缴存。职工个人缴存部分由单位代扣后，连同单位缴存部分一并缴存到住房公积金个人账户内。住房公积金缴存具有长期性。住房公积金制度一经建立，职工在职期间必须不间断地按规定缴存，除职工离退休或发生《住房公积金管理条例》规定的其他情形外，不得中止和中断，体现了住房公积金的稳定性、统一性、规范性和强制性。住房公积金是职工按规定存储起来的专项用于住房消费支出的个人住房储金，具有两个特征：积累性和专用性。

③住房公积金的性质。a.保障性，建立职工住房公积金制度，为职工较快、较好地解决住房问题提供了保障；b.互助性，建立住房公积金制度能够有效地建立和形成有房职工帮助无房职工的机制和渠道，而住房公积金在资金方面为无房职工提供了帮助，体现了职工住房公积金的互助性；c.长期性，每一个城镇在职职工自参加工作之日起至退休或者终止劳动关系的这一段时间内，都必须缴纳个人住房公积金；职工所在单位也应按规定为职工缴存住房公积金。

④住房公积金的特点。a.普遍性，城镇在职职工，无论其工作单位性质如何、家庭收入高低、是否已有住房，都必须按照《住房公积金管理条例》的规定缴存住房公积金；b.强制性（政策性），单位不办理住房公积金缴存登记或者不为本单位职工办理住房公积金账户设立的，住房公积金的管理中心有权力责令限期办理，逾期不办理的，可以按《住房公积金管理条例》的有关条款进行处罚，并可申请人民法院强制执行；c.福利性，除职工缴存的住房公积金外，单位也要为职工缴纳一定的金额，而且住房公积金贷款的利率低于商业性贷款；d.返还性，职工离休、退休，或完全丧失劳动能力并与单位终止劳动关系，户口迁出或出境定居等，缴存的住房公积金将返还给职工个人。

⑤住房公积金相关政策规定。新成立单位应当自设立之日起30日内到当地住房公积金管理机构办理缴存登记；新成立单位开户时应提供以下相关资料（法人证书或营业执照或注册证书原件及复印件、组织机构代码证副本原件及复印件、《住房公积金缴存单位基础信息登记表》、《汇缴清册（住房公积金开户导入表）》、《住房公积金缴款书》原件及复印件）；单位开户时一并开始缴存住房公积金；住房公积金缴存基数按职工本人上一年度月平均工资计算；住房公积金缴存基数不得低于本市政府公布的当年最低工资标准；职工和单位住房公积金的最低缴存比例各为5%，最高比例为12%；职工住房公积金月缴存额为职工本人住房公积金缴存基数乘以职工住房公积金缴存比例，并由所在单

位每月从其工资中代扣代缴；代职工缴存的住房公积金月缴存额为职工本人住房公积金缴存基数乘以单位缴存比例；单位应当于每月发放工资之日起5日内将单位缴存的和为职工代缴的住房公积金汇缴到住房公积金管理中心的住房公积金专户内；新参加工作的职工从参加工作的第二个月开始缴存住房公积金，新调入的职工从调入单位发放工资当月开始缴存住房公积金。

（3）社保局的主要职责。

①参保登记。为参保单位、职工和个体进行参保登记，建立、修改参保人员基础资料，建立个人账户、记账。

②企业多险种社保基金征集。

③社会保险关系转移。

④社会保险费征收。

⑤档案管理。

⑥咨询服务，提供社保相关政策咨询。

（4）住房公积金管理中心的主要职责。

①委托住房公积金管理委员会按中国人民银行规定指定的商业银行办理住房公积金贷款、解算等金融业务和住房公积金账户的设立、缴存、归还等手续，与受委托银行签订委托协议，按规定支付手续费。

②审批个人住房公积金的提取和个人住房委托贷款的发放。

③审核单位降低住房公积金缴存比例或者缓缴的申请。

④与职工、单位和受委托银行定期对账。

⑤建立住房公积金个人明细账，向职工发放缴存住房公积金的有效凭证。

（二）服务公司

服务公司主要是为制造企业顺利完成生产经营活动提供必要的服务，在VBSE中设置综合服务员，其主要职能包括：

（1）人力推荐。向制造企业推荐童车生产工人，收取人员推荐费。

（2）人才培训。为制造企业代为培训管理人员，收取培训费。

（3）广告服务。会展公司为制造企业提供广告服务，收取广告费，开具发票。

（4）组织商品交易会。会展公司承接商品交易会组织工作，收取会务费。

（5）市场开发。作为第三方，承接各制造企业市场开发工作，收取市场开发费。

（6）认证管理。为制造企业提供认证服务，收取认证费。

（7）产品研发。作为第三方，承接制造企业的产品研发，收取产品研发费。

（8）其他服务。作为第三方，代办制造企业的其他服务事项，收取相应费用，开具发票。

（9）档案管理。对采购过程的各种文档进行分类归档整理。

（10）实训指导教师交办的其他任务。

（三）银行

银行是通过存款、贷款、汇兑、储蓄等业务，承担信用中介职责的金融机构。在VBSE中设置综合柜员的岗位，其岗位职责包括：

（1）银行开户。为企业办理银行结算账户开户、变更等。

（2）银行转账。为企业办理银行账户转账业务。

（3）出售银行票据。向企业出售各种银行票据，方便客户办理业务。

（4）银行信贷。为企业提供长期、短期贷款等融资业务。

（5）档案管理。对银行柜台业务的各种文档进行分类归档整理。

（四）会计师事务所

会计师事务所的详细人员信息见表3-5。

表3-5　　　　　　　　　　　　　人员信息

岗位名称	在编人数	直接上级
项目经理	1	—
审计师	1	项目经理
审计助理	1	项目经理

1.项目经理岗位职责

（1）带领项目小组完成业务工作，在没有担任主审时，应协助主审人员完成好项目审计任务；

（2）负责承担项目审计（评估）计划的撰写，能较准确地测试审计项目的重要性水平和审计风险；

（3）对审计小组人员合理分工、指导，并对其工作底稿进行复核，对其业务能力进行考核；

（4）负责主审的审计项目的审计质量，及时反映审计中出现的业务问题；

（5）负责所主审项目审计报告及时上报部门经理审核，关注部门经理、总审计师的审核，及时回复部门经理、总审计师的审核意见；

（6）协助部门经理收取审计费用。

2.审计师岗位职责

（1）负责审计部门的审计工作；

（2）按照业务质量三级复核的程序，负责全所业务报告的审核签发、交付打印、发出；

（3）制订本所员工的业务培训计划和员工的日常培训工作；

（4）制订本所的各项业务规范并指导其实施；

（5）解决本所业务工作中出现的问题，并责成当事人妥善处理；

（6）负责客户对本所审计业务的质询和解答。

3.审计助理岗位职责

（1）服从工作安排、调度；

（2）按独立审计准则的要求开设工作底稿，完成分配的工作；

（3）负责对所有涉及的审计事项，编写审计报告；

（4）协助政府审计部门和会计师事务所对公司的独立审计活动；

（5）负责做好有关审计资料的原始调查收集、整理、建档工作，按规定保守秘密和保护当事人合法权益；

（6）完成正、副部门经理（正、副总经理）及项目主审交办的其他工作。

（五）物流企业

在VBSE中，物流企业的组织结构如图3-17所示，详细人员信息见表3-6。

图3-17 物流企业组织结构图

表3-6 人员信息

部门	岗位名称	在编人数	直接上级
企管部	总经理	1	—
业务部	业务经理	1	总经理

1. 总经理岗位职责

（1）负责根据企业发展目标，制定企业物流发展战略；

（2）负责构建合适的物流组织机构，组建合适的经营团队；

（3）负责主持建立各项物流制度，监督、检查各项规章制度的执行情况；

（4）负责研究、设计、改善物流管理的各项工作流程；

（5）负责下达年度计划指标，并组织各部门实施，监督、检查各计划目标的执行情况；

（6）负责指导和部署业务、物流、仓储、运输和配送等各部门的工作，协调各部门工作；

（7）负责组织制定企业物流成本控制的流程和管理办法；

（8）负责向各部门下达成本控制目标，并监督、检查执行情况；

（9）负责组织处理各部门运营过程中出现的重大突发事件。

2. 业务经理岗位职责

（1）负责公司业务范围内的市场开发工作；

（2）负责在公司授权范围内进行业务洽谈，为客户宣讲公司服务，增强客户的认可度；

（3）负责独立完成报价、谈判、签订合同；

（4）负责物流行业信息收集、分析和市场调研；

（5）负责定期对客户进行电话回访，了解客户对公司服务的意见及建议，详细记录客户对公司的意见和建议并及时反馈；

（6）负责制定所管地区的市场推广年度、季度、月度、周工作计划，并报上级批准后组织实施；

（7）负责控制本部门各种费用预算；

（8）负责根据市场的需求变化，向上级提出合理化建议和意见。

（六）国贸企业

在VBSE中，国贸企业的组织结构如图3-18所示，详细人员信息见表3-7。

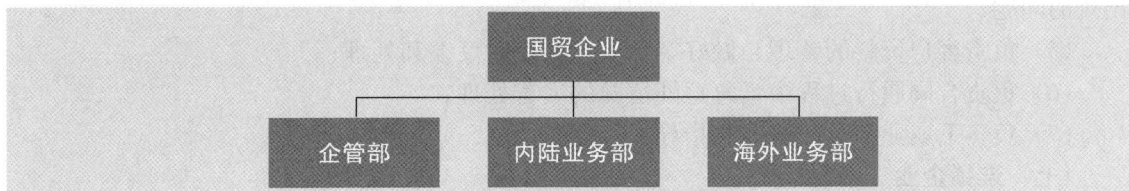

图3-18 国贸企业组织结构图

表3-7 人员信息

部门	岗位名称	在编人数	直接上级
企管部	总经理	1	—
内陆业务部	内陆业务经理	1	总经理
海外业务部	进出口经理	1	总经理

1.总经理岗位职责

（1）负责组织制定公司经营方针、经营目标、经营计划，分解到各部门并组织实施；

（2）负责制定并落实公司各项规章制度、改革方案、改革措施；

（3）提出公司组织机构设置方案；

（4）提出公司经营理念，主导企业文化建设的基本方向，创造良好的工作环境，生活环境，培养员工归属感，提升企业的向心力、凝聚力、战斗力；

（5）负责处理部门之间事务矛盾问题；

（6）负责审核公司经营费用支出；

（7）决定公司各部门人员聘用任免；

（8）对公司的经济效益负责，分配各种资源。

2.内陆业务经理岗位职责

（1）负责销售计划的制定与执行，检查、监督销售计划的完成情况，出现偏差及时纠正，保证实现本区域的市场占有率和销售目标；

（2）负责销售费用的预算、控制和管理；

（3）负责售后推行公司的售后服务规定，与相关部门及人员配合实现售后服务目标；

（4）负责收集本区域的产品市场行情变化及重点竞争对手的销售策略、市场策略等信息，并对市场信息进行分析、预测并制定对策，及时向相关部门提供建议；

（5）负责合同履行过程中紧急意外情况的妥善处理；

（6）负责下属员工的招聘、培训、工作任务分配及业务指导等，支持销售目标的达成。

3.进出口经理岗位职责

（1）负责进出口业务的订单管理，带领外贸部积极开拓国际市场，联系国外客户，寻求订单，并领导商务谈判与签订合同；

（2）负责进出口定单的洽谈、签约、单证审核、定单管理、运输、报关、收汇等；

（3）负责对进出口订单的评估、跟踪、管理和风险控制；

（4）负责所接定单的生产和货源，货物检验、商检报关等过程的跟踪，及时处理各环节出现的问题；

（5）负责客户资料的整理，做好客户要求的及时反馈和处理；

（6）负责合同履行过程中紧急意外情况的妥善处理；

（7）负责下属业务员的培养和指导。

（七）连锁企业

在VBSE中，连锁企业的组织结构如图3-19所示，详细人员信息见表3-8。

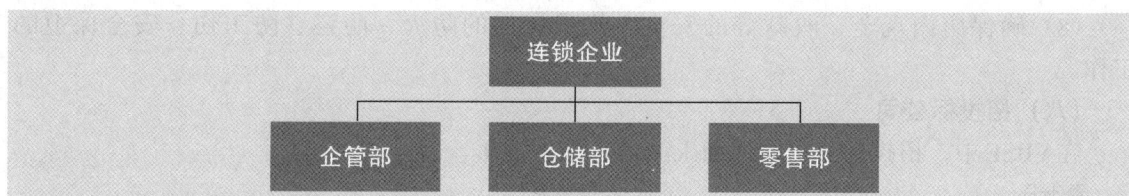

图3-19　连锁企业组织结构图

表3-8　　　　　　　　　　　人员信息

部门	岗位名称	在编人数	直接上级
企管部	总经理	1	—
仓储部	仓储经理	1	总经理
零售部	店长	2	总经理

1.总经理岗位职责

（1）组织制订企业年度经营计划，经董事长办公会议批准后负责组织实施；

（2）拟订企业内部管理机构设置方案；

（3）拟定企业基本管理制度和制定公司的具体规章制度；

（4）主持企业经营班子日常各项经营管理工作；

（5）负责召集主持总经理办公会议，检查、督促和协调各部门的工作进展；

（6）提请聘任或者解聘公司各部门经理；

（7）签署日常行政、业务文件；

（8）负责处理公司重大突发事件。

2.仓储经理岗位职责

（1）负责仓库相关操作规范的制定，并在实施中进行指导与监督；

（2）负责仓库租赁费用的核定工作；

（3）负责公司及网点仓库的安全检查工作；

（4）负责处理各仓库的突发性事件，并在最短时间内作出正确的处理；

（5）负责处理仓库内各种漏装、缺损、旧损等不良品的处理工作，积极与采购人员一起向上游供应商联系，及时解决；

（6）负责协调好物资的仓储摆放位置，负责做好自提货物的客户服务、核对工作；

（7）负责仓储货物的装车核实、卸货清点登记和台账管理，保证仓储货物的防火、防盗工作。

3.店长岗位职责

（1）落实上级安排的销售任务和计划，控制店内资源的损耗；

（2）负责本店客户需求分析，上架产品品类、品相的管理，库存分析及配备；

（3）分析店铺经营状况，了解周边竞争对手经营状况，作好记录并上报；

（4）听取顾客的意见及批评，保证服务质量，处理店面客户投诉；

（5）做好销售数据的记录，统计，定期上报公司；

（6）维持店内的清洁卫生，保证整个连锁店内物品摆放合理有序；

（7）指导并监督店内产品按公司统一标准摆放展示，确保所展示产品以最佳展示效果展示；

（8）确保店内现金、收款等的安全，加强店面的防火、防盗、防工伤、安全保卫的工作。

（八）招投标公司

在VBSE中，招投标公司的详细人员信息见表3-9。

表3-9　　　　　　　　　　　　　　　人员信息

部门	岗位名称	在编人数	直接上级
董事会	总经理	1	—

总经理岗位职责：

（1）负责审查每个招标项目申请、招标计划、招标方案（招标文件、资格预审文件、标底、招标方式、评标办法）等相关材料。

（2）负责监督投标资格审查、开标、评标过程。

（3）组织招投标项目的合同签订工作，广泛收集信息，做好招标调研工作。接收投标单位及有关方面对招投标工作的投诉，并及时向监督委员会汇报。

（4）负责拟定并完善招投标管理办法及招投标工作流程，负责采购项目的招投标工作，根据计划安排招标时间，编写招标文件、整理投标单位资料、发放招标文件、组织考察、询标、编写《评标结果报告》、发放中标通知书。

任务四　开始组建团队

一、实训招聘组织方案

（一）方案一

1.操作步骤

第一步：学生综合素质测评答题过程中，教师将应聘简历表发给学生，以备学生完成答题至CEO竞聘演讲的空档中填写（要求学生写明应聘意愿）。测评期间，教师可动员学生踊跃报名竞聘各企业CEO及政务中心\服务公司\银行等岗位，并用表格做好记录（建议按组织记录，每家企业可以有2名候选人），为竞选候选人做准备。

微课：招聘会

第二步：组织CEO及社会资源职位的候选人演讲，演讲后组织投票。竞选演讲：将参加竞选演讲的学生根据实际场地和数量分为2—3组，由不同的教师带领，分批在各个教室进行竞选演讲。建议每名学生的演讲时间控制在5分钟以内。

第三步：组织CEO招聘自己的人力资源部经理。招聘过程中教师给予必要指导，不对招聘过程及招聘工具的使用做太多要求。

第四步：CEO、人力资源部经理共同招聘剩余人员，为录用的人员发放录用通知单。

第五步：组织学生依照录用通知单的内容进行系统登录，管理自己的岗位。

2.方案优劣势

（1）方案优势：流程简单，易于操作；能够快速组建公司，用时约90分钟左右完成团队组建的所有工作。

（2）方案劣势：招聘场面比较混乱，不宜更好地体会招聘过程。

（二）方案二

1.操作步骤

第一步：学生综合素质测评答题过程中，教师将应聘简历表发给学生，以备学生完成答题至CEO竞聘演讲的空档中填写（要求学生写明应聘意愿）。

第二步：组织CEO及社会资源职位的候选人演讲，演讲后组织投票。

第三步：组织CEO招聘自己的人力资源部经理。

第四步：一名教师安排未找到工作的学生分组准备面试，告知学生面试分组及顺序；将学生分为两组，即面试组（一般6—8人）与观察组（剩余学生），面试组学生面试时，剩余学生作为观察组在一旁观摩。一名教师为面试官组（CEO、人力资源部经理）讲解群体面试流程及技巧、无领导小组讨论面试流程及观察重点，发放无领导小组讨论题目、评分表及面试提纲。

第五步：组织面试组、观察组事先在面试场地内坐好，面试官入场后即开始面试。

第六步：进行面试，群面时间控制在20分钟/组，无领导小组讨论50分钟/组。两轮面试后，在场面试官，可对满意的候选人直接发offer，面试过程不间断，连续进行。教师在面试过程中针对实际情况给予面试官及应聘者以指导。

第七步：告知各企业CEO、人力资源部经理快速确定公司员工，特别是与面试中表现突出，收取多份offer的候选人及时沟通，已确定的录用的人员需要发放录用通知书。

第八步：组织学生依照录用通知单的内容进行系统登录，管理自己的岗位。

2.注意事项

（1）分组时尽可能将学生的行政班打乱，男女生尽量均衡；

（2）面试组每组6—8人最佳，以保证面试官能很好地观察每个应聘者。

3.方案优劣势

（1）方案优势：能够真正体验校园招聘的一般流程及招聘方法，学生在观察和体验中得到切实的提高，招聘现场井然有序，易于控制。

（2）方案劣势：招聘时间花费较长，对教师的数量及精力要求较多，但此时可要求已找到工作的社会资源小组成员（政务专员、服务公司业务员、银行柜员）帮忙组织。

二、CEO候选人报名

在系统中进行CEO的报名，每家公司只有两个候选人。

三、CEO候选人竞选演讲

总经理（CEO）参选名单确定后，教师告知参选人竞选演讲规则，包含演讲顺序、演讲时间等；告知选民选举规则，并要求其在听取完所有总经理（CEO）候选人演讲后在VBSE系统的选举界面进行选民投票。若自己是候选人，则要准备竞选演讲；若自己不是候选人，则要根据演讲情况酝酿自己准备给哪位候选人投票。

四、投票选举CEO

VBSE实训中所有参训学生均有选举权，在听取所有候选人的竞聘演讲后，综合分析各个候选人的特点，在VBSE系统投票界面依照选举规则进行投票。

微课：简历制作

模块三

五、现场招聘团队组建

招聘工作是企业人力资源工作的重要模块，是企业获得人力资源的主要入口，与企业的各项业务工作的开展有着紧密的联系。企业在组织招聘时会依据实际情况来确定组织形式，有两种常用的形式，分别是项目型招聘、日常招聘。我们将企业在短时间内、投入较多的人力、物力组织多个岗位的集中招聘称为项目型招聘，例如组织校园招聘，而相对的另一种在企业日常工作中不断进行的填补岗位空缺的招聘称为日常招聘。

公司组建期人员招聘工作实际就是一个真实的校园招聘现场。在本部分实习组织中人力资源部经理需要在短时间内集中各方力量完成企业团队组建工作，制造企业需招聘17人，组建7个部门，商贸企业（经销商）需招聘6人，组建5个部门；工贸企业（供应商）需招聘3人，组建3个部门。业务流程如下：

（1）组织机构设计、岗位设置；

（2）撰写招聘启事；

（3）发布招聘公告；

（4）收集简历；

（5）简历筛选；

（6）组织面试、评价。

（一）群体面试

1.基本流程

（1）准备工作。学生坐定后，做好面试准备。

（2）制作姓名牌。将A4纸三等分，按照分好的折线两边部分向中间折；在中间处写上姓名，字迹要清晰且足够大；将桌牌置于自己面前，姓名朝向组员。

（3）面试官从组内选出一名学生作为整个面试的主持，一名学生注意面试时间的控制。（主持人、计时员可以确定两名学生，也可由面试官轮流充当）。

（4）自我介绍，每位面试者2分钟。

（5）面试官提问，问题控制在4—5个，可选择每个面试者都回答，也可指定人员回答。

2.面试提纲范本

校园招聘通用面试题纲如下：

（1）基本情况测试题。

①请您自我介绍一下？

考查点：考查其是否与简历所列举的内容一致，语言简练、条理清晰、层次分明。

②谈谈您的家庭情况？

考查点：考查其家庭情况，可以对了解应聘者的性格、观念、心态等有一定的作用。

③请您简明地评价一下自己，您预备用哪些词形容？

考查点：考查应聘者的性格及爱好等，也能从侧面了解其文字方面的功底如何。

④您认为自己最大的弱点是什么？

考查点：考查应聘者是否诚实，也能从侧面了解应聘者的性格特点。

⑤哪位人物对您影响最大？

考查点：考查其职业生涯路径有可能朝哪个方向发展，对其影响大的人物的职业发展路径，通常都成为应聘者追求的目标。

⑥说说您迄今为止最感失败的经验及对您的影响。

考查点：考查应聘者是否如实回答这个问题，能有效反映一个人生命历程的深度和广度。

（2）个人能力测试题。

①您认为您适合干什么？

考查点：一个人的职业生涯选择是从想干什么和能干什么这两个方面着手考虑的，这两点都得到满足才是最佳选择，考查了解应聘者对未来的规划以及性格特点。

②最基础的工作您也会愿意干吗？

考查点：考查应聘者是明显不心甘情愿地贡献，只是在应付差事，还是意识到基本功不够扎实，只有通过单调、枯燥的工作得到磨练才能在将来有毅力去征服困难。

③您能为我们公司带来什么呢？

考查点：考查应聘者是否经受过一些专业培训或者有别的兴趣、爱好等。

④您和其他求职者有什么不同？

考查点：考查应聘者是不是以自我为中心、自以为是或者团队精神较差，或者通过这个问题能了解其他学员的情况，发现这批学员中谁是最优秀的人才，谁不适合被录取。

⑤您的目标和对前途的打算是什么？

考查点：考查应聘者对自己是否有明确的人生目标及努力上进的精神。

⑥您为什么还没找到合适的职位呢？

考查点：考查学员是否是第一次面试，是否还有其他的工作经验及实习经历。

⑦您有想过创业吗？

考查点：考查面试者对自己职业生涯有没有较为长远和清楚的规划。

⑧请您推销这张桌子给我。

考查点：考查应聘者的应变思维及语言表达能力。

⑨请您作为被面试者给我打一下分。

考查点：考查面试者是否是实事求是型的人才。

⑩您认为自己过去工作中最值得骄傲的一件事是什么？

考查点：考查面试者的思维模式和心理特征，是否积极主动、好胜进取。

⑪您如何评价您过去所在的单位？

考查点：考查面试者的人格是否健全，是否总是爱在背后说三道四，飞短流长，议论人非。另一方面考查其是否对待工作有独到的见解和思维。

⑫您计划在公司工作多久？

考查点：考查应聘者对企业的愿景是什么？是否有长期发展的愿望而不是口不对心的满口允诺。

（3）智能型测试题。

考查点：这类问题和背景性问题不同，主要考察面试者的综合分析、言语表达、逻辑思维能力等。通过提出一些值得思考而且富有争论性的现实问题和社会问题，让面试者阐述自己的看法和观点。这一类问题没有明确的正确答案，因此考查的重点不是面试者的答案是否正确，而是在于面试者的逻辑思维、推理、分析、表达能力和知识面，在于面试者能否抓住看似复杂问题的实质和症结所在，有逻辑、有层次、有针对性地展开论述，也在于面试者的思维是否活跃且具有创造性。

①当你走上了主要领导工作岗位，发现工作压力、强度远远超过了你当初的想象，你会怎么做？

②现在办事，请客送礼之风盛行，如果你办事，首先想到的是送礼好，还是用权利好？

③我们单位需要有两种办事人员。一种只需在本地工作，但薪金较低，发展的机会也较少；另一种需长期出差，比较辛苦，但薪金较高，发展机会也多。你倾向于选择哪种工作？

（4）行为性测试题。

考查点：这是提高结构化面试预测有效性的核心技术。通过让面试者确认在过去某种情景、任务或背景中他们实际做了什么，从而取得面试者过去行为中与一种或数种能力要素相关的信息。目的是通过关注面试者过去的行为，而预测面试者将来的表现。

①面试官：你能不能举出一个你所遇到的实例，当时你的老师或上级主管与你在某个活动或工作的要求上没有达成共识，给我讲一讲当时的情况是怎样的？

面试者：……

面试官：你当时是怎么想的？

面试者：……

面试官：后来你是怎样说服上级主管的？

面试者：……

面试官：最后达成了什么样的共识？

面试者：……

②请详细说说在以往的工作中，由你组织的比较成功和不太成功的活动各一次，并说说体会。

③请用3分钟左右的时间谈谈你过去的一些学习和生活的经历以及你为什么应聘这个职位？

出题思路：背景性问题。导入正题，初步了解面试者的基本情况，以便为以后的提问收集资料。面试官可根据面试者回答的具体情况进行追问，同时要尽可能地让面试者多表现自己，考察其求职动机与拟任职位的匹配性。

④假设你是某高校的一名教师，近期将从韩国来30名学生参加一个汉语学习短期班，为期三周。学校决定让你来安排此次培训班，你打算如何做？

考查点：情境性题目。考查计划、组织、协调能力。通过面试者对此题目的反应来判断面试者是否具备上述能力。本题结合面试者年轻、希望全力负责或承担某项工作的心态，为他提供了一次机会。可从他在短期班到来之前所做的准备与规划中，考查出他计划的预见性、组织的缜密性和协调的艺术性等各方面的水平。

⑤假设有这样一种情况：你的工作能力绰绰有余，工作成绩也很突出，但却无法赢得领导的信任，而某些工作能力不如你的同事却因能说会道，博得了领导的欢心，对此你有何想法？

考查点：情境性问题。考查面试者人际交往的意识与技巧。一般人都认为，善谈者，左右逢源，言克天下；而不善辞令者、处处被动、举步维艰。懂得如何与人交谈，是人与人之间达到默契沟通的一个重要因素，面试者对此的认识对其人际交往能力有重要影响。

（二）无领导小组讨论

1.基本流程

教师在课前做好无领导小组讨论分组并公布分组名单，由来自不同专业的学生组成。每组6—8人。评估组3人，其中评估组指定1人为主持人，另外2人作为评价者。分组时应注意男、女组员的均衡搭配。

无领导小组讨论场地布置如图3-20所示。

图3-20 无领导小组讨论场地布置

无领导小组讨论期间各角色分工见表3-10。

表3-10   无领导小组角色分工

阶段	教师	被试组	评估组	
			主持人	评价者
开始阶段（5分钟）	监督指导学生、对不合规范的操作予以纠正	学习规则 研读题目	指导语宣读（1分钟）	熟悉评分规则
独立发言阶段（21分钟）		1分钟自我介绍 2分钟观点陈述	1.控制时间，逾时提醒 2.完成后宣布结束	打分、给出评语
交叉发言阶段（6分钟）		1.补充自己观点；质疑他人观点 2.形成统一意见，推举1名总结陈词人选		
总结陈词阶段（3分钟）		总结陈词		

无领导小组讨论评价表见表3-11。

2.无领导小组面试题目

指导语：

欢迎各位参加无领导小组讨论面试！请大家积极发言，踊跃与小组其他成员讨论，充分表达想法，拿出小组的意见结果。审题与讨论时间严格限制在35分钟内，请大家充分利用时间，尽快作出决策。

注意事项：

▶请参评人保持考场内安静，关闭手机或保持手机静音。

▶请参评人严格遵守时间要求，规定时间内发言如果没有结束，考官将予以停止，请服从考官指令。

▶讨论一旦开始，参评人不得向考官提出任何问题。

▶讨论过程中，请参评人与小组其他成员保持目光接触，不要面向考官。

▶讨论中只能通过沟通、协调等方式而不能使用投票或举手表决等方式来达成统一意见。

▶讨论结束后，请将所有材料留在桌面上，然后退场。

表 3-11   无领导小组讨论评价表 (组)

评价项目	行为描述		评分标准	应聘者得分						
	较好	较差		学生A	学生B	学生C	学生D	学生E	学生F	学生G
言谈举止	形象大方，着装整洁，举止得体，情绪稳定	外形有明显缺陷，着装不够得体，精神不集中，紧张	本评分采取5分制；1分最差，5分最好；评分时以1、2、3、4、5作出评价。							
主动参与	发言积极主动，多次发言，且发言内容切题，不重复	发言不够积极，次数很少，内容牵强，累赘								
沟通能力	善于依照具体情境转换沟通方式；以理服人，表达观点清晰、有感召力；能快速领会他人意图并作出恰当反应	不善于运用沟通技巧，不能很好地表达自己的观点，语言平淡，缺乏说服力								
分析能力	善于系统、全面、多角度地分析问题，论点鲜明，论据充分且符合逻辑	看问题的角度不够开阔或片面，有论点但论据干瘪，逻辑层次不清								
团队合作	深入理解团队的目标，对于影响团队目标达成的不和谐因素能够及时察觉并努力解决	过度纠结个别细节，不注重团队目标，不善于配合团队成员完成计划，团队协作意识较差								
自信	能够坚定、清晰地表达观点，在遇到质疑和反对意见时能坚持自己的意见并给出充分的理由	对自己的观点不够自信，容易受他人的影响，表达意见时底气不足，含混不清								

（1）面包销毁。

问题背景：假设你是某面包公司的业务员。现在公司派你去偏远地区销毁一卡车的过期面包（不会致命且无损于身体健康）。在行进的途中，刚好遇到一群饥饿的难民堵住了去路，因为他们坚信你所坐的卡车里有能吃的东西。这时报道难民动向的记者也刚好赶来。对于难民来说，他们肯定要解决饥饿问题；对于记者来说，他是要报道事实的；对于作为业务员的你来说，你是要销毁面包的。

问题：现在要求你既要解决难民的饥饿问题，让他们吃这些过期的面包（不会致命且无损于身体健康），以便销毁这些面包，又不能让记者报到过期面包的这一事实？请问你将如何处理？

说明：①面包不会致命。②不能贿赂记者。③不能损害公司形象。

任务要求：每位小组成员首先利用5分钟时间仔细阅读题目，然后利用21~27分钟时间进行小组内部讨论，给出一致结论。达成一致意见后，请推选一名队员做3分钟的总结汇报。

（2）沙漠求生记。

问题背景：①在炎热的八月，你乘坐的小型飞机在撒哈拉沙漠失事，机身严重撞毁，将会着火焚烧；②飞机的位置不能确定，只知道最近的城镇是附近七十公里之外的煤矿小城；③飞机上生还人数与你的小组人数相同；你们装束轻便，只穿着短袖T恤、牛仔裤、运动裤和运动鞋，每人都有一条手帕；④全组人都希望一起共同进退；⑤飞机燃烧前，你们只有十五分钟时间，从飞机中抢救物品；⑥机上所有物品性能良好；⑦沙漠日间温度是40度，夜间温度随时骤降至5度。

问题：在飞机失事中，如果你们只能从15件物品中，挑选5件。在考虑沙漠的情况后，请现场各位首先通过讨论挑选出5件最重要的东西，然后进行排序，并说明理由。15件物品包括：一支闪光信号灯（内置四个电池）；一把军刀；一张该沙漠区的飞行地图；七件大号塑料雨衣；一个指南针；一个小型量器箱（内有温度计、气压计、雨量计等）；一把45口径手枪（已有子弹）；三个降落伞（有红白相间图案）；一瓶维生素丸（100粒装）；十加仑饮用水；化妆镜；七副太阳眼镜；两加仑伏特加酒；七件厚衣服；一本《沙漠动物》百科全书。

任务要求：每位小组成员首先利用5分钟时间仔细阅读题目，然后利用21—27分钟时间进行小组内部讨论，给出一致结论。达成一致意见后，请推选一名队员做3分钟的总结汇报。

（3）醉酒驾驶。

问题背景：近日，南京正式通过媒体曝光醉酒驾车者，首批公布的名单共有106人，都是在7月份被警方查获并实施拘留的。交管部门介绍，曝光还将不定期发布。有人提出醉驾者拘留后还要被曝光是不是过于严厉一说，交管部门认为，曝光可以使醉驾者得到震慑，以后不敢有类似的行为，同时给其他司机以警示。对此，支持者认为，酒后驾驶是一种高危行为，它会给社会公众带来极其严重的安全威胁。将这种潜在威胁告知公众，让大家提防着，何错之有？同时，曝光醉驾者姓名，让所有司机都深切感受到醉驾的成本实在是太高了，从而不敢越雷池一步，又有什么不可以呢？反对者认为，从我国的现行法律和规章来看，交管部门对醉酒驾驶者的行政处罚方式仅限于拘留、罚款、暂扣或吊销机动车驾驶证。而交管部门在媒体上公开曝光醉驾者，旨在通过道德谴责和贬损人格使醉驾者受到震慑，本质上已经是对醉驾者实施的"法外处罚"和"二次处罚"。

问题：你是如何看待这个问题的？你认为醉驾者该不该遭曝光？

任务要求：给出你的观点，并提出至少5条理由。

（4）大学生就业。

问题背景：大学生就业难的问题屡见报端，目前社会上对大学生就业问题持有两种观点：一种是就业形势严峻，大学生应该因势利导，不应该对第一份工作抱有太高的期望值，应该本着先就业后择业的思想，在积累了一定的工作经验之后再进行职业定位；另一种是大学生就业应该本着谨慎的心态，选准了再做，宁可错过，不可错选，避免找到工作后频繁跳槽。

问题：你更赞同上述观点中的哪种？

任务要求：请给出观点，并说明理由，至少5条。

六、员工上岗

实训中学生依照自己的意愿及现场情况应聘工作岗位，获得单位的聘书后在VBSE系统中依照聘书内容设置自己所属的组织及岗位信息。

注意事项：

综合素质测评为必考内容，答完后点击提交，系统记录成绩，如果不点提交直接完成任务，将无成绩，其他创业类测评，为可选。上述测评成绩不计入最终实训成绩。

组织全体学生在系统中进行投票，只有一个候选人的组织将不再进行投票，候选人直接当选。

投票中，教师和学生可以通过刷新看到最新的票数。

招聘过程中，可根据场地进行指导，特别提醒每个企业CEO必须招聘满各岗位，并下发录用通知单。

除CEO学生外，每个同学得到录用通知后要在系统菜单中"上岗"维护自己的岗位信息，完成上岗。

模块四
公司注册

模块四　公司注册

一、公司注册知识讲解

（一）业务概述

通过公司注册知识讲解，可以了解真实的公司注册流程，从而提高公司注册效率，增强创办企业的信心。

准备创立新公司时需要进行公司注册，公司注册包含确定企业类型、企业名称预先核准登记、办理公司注册设立、篆刻公司印章、银行开户、税务报到等环节。新成立企业的注册流程如图4-1所示。

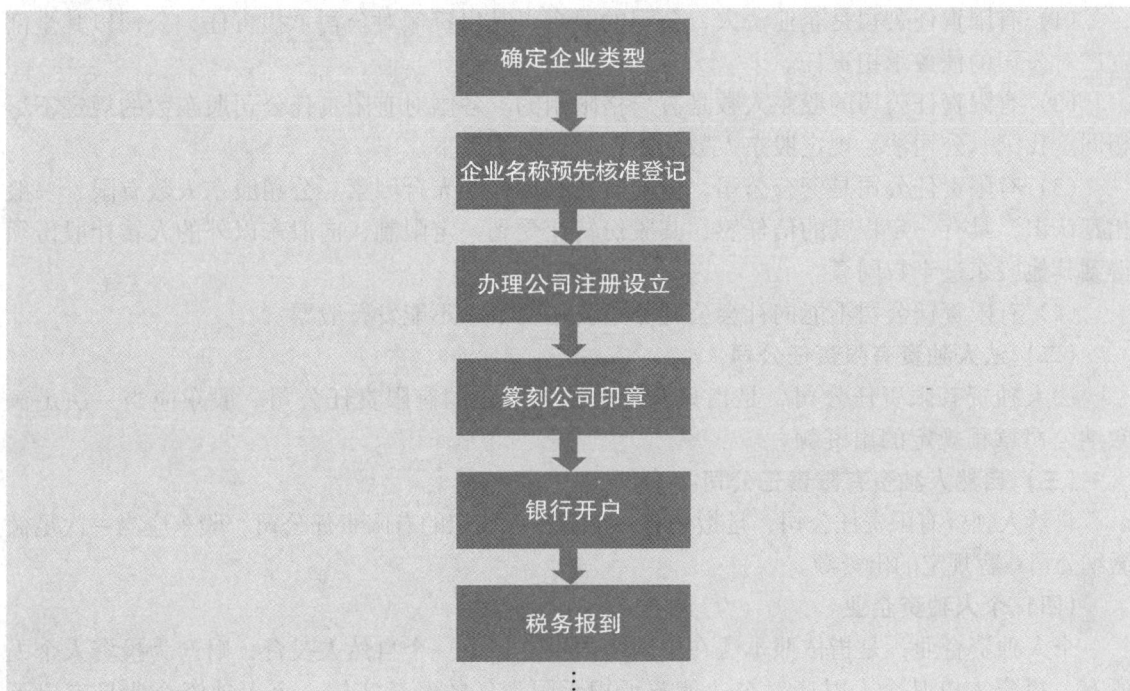

图4-1 企业注册流程图

（二）业务流程

公司注册知识讲解业务流程见表4-1。

表4-1 公司注册知识讲解业务流程表

序号	活动名称	角色	活动描述-操作指导
1	组织学习公司注册知识	市场监督管理专员	通知并组织各企业学习公司注册知识
2	学习公司注册知识	供应商总经理	接到任务，学习公司注册知识
		客户总经理	
		市场监督管理专员	
		税务局专管员	
		银行专员	

二、确定企业类型

根据出资者情况及承担责任的区别，企业类型分为：

（一）两人以上有限责任公司

依照《中华人民共和国公司法》，其是指由法律规定的一定人数的股东所组成，股东以其出资额为限对公司债务承担责任，公司以其全部资产对公司债务承担责任的企业法人。

有限责任公司的主要法律特征：

（1）有限责任公司是企业法人，公司的股东以其出资额对公司承担责任，公司以其全部资产对公司的债务承担责任。

（2）有限责任公司的股东人数是有严格限制的。各国对有限责任公司股东数的规定不尽相同。我国《公司法》规定股东人数为2个以上50个以下。

（3）有限责任公司是资合公司，但同时具有较强的人合因素。公司股东人数有限，一般相互认识，具有一定程度的信任感，其股份转让受到一定限制，向股东以外的人转让股份须得到其他股东过半数同意。

（4）有限责任公司不能向社会公开募集公司资本，不能发行股票。

（二）法人独资有限责任公司

法人独资有限责任公司，是指只有一个法人股东的有限责任公司。股东应当一次足额缴纳公司章程规定的出资额。

（三）自然人独资有限责任公司

自然人独资有限责任公司，是指只有一个自然人股东的有限责任公司。股东应当一次足额缴纳公司章程规定的出资额。

（四）个人独资企业

个人独资企业，是指依照本法在中国境内设立，由一个自然人投资，财产为投资人个人所有，投资人以其个人财产对企业债务承担无限责任的经营实体。个人独资企业具有以下特征：

1.投资主体方面的特征

个人独资企业仅由一个自然人投资设立。这是独资企业在投资主体上与合伙企业和公司的区别所在。我国合伙企业法规定的合伙企业的投资人尽管也是自然人，但人数为2人以上；公司的股东通常为2人以上，而且投资人不仅包括自然人还包括法人和非法人组织。当然，在自然人独资有限责任公司的场合，出资人也只有一人。

2.企业财产方面的特征

个人独资企业的全部财产为投资人个人所有，投资人（也称业主）是企业财产（包括企业成立时投入的初始财产与企业存续期间积累的财产）的唯一所有者。基于此，投资人对企业的经营与管理享有绝对的控制与支配权，不受任何其他人的干预。个人独资企业就财产方面的性质而言，属于私人财产所有权的客体。

3.责任承担方面的特征

个人独资企业的投资人以其个人财产对企业债务承担无限责任。

4.主体资格方面的特征

个人独资企业不具有法人资格。尽管个人独资企业有自己的名称或商号，并以企业名义从事经营行为和参加诉讼活动，但它不具有独立的法人地位。

（五）普通合伙企业、特殊普通合伙企业、有限合伙企业

合伙企业是指自然人、法人和其他组织依照《合伙企业法》在中国境内设立的普通合伙企业和有限合伙企业。合伙企业分为"普通合伙"、"特殊普通合伙"与"有限合伙"三类形式。合伙企业应具备的条件如下：

（1）有两个以上合伙人。合伙人为自然人的，应当具有完全民事行为能力。

（2）有书面合伙协议。

（3）有合伙人认缴或者实际缴付的出资。

（4）有合伙企业的名称，名称中的组织形式后应标明"普通合伙""特殊普通合伙""有限合伙"等字样。

（5）有经营场所和从事合伙经营的必要条件。

（6）普通合伙企业由普通合伙人组成，合伙人对合伙企业债务承担无限连带责任。

（六）全民所有制企业

全民所有制企业是指生产资料归全体人民所有，依法自主经营、自负盈亏、独立核算，以营利为目的的企业。

（七）集体所有制企业

集体所有制企业是指财产归群众集体所有、劳动群众共同劳动，实行以按劳分配为主、适当分红为辅、提取一定公共积累的企业。它的特点如下：

（1）生产资料属于集体经济成员共同所有，共同进行生产经营活动，成员根据其对集体经济的贡献来分配其经营成果。

（2）它的公有化程度低于全民所有制，范围较小。

集体经济单位之间存在着差别。在经济体制改革过程中，集体所有制经济的实现形式也在发生变化，出现了许多新的联合体。经营管理上已经不限于生产资料集体所有，统一生产经营、成果实行按劳分配的单一形式，而是实行了集体所有分散经营、各负盈亏等多种形式。

（八）集体所有制（股份合作）企业

其是以合作制为基础，实行以劳动合作与资本合作相结合，按劳分配与按股分红相结合，职工共同劳动，共同占有生产资料，利益共享，风险共担，股权平等，民主管理的企业法人组织。

（九）集体所有制（股份合作）企业——全资设立

集体所有制（股份合作）企业的法人分支机构的经济性质核定为"集体所有制（股份合作）——全资设立"，之后其并不得投资举办集体所有制（股份合作）企业。

（十）农民专业合作社

农民专业合作社是在农村家庭承包经营基础上，同类农产品的生产经营者或者同类农业生产经营服务的提供者、使用者，自愿联合、民主管理的互助性经济组织。农民专业合作社应当遵循下列原则：

（1）成员以农民为主体；

（2）以服务成员为宗旨，谋求全体成员的共同利益；

（3）入社自愿、退社自由；

（4）成员地位平等，实行民主管理；

（5）盈余主要按照成员与农民专业合作社的交易量比例返还。

（十一）内资个体工商户

根据《民法典》第五十四条的规定，自然人从事工商业经营，经依法登记，为个体工商户。

三、企业名称预先核准登记

（一）业务概述

企业名称对于一个企业的生存发展起着至关重要的作用，一个优秀的企业名称可以内炼企业文化、外塑企业形象，著名企业的名称还凝聚为巨大的无形资产，那么在企业设立之初，如何为您的企业选一个优秀的企业名称呢？

1.企业名称构成

企业名称一般由四部分依次组成：行政区划 + 字号 + 行业特点 + 组织形式

示例：北京东方科技有限公司。

北京为行政区划；东方为字号；科技为行业特点；有限公司为组织形式

如在北京市登记的企业，行政区划一般应为北京，此项是企业名称中可选择性最弱的名称组成部分。

字号是企业区别于其他企业的个性化标识，是企业可选择性最强的名称组成部分，尽管如此，企业的字号仍然受到国家法律、法规及相关规定的限制。

2.企业名称需要注意的主要事项

在企业名称预先核准登记程序中选择字号时，需要注意以下事项：

（1）为减少重名，建议使用三个以上的汉字作为字号。

（2）企业名称不得含有下列内容和文字：有损于国家、社会公共利益的；可能对公众造成欺骗或者误导的；外国国家（地区）名称、国际组织名称。

3.企业名称核名流程和时间

企业名称确定后，就到核名阶段了。核名一般需要3个工作日左右，公司注册申请人事先最好想好5~8个公司名称，避免因审核时重名而浪费时间。《名称预先核准通知书》有效期为半年，若半年内还未办理公司注册，可以延期。

4.注册公司核名所需材料

（1）全体股东的身份证原件、复印件；

（2）各股东的出资金额及比例；

（3）拟申请公司名称1~10个；

（4）公司主要经营范围。

（二）业务流程

具体业务流程见表4-2。

表4-2　　　　　　　　　　　企业名称预先核准登记业务流程

编号	活动名称	角色	活动描述-操作指导
1	告知各个企业办理企业名称预先核准登记	市场监督管理专员	通知各个公司总经理办理企业名称预先核准登记
2	企业取名	总经理	（1）申办人应提前准备好公司名称1—10个，公司名称要符合规范，具体格式为：××（地区名）+××（企业名）+××（行业名）+××××（类型） （2）在实训中，公司名称已给定
3	填写企业名称预先核准申请书	总经理	（1）找到《名称预先核准申请书》 （2）填写已准备好的公司名称，完成企业名称预先核准申请表
4	到市场监督管理局审核申请书	总经理	到市场监督管理局，递交《名称预先核准申请书》，等待市场监督管理局的审批结果
5	审核申请书	市场监督管理专员	（1）审核企业递交的《名称预先核准申请书》 （2）审核后，为企业发放《企业名称预先核准通知书》
6	领取名称预先核准通知书	总经理	市市场监督管理局名称审核通过后，由区市场监督管理局打印《企业名称预先核准通知书》，凭受理通知书领取《企业名称预先核准通知书》

四、办理公司注册设立

（一）业务概述

办理营业执照阶段一般需要三步：（1）提交网审材料；（2）网审通过后打印纸质材料并提交到市场监督管理局；（3）市场监督管理局审核通过后，通知企业领取营业执照。提交公司注册纸质申请材料后，一般情况下市场监督管理局会在7~10个工作日受理完成。

在申请营业执照时，企业需要提交的材料包括：

（1）公司法定代表人签署的《公司设立登记申请书》；

（2）董事会签署的《指定代表或者共同委托代理人的证明》；

（3）由发起人签署或由会议主持人和出席会议的董事签字的股东大会或者创立大会会议记录；

（4）全体发起人签署或者全体董事签字的公司章程；

（5）自然人身份证件复印件；

（6）董事、监事和经理的任职文件及身份证复印件；

（7）法定代表人任职文件及身份证复印件；

（8）住所使用证明；

（9）《企业名称预先核准通知书》。

（二）业务流程

具体业务流程见表4-3。

表4-3   办理公司注册设立业务流程

序号	活动名称	角色	活动描述-操作指导
1	提交网审材料	总经理	按照要求，在网上提供需要的9种材料
2	审核网审材料	市场监督管理专员	审核提交的材料
3	打印纸质材料	总经理	查询到审核通过后，打印纸质材料
4	审核	市场监督管理专员	针对纸质材料进行审核，审核通过后颁发营业执照
5	领取营业执照	总经理	领取营业执照

五、篆刻公司印章

（一）业务概述

由于现在注册公司已经实行五证（即营业执照、税务登记证、组织机构代码证、社会保险登记证、统计证）合一，在申请营业执照时，无须在五个窗口办理，一个窗口直接搞定，五张证号统一到一张营业执照上，所以公司注册申请人无须再单独办理税务登记证和组织机构代码证、社会保险登记证、统计证，营业执照拿到手的当天即可篆刻印章，当天出章，十分方便。

1.篆刻公司印章需要准备的材料

（1）营业执照副本原件及复印件；（2）法人身份证原件及复印件；（3）委托人身份证原件及复印件。

2.注册公司需要篆刻的印章

（1）企业公章；（2）企业财务章；（3）企业法定代表人个人印鉴；（4）企业合同章；（5）企业发票专用章。

带齐指定文件的原件、复印件办理单位各类印章，并制定印章管理制度。

印章管理制度

第一部分　总则

为规范公司印章管理，保证公司印章使用的正确性、规范性和严肃性，有效地维护公司利益，杜绝违法违规行为的发生，特制订本管理制度。

第二部分　印章的定义和种类

本制度中所说的印章是指公司发布或管理的文件、凭证、文书等与公司权利义务有关的文件上，需以公司或有关部门名义证明其权威作用而使用的印章。主要包括行政公章、法人章、公司钢印、合同专用章、销售合同专用章、财务印鉴章和部门专用章。

第三部分　印章的使用范围和管理权限

公司各部门对所分工管理的行政公章、法人章、公司钢印、合同专用章、销售合同专用章、财务印鉴章及部门专用章的管理和使用负全责，承担用印后果。用印时，必须获得相应审批后，方可办理。

1.行政公章：主要用于公司对内、对外签发的各类文件；以公司名义出具的证明及有关材料；公司对外提供的财务报告等，由经理办公室负责保管并严格执行本管理制度。用印时需严格执行审批和登记手续，填写《印章使用审批表》，经所在部门负责人和主管领导签字，报经理办公室审批后，至公章管理员处使用公章。公章管理员应对盖章申请人和《印章使用审批表》上载明的签署情况予以核对，经核对无误后方可盖章。经理办公室负责人对行政公章的使用实施监督，并对不当使用造成的后果承担相应的责任。

2.法人章：主要用于需加盖私章的公司法人代表授权证书、人事劳动合同、招投标书和项目申报材料等，由经理办公室负责保管，并严格执行本管理制度。经理办公室负责人对法人章的使用实施监管，并对不当使用造成的后果承担相应的责任。

3.公司钢印：主要用于公司法人代表授权证书等，由经理办公室负责保管并严格执行本管理制度。用印时，需董事长批准，印章管理员做好登记备案，并复印留样保存。经理办公室负责人对公司钢印的使用实施监管，并对不当使用造成的后果承担相应的责任。

4.合同专用章：主要用于除销售合同以外的公司所有对外业务合同文件，由经理办公室负责保管并严格执行本管理制度。合同签订时，需由专业人员审核，公司分管领导批准后方可盖章。经理办公室负责人对合同专用章的使用实施监管，并对不当使用造成的后果承担相应的法律责任。

5.销售合同专用章：由销售管理部另行制定专门的销售合同专用章管理制度，并严格按该管理制度执行。销售管理部负责人对销售合同专用章的使用实施监管，并对不当使用造成的后果承担相应的责任。

6.财务印鉴章：包括财务专用章和法人章，主要用于公司对内对外的现金、银行收付业务（预留银行印鉴、支票、汇票等）、外部业务（如市场监督管理部门备案等）以及财务相关业务的证明材料等，由财务部负责进行保管并严格执行本管理制度。财务负责人对财务印鉴章的使用实施监管，并对不当使用造成的后果承担相应的责任。

7.部门专用章：仅限于公司内部工作联系时使用，一律不得对外。由公司各部门负责人进行保管并严格执行本管理制度。各部门负责人对本部门专用章的使用实施监管，并对不当使用造成的后果承担相应的责任。

第四部分 印章管理的相关规定

1.公司各类印章由经理办公室归口管理。其主要职责包括根据公司需要确定公司印章的种类、范围、数量；组织印章的刻制、发放、停用和销毁；设立公司印章档案，负责备案登记；管理公司行政公章，负责公司行政公章用印；制定公司印章管理的规章制度；监督、检查印章管理制度的执行情况。

2.印章管理员职责：公司各类印章应设专门的印章管理员负责保管和使用。印章管理员如发生职位异动，应及时进行印章和使用情况登记的交接工作。

3.印章的刻制：根据工作需要或因印章散失、内容变更、损毁、被盗等原因，需新刻或重刻印章的，应及时提出书面报告，由部门领导、主管领导、经理办公室领导、总经理、董事长核准后，经理办公室按照国家有关印章刻制的规定进行刻制。

4.印章的启用：经理办公室应对公司所有印章进行登记备案，注明印章名称、发放单位、枚数、启用日期、收到时间、使用范围、领取人、批准人等信息，做好戳记，建立公司印章档案，并永久保存。

5.印章的停用：当公司名称变动、印章损坏、遗失或被窃时，印章必须停用。印章停用时需经总经理或董事长批准，及时将停用印章送经理办公室封存或销毁，建立印章上交、存档、销毁的登记档案。

6.申请人必须严格遵循印章使用审批程序，按照印章的使用范围，经审批后方可用章。印章管理员应设立使用登记台账，严格审批和登记制度。

7.印章一般不得携带外出使用，如因特殊情况需携带外出，必须经审核后由印章管理员携带前往；若印章管理员不便前往时，需经董事长批准，并由印章管理员作好记录。印章外出期间，借用人只可将印章用于申请事由，并对印章的使用后果承担一切责任。

8.任何印章管理员不得在申请人所持空白格式化文件上加盖印章。用章材料必须已经填写完毕，注明日期，字迹需清晰、正确。

9.加盖印章时用印位置恰当，要骑年盖月，字迹端正，图形清晰。

第五部分 对印章违规使用行为的处理办法

1.未经审批，任何部门和个人不得擅自刻制公司印章，擅自私刻印章或有意隐瞒、拒绝登记者，一经发现，必须追究其法律责任，由此造成的民事、行政、刑事责任，由当事人本人承担。

2.违反印章刻制、保管、使用规定的，视情节和后果追究责任人的民事、行政、刑事责任。

3.印章管理员因使用公章不当而造成损失的，视情节和后果追究其相应责任。非印章管理人员违反公司印章管理制度、不当使用印章的，一经发现应与印章管理员承担同等的责任。

第六部分 附则

1.本制度由公司经理办公室制定并负责解释。

2.本制度自××××年×月××日起实施。

（二）业务流程

具体业务流程见表4-4。

表4-4 篆刻公司印章业务流程

序号	活动名称	角色	活动描述-操作指导
1	带齐指定文件的原件、复印件	各部门	带齐指定的各种文件原件和复印件
2	提交印章刻制报告	各部门	提交印章刻制报告
3	审批	总经理	总经理根据实际情况进行审批
4	提交刻章申请	行政部	按照要求进行印章的刻制
5	审批	公安局	按照要求审批
6	领取	各部门	领取印章并进行管理和使用

六、银行开户

（一）业务概述

注册公司流程走完后，紧接着就到了银行开户的过程。银行开户一般会经过以下流程：受理开户材料→报送该银行所属分行→分行报送人民银行账户管理部→人民银行账户管理部对报送材料进行审核→审核通过后分行派人领取开户许可证→开户银行派人到分行领取开户许可证→通知客户领取开户许可证。

（二）业务流程

具体业务流程见表4-5。

表4-5 银行开户业务流程

序号	活动名称	角色	活动描述-操作指导
1	携带资料到银行填写开户申请	总经理	（1）到银行领取《银行结算账户申请书》并填写 （2）填写后，将单据与营业执照、法人身份证、经办人身份证交由银行进行审核
2	开设基本账户	银行柜员	（1）收到企业填写的《银行结算账户申请书》 （2）审核协议，并签署相关部分
3	归档	总经理	整理开户相关信息、资料

七、税务报到

（一）业务概述

（1）先到开户行（带上相关文件）签订扣税协议。

（2）再到税务局报到，填写公司基本信息和《财务制度及软件备案报告》。

报表种类：资产负债表，利润表。

折旧方法：直线折旧法。

摊销方法：分次摊销法。

（3）报到后，拿着扣税协议找税务专管员办理网上扣税，办理后核定缴纳何种税种（一般是增值税和附加税），会给公司一个用户名和密码。与税务局签订（绑定）网上扣税。

（4）买发票。

（二）业务流程

具体业务流程见表4-6。

表4-6 税务报到业务流程

序号	活动名称	角色	活动描述-操作指导
1	签订税收代扣协议	行政助理 行政经理	提交相关文件，到银行领取《同城委托收款协议》并填写
2	审核代扣协议	银行柜员	（1）收到企业填写的《同城委托收款协议》 （2）审核协议，并签署相关部分
3	税务报到	行政助理 行政经理	（1）到税务局领取并填写《税务登记表》和《财务制度及软件备案报告》 （2）提交税务局进行审核
4	办理网上扣税	税务局专管员	审核资料，办理网上扣税，办理后核定缴纳何种税种，签订网上扣税协议
5	买发票	行政助理 行政经理	根据需要购买发票

注：公司注册费用如下：①核名：免费（公司宝一元公司注册范围内）；②公司执照：免费（公司宝一元公司注册范围内）；③刻章：600～900元；④开基本户：800～1 500元；⑤核查注册地址（虚拟地址）：不等（每个地区收费不一样）。

八、社会保险开户

（一）业务概述

社会保险登记是指应当缴纳社会保险费的单位，按照《社会保险登记管理暂行办法》规定的程序进行登记、领取社会保险登记证的行为。

社会保险登记是社会保险费征缴的前提和基础，也是整个社会保险制度得以建立的基础。县级以上劳动保障行政部门的社会保险经办机构主管社会保险登记。

（二）业务流程

具体业务流程见表4-7。

表4-7　　　　　　　　　　　社会保险开户业务流程表

序号	活动名称	角色	活动描述–操作指导
1	去办理社会保险开户	行政经理 行政助理	携带营业执照、法人代表身份证原件和复印件去办理社会保险开户
2	社会保险登记	社保局专管员	（1）进入社会保险主页面 （2）填写单位社保信息，然后点击"提交社会保险登记表"按钮，提交社保信息（注：此处不颁发社会保险登记证，只提供社会保险登记证号）
3	归档	行政经理 行政助理	将社会保险信息、资料归档

九、公积金开户

（一）业务概述

住房公积金是单位及其在职职工缴存的长期住房储金，是住房分配货币化、社会化和法制化的主要形式。住房公积金制度是国家法律规定的重要的住房社会保障-0制度，具有强制性、互助性、保障性。单位和职工个人必须依法履行缴存住房公积金的义务。这里的单位包括国家机关、国有企业、城镇集体企业、外商投资企业、城镇私营企业及其他城镇企业、事业单位、民办非企业单位、社会团体。

（二）业务流程

具体业务流程见表4-8。

表4-8　　　　　　　　　　　公积金开户业务流程表

序号	活动名称	角色	活动描述–操作指导
1	去办理住房公积金开户	行政经理 行政助理	（1）填写《单位经办人授权委托书》并加盖公章 （2）携带营业执照、法人代表身份证原件和复印件以及经办人身份证件原件、单位公章去办理住房公积金开户
2	住房公积金登记	公积金专管员	（1）审核《单位经办人授权委托书》，确认经办人身份 （2）要求经办人填写《住房公积金单位信息登记表》 （3）核查《住房公积金单位信息登记表》是否填写完整，办理单位信息登记并在单位信息登记表上加盖业务章，为开户单位生成单位登记号（住房公积金单位登记号为8位，从88023000开始顺序编号）
3	归档	行政经理 行政助理	将住房公积金信息、资料归档

模块五
工作交接
（期初数据）

模块五　工作交接（期初数据）

任务一 制造企业

一、企管部工作交接

（一）企管部部门情况说明

企管部目前有企管部经理（企管部经理由总经理兼任）和行政助理两个工作人员，具体如图5-1所示。

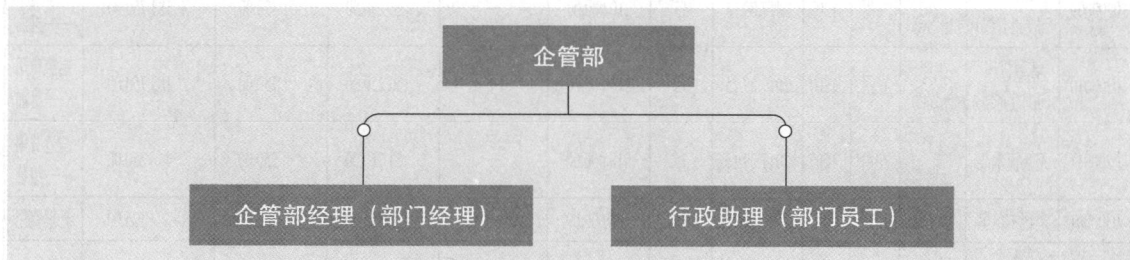

图5-1 企管部组织结构

（二）企管部岗位职责说明（见模块三任务三）

（三）企管部工作交接情况说明

企管部工作交接详细信息见表5-1至表5-4。

表5-1 固定资产列表

资产编号	资产名称	使用部门	使用状态	使用年限（月）	开始使用日期	已计提月份	资产原值	残值	累计折旧	月折旧额	资产净值	折旧科目
0100001	办公大楼	企管部	在用	240	2017.09.15	15	12 000 000.00	600 000.00	712 500.00	47 500.00	11 287 500.00	管理费用
0100002	普通仓库	仓储部	在用	240	2017.09.15	15	5 400 000.00	270 000.00	320 625.00	21 375.00	5 079 375.00	管理费用
0100003	大厂房	生产计划部	在用	240	2017.09.15	15	7 200 000.00	360 000.00	427 500.00	28 500.00	6 772 500.00	制造费用
0200001	普通机床(机加生产线)	生产计划部	在用	120	2017.09.15	15	210 000.00	—	26 250.00	1 750.00	183 750.00	制造费用——机加
0200002	普通机床(机加生产线)	生产计划部	在用	120	2017.09.15	15	210 000.00	—	26 250.00	1 750.00	183 750.00	制造费用——机加
0200003	普通机床(机加生产线)	生产计划部	在用	120	2017.09.15	15	210 000.00	—	26 250.00	1 750.00	183 750.00	制造费用——机加
0200004	普通机床(机加生产线)	生产计划部	在用	120	2017.09.15	15	210 000.00	—	26 250.00	1 750.00	183 750.00	制造费用——机加
0200005	普通机床(机加生产线)	生产计划部	在用	120	2017.09.15	15	210 000.00	—	26 250.00	1 750.00	183 750.00	制造费用——机加
0200006	普通机床(机加生产线)	生产计划部	在用	120	2017.09.15	15	210 000.00	—	26 250.00	1 750.00	183 750.00	制造费用——机加

资产编号	资产名称	使用部门	使用状态	使用年限（月）	开始使用日期	已计提月份	资产原值	残值	累计折旧	月折旧额	资产净值	折旧科目
0200007	普通机床（机加生产线）	生产计划部	在用	120	2017.09.15	15	210 000.00	—	26 250.00	1 750.00	183 750.00	制造费用——机加
0200008	普通机床（机加生产线）	生产计划部	在用	120	2017.09.15	15	210 000.00	—	26 250.00	1 750.00	183 750.00	制造费用——机加
0200009	普通机床（机加生产线）	生产计划部	在用	120	2017.09.15	15	210 000.00	—	26 250.00	1 750.00	183 750.00	制造费用——机加
0200010	普通机床（机加生产线）	生产计划部	在用	120	2017.09.15	15	210 000.00	—	26 250.00	1 750.00	183 750.00	制造费用——机加
0200011	组装流水线	生产计划部	在用	120	2017.09.15	15	510 000.00	—	63 750.00	4 250.00	446 250.00	制造费用——组装
0300001	笔记本电脑	企管部	在用	48	2017.09.15	15	6 000.00	—	1 875.00	125.00	4 125.00	管理费用
0300002	笔记本电脑	人力资源部	在用	48	2017.09.15	15	6 000.00	—	1 875.00	125.00	4 125.00	管理费用
0300003	笔记本电脑	财务部	在用	48	2017.09.15	15	6 000.00	—	1 875.00	125.00	4 125.00	管理费用
0300004	笔记本电脑	采购部	在用	48	2017.09.15	15	6 000.00	—	1 875.00	125.00	4 125.00	管理费用
0300005	笔记本电脑	销售部	在用	48	2017.09.15	15	6 000.00	—	1 875.00	125.00	4 125.00	销售费用
0300006	笔记本电脑	仓储部	在用	48	2017.09.15	15	6 000.00	—	1 875.00	125.00	4 125.00	管理费用
0300007	笔记本电脑	生产计划部	在用	48	2017.09.15	15	6 000.00	—	1 875.00	125.00	4 125.00	制造费用
0300008	台式电脑	财务部	在用	48	2017.09.15	15	4 800.00	—	1 500.00	100.00	3 300.00	管理费用
0300009	台式电脑	财务部	在用	48	2017.09.15	15	4 800.00	—	1 500.00	100.00	3 300.00	管理费用
0300010	台式电脑	企管部	在用	48	2017.09.15	15	4 800.00	—	1 500.00	100.00	3 300.00	管理费用
0300011	台式电脑	人力资源部	在用	48	2017.09.15	15	4 800.00	—	1 500.00	100.00	3 300.00	管理费用
0300012	台式电脑	财务部	在用	48	2017.09.15	15	4 800.00	—	1 500.00	100.00	3 300.00	管理费用
0300013	台式电脑	采购部	在用	48	2017.09.15	15	4 800.00	—	1 500.00	100.00	3 300.00	管理费用
0300014	台式电脑	销售部	在用	48	2017.09.15	15	4 800.00	—	1 500.00	100.00	3 300.00	销售费用
0300015	台式电脑	销售部	在用	48	2017.09.15	15	4 800.00	—	1 500.00	100.00	3 300.00	销售费用
0300016	台式电脑	仓储部	在用	48	2017.09.15	15	4 800.00	—	1 500.00	100.00	3 300.00	管理费用
0300017	台式电脑	生产计划部	在用	48	2017.09.15	15	4 800.00	—	1 500.00	100.00	3 300.00	制造费用
0300018	台式电脑	生产计划部	在用	48	2017.09.15	15	4 800.00	—	1 500.00	100.00	3 300.00	制造费用
0300019	打印复印一体机	企管部	在用	48	2017.09.15	15	24 000.00	—	7 500.00	500.00	16 500.00	管理费用
合计	—	—	—	—	—	—	—	—	1 824 000.00	121 600.00	25 504 800.00	—

表5-2   厂房信息

厂房类型	使用年限（年）	厂房面积（平方米）	厂房容积（立方米）	容量	售价（万元）	期初数量
小厂房	20	800	4 800	12台机床位	480	0
大厂房	20	1 000	6 000	20台机床位	720	1

表5-3   生产设备信息

生产设备名称	生产设备类型	购置费（万元）	使用年限	生产能力（台/虚拟1天）		
				经济	舒适	豪华
普通机床	机床	21	10	500	500	0
数控机床	机床	72	10	3 000	3 000	3 000
组装流水线	生产线	51	10	7 000	7 000	6 000

表5-4   仓库信息

仓库类型	使用年限（年）	仓库面积（平方米）	仓库容积（立方米）	仓库总存储单位	售价（万元）
普通仓库	20	500	3 000	300 000	540

（四）工作交接重难点讲解

（1）企管部负责企业固定资产的管理工作，在工作交接时，企业中拥有登记在案的固定资产共33项。制造企业每个月的25日进行固定资产折旧的计提，工作交接中所登记的相关信息，为2018年12月25日计提折旧完成之后所显示的数据。

（2）企管部在工作交接的时候需要根据现有固定资产状况，在系统中进行固定资产卡片的填写，为了简易起见，只需要以每个类型的固定资产为例，填写8张固定资产卡片，分别是0100001办公大楼；0100002普通仓库；0100003大厂房；0200001普通机床（机加生产线）；0200011组装流水线；0300001笔记本电脑；0300008台式电脑；0300019打印复印一体机。

固定资产卡片中需要填写"卡片编号"（八张卡片编号分别为001—008）、"日期"、"固定资产编号"、"固定资产名称"、"类别型号"（01/02/03）、"类别名称"（房屋建筑/生产设备/办公设备）、"使用部门"、"增加方式"、"使用状况"、"预计使用年限"、"折旧方法"、"开始使用日期"、"已计提月份"、"原值"、"累计折旧"、"净值"、"折旧费用类别"。

微课：工作交接（期初建账）数据分析

固定资产卡片中不需填写"规格型号"、"存放地点"和"保管人"。

（3）所有固定资产卡片当中的"日期"写"2019年01月05日"，每填写完成一张固定资产卡片之后，点击右侧保存按钮，之后点击上方的加号新增固定资产卡片，切记在所有固定资产填写完成之前不可点击"完成"按钮。

（4）企管部需要将表5-1固定资产列表的所有相关信息提供给财务会计。

微课：工作交接（期初建账）具体分工

（5）企管部需要将表5-1固定资产列表的编号为0100002的固定资产信息提供给仓储部。

（6）企管部需要将表5-1固定资产列表的编号为0100003以及0200001—0200011的固定资产信息提供给生产计划部。

（7）企管部需要将固定资产根据折旧科目的不同，统计出不同折旧科目的折旧费用合计，将相关合计信息在月底的时候提供给财务部经理。

（五）工作交接填写示例

固定资产卡片范例如图5-2所示。

固定资产卡

卡片编号 __001__　　　　　　　　　　日期 __2019年01月05日__

固定资产编号 __0100001__　　　　　　固定资产名称 __办公大楼__

类别编号 __01__　　　　　　　　　　类别名称 __房屋建筑__

规格型号 _____　　　　　　　　　　使用部门 __企管部__

增加方式 __购入__　　　　　　　　　存放地点 _____

使用状况 __在用__　　　　预计使用年限 __20年__　　折旧方法 __直线法__

开始使用日期 __2017年09月15日__　　已计提月份 __15__

原值 __12 000 000.00__　　　　　　净残值 __600 000.00__

累计折旧 __712 500.00__

净值 __11 287 500.00__　　　　折旧费用类别 __管理费用__　　保管人 _____

图5-2　固定资产卡片范例

（六）工作交接成果

行政助理填写固定资产卡片，共计8张。

二、人力资源部工作交接

（一）人力资源部部门情况说明

人力资源部目前有人力资源部经理和人力资源助理两个工作人员，具体如图5-3所示。

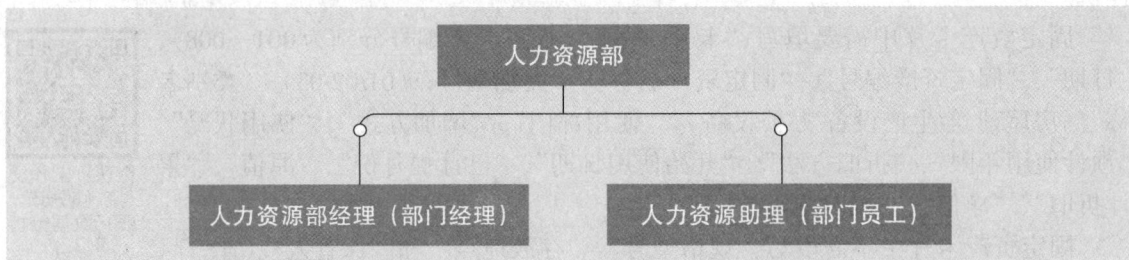

图5-3　人力资源部组织结构

（二）人力资源部岗位职责说明

人力资源是企业的重要业务部门，是企业发展的助推器，其核心职能是选、训、考、用、留这五个方面。

（三）人力资源部工作交接情况说明

人力资源部工作交接详细信息见表5-5至表5-10。

表5-5   人员概况

部门	岗位名称	岗位级别	在编人数	直接上级
企业管理部	总经理（兼企管部经理）	总经理	1	董事会（指导老师）
	行政助理	职能管理人员	1	总经理
营销部	营销部经理	部门经理	1	总经理
	市场专员	职能管理人员	1	部门经理
	销售专员	职能管理人员	1	部门经理
生产计划部	生产计划部经理	部门经理	1	总经理
	车间管理员	职能管理人员	1	部门经理
	生产计划员	职能管理人员	1	部门经理
	初级生产工人	工人	25	车间管理员
	中级生产工人	工人	15	车间管理员
仓储部	仓储部经理	部门经理	1	总经理
	仓管员	职能管理人员	1	部门经理
采购部	采购部经理	部门经理	1	总经理
	采购员	职能管理人员	1	部门经理
人力资源部	人力资源部经理	部门经理	1	总经理
	人力资源助理	职能管理人员	1	部门经理
财务部	财务部经理	部门经理	1	总经理
	出纳	职能管理人员	1	部门经理
	财务会计	职能管理人员	1	部门经理
	成本会计	职能管理人员	1	部门经理

表5-6   个人缴纳社保及住房公积金计算（2018年12月）

工号	姓名	部门	岗位	基本工资	个人缴纳五险一金							
					养老保险 8%	医疗保险 2%+3元	失业保险 0.2%	工伤保险	生育保险	五险小计	住房公积金10%	五险一金小计
1001	梁天	企业管理部	总经理	12 000.00	960.00	243.00	24.00	—	—	1 227.00	1 200.00	2 427.00
1002	张万军	人力资源部	经理	7 500.00	600.00	153.00	15.00	—	—	768.00	750.00	1 518.00
1003	李斌	采购部	经理	7 500.00	600.00	153.00	15.00	—	—	768.00	750.00	1 518.00
1004	何明海	仓储部	经理	7 500.00	600.00	153.00	15.00	—	—	768.00	750.00	1 518.00
1005	钱坤	财务部	经理	7 500.00	600.00	153.00	15.00	—	—	768.00	750.00	1 518.00
1006	叶润中	生产计划部	经理	7 500.00	600.00	153.00	15.00	—	—	768.00	750.00	1 518.00
1007	杨笑笑	市场营销部	经理	7 500.00	600.00	153.00	15.00	—	—	768.00	750.00	1 518.00
1008	叶瑛	企业管理部	助理	5 500.00	440.00	113.00	11.00	—	—	564.00	550.00	1 114.00
1009	肖红	人力资源部	助理	5 500.00	440.00	113.00	11.00	—	—	564.00	550.00	1 114.00
1010	付海生	采购部	采购员	5 500.00	440.00	113.00	11.00	—	—	564.00	550.00	1 114.00
1011	王宝珠	仓储部	仓储员	5 500.00	440.00	113.00	11.00	—	—	564.00	550.00	1 114.00
1012	刘自强	财务部	成本会计	5 500.00	440.00	113.00	11.00	—	—	564.00	550.00	1 114.00

模块五

模块五

| 工号 | 姓名 | 部门 | 岗位 | 基本工资 | 个人缴纳五险一金 | | | | | | | |
					养老保险 8%	医疗保险 2%+3	失业保险 0.2%	工伤保险	生育保险	五险小计	住房公积金10%	五险一金小计
1013	朱中华	财务部	财务会计	5 500.00	440.00	113.00	11.00	—	—	564.00	550.00	1 114.00
1014	赵丹	财务部	出纳	5 500.00	440.00	113.00	11.00	—	—	564.00	550.00	1 114.00
1015	周群	生产计划部	生产计划员	5 500.00	440.00	113.00	11.00	—	—	564.00	550.00	1 114.00
1016	孙盛国	生产计划部	车间管理员	5 500.00	440.00	113.00	11.00	—	—	564.00	550.00	1 114.00
1017	马博	市场营销部	市场专员	4 500.00	360.00	93.00	9.00	—	—	462.00	450.00	912.00
1018	刘思羽	市场营销部	销售专员	4 500.00	360.00	93.00	9.00	—	—	462.00	450.00	912.00
1019	李良钊	机加车间	初级工人	3 600.00	288.00	75.00	7.20	—	—	370.20	360.00	730.20
⋮												
1044	田勤	组装车间	中级工人	4 000.00	320.00	83.00	8.00	—	—	411.00	400.00	811.00
⋮												

表5-7　　　　　　　　　企业缴纳社保及住房公积金计算（2018年12月）

| 工号 | 姓名 | 部门 | 岗位 | 基本工资 | 企业缴纳五险一金 | | | | | | | |
					养老保险 20%	医疗保险 10%	失业保险 1.0%	工伤保险 0.3%	生育保险 0.8%	五险小计	住房公积金10%	五险一金小计
1001	梁天	企业管理部	总经理	12 000.00	2 400.00	1 200.00	120.00	36.00	96.00	3 852.00	1 200.00	5 052.00
1002	张万军	人力资源部	经理	7 500.00	1 500.00	750.00	75.00	22.50	60.00	2 407.50	750.00	3 157.50
1003	李斌	采购部	经理	7 500.00	1 500.00	750.00	75.00	22.50	60.00	2 407.50	750.00	3 157.50
1004	何明海	仓储部	经理	7 500.00	1 500.00	750.00	75.00	22.50	60.00	2 407.50	750.00	3 157.50
1005	钱坤	财务部	经理	7 500.00	1 500.00	750.00	75.00	22.50	60.00	2 407.50	750.00	3 157.50
1006	叶润中	生产计划部	经理	7 500.00	1 500.00	750.00	75.00	22.50	60.00	2 407.50	750.00	3 157.50
1007	杨笑笑	市场营销部	经理	7 500.00	1 500.00	750.00	75.00	22.50	60.00	2 407.50	750.00	3 157.50
1008	叶瑛	企业管理部	助理	5 500.00	1 100.00	550.00	55.00	16.50	44.00	1 765.50	550.00	2 315.50
1009	肖红	人力资源部	助理	5 500.00	1 100.00	550.00	55.00	16.50	44.00	1 765.50	550.00	2 315.50
1010	付海生	采购部	采购员	5 500.00	1 100.00	550.00	55.00	16.50	44.00	1 765.50	550.00	2 315.50
1011	王宝珠	仓储部	仓储员	5 500.00	1 100.00	550.00	55.00	16.50	44.00	1 765.50	550.00	2 315.50
1012	刘自强	财务部	成本会计	5 500.00	1 100.00	550.00	55.00	16.50	44.00	1 765.50	550.00	2 315.50
1013	朱中华	财务部	财务会计	5 500.00	1 100.00	550.00	55.00	16.50	44.00	1 765.50	550.00	2 315.50
1014	赵丹	财务部	出纳	5 500.00	1 100.00	550.00	55.00	16.50	44.00	1 765.50	550.00	2 315.50
1015	周群	生产计划部	生产计划员	5 500.00	1 100.00	550.00	55.00	16.50	44.00	1 765.50	550.00	2 315.50
1016	孙盛国	生产计划部	车间管理员	5 500.00	1 100.00	550.00	55.00	16.50	44.00	1 765.50	550.00	2 315.50
1017	马博	市场营销部	市场专员	4 500.00	900.00	450.00	45.00	13.50	36.00	1 444.50	450.00	1 894.50
1018	刘思羽	市场营销部	销售专员	4 500.00	900.00	450.00	45.00	13.50	36.00	1 444.50	450.00	1 894.50
1019	李良钊	机加车间	初级工人	3 600.00	720.00	360.00	36.00	10.80	28.80	1 155.60	360.00	1 515.60
⋮												
1044	田勤	组装车间	中级工人	4 000.00	800.00	400.00	40.00	12.00	32.00	1 284.00	400.00	1 684.00
⋮												

表5-8 个人所得税及实发工资计算（2018年12月）

工号	姓名	部门	岗位	基本工资	代扣款项 五险一金小计	应税工资	应扣个人所得税	实发工资
1001	梁天	企业管理部	总经理	12 000.00	2 427.00	9 573.00	457.30	9 115.70
1002	张万军	人力资源部	经理	7 500.00	1 518.00	5 982.00	29.46	5 952.54
1003	李斌	采购部	经理	7 500.00	1 518.00	5 982.00	29.46	5 952.54
1004	何明海	仓储部	经理	7 500.00	1 518.00	5 982.00	29.46	5 952.54
1005	钱坤	财务部	经理	7 500.00	1 518.00	5 982.00	29.46	5 952.54
1006	叶润中	生产计划部	经理	7 500.00	1 518.00	5 982.00	29.46	5 952.54
1007	杨笑笑	市场营销部	经理	7 500.00	1 518.00	5 982.00	29.46	5 952.54
1008	叶瑛	企业管理部	助理	5 500.00	1 114.00	4 386.00	0	4 386.00
1009	肖红	人力资源部	助理	5 500.00	1 114.00	4 386.00	0	4 386.00
1010	付海生	采购部	采购员	5 500.00	1 114.00	4 386.00	0	4 386.00
1011	王宝珠	仓储部	仓储员	5 500.00	1 114.00	4 386.00	0	4 386.00
1012	刘自强	财务部	成本会计	5 500.00	1 114.00	4 386.00	0	4 386.00
1013	朱中华	财务部	财务会计	5 500.00	1 114.00	4 386.00	0	4 386.00
1014	赵丹	财务部	出纳	5 500.00	1 114.00	4 386.00	0	4 386.00
1015	周群	生产计划部	生产计划员	5 500.00	1 114.00	4 386.00	0	4 386.00
1016	孙盛国	生产计划部	车间管理员	5 500.00	1 114.00	4 386.00	0	4 386.00
1017	马博	市场营销部	市场专员	4 500.00	912.00	3 588.00	0	3 588.00
1018	刘思羽	市场营销部	销售专员	4 500.00	912.00	3 588.00	0	3 588.00
1019	李良钊	机加车间	初级工人	3 600.00	730.20	2 869.80	0	2 869.80
⋮								
1044	田勤	组装车间	中级工人	4 000.00	811.00	3 189.00	0	3 189.00
⋮								

表5-9 薪资计算表（2018年12月）

| 工号 | 姓名 | 部门 | 岗位 | 基本工资 | 代扣款项目 | | | | | | | | 应税工资 | 应扣个人所得税 | 实发金额 |
					养老保险8%	医疗保险2%+3元	失业保险0.2%	工伤保险	生育保险	五险小计	住房公积金10%	五险一金小计			
1001	梁天	企业管理部	总经理	12 000.00	960.00	243.00	24.00	—	—	1 227.00	1 200.00	2 427.00	9 573.00	457.30	9 115.70
1002	张万军	人力资源部	经理	7 500.00	600.00	153.00	15.00	—	—	768.00	750.00	1 518.00	5 982.00	29.46	5 952.54
1003	李斌	采购部	经理	7 500.00	600.00	153.00	15.00	—	—	768.00	750.00	1 518.00	5 982.00	29.46	5 952.54
1004	何明海	仓储部	经理	7 500.00	600.00	153.00	15.00	—	—	768.00	750.00	1 518.00	5 982.00	29.46	5 952.54
1005	钱坤	财务部	经理	7 500.00	600.00	153.00	15.00	—	—	768.00	750.00	1 518.00	5 982.00	29.46	5 952.54
1006	叶润中	生产计划部	经理	7 500.00	600.00	153.00	15.00	—	—	768.00	750.00	1 518.00	5 982.00	29.46	5 952.54
1007	杨笑笑	市场营销部	经理	7 500.00	600.00	153.00	15.00	—	—	768.00	750.00	1 518.00	5 982.00	29.46	5 952.54
1008	叶瑛	企业管理部	助理	5 500.00	440.00	113.00	11.00	—	—	564.00	550.00	1 114.00	4 386.00	—	4 386.00
1009	肖红	人力资源部	助理	5 500.00	440.00	113.00	11.00	—	—	564.00	550.00	1 114.00	4 386.00	—	4 386.00
1010	付海生	采购部	采购员	5 500.00	440.00	113.00	11.00	—	—	564.00	550.00	1 114.00	4386.00	—	4 386.00
1011	王宝珠	仓储部	仓储员	5 500.00	440.00	113.00	11.00	—	—	564.00	550.00	1 114.00	4 386.00	—	4 386.00
1012	刘自强	财务部	成本会计	5 500.00	440.00	113.00	11.00	—	—	564.00	550.00	1 114.00	4 386.00	—	4 386.00
1013	朱中华	财务部	财务会计	5 500.00	440.00	113.00	11.00	—	—	564.00	550.00	1 114.00	4 386.00	—	4 386.00
1014	赵丹	财务部	出纳	5 500.00	440.00	113.00	11.00	—	—	564.00	550.00	1 114.00	4 386.00	—	4 386.00
1015	周群	生产计划部	生产计划员	5500.00	440.00	113.00	11.00	—	—	564.00	550.00	1 114.00	4 386.00	—	4 386.00
1016	孙盛国	生产计划部	车间管理员	5 500.00	440.00	113.00	11.00	—	—	564.00	550.00	1 114.00	4 386.00	—	4 386.00
1017	马博	市场营销部	市场专员	4 500.00	360.00	93.00	9.00	—	—	462.00	450.00	912.00	3 588.00	—	3 588.00
1018	刘思羽	市场营销部	销售专员	4 500.00	360.00	93.00	9.00	—	—	462.00	450.00	912.00	3 588.00	—	3 588.00
1019	李良钊	机加车间	初级工人	3 600.00	288.00	75.00	7.20	—	—	370.20	360.00	730.20	2 869.80	—	2 869.80
⋮															
1044	田勤	组装车间	中级工人	4 000.00	320.00	83.00	8.00	—	—	411.00	400.00	811.00	3 189.00	—	3 189.00
⋮															

表5-10 薪资部门汇总表（2018年12月）

部门名称	部门人数	实发工资	代缴个人所得税	个人自缴福利		企业代缴福利		合计
				社会保险	住房公积金	社会保险	住房公积金	
企业管理部	2	13 501.70	457.30	1 791.00	1 750.00	5 617.50	1 750.00	24 867.50
人力资源部	2	10 338.54	29.46	1 332.00	1 300.00	4 173.00	1 300.00	18 473.00
采购部	2	10 338.54	29.46	1 332.00	1 300.00	4 173.00	1 300.00	18 473.00
仓储部	2	10 338.54	29.46	1 332.00	1 300.00	4 173.00	1 300.00	18 473.00
财务部	4	19 110.54	29.46	2 460.00	2 400.00	7 704.00	2 400.00	34 104.00
市场营销部	3	13 128.54	29.46	1 692.00	1 650.00	5 296.50	1 650.00	23 446.50
生产计划部	3	14 724.54	29.46	1 896.00	1 850.00	5 938.50	1 850.00	26 288.50
机加车间	20	57 396.00	—	7 404.00	7 200.00	23 112.00	7 200.00	102 312.00
组装车间	20	62 184.00	—	8 016.00	7 800.00	25 038.00	7 800.00	110 838.00
总计	58	211 060.94	634.06	27 255.00	26 550.00	85 225.50	26 550.00	377 275.50

2019年1月，制造企业共需发放到员工银行账户的工资合计为211 060.94元；

2019年1月，制造企业共需缴纳的社会保险为112 480.50元（27 255.00+ 85 225.50）；

2019年1月，制造企业共需缴纳的住房公积金为53 100元（26 550+26 550）；

2019年1月，制造企业共需为员工缴纳的个人所得税为634.06元。

（四）工作交接重难点讲解

（1）人力资源部需要将表5-10的相关信息提供给财务会计，并且告知财务会计共需发放多少工资，共需缴纳多少社会保险，共需缴纳多少住房公积金，共需缴纳多少个人所得税。对于财务部而言，只需要知道最后每个人发放多少工资即可，但是人力资源部却需要知道工资的计算方式以及每个部门需要发放的工资统计。

（2）人力资源部需要知道，每个人每个月的工资的计算方式。

以工号1001梁天为例，进行工资的计算如下：

应税工资=基本工资-个人缴纳五险一金合计=12 000-2 427=9 573（元）

当月个税=（累计收入-累计五险一金-累计专项附加扣除-累计减除费用）×预扣税率-速算扣除数-累计已缴纳税额=（12 000×12-2 427×12-0-5 000×12）×10%-2 520-〔（12 000×11-2 427×11-0-5 000×11）×10%-2 520〕=457.30（元）

实发工资=基本工资-个人缴纳五险一金合计-当月个税=12 000-2 427-457.3=9 115.70（元）

企业支出（财务记账）=基本工资+企业缴纳五险一金合计=12 000+5 052=17 052（元）

（3）机加车间和组装车间分别有20个工人，其中：机加车间的20个工人全部是初级工人，组装车间的20个工人中有5个是初级工人，15个是中级工人，人力资源需要将此信息提供给生产计划部门，并与生产计划部门确认工人用工规则，了解雇佣原理。

（4）制造企业在每个月的月底（25日）进行薪酬的计算工作，计算的是当月应发的工资，计算完成之后不进行工资的发放，而是等到下个月的月初（5日）才进行工资的发放。

（5）2019年1月5日发放的工资，是2018年12月的工资，所有人员信息应该按照系统中默认的信息（员工姓名）进行工资的发放。而2019年1月25日核算的工资，是2019年1月的工资，所以人员信息应该按照实际工作的员工姓名来进行工资的发放。

（6）人力资源部门还需要及时做好人员的考勤工作，对于缺勤人员适当地扣除工资。

三、财务部工作交接

（一）财务部部门情况说明

财务部目前有财务部经理、财务会计、成本会计、出纳四个工作人员，具体如图5-4所示。

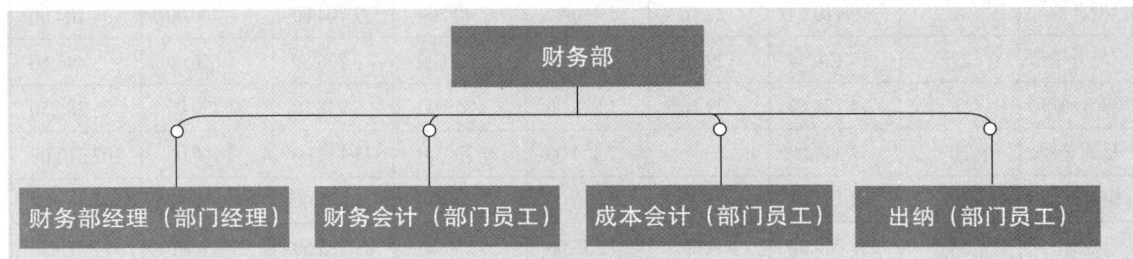

图5-4　财务部组织结构

（二）财务部岗位职责说明（见模块三任务三）

（三）财务部工作交接情况说明

财务部工作交接详细信息见表5-11和表5-12。

表5-11　　　　　　　　　　　　　科目余额表

科目编码	科目名称	期初余额		总账适用账簿	岗位	明细账适用账簿	岗位
		借方	贷方				
1001	库存现金	20 000.00		三栏式总分类账（总账）	财务经理	日记账	出纳
1002	银行存款	10 000 000.00		三栏式总分类账（总账）	财务经理		
100201	工行存款	10 000 000.00				日记账	出纳
1403	原材料	3 415 824.00		三栏式总分类账（总账）	财务经理		
140301	钢管	1 136 160.00				数量金额明细账	成本会计
140302	坐垫	432 972.00				数量金额明细账	成本会计
140303	车轮	580 824.00				数量金额明细账	成本会计
140304	车篷	779 004.00				数量金额明细账	成本会计
140305	经济型童车包装套件	486 864.00				数量金额明细账	成本会计
1405	库存商品	4 086 828.00		三栏式总分类账（总账）	财务经理		
140501	经济型童车	4 086 828.00				数量金额明细账	成本会计
1409	自制半成品	1 869 696.00		三栏式总分类账（总账）	财务经理		
140901	经济型童车车架	1 869 696.00				数量金额明细账	成本会计
1601	固定资产	27 328 800.00		三栏式总分类账（总账）	财务经理	三栏式总分类账（明细账）	财务会计
1602	累计折旧		1 824 000.00	三栏式总分类账（总账）	财务经理		

科目编码	科目名称	期初余额 借方	期初余额 贷方	总账适用账簿	岗位	明细账适用账簿	岗位
2211	应付职工薪酬		377 275.50	三栏式总分类账（总账）	财务经理		
221101	工资		265 500.00			三栏式总分类账（明细账）	财务会计
221102	社会保险费		85 225.50			三栏式总分类账（明细账）	财务会计
221103	住房公积金		26 550.00			三栏式总分类账（明细账）	财务会计
2221	应交税费		204 413.79	三栏式总分类账（总账）	财务经理		
222101	应交增值税	0				多栏式明细账	财务会计
22210101	进项税额	385 241.38					
22210102	销项税额		589 655.17				
22210103	转出未交税金	204 413.79					
222104	未交增值税		204 413.79			三栏式总分类账（明细账）	财务会计
4001	实收资本		35 000 000.00	三栏式总分类账（总账）	财务经理		
4101	盈余公积		396 687.31	三栏式总分类账（总账）	财务经理		
4104	利润分配		8 918 771.40	三栏式总分类账（总账）	财务经理		
410401	未分配利润		8 918 771.40			三栏式总分类账（明细账）	财务会计
合计		46 721 148.00	46 721 148.00				

表5-12　　　　　　　　　　　　　　制造企业会计科目表

编号	名称	账簿设置	记账人	编号	名称	账簿设置	记账人
一、资产类				2211	应付职工薪酬	总账	财务经理
1001	库存现金	总账/日记账	财务经理/出纳	221101	工资	三栏式明细账	财务会计
1002	银行存款	总账	财务经理	221102	社会保险	三栏式明细账	财务会计
100201	工行存款	日记账	出纳	221103	住房公积金	三栏式明细账	财务会计
1012	其他货币资金	总账	财务经理	2221	应交税费	总账	财务经理
1101	交易性金融资产	总账	财务经理	222101	应交增值税	多栏式明细账	财务会计
1121	应收票据	总账	财务经理	22210101	进项税额		
1122	应收账款	总账	财务经理	22210102	销项税额		
112211	旭日商贸	三栏式明细账	财务会计	22210106	转出未交税金		
112212	华晨商贸	三栏式明细账	财务会计	22210105	已交增值税	三栏式明细账	财务会计
112213	仁和商贸	三栏式明细账	财务会计	222102	应交个人所得税	三栏式明细账	财务会计
112214	天府商贸	三栏式明细账	财务会计	222103	应交企业所得税	三栏式明细账	财务会计
112228	湖北强盛	三栏式明细账	财务会计	222104	未交增值税	三栏式明细账	财务会计
112229	湖北静洁	三栏式明细账	财务会计	2231	应付利息	总账	财务经理

续表

编号	名称	账簿设置	记账人	编号	名称	账簿设置	记账人
112230	湖北丽华	三栏式明细账	财务会计	2232	应付股利	总账	财务经理
1123	预付账款	总账	财务经理	2241	其他应付款	总账/三栏式明细账	财务经理/财务会计
1131	应收股利	总账	财务经理	2501	长期借款	总账	财务经理
1132	应收利息	总账	财务经理	2502	应付债券	总账	财务经理
1221	其他应收款	总账	财务经理	2701	长期应付款	总账	财务经理
1231	坏账准备	总账	财务经理	2711	专项应付款	总账	财务经理
1401	材料采购	总账/数量金额明细账	财务经理/成本会计	2801	预计负债	总账	财务经理
1402	在途物资	总账/数量金额明细账	财务经理/成本会计	2901	递延所得税负债	总账	财务经理
1403	原材料	总账	财务经理	三、共同类（略）			
140301	钢管	数量金额明细账	成本会计	四、所有者权益类			
140302	坐垫	数量金额明细账	成本会计	4001	实收资本	总账	财务经理
140303	车轮	数量金额明细账	成本会计	4002	资本公积	总账	财务经理
140304	车篷	数量金额明细账	成本会计	4101	盈余公积	总账	财务经理
140305	经济型童车包装套件	数量金额明细账	成本会计	4103	本年利润	总账	财务经理
140306	镀锌管	数量金额明细账	成本会计	4104	利润分配	总账	财务经理
140307	记忆太空棉坐垫	数量金额明细账	成本会计	410401	未分配利润	三栏式明细账	财务会计
140308	数控芯片	数量金额明细账	成本会计	五、成本类			
140309	舒适型童车包装套件	数量金额明细账	成本会计	5001	生产成本	总账	财务经理
140310	豪华型童车包装套件	数量金额明细账	成本会计	5101	制造费用	总账/多栏式明细账	财务经理/财务会计
1404	材料成本差异	总账/数量金额明细账	财务经理/成本会计	500101	经济型童车车架	三栏式明细账	成本会计
1405	库存商品	总账	财务经理	50010101	直接材料	三栏式明细账	成本会计
140501	经济型童车	数量金额明细账	成本会计	50010102	直接人工	三栏式明细账	成本会计
140502	舒适型童车	数量金额明细账	成本会计	50010103	制造费用	三栏式明细账	成本会计
140503	豪华型童车	数量金额明细账	成本会计	500102	经济型童车	三栏式明细账	成本会计
1406	发出商品	总账	财务经理	50010201	直接材料	三栏式明细账	成本会计
1407	商品进销差价	总账	财务经理	50010202	直接人工	三栏式明细账	成本会计
1408	委托加工物资	总账	财务经理	50010203	制造费用	三栏式明细账	成本会计
1409	自制半成品	总账	财务经理	500103	舒适型童车车架	三栏式明细账	成本会计
140901	经济型车架	数量金额明细账	成本会计	50010301	直接材料	三栏式明细账	成本会计
140902	舒适型车架	数量金额明细账	成本会计	50010302	直接人工	三栏式明细账	成本会计
140903	豪华型车架	数量金额明细账	成本会计	50010303	制造费用	三栏式明细账	成本会计
1471	存货跌价准备	总账	财务经理	500104	舒适型童车	三栏式明细账	成本会计
1501	债权投资	总账	财务经理	50010401	直接材料	三栏式明细账	成本会计

续表

编号	名称	账簿设置	记账人	编号	名称	账簿设置	记账人
1502	债权投资减值准备	总账	财务经理	50010402	直接人工	三栏式明细账	成本会计
1503	其他权益工具投资	总账	财务经理	50010403	制造费用	三栏式明细账	成本会计
1511	长期股权投资	总账	财务经理	500105	豪华型童车车架	三栏式明细账	成本会计
1512	长期股权投资减值准备	总账	财务经理	50010501	直接材料	三栏式明细账	成本会计
1521	投资性房地产	总账	财务经理	50010502	直接人工	三栏式明细账	成本会计
1531	长期应收款	总账	财务经理	50010503	制造费用	三栏式明细账	成本会计
1601	固定资产	总账/三栏式明细账	财务经理/财务会计	500106	豪华型童车	三栏式明细账	成本会计
1602	累计折旧	总账	财务经理	50010601	直接材料	三栏式明细账	成本会计
1603	固定资产减值准备	总账	财务经理	50010602	直接人工	三栏式明细账	成本会计
1604	在建工程	总账	财务经理	50010603	制造费用	三栏式明细账	成本会计
1605	工程物资	总账	财务经理	5101	制造费用	三栏式明细账	成本会计
1606	固定资产清理	总账	财务经理	510101	工资	三栏式明细账	成本会计
1701	无形资产	总账	财务经理	510102	折旧	三栏式明细账	成本会计
1702	累计摊销	总账	财务经理	510103	动力费	三栏式明细账	成本会计
1703	无形资产减值准备	总账	财务经理	5201	劳务成本	总账	财务经理
1711	商誉	总账	财务经理	5301	研发支出	总账	财务经理
1801	长期待摊费用	总账	财务经理	六、损益类			
1811	递延所得税资产	总账	财务经理	6001	主营业务收入	总账	财务经理
1901	待处理财产损溢	总账	财务经理	6051	其他业务收入	总账	财务经理
二、负债类				6101	公允价值变动损益	总账	财务经理
2001	短期借款	总账	财务经理	6111	投资收益	总账	财务经理
2201	应付票据	总账	财务经理	6301	营业外收入	总账	财务经理
2202	应付账款	总账	财务经理	6401	主营业务成本	总账	财务经理
220211	隆飞物流	三栏式明细账	财务会计	6402	其他业务成本	总账	财务经理
220212	融通服务	三栏式明细账	财务会计	6403	税金及附加	总账	财务经理
220213	丽华五金	三栏式明细账	财务会计	6601	销售费用	总账/多栏式明细账	财务经理/财务会计
220214	恒通工贸	三栏式明细账	财务会计	6602	管理费用	总账/多栏式明细账	财务经理/财务会计
220215	邦尼工贸	三栏式明细账	财务会计	6603	财务费用	总账/多栏式明细账	财务经理/财务会计
220216	思远工贸	三栏式明细账	财务会计	6701	资产减值损失	总账	财务经理
220217	新耀工贸	三栏式明细账	财务会计	6711	营业外支出	总账	财务经理
220218	新华招投标	三栏式明细账	财务会计	6801	所得税费用	总账	财务经理
2203	预收账款	总账	财务经理	6901	以前年度损益调整	总账	财务经理

（四）工作交接重难点讲解

（1）所有账页当中的"日期"写"2019年01月05日"。

（2）为方便管理，工作交接当中所有账页的"记账凭证号数"空着不填；所有账页的"摘要"写"上月结转"。

（3）每填写完成一张账页之后，点击右侧保存按钮，切记在所有账页填写完成之前不可点击"完成"按钮。

（4）科目余额表中的数据并不是进行简单的摘抄记录，还需要了解每一条数据的含义。

科目1403、140301、140302、140303、140304、140305、1405、140501、1409、140901，需要从仓储部获取相关的库存信息进行数据对比工作；

科目1601、1602，需要从企管部获取相关的固定资产信息进行数据对比工作；

科目2211、221101、221102、221103，需要从人力资源部获取相关的人员薪酬发放统计表进行数据对比工作；

科目22210101，需要从采购部了解上个月的采购付款情况，将税额总计与进项税额数据进行对比工作；

科目22210102，需要从营销部了解上个月的销售收款情况，将税额总计与销项税额数据进行对比工作。

微课：财务部门工作交接（期初建账）

（五）工作交接填写示例

三栏式总分类账范例如图5-5所示。

图5-5　三栏式总分类账范例

（六）工作交接成果

财务部经理填写三栏式总分类账（总账），共计12张；

成本会计填写数量金额明细账，共计7张；

财务会计填写三栏式总分类账（明细账），共计6张；多栏式明细账，共计1张；

出纳填写日记账，共计2张。

四、采购部工作交接

（一）采购部部门情况说明

采购部目前有采购部经理和采购员两个工作人员，具体如图5-6所示。

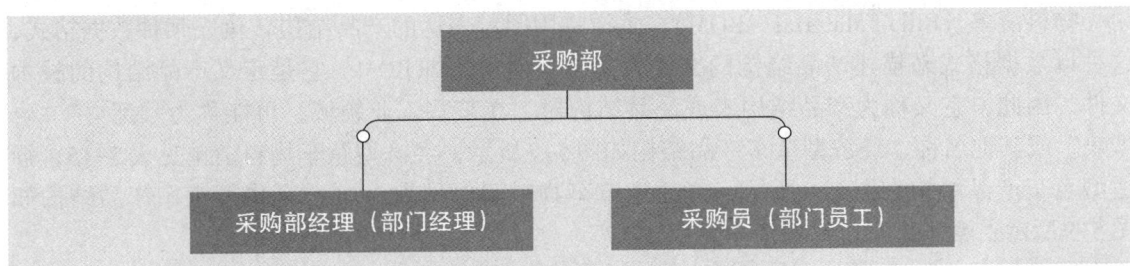

图5-6　采购部组织结构

（二）采购部岗位职责说明（见模块三任务三）

（三）采购部工作交接情况说明

采购部工作交接详细信息见表5-13和表5-14。

表5-13　　　　　　　　　　　　　　货物种类

物料编码	物料名称	仓位	占用存储单位	规格	来源
B0001	钢管	A01	2	Φ外16/Φ内11/L5000mm	外购原材料
B0002	镀锌管	A02	2	Φ外16/Φ内11/L5000mm	外购原材料
B0003	坐垫	A03	4	HJM500	外购原材料
B0004	记忆太空棉坐垫	A04	4	HJM600	外购原材料
B0005	车篷	A05	2	HJ72×32×40	外购原材料
B0006	车轮	A06	1	HJΦ外125/Φ内60 mm	外购原材料
B0008	数控芯片	A08	1	MCX3154A	外购原材料
B0007	经济型童车包装套件	A07	2	HJTB100	外购原材料
B0009	舒适型童车包装套件	A09	2	HJTB200	外购原材料
B0010	豪华型童车包装套件	A10	2	HJTB300	外购原材料
M0001	经济型童车车架	B01	10	无	自制半成品
M0002	舒适型童车车架	B02	10	无	自制半成品
M0003	豪华型童车车架	B03	10	无	自制半成品
P0001	经济型童车	C01	10	无	自制产成品
P0002	舒适型童车	C02	10	无	自制产成品
P0003	豪华型童车	C03	10	无	自制产成品

表5-14　　　　采购部2018年12月采购付款情况统计　　　　金额单位：元

原材料名称	采购数量	单价	金额	未税金额	税额
钢管	8 400根	109.00	915 600.00	810 265.49	105 334.51
坐垫	4 200个	83.00	348 600.00	308 495.58	40 104.42
车轮	18 000个	28.00	504 000.00	446 017.70	57 982.30
车篷	4 200个	150.00	630 000.00	557 522.12	72 477.88
经济型童车包装套件	4 200套	94.00	394 800.00	349 380.53	45 419.47
合计			2 793 000.00	2 471 681.42	321 318.58

微课：企业间
业务关系

模块
五

物料清单（Bill of Material，BOM），是指将用图示表达的产品结构转化成某种数据格式，这种以数据格式来描述产品结构的文件就是物料清单，即BOM。它是定义产品结构的技术文件，因此，它又称为产品结构表或产品结构树。在某些工业领域，可能称为"配方""要素表"或其他名称，经济型童车产品结构如图5-7所示，经济型童车物料清单见表5-15；舒适型童车产品结构如图5-8所示，舒适型童车物料清单见表5-16；豪华型童车产品结构如图5-9所示，豪华型童车物料清单见表5-17。

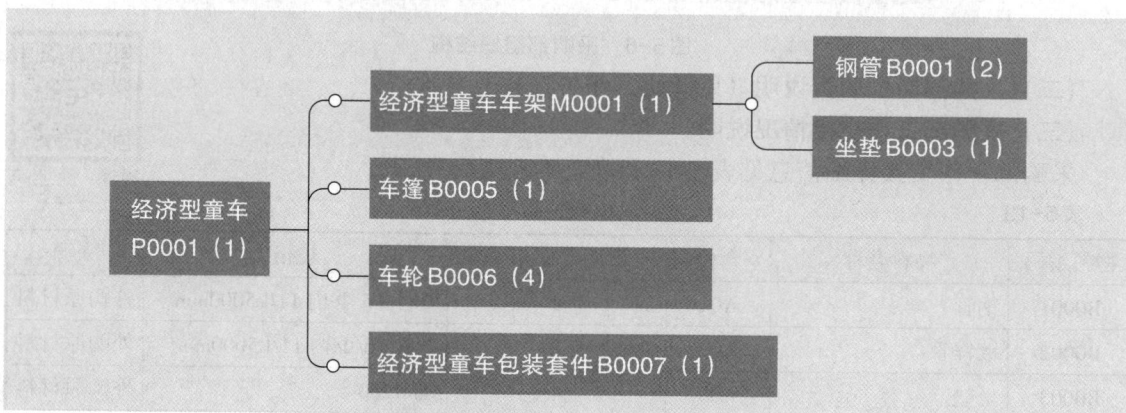

图5-7 经济型童车产品结构图

表5-15　经济型童车物料清单

物料名称	父项物料	物料编码	规格型号	单位	用量	备注
经济型童车	无	P0001	无	辆	1	组装车间生产
经济型童车车架	P0001	M0001	无	个	1	机加车间生产
车篷	P0001	B0005	HJ72×32×40	个	1	外购原材料
车轮	P0001	B0006	HJΦ外125/Φ内60mm	个	4	外购原材料
经济型童车包装套件	P0001	B0007	HJTB100	套	1	外购原材料
钢管	M0001	B0001	Φ外16/Φ内11/L5000mm	根	2	外购原材料
坐垫	M0001	B0003	HJM500	个	1	外购原材料

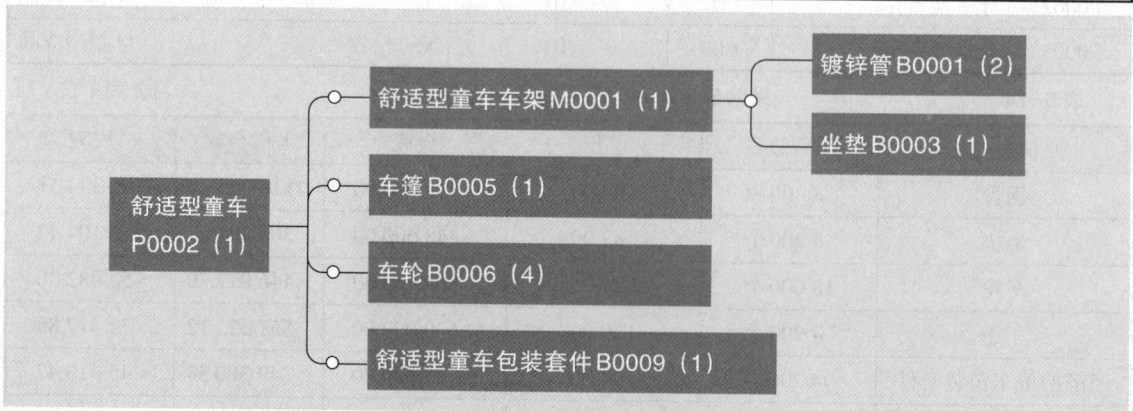

图5-8 舒适型童车产品结构图

表 5-16　　　　　　　　　　　　舒适型童车物流清单

物料名称	父项物料	物料编码	规格型号	单位	用量	备注
舒适型童车	无	P0002	无	辆	1	组装车间生产
舒适型童车车架	P0002	M0002	无	个	1	机加车间生产
车篷	P0002	B0005	HJ72×32×40	个	1	外购原材料
车轮	P0002	B0006	HJΦ外125/Φ内60mm	个	4	外购原材料
舒适型童车包装套件	P0002	B0009	HJTB200	套	1	外购原材料
镀锌管	M0002	B0002	Φ外16/Φ内11/L5000mm	根	2	外购原材料
坐垫	M0002	B0003	HJM500	个	1	外购原材料

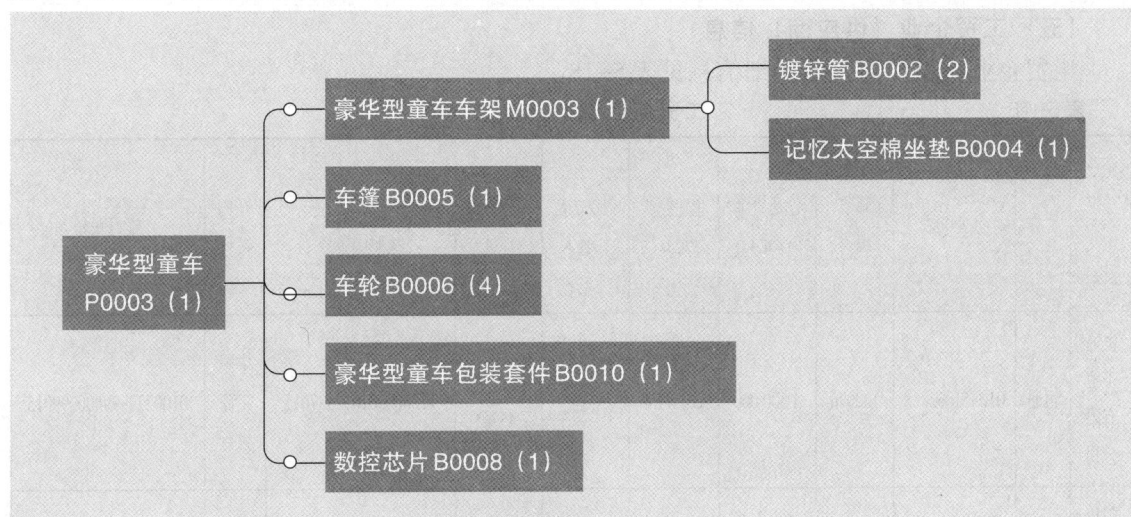

图 5-9　豪华型童车产品结构图

表 5-17　　　　　　　　　　　　豪华型童车物流清单

物料名称	父项物料	物料编码	规格型号	单位	用量	备注
豪华型童车	无	P0003	无	辆	1	组装车间生产
豪华型童车车架	P0003	M0003	无	个	1	机加车间生产
车篷	P0003	B0005	HJ72×32×40	个	1	外购原材料
车轮	P0003	B0006	HJΦ外125/Φ内60mm	个	4	外购原材料
数控芯片	P0003	B0008	MCX3154A	片	1	外购原材料
豪华型童车包装套件	P0003	B0010	HJTB300	套	1	外购原材料
镀锌管	M0003	B0002	Φ外16/Φ内11/L5000mm	根	2	外购原材料
记忆太空棉坐垫	M0003	B0004	HJM600	个	1	外购原材料

（四）工作交接重难点讲解

（1）采购部在工作交接阶段不需要进行单据的填写，但是却有不少的知识点需要学习了解。

（2）采购部需要将表5-14交到财务部经理处。

（3）采购部需要从仓储部获取目前各类原材料的存货情况，并了解目前库存的购买价格，为接下来的采购谈判提供依据。

（4）采购部需要根据产品BOM表，仓储的情况和生产所需原材料的情况，制定采购计划并就现有的采购计划判断其合理性并给出建议。

（5）采购部需要学习任务地图当中的流程，主要学习MCG流程（M表示制造企业，CG表示采购）。

（6）仓储的物品分为原材料、半成品以及产成品，其中，只有原材料是需要采购部去进行采购的。

（五）工贸企业（供应商）信息

工贸企业（供应商）的详细信息见表5-18。

表5-18　　　　　　　　　　　　工贸企业（供应商）信息

企业法定中文名称	简称	办公电话	邮政编码	注册资金（元）	企业注册登记日期	企业法定代表人	企业注册地址	企业法人营业执照注册号	开户银行	银行账号
恒通工贸有限公司	恒通	010-51062888	100076	4 500 000	2015/1/4	张艳	小红门路45号	110000001012587015	中国工商银行	0100229999000099015
邦尼工贸有限公司	邦尼	021-60423018	100070	4 500 000	2015/1/4	张伟	曙光西街722号	110106311235740016	中国工商银行	0100229999000099016
思远工贸有限公司	思远	020-51012837	100076	4 500 000	2015/1/4	何聪	顾家庄中路147号	110020001012524017	中国工商银行	0100229999000099017
新耀工贸有限公司	新耀	028-62500499	101300	4 500 000	2015/1/4	王敏	静远东街151号	110113050173019018	中国工商银行	0100229999000099018

（六）物流公司信息

物流公司的详细信息见表5-19。

表 5-19 物流公司信息

企业法定中文名称	简称	办公电话	邮政编码	注册资金（元）	企业注册登记日期	企业法定代表人	企业注册地址	企业法人营业执照注册号	开户银行	银行账号
隆飞物流有限公司	隆飞	027-64667658	100106	6 000 000	2015/1/4	李靖	卓尔大街38号	100108231234856019	中国工商银行	0100229999000099019

五、仓储部工作交接

（一）仓储部部门情况说明

仓储部目前有仓储部经理和仓管员两个工作人员，具体如图 5-10 所示。

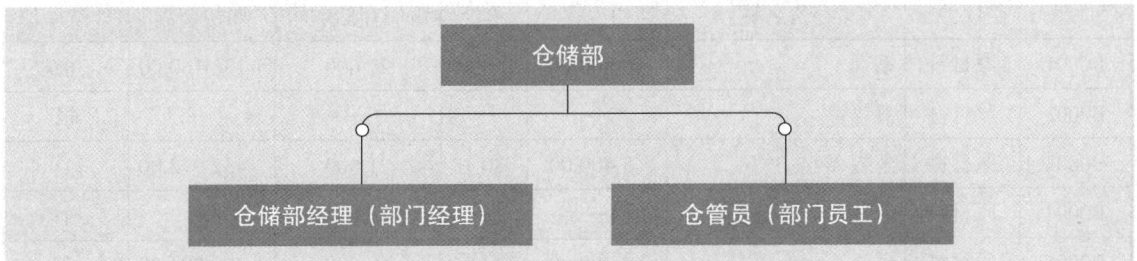

图 5-10 仓储部组织结构

（二）仓储部岗位职责说明（见模块三任务三）

（三）仓储部工作交接情况说明

仓储部工作交接详细信息见表 5-20 至表 5-23。

表 5-20 存货类别——原材料

存货编码	存货名称	仓位	占用存储单位	规格	来源
B0001	钢管	A01	2	Φ外16/Φ内11/L5000mm	外购原材料
B0002	镀锌管	A02	2	Φ外16/Φ内11/L5000mm	外购原材料
B0003	坐垫	A03	4	HJM500	外购原材料
B0004	记忆太空棉坐垫	A04	4	HJM600	外购原材料
B0005	车篷	A05		HJ72×32×40	外购原材料
B0006	车轮	A06	1	HJΦ外125/Φ内60 mm	外购原材料
B0008	数控芯片	A08	1	MCX3154A	外购原材料
B0007	经济型童车包装套件	A07	2	HJTB100	外购原材料
B0009	舒适型童车包装套件	A09	2	HJTB200	外购原材料
B0010	豪华型童车包装套件	A10	2	HJTB300	外购原材料

表5-21 存货类别——半成品

存货编码	存货名称	仓位	存货占用存储单位	规格	来源
M0001	经济型童车车架	B01	10	无	机加车间生产
M0002	舒适型童车车架	B02	10	无	机加车间生产
M0003	豪华型童车车架	B03	10	无	机加车间生产

表5-22 存货类别——产成品

存货编码	存货名称	仓位	存货占用存储单位	规格	来源
P0001	经济型童车	C01	10	无	组装车间生产
P0002	舒适型童车	C02	10	无	组装车间生产
P0003	豪华型童车	C03	10	无	组装车间生产

表5-23 存货期初数据 金额单位：元

存货编码	存货类型	存货名称	期初库存量	单价	占用存储空间	期初金额	计量单位
B0001	原材料	钢管	10 800.00	105.20	21 600	1 136 160.00	根
B0002	原材料	镀锌管	—	—	—	—	根
B0003	原材料	坐垫	5 400.00	80.18	21 600	432 972.00	个
B0004	原材料	记忆太空棉坐垫	—	—	—	—	个
B0005	原材料	车篷	5 400.00	144.26	10 800	779 004.00	个
B0006	原材料	车轮	21 600.00	26.89	21 600	580 824.00	个
B0007	原材料	经济型童车包装套件	5 400.00	90.16	10 800	486 864.00	套
B0008	原材料	数控芯片	—	—	—	—	片
B0009	原材料	舒适型童车包装套件	—	—	—	—	套
B0010	原材料	豪华型童车包装套件	—	—	—	—	套
M0001	半成品	经济型童车车架	5 400.00	346.24	54 000	1 869 696.00	个
M0002	半成品	舒适型童车车架	—	—	—	—	个
M0003	半成品	豪华型童车车架	—	—	—	—	个
P0001	产成品	经济型童车	5 400.00	756.82	54 000	4 086 828.00	辆
P0002	产成品	舒适型童车	—	—	—	—	辆
P0003	产成品	豪华型童车	—	—	—	—	辆

（四）工作交接重难点讲解

（1）仓储部储存的货物一共有3个大类，分别是原材料、半成品和产成品。原材料的物料编号是以B开头，占用的是A仓库，原材料仓库；半成品的物料编号是以M开头，占用的是B仓库，半成品仓库；产成品的物料编号是以P开头，占用的是C仓库，产成品仓库。

（2）库存台账中需要填写"物料名称""物料编号""规格""仓位""最高存量""最低

存量"等，其中，所有的物料都没有"最高存量"，"最低存量"为0；所有"日期"写"2019年01月05日"；"凭证号数"空着不填；"摘要"写"上月结转"。每填写完成一张库存台账之后，点击右侧保存按钮，切记在所有库存台账填写完成之前不可点击"完成"按钮。

（3）仓储部需要将表5-23提供给成本会计。

（4）仓储部需要将表5-23存货期初数据中，有关"原材料"的部分（B0001—B0010）提供给采购部经理。

（5）仓储部需要将表5-23存货期初数据中，有关"半成品"（M0001—M0003）和"产成品"（P0001—P0003）的部分提供给营销部经理。

（6）仓储部需要根据产品BOM表，及时地将原材料的情况和采购部交流，协助制定采购计划。

（7）仓储部需要根据产成品的库存，及时地与营销部进行交流，帮助制定销售计划。

（8）仓储部的原材料通过"采购入库"的方式入库，通过"生产出库"的方式出库；半成品通过"生产入库"的方式入库，通过"生产出库"的方式出库；产成品通过"生产入库"的方式入库，通过"销售出库"的方式出库。

（五）工作交接填写示例

库存台账范例如图5-11所示。

新道 教学专用
seentao

库存台账

本账页数
本户页数

物料名称：**钢管**　　　规格：**Φ外16/Φ内11/L5000mm**　　　最高存量：

物料编号：**B0001**　　　仓位：**A01**　　　最低存量：**0**　　　计量单位：**根**

2019年		凭证号数	摘　要	入库		出库		结存	
月	日			数量	单价	数量	单价	数量	单价
1	5		上月结转					10 800	105.20

图5-11　库存台账范例

（六）工作交接成果

仓储部经理填写库存台账，共计7张。

六、生产计划部工作交接

（一）生产计划部部门情况说明

生产计划部目前有生产计划部经理、生产计划员、车间管理员和工人43个工作人员，具体如图5-12所示。

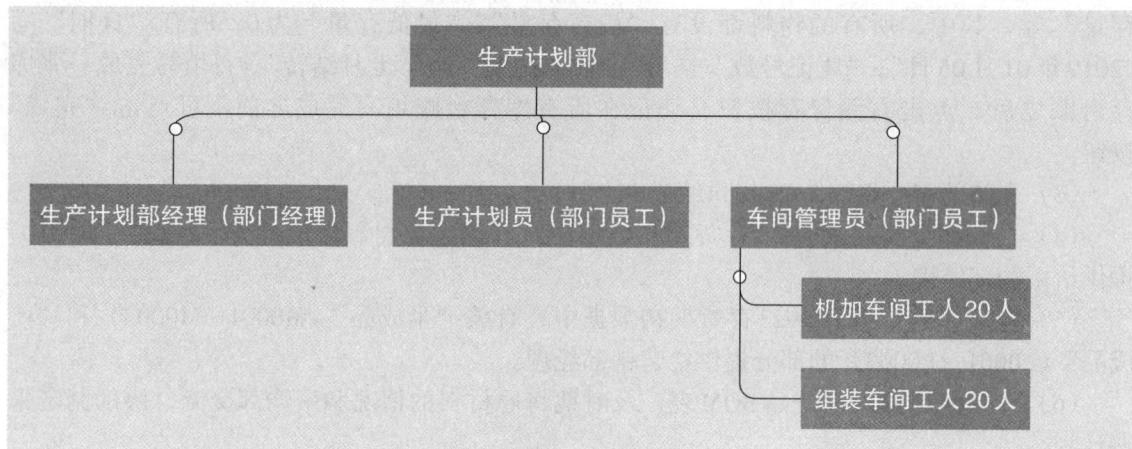

图5-12 生产计划部组织结构

（二）生产计划部岗位职责说明（见模块三任务三）

（三）生产计划部工作交接情况说明

生产计划部需要通过配置"厂房"+"生产设备"+"车间工人"+"原材料"的方式，保证生产的正常进行。生产计划部工作交接详细信息见表5-24至表5-31。

表5-24　　　　　　　　　　　　　　　　厂房

厂房类型	使用年限（年）	厂房面积（平方米）	厂房容积（立方米）	容量	售价（万元）
小厂房	20	800	4 800	12台机床位	480
大厂房	20	1 000	6 000	20台机床位	720

表5-25　　　　　　　　　　　　　　　　生产设备

生产设备名称	生产设备类型	购置费（万元）	使用年限	生产能力（台/虚拟1天）			占用机床位
				经济	舒适	豪华	
普通机床	机床	21	10	500	500	0	1
数控机床	机床	72	10	3 000	3 000	3 000	2
组装流水线	生产线	51	10	7 000	7 000	6 000	4

表5-26　　　　　　　　　　　　　　　　车间工人

设备	人员级别	要求人员配置数量
普通机床	初级生产工人	2
数控机床	高级生产工人	2
组装流水线	初级生产工人	5
	中级生产工人	15

表 5-27　　　　　　　　　　工资基本标准

人员类别	月基本工资
总经理	12 000 元/月
部门经理	7 500 元/月
职能管理人员	5 500 元/月
市场专员/销售专员	4 500 元/月
初级/中级/高级生产工人	3 600 元/月、4 000 元/月、4 600 元/月

表 5-28　　　　　　　　　　原材料

存货编码	存货名称	仓位	存货占用存储单位	规格	来源
B0001	钢管	A01	2	Φ外 16/Φ内 11/L5000mm	外购原材料
B0002	镀锌管	A02	2	Φ外 16/Φ内 11/L5000mm	外购原材料
B0003	坐垫	A03	4	HJM500	外购原材料
B0004	记忆太空棉坐垫	A04	4	HJM600	外购原材料
B0005	车篷	A05	2	HJ72×32×40	外购原材料
B0006	车轮	A06	1	HJΦ外 125/Φ内 60 mm	外购原材料
B0008	数控芯片	A08	1	MCX3154A	外购原材料
B0007	经济型童车包装套件	A07	2	HJTB100	外购原材料
B0009	舒适型童车包装套件	A09	2	HJTB200	外购原材料
B0010	豪华型童车包装套件	A10	2	HJTB300	外购原材料

表 5-29　　　　　　　　P0001-经济型童车生产工艺

工序	部门	工序描述	工作中心	加工工时
10	生产计划部-机加车间	经济型童车车架加工	普通（或数控）机床	虚拟 1 天
20	生产计划部-组装车间	经济型童车组装	组装流水线	虚拟 1 天

表 5-30　　　　　　　　P0002-舒适型童车生产工艺

工序	部门	工序描述	工作中心	加工工时
10	生产计划部-机加车间	舒适型童车车架加工	普通（或数控）机床	虚拟 1 天
20	生产计划部-组装车间	舒适型童车组装	组装流水线	虚拟 1 天

表 5-31　　　　　　　　P0003-豪华型童车生产工艺

工序	部门	工序描述	工作中心	加工工时
10	生产计划部-机加车间	豪华型童车车架加工	数控机床	虚拟 1 天
20	生产计划部-组装车间	豪华型童车组装	组装流水线	虚拟 1 天

物料清单（Bill of Material，BOM），是指用图示表达的产品结构转化成某种数据格式，这种以数据格式来描述产品结构的文件就是物料清单，即 BOM。它是定义产品结构的技术文件，因此，它又称为产品结构表或产品结构树。在某些工业领域，可能称为"配方""要

素表"或其他名称，经济型童车产品结构如图5-13所示，经济型童车物料清单见表5-32；舒适型童车产品结构如图5-14所示，舒适型童车物料清单见表5-33；豪华型童车产品结构如图5-15所示，豪华型童车物料清单见表5-34。

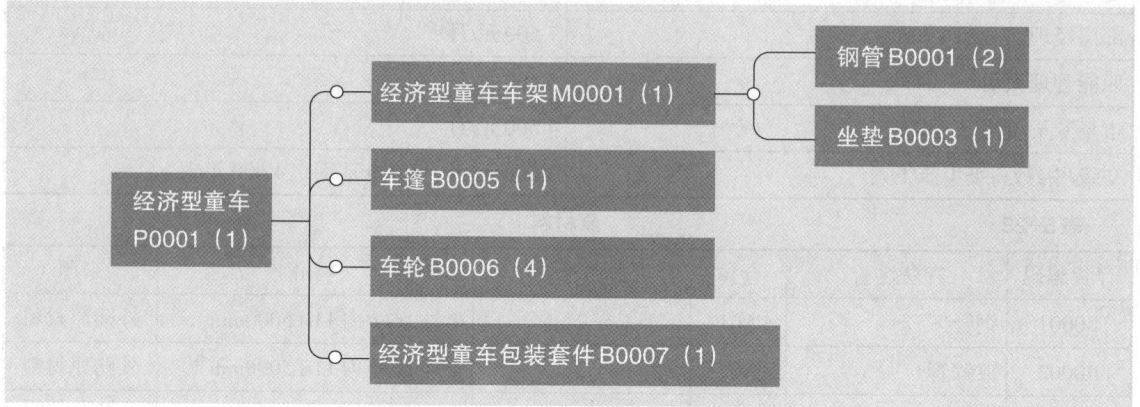

图5-13　经济型童车产品结构图

表5-32　　　　　　　　　　　　　经济型童车物流清单

物料名称	父项物料	物料编码	规格型号	单位	用量	备注
经济型童车	无	P0001	无	辆	1	组装车间生产
经济型童车车架	P0001	M0001	无	个	1	机加车间生产
车篷	P0001	B0005	HJ72×32×40	个	1	外购原材料
车轮	P0001	B0006	HJΦ外125/Φ内60mm	个	4	外购原材料
经济型童车包装套件	P0001	B0007	HJTB100	套	1	外购原材料
钢管	M0001	B0001	Φ外16/Φ内11/L5000（mm）	根	2	外购原材料
坐垫	M0001	B0003	HJM500	个	1	外购原材料

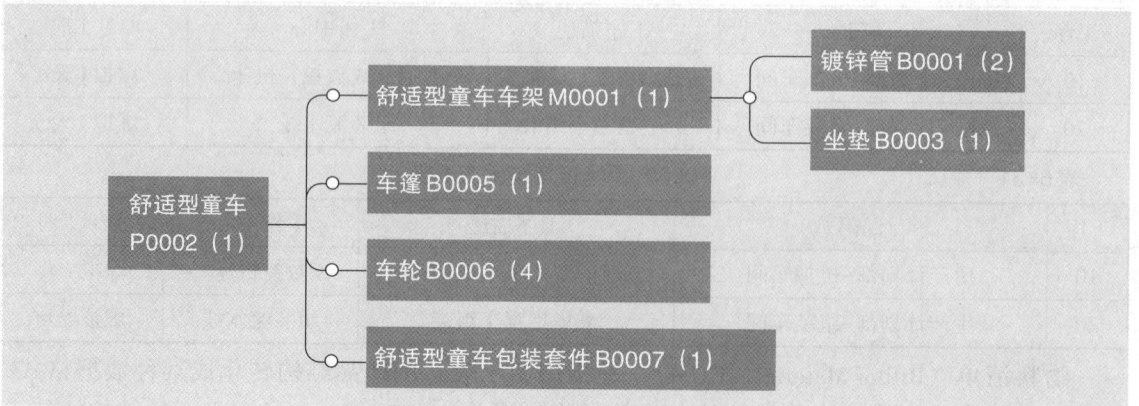

图5-14　舒适型童车产品结构图

表5-33   舒适型童车物流清单

物料名称	父项物料	物料编码	规格型号	单位	用量	备注
舒适型童车	无	P0002	无	辆	1	组装车间生产
舒适型童车车架	P0002	M0002	无	个	1	机加车间生产
车篷	P0002	B0005	HJ72×32×40	个	1	外购原材料
车轮	P0002	B0006	HJΦ外125/Φ内60mm	个	4	外购原材料
舒适型童车包装套件	P0002	B0009	HJTB200	套	1	外购原材料
镀锌管	M0002	B0002	Φ外16/Φ内11/L5000mm	根	2	外购原材料
坐垫	M0002	B0003	HJM500	个	1	外购原材料

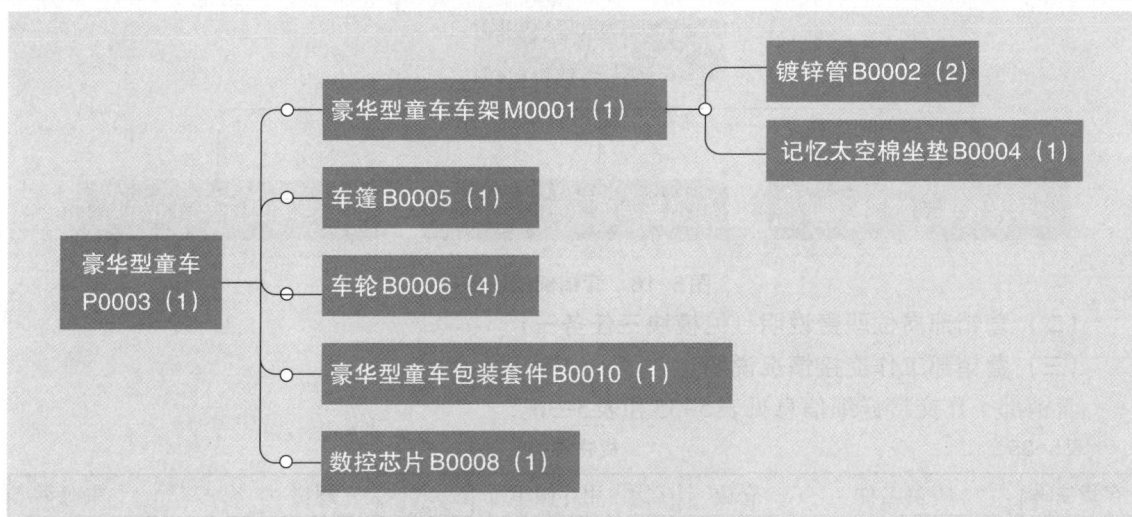

图5-15 豪华型童车产品结构图

表5-34   豪华型童车物流清单

物料名称	父项物料	物料编码	规格型号	单位	用量	备注
豪华型童车	无	P0003	无	辆	1	组装车间生产
豪华型童车车架	P0003	M0003	无	个	1	机加车间生产
车篷	P0003	B0005	HJ72×32×40	个	1	外购原材料
车轮	P0003	B0006	HJΦ外125/Φ内60mm	个	4	外购原材料
数控芯片	P0003	B0008	MCX3154A	片	1	外购原材料
豪华型童车包装套件	P0003	B0010	HJTB300	套	1	外购原材料
镀锌管	M0003	B0002	Φ外16/Φ内11/L5000mm	根	2	外购原材料
记忆太空棉坐垫	M0003	B0004	HJM600	个	1	外购原材料

（四）工作交接重难点讲解

（1）生产计划部以生产为主，拥有两个生产部门，一个是机加车间，一个是组装车间。机加车间是负责生产半成品的，组装车间是负责生产产成品的。

（2）生产计划部需要从人力资源部了解目前机加车间和组装车间的工人配置情况，并探讨目前人员配置的合理性。

（3）生产计划部需要从企管部了解目前拥有的厂房情况以及拥有的生产设备情况，设备的数量、种类、使用时间等。

（4）生产计划部需要从仓储部了解目前各项物料的储备情况，并探讨是否符合目前的生产能力。

（5）生产计划部需要从营销部了解销售预测情况，预计签订销售合同的情况，从而准备接下来的生产。

七、营销部工作交接

（一）营销部门情况说明

营销部目前有营销部经理、市场专员和销售专员三个工作人员，具体如图5-16所示。

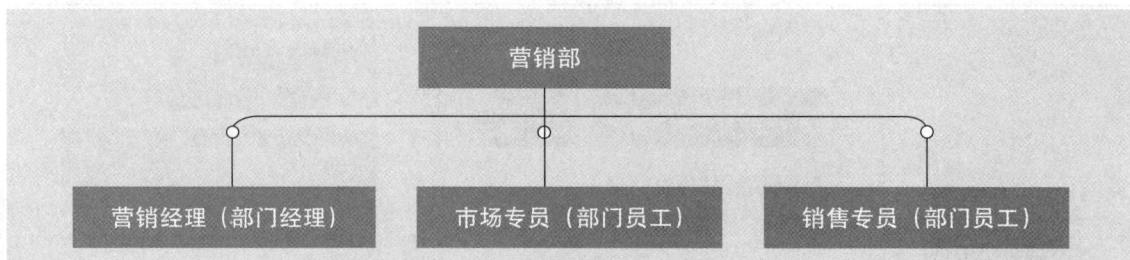

图5-16 营销部组织结构

（二）营销部岗位职责说明（见模块三任务三）

（三）营销部工作交接情况说明

营销部工作交接详细信息见表5-35和表5-36。

表5-35 货物种类

存货编码	存货名称	仓位	存货占用存储单位	规格	来源
B0001	钢管	A01	2	Φ外16/Φ内11/L5000mm	外购原材料
B0002	镀锌管	A02	2	Φ外16/Φ内11/L5000mm	外购原材料
B0003	坐垫	A03	4	HJM500	外购原材料
B0004	记忆太空棉坐垫	A04	4	HJM600	外购原材料
B0005	车篷	A05	2	HJ72×32×40	外购原材料
B0006	车轮	A06	1	HJΦ外125/Φ内60 mm	外购原材料
B0008	数控芯片	A08	1	MCX3154A	外购原材料
B0007	经济型童车包装套件	A07	2	HJTB100	外购原材料
B0009	舒适型童车包装套件	A09	2	HJTB200	外购原材料
B0010	豪华型童车包装套件	A10	2	HJTB300	外购原材料
M0001	经济型童车车架	B01	10	无	自制半成品
M0002	舒适型童车车架	B02	10	无	自制半成品
M0003	豪华型童车车架	B03	10	无	自制半成品
P0001	经济型童车	C01	10	无	自制产成品
P0002	舒适型童车	C02	10	无	自制产成品
P0003	豪华型童车	C03	10	无	自制产成品

表5-36　　　　　　　　　营销部2018年12月销售收款情况统计

产品名称	销售数量	单价	金额	未税金额	税额
经济型童车	4 500	950.00	4 275 000.00	3 783 185.84	491 814.16

（四）工作交接重难点讲解

（1）营销部在工作交接阶段不需要进行单据的填写，但是却有不少的知识点需要学习了解。

（2）营销部需要将表5-36交到财务部经理处。

（3）营销部需要从仓储部获取目前经济型童车的存货情况，并了解目前库存童车的成本价格，为接下来的销售谈判提供参考。

（4）营销部需要根据产品BOM表，仓储的情况和生产所需原材料的情况，在确定生产能力的前提下，制定销售计划并就现有的销售计划判断其合理性并给出建议。

（5）营销部需要学习任务地图当中的流程，主要学习DCG流程（D表示经销商，CG表示采购）。

（6）仓储的物品分为原材料、半成品以及产成品，其中，营销部销售的主要是产成品，包括经济型童车、舒适型童车和豪华型童车。

（五）商贸企业（经销商）信息

商贸企业（经销商）信息见表5-37。

表5-37　　　　　　　　　商贸企业（经销商）信息

序号	企业法定中文名称	简称	办公电话	邮政编码	注册资金（元）	企业注册登记日期	企业法定代表人	企业注册地址	企业法人营业执照注册号	开户银行	银行账号
1	旭日商贸有限公司	旭日	010-68500412	100094	4 500 000	2015/1/4	李峰	北清路5号	100108554831327011	中国工商银行	0100229999000099011
2	华晨商贸有限公司	华晨	021-68500412	100084	4 500 000	2015/1/4	王强	沙静南路671号	1101087539901011012	中国工商银行	0100229999000099012
3	仁和商贸有限公司	仁和	020-63470422	100086	4 500 000	2015/1/4	董浩	安杰北街18号	1101085548312450136	中国工商银行	0100229999000099013
4	天府商贸有限公司	天府	028-62500478	100080	4 500 000	2015/1/4	康庄	丰豪中街55号	1101081201016730146	中国工商银行	0100229999000099014
5	湖北强盛商贸有限公司（中部）	强盛	027-84859011	430090	1 000 000	2015/1/4	张浩	武汉市汉南区纱帽街汉南大道12号	4201130000287130016	中国工商银行	4563512600681022353
6	湖北静洁商贸有限公司（中部）	静洁	027-84852312	430120	1 000 000	2015/1/4	孙文	武汉市星源大道19号	4201130000281930026	中国工商银行	4563512600681022354
7	五洲进出口有限公司	五洲	010-62500478	101060	20 000 000	2015/1/4	郭容	广顺北街38号	1101081201016880216	中国工商银行	0100229999000099021

（六）物流公司信息

物流公司信息见表5-38。

表5-38　　　　　　　　　　　　　　物流公司信息

企业法定中文名称	简称	办公电话	邮政编码	注册资金（元）	企业注册登记日期	企业法定代表人	企业注册地址	企业法人营业执照注册号	开户银行	银行账号
隆飞物流有限公司	隆飞	027-64667658	100106	6 000 000	2015/1/4	李靖	卓尔大街38号	100108231234856019	中国工商银行	0100229999000099019

任务二　商贸企业（经销商）

一、商贸企业（经销商）部门情况说明

商贸企业（经销商）部门包括：（1）总经理（企管部）；（2）行政助理（企管部）；（3）营销经理（营销部）；（4）采购经理（采购部）；（5）仓储经理（仓储部）；（6）财务经理（财务部）；（7）出纳（财务部）。共计7个工作人员，具体如图5-17所示。

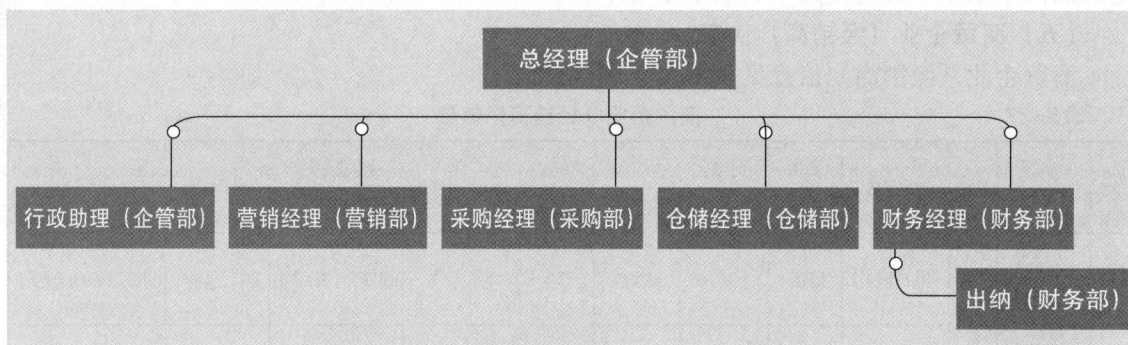

图5-17　商贸企业（经销商）组织结构

二、商贸企业（经销商）工作交接情况说明

商贸企业（经销商）工作交接详细信息见表5-39至表5-52。

表5-39　　　　　　　　　　　　　　科目余额表

科目编码	科目名称	期初余额 借方	期初余额 贷方	总账适用账簿	岗位	明细账适用账簿	岗位
1001	库存现金	20 000.00	—	三栏式总分类账（总账）	财务经理	日记账	出纳
1002	银行存款	4 700 000.00	—	三栏式总分类账（总账）	财务经理		
100201	工行存款	4 700 000.00	—			日记账	出纳
1405	库存商品	13 888 000.00	—	三栏式总分类账（总账）	财务经理		

科目编码	科目名称	期初余额		总账适用账簿	岗位	明细账适用账簿	岗位
		借方	贷方				
140501	经济型童车	13 888 000.00	—			数量金额明细账	财务经理
1601	固定资产	14 460 000.00	—	三栏式总分类账（总账）	财务经理		
1602	累计折旧	—	873 750.00	三栏式总分类账（总账）	财务经理		
2211	应付职工薪酬	—	78 155.00	三栏式总分类账（总账）	财务经理		
221101	工资	—	55 000.00			三栏式总分类账（明细账）	财务经理
221103	社会保险	—	17 655.00			三栏式总分类账（明细账）	财务经理
221104	住房公积金	—	5 500.00			三栏式总分类账（明细账）	财务经理
2221	应交税费		95 172.45			多栏式明细账	财务经理
222101	应交增值税						
22210101	进项税额	297 931.00	—				
22210103	销项税额	—	393 103.45				
22210106	转出未交税金	95 172.45				三栏式总分类账（明细账）	财务经理
222102	未交增值税		95 172.45				
4001	实收资本	—	28 000 000.00	三栏式总分类账（总账）	财务经理		
4104	利润分配	—	4 020 922.55	三栏式总分类账（总账）	财务经理		
410406	未分配利润	—	4 020 922.55			三栏式总分类账（明细账）	财务经理
	合计	32 194 250.00	32 194 250.00				

表5-40　　　　　　　　　　　商贸企业会计科目表

编号	名称	账簿设置	记账人	编号	名称	账簿设置	记账人
一、资产类				220205	豆豆熊童车	三栏式明细账	财务经理
1001	库存现金	总账/日记账	财务经理/出纳	220206	慧聪童车	三栏式明细账	财务经理
1002	银行存款	总账	财务经理	220207	迪士博童车	三栏式明细账	财务经理
100201	工行存款	日记账	出纳	220208	宝贝快长童车	三栏式明细账	财务经理
1012	其他货币资金	总账	财务经理	220209	伊拉贝莎童车	三栏式明细账	财务经理

编号	名称	账簿设置	记账人	编号	名称	账簿设置	记账人
1101	交易性金融资产	总账	财务经理	220210	五彩梦童车	三栏式明细账	财务经理
1121	应收票据	总账	财务经理	220211	隆飞物流	三栏式明细账	财务经理
1122	应收账款	总账	财务经理	220212	融通服务	三栏式明细账	财务经理
112220	上海乐康	三栏式明细账	财务经理	220213	丽华五金	三栏式明细账	财务经理
112221	上海金亿	三栏式明细账	财务经理	220218	新华招投标	三栏式明细账	财务经理
112222	广州好康	三栏式明细账	财务经理	2203	预收账款	总账	财务经理
112223	广州嘉乐	三栏式明细账	财务经理	2211	应付职工薪酬	总账	财务经理
112224	北京华伟	三栏式明细账	财务经理	221101	工资	三栏式明细账	财务经理
112225	北京爱喜	三栏式明细账	财务经理	221103	社会保险	三栏式明细账	财务经理
112226	成都新兴	三栏式明细账	财务经理	221104	住房公积金	三栏式明细账	财务经理
112227	成都文西	三栏式明细账	财务经理	2221	应交税费	总账	财务经理
1123	预付账款	总账	财务经理	222101	应交增值税	多栏式明细账	财务经理
1131	应收股利	总账	财务经理	22210101	进项税额		
1132	应收利息	总账	财务经理	22210102	销项税额		
1221	其他应收款	总账	财务经理	22210106	转出未交税金		
1231	坏账准备	总账	财务经理	222102	未交增值税	三栏式明细账	财务经理
1401	材料采购	总账/数量金额明细账	财务经理	222103	已交增值税	三栏式明细账	财务经理
1402	在途物资	总账/数量金额明细账	财务经理	222105	应交个人所得税	三栏式明细账	财务经理
1403	原材料	总账	财务经理	222108	应交企业所得税	三栏式明细账	财务经理
1404	材料成本差异	总账/数量金额明细账	财务经理	2231	应付利息	总账	财务经理
1405	库存商品	总账	财务经理	2232	应付股利	总账	财务经理
140501	经济型童车	数量金额明细账	财务经理	2241	其他应付款	总账/三栏式明细账	财务经理
140502	舒适型童车	数量金额明细账	财务经理	2501	长期借款	总账	财务经理
140503	豪华型童车	数量金额明细账	财务经理	2502	应付债券	总账	财务经理
1406	发出商品	总账	财务经理	2701	长期应付款	总账	财务经理
1407	商品进销差价	总账	财务经理	2711	专项应付款	总账	财务经理
1408	委托加工物资	总账	财务经理	2801	预计负债	总账	财务经理

续表

编号	名称	账簿设置	记账人	编号	名称	账簿设置	记账人
1409	自制半成品	总账	财务经理	2901	递延所得税负债	总账	财务经理
1471	存货跌价准备	总账	财务经理	三、共同类（略）			
1501	债权投资	总账	财务经理	四、所有者权益类			
1502	债权投资减值准备	总账	财务经理	4001	实收资本	总账	财务经理
1503	其他权益工具投资	总账	财务经理	4002	资本公积	总账	财务经理
1511	长期股权投资	总账	财务经理	4101	盈余公积	总账	财务经理
1512	长期股权投资减值准备	总账	财务经理	4103	本年利润	总账	财务经理
1521	投资性房地产	总账	财务经理	4104	利润分配	总账	财务经理
1531	长期应收款	总账	财务经理	410406	未分配利润	三栏式明细账	财务经理
1601	固定资产	总账/三栏式明细账	财务经理	五、成本类			
1602	累计折旧	总账	财务经理	5001	生产成本	总账	财务经理
1603	固定资产减值准备	总账	财务经理	5101	制造费用	总账/多栏式明细账	财务经理
1604	在建工程	总账	财务经理	5201	劳务成本	总账	财务经理
1605	工程物资	总账	财务经理	5301	研发支出	总账	财务经理
1606	固定资产清理	总账	财务经理	六、损益类			
1701	无形资产	总账	财务经理	6001	主营业务收入	总账	财务经理
1702	累计摊销	总账	财务经理	6051	其他业务收入	总账	财务经理
1703	无形资产减值准备	总账	财务经理	6101	公允价值变动损益	总账	财务经理
1711	商誉	总账	财务经理	6111	投资收益	总账	财务经理
1801	长期待摊费用	总账	财务经理	6301	营业外收入	总账	财务经理
1811	递延所得税资产	总账	财务经理	6401	主营业务成本	总账	财务经理
1901	待处理财产损溢	总账	财务经理	6402	其他业务成本	总账	财务经理
二、负债类				6403	税金及附加	总账	财务经理
2001	短期借款	总账	财务经理	6601	销售费用	总账/多栏式明细账	财务经理
2201	应付票据	总账	财务经理	6602	管理费用	总账/多栏式明细账	财务经理

续表

编号	名称	账簿设置	记账人	编号	名称	账簿设置	记账人
2202	应付账款	总账	财务经理	6603	财务费用	总账/多栏式明细账	财务经理
220201	宝乐童车	三栏式明细账	财务经理	6701	资产减值损失	总账	财务经理
220202	小精灵童车	三栏式明细账	财务经理	6711	营业外支出	总账	财务经理
220203	童飞童车	三栏式明细账	财务经理	6801	所得税费用	总账	财务经理
220204	爱贝尔童车	三栏式明细账	财务经理	6901	以前年度损益调整	总账	财务经理

表5-41　　　　　　　　　　固定资产列表　　　　　　　　金额单位：元

资产编号	资产名称	使用部门	使用状态	使用年限(月)	开始使用日期	已计提月份	资产原值	残值	累计折旧	月折旧额	资产净值	折旧科目
0100001	办公大楼	企业管理部	在用	240	2017.09.15	15	9 000 000.00	450 000.00	534 375.00	35 625.00	8 465 625.00	管理费用
0100002	普通仓库	仓储部	在用	240	2017.09.15	15	5 400 000.00	270 000.00	320 625.00	21 375.00	5 079 375.00	管理费用
0300001	笔记本电脑	企业管理部	在用	48	2017.09.15	15	6 000.00		1 875.00	125.00	4 125.00	管理费用
0300002	笔记本电脑	企业管理部	在用	48	2017.09.15	15	6 000.00		1 875.00	125.00	4 125.00	管理费用
0300003	笔记本电脑	财务部	在用	48	2017.09.15	15	6 000.00		1 875.00	125.00	4 125.00	管理费用
0300004	笔记本电脑	采购部	在用	48	2017.09.15	15	6 000.00		1 875.00	125.00	4 125.00	管理费用
0300005	笔记本电脑	营销部	在用	48	2017.09.15	15	6 000.00		1 875.00	125.00	4 125.00	销售费用
0300006	笔记本电脑	仓储部	在用	48	2017.09.15	15	6 000.00		1 875.00	125.00	4 125.00	管理费用
0300007	打印复印一体机	企业管理部	在用	48	2017.09.15	15	24 000.00		7 500.00	500.00	16 500.00	管理费用
合计							14 460 000.00		873 750.00	58 250.00	13 586 250.00	

模块五

表5-42 存货种类

存货编码	存货类型	存货名称	规格	计量单位	存货占用存储单位	商品来源	存放仓库
P0001	库存商品	经济型童车	无	辆	10	外购	A01
P0002	库存商品	舒适型童车	无	辆	10	外购	A02
P0003	库存商品	豪华型童车	无	辆	10	外购	A03

表5-43 存货期初

存货编码	存货名称	规格	计量单位	存货平均单价（元）	期初库存量
P0001	经济型童车	无	辆	992.00	14 000
P0002	舒适型童车	无	辆	—	0
P0003	豪华型童车	无	辆	—	0

表5-44 个人缴纳社保及住房公积金计算（2018年12月）　　　　单位：元

工号	姓名	部门	岗位	基本工资	个人缴纳五险一金							
					养老保险8%	医疗保险2%+3元	失业保险0.2%	工伤保险	生育保险	五险小计	住房公积金10%	五险一金小计
1	关雅寒	企业管理部	总经理	12 000.00	960.00	243.00	24.00	—	—	1 227.00	1 200.00	2 427.00
2	牧雪瑶	企业管理部	行政经理	7 500.00	600.00	153.00	15.00	—	—	768.00	750.00	1 518.00
3	杨绮萱	营销部	营销经理	7 500.00	600.00	153.00	15.00	—	—	768.00	750.00	1 518.00
4	范易龙	采购部	采购经理	7 500.00	600.00	153.00	15.00	—	—	768.00	750.00	1 518.00
5	陈寒丘	仓储部	仓储经理	7 500.00	600.00	153.00	15.00	—	—	768.00	750.00	1 518.00
6	武妍伊	财务部	财务经理	7 500.00	600.00	153.00	15.00	—	—	768.00	750.00	1 518.00
7	吴亦竹	财务部	出纳	5 500.00	440.00	113.00	11.00	—	—	564.00	550.00	1 114.00

表5-45　　　　　企业缴纳社保及住房公积金计算（2018年12月）　　　　　单位：元

工号	姓名	部门	岗位	基本工资	企业缴纳五险一金							
					养老保险 20%	医疗保险 10%	失业保险 1.0%	工伤保险 0.3%	生育保险 0.8%	五险小计	住房公积金10%	五险一金小计
1	关雅寒	企业管理部	总经理	12 000.00	2 400.00	1 200.00	120.00	36.00	96.00	3 852.00	1 200.00	5 052.00
2	牧雪瑶	企业管理部	行政经理	7 500.00	1 500.00	750.00	75.00	22.50	60.00	2 407.50	750.00	3 157.50
3	杨绮萱	营销部	营销经理	7 500.00	1 500.00	750.00	75.00	22.50	60.00	2 407.50	750.00	3 157.50
4	范易龙	采购部	采购经理	7 500.00	1 500.00	750.00	75.00	22.50	60.00	2 407.50	750.00	3 157.50
5	陈寒丘	仓储部	仓储经理	7 500.00	1 500.00	750.00	75.00	22.50	60.00	2 407.50	750.00	3 157.50
6	武妍伊	财务部	财务经理	7 500.00	1 500.00	750.00	75.00	22.50	60.00	2 407.50	750.00	3 157.50
7	吴亦竹	财务部	出纳	5 500.00	1 100.00	550.00	55.00	16.50	44.00	1 765.50	550.00	2 315.50

表5-46　　　　　个人所得税及实发工资计算（2018年12月）　　　　　单位：元

工号	姓名	部门	岗位	基本工资	代扣款项	应税工资	应扣个人所得税	实发工资
					五险一金小计			
1	关雅寒	企业管理部	总经理	12 000.00	2 427.00	9 573.00	457.30	9 115.70
2	牧雪瑶	企业管理部	行政经理	7 500.00	1 518.00	5 982.00	29.46	5 952.54
3	杨绮萱	营销部	营销经理	7 500.00	1 518.00	5 982.00	29.46	5 952.54
4	范易龙	采购部	采购经理	7 500.00	1 518.00	5 982.00	29.46	5 952.54
5	陈寒丘	仓储部	仓储经理	7 500.00	1 518.00	5 982.00	29.46	5 952.54
6	武妍伊	财务部	财务经理	7 500.00	1 518.00	5 982.00	29.46	5 952.54
7	吴亦竹	财务部	出纳	5 500.00	1 114.00	4 386.00	0	4 386.00

模块五

表5-47   薪资计算汇总表（2018年12月）   单位：元

| 工号 | 姓名 | 部门 | 岗位 | 基本工资 | 代扣款项目 | | | | | | | | 应税工资 | 应扣个人所得税 | 实发金额 |
					养老保险 8%	医疗保险 2%+3元	失业保险 0.2%	工伤保险	生育保险	五险小计	住房公积金 10%	五险一金小计			
1	关雅寒	企业管理部	总经理	12 000.00	960.00	243.00	24.00	—	—	1 227.00	1 200.00	2 427.00	9 573.00	457.30	9 115.70
2	牧雪瑶	企业管理部	行政经理	7 500.00	600.00	153.00	15.00			768.00	750.00	1 518.00	5 982.00	29.46	5 952.54
3	杨绮萱	营销部	营销经理	7 500.00	600.00	153.00	15.00			768.00	750.00	1 518.00	5 982.00	29.46	5 952.54
4	范易龙	采购部	采购经理	7 500.00	600.00	153.00	15.00			768.00	750.00	1 518.00	5 982.00	29.46	5 952.54
5	陈寒丘	仓储部	仓储经理	7 500.00	600.00	153.00	15.00			768.00	750.00	1 518.00	5 982.00	29.46	5 952.54
6	武妍伊	财务部	财务经理	7 500.00	600.00	153.00	15.00			768.00	750.00	1 518.00	5 982.00	29.46	5 952.54
7	吴亦竹	财务部	出纳	5 500.00	440.00	113.00	11.00			564.00	550.00	1 114.00	4 386.00	—	4 386.00

表5-48   部门薪酬统计   金额单位：元

| 部门名称 | 部门人数 | 实发工资 | 代缴个人所得税 | 个人自缴福利 | | 企业代缴福利 | | 合计 |
				社会保险	住房公积金	社会保险	住房公积金	
企业管理部	2	15 068.24	486.76	1 995.00	1 950.00	6 259.50	1 950.00	27 709.50
营销部	1	5 952.54	29.46	768.00	750.00	2 407.50	750.00	10 657.50
采购部	1	5 952.54	29.46	768.00	750.00	2 407.50	750.00	10 657.50
仓储部	1	5 952.54	29.46	768.00	750.00	2 407.50	750.00	10 657.50
财务部	2	10 338.54	29.46	1 332.00	1 300.00	4 815.00	1 300.00	19 115.00
合计	7	43 264.40	604.60	5 631.00	5 500.00	18 297.00	5 500.00	78 797.00

表5-49   2018年12月销售情况   金额单位：元

产品类型	单价（含税）	数量（台）	税率	税额	价款	价税合计
经济型童车	950.00	3 000	13%	327 876.11	2 522 123.89	2 850 000.00
合计				327 876.11	2 522 123.89	2 850 000.00

表5-50   2018年12月采购情况   金额单位：元

产品类型	单价（含税）	数量	税率	税额	价款	价税合计
经济型童车	720.00	300	13%	24 849.56	191 150.44	216 000.00
经济型童车	720.00	300	13%	24 849.56	191 150.44	216 000.00
经济型童车	720.00	300	13%	24 849.56	191 150.44	216 000.00
经济型童车	720.00	300	13%	24 849.56	191 150.44	216 000.00
经济型童车	720.00	300	13%	24 849.56	191 150.44	216 000.00
经济型童车	720.00	300	13%	24 849.56	191 150.44	216 000.00
经济型童车	720.00	300	13%	24 849.56	191 150.44	216 000.00
经济型童车	720.00	300	13%	24 849.56	191 150.44	216 000.00
经济型童车	720.00	300	13%	24 849.56	191 150.44	216 000.00
经济型童车	720.00	300	13%	24 849.56	191 150.44	216 000.00
合计				248 495.60	1 911 504.40	2 160 000.00

表5-51   供应商（制造企业）组织机构信息

序号	企业法定中文名称	简称	办公电话	邮政编码	注册资金（元）	企业注册登记日期	企业法定代表人	企业注册地址	企业法人营业执照注册号	开户银行	银行账号
1	宝乐童车制造有限公司	宝乐	010-62345678	102202	15 000 000	2015/1/4	赵成	永定路66号	110108809018632001	中国工商银行	0100229999000099001
2	小精灵童车制造有限公司	小精灵	010-62345679	102202	15 000 000	2015/1/4	钱乾	越秀东路45号	110108809018633002	中国工商银行	0100229999000099002
3	童飞童车制造有限公司	童飞	010-62345680	102202	15 000 000	2015/1/4	孙鸿铭	康安北街5号	110108809018634003	中国工商银行	0100229999000099003
4	爱贝尔童车制造有限公司	爱贝尔	021-62345681	102202	15 000 000	2015/1/4	李刚	新园西路666号	110108809018635004	中国工商银行	0100229999000099004
5	豆豆熊童车制造有限公司	豆豆熊	021-62345682	102202	15 000 000	2015/1/4	周星星	武强北路722号	110108809018636005	中国工商银行	0100229999000099005
6	五彩梦童车制造有限公司	五彩梦	020-62345683	102202	15 000 000	2015/1/4	吴梦	天河北路11号	110108809018637006	中国工商银行	0100229999000099006
7	慧聪童车制造有限公司	慧聪	020-62345684	102202	15 000 000	2015/1/4	武岳	沿江中街144号	110108809018638007	中国工商银行	0100229999000099007
8	迪士博童车制造有限公司	迪士博	020-62345685	102202	15 000 000	2015/1/4	郑文	漕溪中路211号	110108809018639008	中国工商银行	0100229999000099008
9	宝贝快长童车制造有限公司	宝贝快长	028-62345686	102202	15 000 000	2015/1/4	王伟	天仙桥北路55号	110108809018640009	中国工商银行	0100229999000099009
10	伊拉贝莎童车制造有限公司	伊拉贝莎	028-62345687	102202	15 000 000	2015/1/4	朱玖	共和中路158号	110108809018641010	中国工商银行	0100229999000099010

表5-52   客户（虚拟客户）组织机构信息

序号	企业法定中文名称	简称	办公电话	邮政编码	注册资金（元）	企业注册登记日期	企业注册地址	企业法人营业执照注册号	开户银行	银行账号
1	上海乐康妇婴用品有限公司（东部）	乐康	021-62088688	200062	1 000 000	2015/1/4	上海市普陀区梅川路149号	310107072339402004 5	中国工商银行	4563512600681022345
2	上海金亿妇婴用品有限公司（东部）	金亿	021-62082233	200011	1 000 000	2015/1/4	上海市白下区御道街112号	310107072339133046	中国工商银行	4563512600681022346
3	广州好康妇婴用品有限公司（南部）	好康	020-20278091	530012	1 000 000	2015/1/4	广州市人民东路73号	450102200020381047	中国工商银行	4563512600681022347
4	广州嘉乐妇婴用品有限公司（南部）	嘉乐	020-20278118	530044	1 000 000	2015/1/4	广州市西开北路73号	450102200020361048	中国工商银行	4563512600681022348
5	北京华伟商贸有限公司（北部）	华伟	010-82328883	053100	1 000 000	2015/1/4	北京市天桥西区红旗大街623号	131100000014297049	中国工商银行	4563512600681022349
6	北京爱喜商贸有限公司（北部）	爱喜	010-82234579	100081	1 000 000	2015/1/4	北京市温泉北路623号	131100000014299050	中国工商银行	4563512600681022350
7	成都新兴商贸有限公司（西部）	新兴	028-67821932	401102	1 000 000	2015/1/4	成都市武侯区双龙湖信道仙桃村2社	500112200023236051	中国工商银行	4563512600681022351
8	成都文西商贸有限公司（西部）	文西	028-67821561	401144	1 000 000	2015/1/4	成都市观音路西街122号	500112200023455052	中国工商银行	4563512600681022352

三、工作交接重难点讲解

出纳一定需要学习表5-39和表5-40，根据相关的内容，填写库存现金日记账1张和银行存款日记账1张。

仓储经理一定需要学习表5-42和表5-43，填写库存台账1张。

行政经理一定需要学习表5-41、表5-44、表5-45、表5-46、表5-47、表5-48，根据相关的内容，填写固定资产卡片9张。

营销经理一定需要学习表5-49，了解上月的销售情况。

采购经理一定需要学习表5-50，了解上月的采购情况。

财务经理一定需要学习表5-39和表5-40，填写数量金额明细账1张，填写三栏式总账8张，填写三栏式明细账5张，填写多栏式明细账1张。

行政经理需要将表5-48的关于工资方法的相关信息提供给财务经理，并且告知财务经理共需发放多少工资，共需缴纳多少社会保险，共需缴纳多少住房公积金，共需缴纳多少个人所得税。对于财务经理而言，只需要知道最后每个人发放多少工资即可，但是行政经理却需要知道工资的计算方式以及每个部门需要发放的工资统计。

行政经理需要负责人力资源的工作内容，需要了解每个人每个月的工资的计算方式。

以总经理关雅寒为例相关费用计算如下：

应税工资＝基本工资–个人缴纳五险一金合计＝12 000–2 427＝9 573（元）

当月个税＝（累计收入–累计五险一金–累计专项附加扣除–累计减除费用）×预扣税率–速算扣除数–累计已缴纳税额＝（12 000×12–2 427×12–0–5 000×12）×10%–2 520–［（12 000.00×11–2 427×11–0–5 000×11）×10%–2 520］＝457.30（元）

实发工资＝基本工资–个人缴纳五险一金合计–当月个税＝12 000.00–2 427.00–457.30＝9 115.70（元）

企业支出（财务记账）＝基本工资+企业缴纳五险一金合计＝12 000+5 052＝17 052（元）

商贸企业在每个月的月底（25日）进行薪酬的计算工作，计算的是当月应发的工资，计算完成之后不进行工资的发放，而是等到下个月的月初（5日）才进行工资的发放。

2019年1月5日发放的工资，是2018年12月的工资，所有人员信息应该按照系统中默认的信息（员工姓名）进行工资的发放。而2019年1月25日核算的工资，是2019年1月的工资，所以人员信息应该按照实际工作的员工姓名来进行工资的发放。

行政经理还需要及时做好人员的考勤工作，对于缺勤人员适当地扣除工资。

行政经理需要将表5-41的关于固定资产列表的相关信息提供给财务经理，商贸企业每个月的25日进行固定资产折旧的计提，工作交接中所登记的相关信息，为2018年12月25日计提折旧完成之后所显示的数据。

仓储经理需要将表5-43的相关存货信息提供给财务经理。并且需要告知财务经理，对于商贸企业来说，存货一共有3种：经济型童车、舒适型童车、豪华型童车。

营销经理和采购经理需要将表5-49与表5-50提供给财务经理，作为财务经理核对进项税和销项税的依据。

财务经理需要根据仓储经理提供的存货期初核对科目1405、140501、140502、140503等。

财务经理需要根据行政经理提供的固定资产清单核对科目1601、1602。

财务经理需要根据行政经理提供的人员工资信息核对科目2211、221101、221103、221104。

财务经理需要根据营销经理和采购经理提供的上月采购付款和销售收款情况核对科目2221、222101、22210101、22210102、22210106、222102。

四、工作交接填写示例

（一）固定资产卡片

固定资产卡片中需要填写"卡片编号"（七张卡片编号分别为001—007）、"日期"、"固定资产编号"、"固定资产名称"、"类别型号"（01/02/03）、"类别名称"（房屋及土地/生产设备/办公设备）、"使用部门"、"增加方式"、"使用状况"、"预计使用年限"、"折旧方法"、"开始使用日期"、"已计提月份"、"原值"、"净残值"、"累计折旧"、"净值"、"折旧费用类别"。

固定资产卡片中不需填写"规格型号"、"存放地点"和"保管人"。

所有固定资产卡片当中的"日期"写"2019年01月05日"，每填写完成一张固定资产卡片之后，点击右侧保存按钮，之后点击上方的加号新增固定资产卡片，切记在所有固定资产填写完成之前不可点击"完成"按钮，固定资产卡片范例如图5-18所示。

固定资产卡

卡片编号 0100001　　　　　　日期 2019-01-05

固定资产编号 0100001　　　　固定资产名称 办公楼

类别编号 01　　　　　　　　　类别名称 房屋及土地

规格型号　　　　　　　　　　　使用部门 企业管理部

增加方式 购买　　　　　　　　存放地点

使用状况 在用　　　　预计使用年限 240（月）　折旧方法 直线法

开始使用日期 2017-09-15　　已计提月份 15

原值 9 000 000.00　　　　　　净残值 450 000.00

累计折旧 534 375.00

净值 8 465 625.00　　　　折旧费用类别 管理费用　　保管人

图5-18　固定资产卡片范例

（二）库存台账

库存台账中需要填写"物料名称""物料编号""规格""仓位""最高存量""最低存量"等，其中，所有的物料都没有"最高存量"，"最低存量"为0；所有"日期"写"2019年1月5日"；"凭证号数"空着不填；"摘要"写"上月结转"。每填写完成一张库存台账之后，点击右侧保存按钮，切记在所有库存台账填写完成之前不可点击"完成"按钮，库存台账范例如图5-19所示。

（三）总账

所有账页当中的"日期"写"2019年1月5日"。为方便管理，工作交接当中所有账页的"记账凭证号数"空着不填；所有账页的"摘要"写"上月结转"。每填写完成一张账页之后，点击右侧保存按钮，切记在所有账页填写完成之前不可点击"完成"按钮。科目余额表中的数据并不是进行简单的摘抄记录，还需要了解每一条数据的含义，总分类账范例如图5-20所示。

库存台账

新道 教学专用
seentao

| 本账页数 |
| 本户页数 |

物料名称：**经济型童车** 规格： 最高存量：

物料编号：**P0001** 仓位：**A01** 最低存量：0 计量单位：辆

2019年		凭证号数	摘 要	入库		出库		结存	
月	日			数量	单价	数量	单价	数量	单价
1	5		上月结转					14 000	756.82

图5-19 库存台账范例

| 1001——库存现金▼ | **总分类账** |

总页：____ 分页：____

科目名称 **库存现金**

2019年		记账凭证号数	摘要	借 方										贷 方										借或贷	结存									
月	日			千	百	十	万	千	百	十	元	角	分	千	百	十	万	千	百	十	元	角	分		千	百	十	万	千	百	十	元	角	分
1	5		上月结转																					借			2	0	0	0	0	0	0

图5-20 总分类账范例

任务三 工贸企业（供应商）

一、工贸企业（供应商）部门情况说明

工贸企业（供应商）目前共有3个部门，4个岗位。（1）总经理（企管部）；（2）行政经理（企管部）；（3）业务经理（业务部）；（4）财务经理（财务部），共计四个工作人员，具体如图5-21所示。

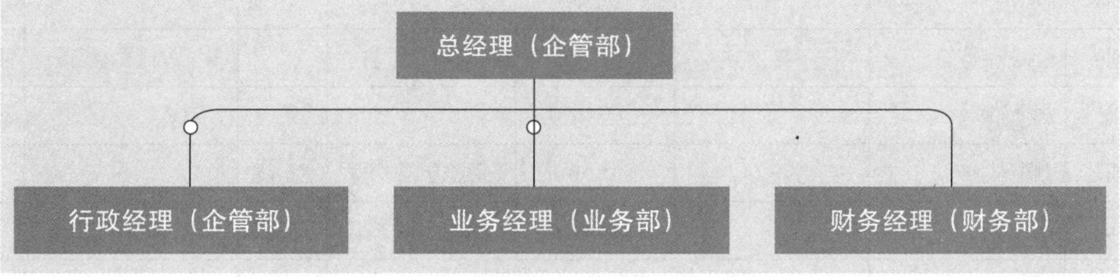

总经理（企管部）

行政经理（企管部） 业务经理（业务部） 财务经理（财务部）

图5-21 工贸企业（供应商）组织结构

模块五

二、工贸企业（供应商）工作交接情况说明

工贸企业（供应商）工作交接详细信息见表5-53至表5-67。

表5-53 科目余额表

科目编码	科目名称	期初余额		总账适用账簿	岗位	明细账适用账簿	岗位
		借方	贷方				
1001	库存现金	20 000.00	—	三栏式总分类账（总账）	财务经理	日记账	总经理
1002	银行存款	8 000 000.00	—	三栏式总分类账（总账）	财务经理		
100201	工行存款	8 000 000.00	—			日记账	总经理
1405	库存商品	6 151 800.00	—	三栏式总分类账（总账）	财务经理		
140504	钢管	2 243 280.00	—			数量金额明细账	财务经理
140506	坐垫	92 240.00	—			数量金额明细账	财务经理
140508	车篷	1 646 680.00	—			数量金额明细账	财务经理
140509	车轮	1 140 880.00	—			数量金额明细账	财务经理
140510	经济型童车包装套件	1 028 720.00	—			数量金额明细账	财务经理
1601	固定资产	14 448 000.00	—	三栏式总分类账（总账）	财务经理		
1602	累计折旧		870 000.00	三栏式总分类账（总账）	财务经理		
2211	应付职工薪酬	—	49 024.50	三栏式总分类账（总账）	财务经理		
221101	工资		34 500.00			三栏式总分类账（明细账）	财务经理
221103	社会保险		11 074.50			三栏式总分类账（明细账）	财务经理
221104	住房公积金		3 450.00			三栏式总分类账（明细账）	财务经理
2221	应交税费		58 758.59			多栏式明细账	财务经理
222101	应交增值税	0					
22210101	进项税额	227 586.21	—				
22210103	销项税额	—	286 344.80				
22210106	转出未交税金	58 758.59				三栏式总分类账（明细账）	财务经理
222102	未交增值税		58 758.59				
4001	实收资本	—	20 000 000.00	三栏式总分类账（总账）	财务经理		
4104	利润分配	—	8 462 016.91	三栏式总分类账（总账）	财务经理		
410406	未分配利润	—	8 462 016.91			三栏式总分类账（明细账）	财务经理
合计		28 569 800.00	28 569 800.00				

表 5-54　　　　　　　　　　　　　　　工贸企业会计科目表

编号	名称	账簿设置	记账人	编号	名称	账簿设置	记账人
一、资产类				1901	待处理财产损溢	总账	财务经理
1001	库存现金	总账/日记账	财务经理/总经理	二、负债类			
1002	银行存款	总账	财务经理	2001	短期借款	总账	财务经理
100201	工行存款	日记账	总经理	2201	应付票据	总账	财务经理
1012	其他货币资金	总账	财务经理	2202	应付账款	总账	财务经理
1101	交易性金融资产	总账	财务经理	220211	隆飞物流	三栏式明细账	财务经理
1121	应收票据	总账	财务经理	220212	融通服务	三栏式明细账	财务经理
1122	应收账款	总账	财务经理	220213	丽华五金	三栏式明细账	财务经理
112201	宝乐童车	三栏式明细账	财务经理	220218	新华招投标	三栏式明细账	财务经理
112202	小精灵童车	三栏式明细账	财务经理	2203	预收账款	总账	财务经理
112203	童飞童车	三栏式明细账	财务经理	2211	应付职工薪酬	总账	财务经理
112204	爱贝尔童车	三栏式明细账	财务经理	221101	工资	三栏式明细账	财务经理
112205	豆豆熊童车	三栏式明细账	财务经理	221103	社会保险	三栏式明细账	财务经理
112206	慧聪童车	三栏式明细账	财务经理	221104	住房公积金	三栏式明细账	财务经理
112207	迪士博童车	三栏式明细账	财务经理	2221	应交税费	总账	财务经理
112208	宝贝快长童车	三栏式明细账	财务经理	222101	应交增值税	多栏式明细账	财务经理
112209	伊拉贝莎童车	三栏式明细账	财务经理	22210101	进项税额		
112210	五彩梦童车	三栏式明细账	财务经理	22210102	销项税额		
1123	预付账款	总账	财务经理	22210106	转出未交税金		—
1131	应收股利	总账	财务经理	222102	未交增值税	三栏式明细账	财务经理
1132	应收利息	总账	财务经理	222103	已交增值税	三栏式明细账	财务经理
1221	其他应收款	总账	财务经理	222105	应交个人所得税	三栏式明细账	财务经理
1231	坏账准备	总账	财务经理	222108	应交企业所得税	三栏式明细账	财务经理
1401	材料采购	总账/数量金额明细账	财务经理	2231	应付利息	总账	财务经理
1402	在途物资	总账/数量金额明细账	财务经理	2232	应付股利	总账	财务经理
1403	原材料	总账	财务经理	2241	其他应付款	总账/三栏式明细账	财务经理
1404	材料成本差异	总账/数量金额明细账	财务经理	2501	长期借款	总账	财务经理
1405	库存商品	总账	财务经理	2502	应付债券	总账	财务经理
140504	钢管	数量金额明细账	财务经理	2701	长期应付款	总账	财务经理
140505	镀锌管	数量金额明细账	财务经理	2711	专项应付款	总账	财务经理
140506	坐垫	数量金额明细账	财务经理	2801	预计负债	总账	财务经理
140507	记忆太空棉坐垫	数量金额明细账	财务经理	2901	递延所得税负债	总账	财务经理

编号	名称	账簿设置	记账人	编号	名称	账簿设置	记账人
140508	车篷	数量金额明细账	财务经理	三、共同类（略）			
140509	车轮	数量金额明细账	财务经理	四、所有者权益类			
140510	经济型童车包装套件	数量金额明细账	财务经理	4001	实收资本	总账	财务经理
140511	数控芯片	数量金额明细账	财务经理	4002	资本公积	总账	财务经理
140512	舒适型童车包装套件	数量金额明细账	财务经理	4101	盈余公积	总账	财务经理
140513	豪华型童车包装套件	数量金额明细账	财务经理	4103	本年利润	总账	财务经理
1406	发出商品	总账	财务经理	4104	利润分配	总账	财务经理
1407	商品进销差价	总账	财务经理	410406	未分配利润	三栏式明细账	财务经理
1408	委托加工物资	总账	财务经理	五、成本类			
1409	自制半成品	总账	财务经理	5001	生产成本	总账	财务经理
1471	存货跌价准备	总账	财务经理	5101	制造费用	总账/多栏式明细账	财务经理
1501	债权投资	总账	财务经理	5201	劳务成本	总账	财务经理
1502	债权投资减值准备	总账	财务经理	5301	研发支出	总账	财务经理
1503	其他权益项投资	总账	财务经理	六、损益类			
1511	长期股权投资	总账	财务经理	6001	主营业务收入	总账	财务经理
1512	长期股权投资减值准备	总账	财务经理	6051	其他业务收入	总账	财务经理
1521	投资性房地产	总账	财务经理	6101	公允价值变动损益	总账	财务经理
1531	长期应收款	总账	财务经理	6111	投资收益	总账	财务经理
1601	固定资产	总账/三栏式明细账	财务经理	6301	营业外收入	总账	财务经理
1602	累计折旧	总账	财务经理	6401	主营业务成本	总账	财务经理
1603	固定资产减值准备	总账	财务经理	6402	其他业务成本	总账	财务经理
1604	在建工程	总账	财务经理	6403	税金及附加	总账	财务经理
1605	工程物资	总账	财务经理	6601	销售费用	总账/多栏式明细账	财务经理
1606	固定资产清理	总账	财务经理	6602	管理费用	总账/多栏式明细账	财务经理
1701	无形资产	总账	财务经理	6603	财务费用	总账/多栏式明细账	财务经理
1702	累计摊销	总账	财务经理	6701	资产减值损失	总账	财务经理
1703	无形资产减值准备	总账	财务经理	6711	营业外支出	总账	财务经理
1711	商誉	总账	财务经理	6801	所得税费用	总账	财务经理
1801	长期待摊费用	总账	财务经理	6901	以前年度损益调整	总账	财务经理
1811	递延所得税资产	总账	财务经理				

模块五

表 5-55　　　　　　　　　　　　　固定资产列表　　　　　　　　　　　　　金额单位：元

资产编号	资产名称	使用部门	使用状态	使用年限（月）	开始使用日期	已计提月份	资产原值	残值	累计折旧	月折旧额	资产净值	折旧科目
0100001	办公大楼	企业管理部	在用	240	2017.09.15	15	9 000 000.00	450 000.00	534 375.00	35 625.00	8 465 625.00	管理费用
0100002	普通仓库	业务部	在用	240	2017.09.15	15	5 400 000.00	270 000.00	320 625.00	21 375.00	5 079 375.00	管理费用
0300001	笔记本电脑	企业管理部	在用	48	2017.09.15	15	6 000.00		1 875.00	125.00	4 125.00	管理费用
0300002	笔记本电脑	企业管理部	在用	48	2017.09.15	15	6 000.00		1 875.00	125.00	4 125.00	管理费用
0300003	笔记本电脑	财务部	在用	48	2017.09.15	15	6 000.00		1 875.00	125.00	4 125.00	管理费用
0300004	笔记本电脑	业务部	在用	48	2017.09.15	15	6 000.00		1 875.00	125.00	4 125.00	管理费用
0300005	打印复印一体机	企业管理部	在用	48	2017.09.15	15	24 000.00		7 500.00	500.00	16 500.00	管理费用
合计							14 448 000.00		870 000.00	58 000.00	13 578 000.00	

表 5-56　　　　　　　　　　　　　存货种类

存货编码	存货类型	存货名称	规格	计量单位	存货占用存储单位	商品来源	存放仓库
B0001	库存商品	钢管	Φ外 16/Φ内 11/L5000mm	根	2	外购	A01
B0002	库存商品	镀锌管	Φ外 16/Φ内 11/L5000mm	根	2	外购	A02
B0003	库存商品	坐垫	HJM500	个	4	外购	A03
B0004	库存商品	记忆太空棉坐垫	HJM600	个	4	外购	A04
B0005	库存商品	车篷	HJ72×32×40	个	2	外购	A05
B0006	库存商品	车轮	HJΦ外 125/Φ内 60 mm	个	1	外购	A06
B0007	库存商品	经济型童车包装套件	HJTB100	套	2	外购	A07
B0008	库存商品	数控芯片	MCX3154A	片	1	外购	A08
B0009	库存商品	舒适型童车包装套件	HJTB200	套	2	外购	A09
B0010	库存商品	豪华型童车包装套件	HJTB300	套	2	外购	A10

模块五

表5-57 存货期初

存货编码	存货名称	规格	计量单位	存货平均单价（元）	期初库存量
B0001	钢管	Φ外16/Φ内11/L5000mm	根	86.28	26 000
B0002	镀锌管	Φ外16/Φ内11/L5000mm	根	—	—
B0003	坐垫	HJM500	个	65.16	14 000
B0004	记忆太空棉坐垫	HJM600	个	—	—
B0005	车篷	HJ72×32×40	个	117.62	14 000
B0006	车轮	HJΦ外125/Φ内60 mm	个	21.94	52 000
B0007	经济型童车包装套件	HJTB100	套	73.48	14 000
B0008	数控芯片	MCX3154A	片	—	—
B0009	舒适型童车包装套件	HJTB200	套	—	—
B0010	豪华型童车包装套件	HJTB300	套	—	—

表5-58 工资规则

人员类别	月基本工资（元/月）
总经理	12 000
部门经理	7 500

表5-59 个人缴纳社保及住房公积金计算（2018年12月） 单位：元

工号	姓名	部门	岗位	基本工资	养老保险8%	医疗保险2%+3元	失业保险0.2%	工伤保险	生育保险	五险小计	住房公积金10%	五险一金小计
1	赵金金	企业管理部	总经理	12 000.00	960.00	243.00	24.00	—	—	1 227.00	1 200.00	2 427.00
2	孙灿	企业管理部	行政经理	7 500.00	600.00	153.00	15.00	—	—	768.00	750.00	1 518.00
3	李鑫	业务部	业务经理	7 500.00	600.00	153.00	15.00	—	—	768.00	750.00	1 518.00
4	吴迪	财务部	财务经理	7 500.00	600.00	153.00	15.00	—	—	768.00	750.00	1 518.00
	合计			34 500.00	2 760.00	702.00	69.00			3 531.00	3 450.00	6 981.00

模块五

表5-60 企业缴纳社保及住房公积金计算（2018年12月） 单位：元

工号	姓名	部门	岗位	基本工资	企业缴纳五险一金							
					养老保险 20%	医疗保险 10%	失业保险 1.0%	工伤保险 0.3%	生育保险 0.8%	五险小计	住房公积金10%	五险一金小计
1	赵金金	企业管理部	总经理	12 000.00	2 400.00	1 200.00	120.00	36.00	96.00	3 852.00	1 200.00	5 052.00
2	孙灿	企业管理部	行政经理	7 500.00	1 500.00	750.00	75.00	22.50	60.00	2 407.50	750.00	3 157.50
3	李鑫	业务部	业务经理	7 500.00	1 500.00	750.00	75.00	22.50	60.00	2 407.50	750.00	3 157.50
4	吴迪	财务部	财务经理	7 500.00	1 500.00	750.00	75.00	22.50	60.00	2 407.50	750.00	3 157.50
合计				34 500.00	6 900.00	3 450.00	345.00	103.50	276.00	11 074.50	3 450.00	14 524.50

表5-61 个人所得税及实发工资计算（2018年12月） 单位：元

工号	姓名	部门	岗位	基本工资	代扣款项 五险一金小计	应税工资	应扣个人所得税	实发工资
1	赵金金	企业管理部	总经理	12 000.00	2 427.00	9 573.00	457.30	9 115.70
2	孙灿	企业管理部	行政经理	7 500.00	1 518.00	5 982.00	29.46	5 952.54
3	李鑫	业务部	业务经理	7 500.00	1 518.00	5 982.00	29.46	5 952.54
4	吴迪	财务部	财务经理	7 500.00	1 518.00	5 982.00	29.46	5 952.54

表5-62 薪资计算汇总表（2018年12月） 单位：元

工号	姓名	部门	岗位	基本工资	代扣款项目								应税工资	应扣个人所得税	实发金额
					养老保险 8%	医疗保险 2%+3元	失业保险 0.2%	工伤保险	生育保险	五险小计	住房公积金10%	五险一金小计			
1	赵金金	企业管理部	总经理	12 000.00	960.00	243.00	24.00	—	—	1 227.00	1 200.00	2 427.00	9 573.00	457.30	9 115.70
2	孙灿	企业管理部	行政经理	7 500.00	600.00	153.00	15.00	—	—	768.00	750.00	1 518.00	5 982.00	29.46	5 952.54
3	李鑫	业务部	业务经理	7 500.00	600.00	153.00	15.00	—	—	768.00	750.00	1 518.00	5 982.00	29.46	5 952.54
4	吴迪	财务部	财务经理	7 500.00	600.00	153.00	15.00	—	—	768.00	750.00	1 518.00	5 982.00	29.46	5 952.54

表5-63 部门薪酬统计（2018年12月） 金额单位：元

部门名称	部门人数（人）	实发工资	代缴个人所得税	个人自缴福利		企业代缴福利		合计
				社会保险	住房公积金	社会保险	住房公积金	
企业管理部	2	15 068.24	486.76	1 995.00	1 950.00	6 259.50	1 950.00	27 709.50
业务部	1	5 952.54	29.46	768.00	750.00	2 407.50	750.00	10 657.50
财务部	1	5 952.54	29.46	768.00	750.00	2 407.50	750.00	10 657.50
合计		26 973.32	545.68	3 531.00	3 450.00	11 074.50	3 450.00	49 024.50

表5-64　　　　　　　　　　2018年12月销售情况　　　　　　　　　金额单位：元

品名	单价（含税）	数量	税率	税额	价款	价税合计
钢管	103.80	2 000	13%	23 883.19	183 716.81	207 600.00
钢管	103.80	2 000	13%	23 883.19	183 716.81	207 600.00
钢管	103.80	2 000	13%	23 883.19	183 716.81	207 600.00
钢管	103.80	2 000	13%	23 883.19	183 716.81	207 600.00
钢管	103.80	2 000	13%	23 883.19	183 716.81	207 600.00
钢管	103.80	2 000	13%	23 883.19	183 716.81	207 600.00
钢管	103.80	2 000	13%	23 883.19	183 716.81	207 600.00
钢管	103.80	2 000	13%	23 883.19	183 716.81	207 600.00
钢管	103.80	2 000	13%	23 883.19	183 716.81	207 600.00
钢管	103.80	2 000	13%	23 883.19	183 716.81	207 600.00
合计				238 831.90	1 837 168.10	2 076 000.00

表5-65　　　　　　　　　　2018年12月采购情况　　　　　　　　　金额单位：元

品名	单价（含税）	数量	税率	税额	价款	价税合计
钢管	100.00	16 500	13%	189 823.01	1 460 176.99	1 650 000.00
合计				189 823.01	1 460 176.99	1 650 000.00

表5-66　　　　　　　　　　客户（制造企业）组织机构信息

序号	企业法定中文名称	简称	办公电话	邮政编码	注册资金（元）	企业注册登记日期	企业法定代表人	企业注册地址	企业法人营业执照注册号	开户银行	银行账号
1	宝乐童车制造有限公司	宝乐	010-62345678	102202	15 000 000	2015/1/4	赵成	永定路66号	1101088090018632001	中国工商银行	0100229999000099001
2	小精灵童车制造有限公司	小精灵	010-62345679	102202	15 000 000	2015/1/4	钱乾	越秀东路45号	1101088090018633002	中国工商银行	0100229999000099002
3	童飞童车制造有限公司	童飞	010-62345680	102202	15 000 000	2015/1/4	孙鸿铭	康安北街5号	1101088090018634003	中国工商银行	0100229999000099003
4	爱贝尔童车制造有限公司	爱贝尔	021-62345681	102202	15 000 000	2015/1/4	李刚	新园西路666号	1101088090018635004	中国工商银行	0100229999000099004
5	豆豆熊童车制造有限公司	豆豆熊	021-62345682	102202	15 000 000	2015/1/4	周星星	武强北路722号	1101088090018636005	中国工商银行	0100229999000099005
6	五彩梦童车制造有限公司	五彩梦	020-62345683	102202	15 000 000	2015/1/4	吴梦	天河北路11号	1101088090018637006	中国工商银行	0100229999000099006
7	慧聪童车制造有限公司	慧聪	020-62345684	102202	15 000 000	2015/1/4	武岳	沿江中街144号	1101088090018638007	中国工商银行	0100229999000099007
8	迪士博童车制造有限公司	迪士博	020-62345685	102202	15 000 000	2015/1/4	郑文	漕溪中路211号	1101088090018639008	中国工商银行	0100229999000099008
9	宝贝快长童车制造有限公司	宝贝快长	028-62345686	102202	15 000 000	2015/1/4	王伟	天仙桥北路55号	1101088090018640009	中国工商银行	0100229999000099009
10	伊拉贝莎童车制造有限公司	伊拉贝莎	028-62345687	102202	15 000 000	2015/1/4	朱玖	共和中路158号	1101088090018641010	中国工商银行	0100229999000099010

表5-67 供应商（虚拟供应商）组织机构信息

企业法定中文名称	简称	办公电话	邮政编码	注册资金（元）	企业注册登记日期	企业法定代表人	企业注册地址	企业法人营业执照注册号	开户银行	银行账号
湖北丽华五金制品有限公司	丽华	027-83445068	430060	1 000 000	2015/1/4	钱康	湖北武汉市武昌新河街幸福里小区7号	4201002101294620**55**	中国工商银行	4563512600681022355

三、工作交接重难点讲解

总经理一定需要学习表5-53和表5-54，根据相关的内容，填写库存现金日记账1张和银行存款日记账1张。

业务经理一定需要学习表5-56、表5-57、表5-65和表5-66，填写库存台账5张。

行政经理一定需要学习表5-55、表5-58、表5-59、表5-60、表5-61、表5-62和表5-63根据相关的内容，填写固定资产卡片7张。

财务经理一定需要学习表5-53和表5-54，填写数量金额明细账5张，填写三栏式总账8张，填写三栏式明细账5张，填写多栏式明细账1张。

行政经理需要将表5-63的相关信息提供给财务经理，并且告知财务经理共需发放多少工资，共需缴纳多少社会保险，共需缴纳多少住房公积金，共需缴纳多少个人所得税。对于财务经理而言，只需要知道最后每个人发放多少工资即可，但是行政经理却需要知道工资的计算方式以及每个部门需要发放的工资统计。

行政经理需要负责人力资源的工作内容，需要了解每个人每个月的工资的计算方式。

以总经理赵金金为例相关费用计算如下：

应税工资=基本工资-个人缴纳五险一金合计=12 000-2 427=9 573（元）

当月个税=（累计收入-累计五险一金-累计专项附加扣除-累计减除费用）×预扣税率-速算扣除数-累计已缴纳税额=（12 000×12-2 427×12-0-5 000×12）×10%-2 520-［（12 000×11-2 427×11-0-5 000×11）×10%-2 520］=457.30（元）

实发工资=基本工资-个人缴纳五险一金合计-当月个税=12 000-2 427-457.3=9 115.70（元）

企业支出（财务记账）=基本工资+企业缴纳五险一金合计=12 000+5 052=17 052（元）

工贸企业在每个月的月底（25日）进行薪酬的计算工作，计算的是当月应发的工资，计算完成之后不进行工资的发放，而是等到下个月的月初（5日）才进行工资的发放。

2019年1月5日发放的工资，是2018年12月的工资，所有人员信息应该按照系统中默认的信息（员工姓名）进行工资的发放。而2019年1月25日核算的工资，是2019年1月的工资，所以人员信息应该按照实际工作的员工姓名来进行工资的发放。

行政经理还需要及时做好人员的考勤工作，对于缺勤人员适当地扣除工资。

行政经理需要将表5-55的关于固定资产列表的相关信息提供给财务经理，工贸企业每个月的25日进行固定资产折旧的计提，工作交接中所登记的相关信息，为2018年12月25日计提折旧完成之后所显示的数据。

业务经理需要将表5-57的相关存货信息提供给财务经理，并且需要告知财务经理，对于工贸企业来说，存货一共有10种，并且存货的记录分类应该为库存商品而不是原材料

（对于制造企业来说，同样的商品，需要进行生产制造再加工的过程，而对于工贸企业而言，由于不存在对于商品的加工，直接进行出售，所以应该记录为库存商品）。

业务经理需要将表5-64与表5-65提供给财务经理，作为财务经理核对进项税和销项税的依据。

财务经理需要根据业务经理提供的存货期初核对科目1405、140504、140506、140508、140409、140510。

财务经理需要根据行政经理提供的固定资产清单核对科目1601、1602。

财务经理需要根据行政经理提供的人员工资信息核对科目2211、221101、221103、221104。

财务经理需要根据业务经理提供的上月采购付款和销售收款情况核对科目2221、222101、22210101、22210103、22210106、222102。

四、工作交接填写示例

（一）固定资产卡片

固定资产卡片中需要填写"卡片编号"（七张卡片编号分别为001—007）、"日期"、"固定资产编号"、"固定资产名称"、"类别型号"（01/02/03）、"类别名称"（房屋及土地/生产设备/办公设备）、"使用部门"、"增加方式"、"使用状况"、"预计使用年限"、"折旧方法"、"开始使用日期"、"已计提月份"、"原值"、"累计折旧"、"净值"、"净残值"、"折旧费用类别"。

固定资产卡片中不需填写"规格型号"、"存放地点"和"保管人"。

所有固定资产卡片当中的"日期"写"2019年01月05日"，每填写完成一张固定资产卡片之后，点击右侧保存按钮，之后点击上方的加号新增固定资产卡片，切记在所有固定资产填写完成之前不可点击"完成"按钮，固定资产卡片范例如图5-22所示。

固定资产卡

卡片编号 0100001	日期 2019-01-05
固定资产编号 0100001	固定资产名称 办公楼
类别编号 01	类别名称 房屋及土地
规格型号	使用部门 企业管理部
增加方式 购买	存放地点
使用状况 在用	预计使用年限 240（月） 折旧方法 直线法
开始使用日期 2017-09-15	已计提月份 15
原值 9 000 000.00	净残值 450 000.00
累计折旧 534 375.00	
净值 8 465 625.00	折旧费用类别 管理费用 保管人

图5-22 固定资产卡片范例

（二）库存台账

库存台账中需要填写"物料名称""物料编号""规格""仓位""最高存量""最低存量"

等，其中，所有的物料都没有"最高存量"，"最低存量"为0；所有"日期"写"2019年1月5日"；"凭证号数"空着不填；"摘要"写"上月结转"。每填写完成一张库存台账之后，点击右侧保存按钮，切记在所有库存台账填写完成之前不可点击"完成"按钮，库存台账范例如图5-23所示。

库存台账

| 本账页数 |
| 本户页数 |

物料名称：**钢管**　　规格：Φ外16/Φ内11/L5000mm　　最高存量：

物料编号：**B0001**　　仓位：**A01**　　最低存量：0　　计量单位：根

2019年		凭证号数	摘　　要	入库		出库		结存	
月	日			数量	单价	数量	单价	数量	单价
1	5		上月结转					26 000.00	86.28

图5-23　库存台账范例

（三）总账

所有账页当中的"日期"写"2019年1月5日"。为方便管理，工作交接当中所有账页的"记账凭证号数"空着不填；所有账页的"摘要"写"上月结转"。每填写完成一张账页之后，点击右侧保存按钮，切记在所有账页填写完成之前不可点击"完成"按钮。科目余额表中的数据并不是进行简单的摘抄记录，还需要了解每一条数据的含义，总分类账范例如图5-24所示。

| 1001——库存现金▼ | 总分类账 | 总页：　　　分页： |

科目名称　**库存现金**

2019年		记账凭证号数	摘　要	借　方										贷　方										借或贷	结　存									
月	日			千	百	十	万	千	百	十	元	角	分	千	百	十	万	千	百	十	元	角	分		千	百	十	万	千	百	十	元	角	分
1	5		上月结转																					借			2	0	0	0	0	0	0

图5-24　总分类账范例

任务四　物流企业

一、物流总经理熟悉客户

物流企业的客户详细信息见表5-68。

表 5-68   客户详细信息

组织机构类型	企业法定中文名称	企业注册地址	银行账号	企业法定代表人
制造企业	宝乐童车制造有限公司	永定路 66 号	0100229999000099001	赵成
制造企业	小精灵童车制造有限公司	越秀东路 45 号	0100229999000099002	钱乾
制造企业	童飞童车制造有限公司	康安北街 5 号	0100229999000099003	孙鸿铭
制造企业	爱贝尔童车制造有限公司	新园西路 666 号	0100229999000099004	李刚
制造企业	豆豆熊童车制造有限公司	武强北路 722 号	0100229999000099005	周星星
制造企业	五彩梦童车制造有限公司	天河北路 11 号	0100229999000099006	吴梦
制造企业	慧聪童车制造有限公司	沿江中街 144 号	0100229999000099007	武岳
制造企业	迪士博童车制造有限公司	漕溪中路 211 号	0100229999000099008	郑文
制造企业	宝贝快长童车制造有限公司	天仙桥北路 55 号	0100229999000099009	王伟
制造企业	伊拉贝莎童车制造有限公司	共和中路 158 号	0100229999000099010	朱玖
经销商	旭日商贸有限公司	北清路 5 号	0100229999000099011	李峰
经销商	华晨商贸有限公司	沙静南路 671 号	0100229999000099012	王强
经销商	仁和商贸有限公司	安杰北街 18 号	0100229999000099013	董浩
经销商	天府商贸有限公司	丰豪中街 55 号	0100229999000099014	康庄
供应商	恒通工贸有限公司	小红门路 45 号	0100229999000099015	张艳
供应商	邦尼工贸有限公司	曙光西街 722 号	0100229999000099016	张伟
供应商	思远工贸有限公司	顾家庄中路 147 号	0100229999000099017	何聪
供应商	新耀工贸有限公司	静远东街 151 号	0100229999000099018	王敏

二、物流总经理熟悉本企业信息

企业法定中文名称：隆飞物流有限公司

办公电话：027-64667658

注册资金：6 000 000 元

注册登记日：2015-01-04

社会统一信用代码：100108231234856019

企业法定代表人：李靖

企业注册地址：卓尔大街 38 号

开户银行：中国工商银行

银行账号：0100229999000099019

三、车辆信息

物流企业的车辆详细信息见表 5-69。

表5-69　　　　　　　　　　　物流车辆信息

车型	最大载重（T）	最大容积（m³）	车厢尺寸	数量（辆）
短途运输车	4	13	4m×1.8m×1.8m	40
短途运输车	8	40	7m×2.4m×2.5m	20
40尺柜牵引车	20	75	12.5m×2.5m×2.5m	20

四、运输费用结算

物流企业与其他企业签订运输合同年限为1年，结算方式：电汇。费用结算以运单为依据，详见合同，如出现争议，提交市场监督管理局进行协调。运费为货款金额的5%，由购货方负责。

五、人员信息

物流企业的人员详细信息见表5-70。

表5-70　　　　　　　　　　物流企业人员信息

部门	岗位名称	在编人数	直接上级
企管部	总经理	1	无
业务部	业务经理	1	总经理

六、银行存款信息

物流企业的银行存款详细信息见表5-71。

表5-71　　　　　　　　　　物流企业银行存款信息

企业法定中文名称	银行存款	开户银行	银行账号
隆飞物流有限公司	5 000 000元	中国工商银行	0100229999000099019

七、承运存货档案

物流企业的承运存货档案详细信息见表5-72。

表5-72　　　　　　　　　　物流企业承运存货档案

存货编码	存货类型	存货名称	规格	计量单位
P0001	产成品	经济型童车	—	辆
P0002	产成品	舒适型童车	—	辆
P0003	产成品	豪华型童车	—	辆
B0001	原材料	钢管	Φ外16/Φ内11/L5000mm	根
B0002	原材料	镀锌管	Φ外16/Φ内11/L5000mm	根
B0003	原材料	坐垫	HJM500	个
B0004	原材料	记忆太空棉坐垫	HJM600	个
B0005	原材料	车篷	HJ72×32×40	个
B0006	原材料	车轮	HJΦ外125/Φ内60 mm	个
B0007	原材料	经济型童车包装套件	HJTB100	套
B0008	原材料	数控芯片	MCX3154A	片
B0009	原材料	舒适型童车包装套件	HJTB200	套
B0010	原材料	豪华型童车包装套件	HJTB300	套

八、财务数据

物流企业的财务详细信息见表5-73至表5-75。

表5-73　　　　　　　　　　　　　　　　　　仓库信息

仓库类型	使用年限（年）	仓库面积（平方米）	仓库容积（立方米）	仓库总存储单位	租金（万元/月）	售价（万元）	存放产品
普通仓库	20	500	3 000	300 000	3	540	原材料：钢管、坐垫、车篷、车轮、经济型童车包装套件、镀锌管、记忆太空棉坐垫、数控芯片、舒适型童车包装套件、豪华型童车包装套件 半成品：经济型童车车架、舒适型童车车架、豪华型童车车架 成品：经济型童车、舒适型童车、豪华型童车

表5-74　　　　　　　　　　　　　　　　　　固定资产信息

固定资产编号	固定资产名称	使用部门	使用年限（月）	开始使用日期	已计提月份	原值	残值	累计折旧	月折旧额	对应科目	资产净值
0100001	办公楼	企业管理部	240	2017.9.15	15	9 000 000.00	450 000.00	534 375.00	35 625.00	管理费用	8 465 625.00
0100002	普通仓库	仓储部	240	2017.9.15	15	5 400 000.00	270 000.00	320 625.00	21 375.00	管理费用	5 079 375.00
0100003	普通仓库	仓储部	240	2017.9.15	15	5 400 000.00	270 000.00	320 625.00	21 375.00	管理费用	5 079 375.00
0100004	普通仓库	仓储部	240	2017.9.15	15	5 400 000.00	270 000.00	320 625.00	21 375.00	管理费用	5 079 375.00
0300001	大型运输车辆	仓储部	48	2017.9.15	15	600 000.00		187 500.00	12 500.00	管理费用	412 500.00
0300002	大型运输车辆	仓储部	48	2017.9.15	15	600 000.00		187 500.00	12 500.00	管理费用	412 500.00
0300003	大型运输车辆	仓储部	48	2017.9.15	15	600 000.00		187 500.00	12 500.00	管理费用	412 500.00
0300004	小型运输车辆	仓储部	48	2017.9.15	15	96 000.00	30 000.00		2 000.00	管理费用	66 000.00
合计						27 096 000.00	2 088 750.00		139 250.00		25 007 250.00

表 5-75 科目余额表

科目编码	科目名称	期初	
		借	贷
1001	库存现金	15 000.00	
1002	银行存款	6 000 000.00	
100201	工行存款	6 000 000.00	
1601	固定资产	27 096 000.00	
1602	累计折旧		2 088 750.00
2211	应付职工薪酬		49 024.50
221101	工资		34 500.00
221103	社会保险（单）		11 074.50
221104	住房公积金（单）		3 450.00
2221	应交税费		29 379.29
222101	应交增值税		29 379.29
22210101	进项税额	113 793.11	
22210103	销项税额		143 172.40
22210106	转出未交税金	29 379.29	
222102	未交增值税		29 379.29
222103	已交增值税		
222105	应交个人所得税		
222108	应交企业所得税		
4001	实收资本		20 000 000.00
4104	利润分配		10 943 846.21
410406	未分配利润		10 943 846.21

注：本实训中，物流企业的薪酬、个税、社保、增值税、固定资产折旧，不做财务处理，有能力的组织可以依据以上信息自行完成。

任务五 连锁企业

连锁店长在业务工作开展之前需要理解、掌握下列信息：

一、连锁企业组织结构图

实习模型的连锁企业组织结构如图5-25所示，分为2个管理层次，3个部门，2个门店。总经理可以对企管部、零售部、仓储部下达命令或指挥。各职能部门经理对本部门下属有指挥权，对其他部门可进行业务指导但没有指挥权。

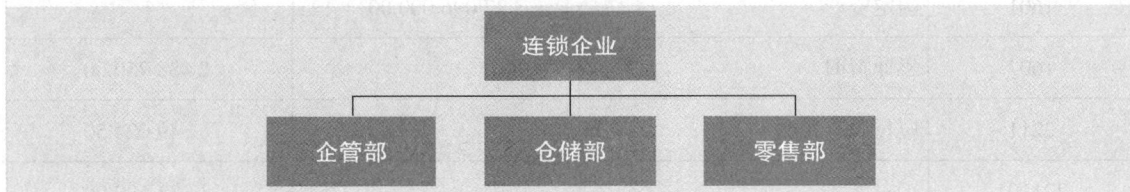

图5-25 连锁企业组织结构

二、岗位设置

各部门岗位设置及人员定编情况如图5-26所示，设有4个管理岗位。

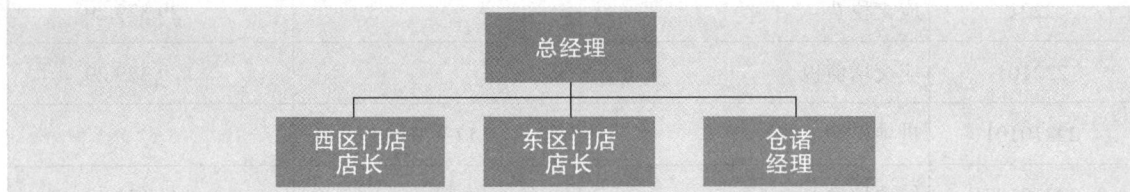

图5-26 连锁企业岗位设置

三、企业信息

企业法定中文名称：百联集团有限公司

办公电话：010-62234666

注册资金：5 000 000元

企业注册登记日期：2015-01-04

社会统一信用代码：100108666987335020

企业法定代表人：杜锋

企业注册地址：东亿中路66号

邮政编码：100089

开户银行账号：中国工商银行0100229999000099020

期初银行存款：5 000 000元

四、仓库信息表

连锁企业的仓库详细信息见表5-76。

表5-76 仓库档案

仓库类型	使用年限（年）	仓库面积	仓库容积	仓库总存储单位	售价	数量
		（平方米）	（立方米）		（万元）	
普通仓库	20	500	3 000	300 000	540	3

连锁总部、东区门店、西区门店各有普通仓库一个。

五、库存期初报表

连锁企业的库存详细信息见表5-77至表5-79。

表5-77 仓储中心库存报表（期初）

项目	库存数量（辆）	采购在途数量（辆）
经济型童车	2 000	
舒适型童车		
豪华型童车		

表5-78 东区门店库存报表（期初）

项目	库存数量（辆）	配送在途数量（辆）
经济型童车	400	
舒适型童车		
豪华型童车		

表5-79 西区门店库存报表（期初）

项目	库存数量（辆）	配送在途数量（辆）
经济型童车	400	
舒适型童车		
豪华型童车		

六、供应商信息表

连锁企业的供应商详细信息见表5-80。

表5-80 供应商信息

组织机构类型	企业法定中文名称	企业注册地址	银行账号	企业法定代表人
制造企业	宝乐童车制造有限公司	永定路66号	0100229999000099001	赵成
制造企业	小精灵童车制造有限公司	越秀东路45号	0100229999000099002	钱乾
制造企业	童飞童车制造有限公司	康安北街5号	0100229999000099003	孙鸿铭
制造企业	爱贝尔童车制造有限公司	新园西路666号	0100229999000099004	李刚
制造企业	豆豆熊童车制造有限公司	武强北路722号	0100229999000099005	周星星
制造企业	五彩梦童车制造有限公司	天河北路11号	0100229999000099006	吴梦
制造企业	慧聪童车制造有限公司	沿江中街144号	0100229999000099007	武岳
制造企业	迪士博童车制造有限公司	漕溪中路211号	0100229999000099008	郑文
制造企业	宝贝快长童车制造有限公司	天仙桥北路55号	0100229999000099009	王伟
制造企业	伊拉贝莎童车制造有限公司	共和中路158号	0100229999000099010	朱玖

模块五

七、财务期初数据

财务期初数据作为代理记账的财务报表基础数据使用，不作为本期业务的指导数据，连锁企业的财务详细信息见表5-81至表5-84。

表5-81 仓库信息

仓库类型	使用年限（年）	仓库面积（平方米）	仓库容积（立方米）	仓库总存储单位	租金（万元/月）	售价（万元）	存放产品
普通仓库	20	500	3 000	300 000	3	540	成品：经济型童车、舒适型童车、豪华型童车

表5-82 固定资产信息

固定资产编号	固定资产名称	使用部门	使用年限（月）	开始使用日期	已计提月份	原值	残值	累计折旧	月折旧额	对应科目	净值
0100001	办公楼	连锁总部	240	2017.9.15	15	9 000 000.00	450 000.00	534 375.00	35 625.00	管理费用	8 465 265.00
0100002	普通仓库	连锁总部	240	2017.9.15	15	5 400 000.00	270 000.00	320 625.00	21 375.00	管理费用	5 079 375.00
0300001	大型运输车辆	连锁总部	48	2017.9.15	15	600 000.00		187 500.00	12 500.00	管理费用	412 500.00
0300002	联想台式电脑	连锁总部	48	2017.9.15	15	6 000.00		1 875.00	125.00	管理费用	4 125.00
0300003	联想台式电脑	连锁总部	48	2017.9.15	15	6 000.00		1 875.00	125.00	管理费用	4 125.00
0300004	联想台式电脑	东区门店	48	2017.9.15	15	6 000.00		1 875.00	125.00	管理费用	4 125.00
0300005	联想台式电脑	东区门店	48	2017.9.15	15	6 000.00		1 875.00	125.00	管理费用	4 125.00
0300006	联想台式电脑	西区门店	48	2017.9.15	15	6 000.00		1 875.00	125.00	管理费用	4 125.00
0300007	联想台式电脑	西区门店	48	2017.9.15	15	6 000.00	—	1 875.00	125.00	管理费用	4 125.00
合计						15 036 000.00		1 053 750.00	70 250.00		13 982 250.00

表5-83 存货期初信息

存货编码	存货名称	计量单位	单价（元）	库存量	金额
P0001	经济型童车	辆	862.00	2 800	2 413 600.00

表5-84 科目余额表

科目编码	科目名称	期初	
		借	贷
1001	库存现金	15 000.00	
1002	银行存款	5 000 000.00	
100201	工行存款	5 000 000.00	
1405	库存商品	2 413 600.00	
140501	经济型童车	2 413 600.00	
1601	固定资产	15 036 000.00	
1602	累计折旧		1 053 750.00

科目编码	科目名称	期初	
		借	贷
2211	应付职工薪酬		49 024.50
221101	工资		34 500.00
221103	社会保险（单）		11 074.50
221104	住房公积金（单）		3 450.00
2221	应交税费		29 379.29
222101	应交增值税		29 379.29
22210101	进项税额	113 793.11	
22210103	销项税额		143 172.40
22210106	转出未交税金	29 379.29	
222102	未交增值税		29 379.29
222103	已交增值税		
222105	应交个人所得税		
222108	应交企业所得税		
4001	实收资本		12 000 000.00
4104	利润分配		9 332 446.21
410406	未分配利润		9 332 446.21

注：本实训中，连锁企业的薪酬、个税、社保、增值税、固定资产折旧，不做财务处理，有能力的组织可以依据以上信息自行完成。

任务六 国际贸易企业

总经理在业务工作开展之前需要理解、掌握下列信息：

一、企业组织结构图

实习模型的国际贸易企业组织结构如图5-27所示，分为2个管理层次，3个部门。总经理可以对内陆业务部、企业管理部和海外业务部下达命令。各职能部门经理对本部门下属有指挥权，对其他部门可进行业务指导但没有指挥权。

图5-27 国际贸易企业组织结构

二、岗位设置

各部门岗位设置如图5-28所示，设有3个管理岗位。

图5-28　国际贸易企业岗位设置

总经理兼任财务会计；内陆业务经理兼任业务员；进出口经理兼任外贸员、单证员、出纳员。

三、企业信息

企业法定中文名称：五洲进出口有限公司

办公电话：010-62500478

注册资金：20 000 000元

企业注册登记日期：2015-01-04

社会统一信用代码：110108120101688021

企业法定代表人：郭容

企业注册地址：广顺北街38号

邮政编码：101060

开户银行账号：中国工商银行0100229999000099021

四、企业财务状况

国际贸易企业的财务详细信息见表5-85。

表5-85　　　　　　　　　　　　　　资产负债表（简表）

编制单位：五洲进出口有限公司　编制时间：2018年12月30日　　　　　　　　　　　　　单位：元

资产	期末余额	负债和所有者权益	期末余额
流动资产：		流动负债：	
货币资金	201 010 000.00	短期借款	30 000 000.00
应收账款	6 318 000.00	应付账款	7 020 000.00
存货	520 600.00	应付职工薪酬	215 060.24
流动资产合计	207 848 600.00	应交税费	604 929.76
		其他应付款	
		流动负债合计	37 839 990.00
		非流动负债：	
		长期借款	100 000 000.00

续表

资产	期末余额	负债和所有者权益	期末余额
非流动资产：		非流动负债合计	100 000 000.00
固定资产	8 713 650.00	负债合计	137 839 990.00
非流动资产合计	8 713 650.00	所有者权益：	
		实收资本	10 000 000.00
		资本公积	
		盈余公积	60 000 000.00
		未分配利润	8 722 260.00
		所有者权益合计	78 722 260.00
资产总计	216 562 250.00	负债和所有者权益总计	216 562 250.00

五、库存期初报表

国际贸易企业的库存详细信息见表5-86和表5-87。

表5-86　　　　　　　　　　　库存报表（期初）

项目	库存数量（辆）	在途数量（辆）
经济型童车	2 000	
舒适型童车	200	
豪华型童车	100	

表5-87　　　　　　　　　　　仓库档案

仓库类型	使用年限（年）	仓库面积（平方米）	仓库容积（立方米）	仓库总存储单位	售价（万元）	数量
普通仓库	20	500	3 000	300 000	540	1

六、供应商信息表

国际贸易企业的供应商详细信息见表5-88。

表5-88　　　　　　　　　　　供应商信息表

组织机构类型	企业法定中文名称	企业注册地址	银行账号	企业法定代表人
制造企业	宝乐童车制造有限公司	永定路66号	0100229999000099001	赵成
制造企业	小精灵童车制造有限公司	越秀东路45号	0100229999000099002	钱乾
制造企业	童飞童车制造有限公司	康安北街5号	0100229999000099003	孙鸿铭
制造企业	爱贝尔童车制造有限公司	新园西路666号	0100229999000099004	李刚
制造企业	豆豆熊童车制造有限公司	武强北路722号	0100229999000099005	周星星
制造企业	五彩梦童车制造有限公司	天河北路11号	0100229999000099006	吴梦
制造企业	慧聪童车制造有限公司	沿江中街144号	0100229999000099007	武岳
制造企业	迪士博童车制造有限公司	漕溪中路211号	0100229999000099008	郑文
制造企业	宝贝快长童车制造有限公司	天仙桥北路55号	0100229999000099009	王伟
制造企业	伊拉贝莎童车制造有限公司	共和中路158号	0100229999000099010	朱玖

模块六
制造企业

模块六 制造企业

任务一　经营前准备工作

一、组织内部会议

（一）业务概述

团队建设是指有意识地在组织中努力开发有效的工作小组。团队建设是这样一个过程，在该过程中，参与者和推进者都会彼此增进信任，坦诚相对，愿意探索影响工作小组创造出不同寻常的业绩的原因。

新公司刚刚组建，由来自不同专业的同学组成新公司的管理团队，总经理是团队建设的领航人，必须引领公司成员以优异的表现完成所有工作内容。总经理必须时刻关注团队建设，以更好地完成组织目标。

（二）业务流程

具体业务流程见表6-1。

表6-1　　　　　　　　　　　组织内部会议业务流程

序号	活动名称	角色	活动描述-操作指导
1	公司成立致辞	总经理	（1）欢迎各位成员的加入 （2）阐述企业经营口号 （3）提出实训期间的员工成长目标、工作期望
2	组织自我介绍	总经理	（1）总经理要求团队中的每个人做1—2分钟的自我介绍 （2）在成员做好自我介绍后，再次欢迎各位成员的加入
3	提出工作要求	总经理	（1）再次重申公司的目标及对成员的工作期望 （2）对各部门之间、员工之间的协同工作提出要求
4	建立沟通渠道	总经理	（1）为员工提供相互了解的平台，建立内部交流群 （2）编制公司通讯录并公布

二、查看办公用品清单

（一）业务概述

各个单位员工需要在系统中查看与自己相关的办公用品清单。

（二）业务流程

具体业务流程见表6-2。

表6-2　　　　　　　　　　查看办公用品清单业务流程

序号	活动名称	角色	活动描述-操作指导
1	查看办公用品清单	制造企业各个员工	查看办公用品清单

三、领取并分发办公用品

（一）业务概述

实训开始各个单位需要领取必要的办公用品以满足实训的需要。本任务中每个单位派一名代表领取所有办公用品，带回后分发给单位内各个部门及人员。

（二）业务流程

具体业务流程见表6-3。

表6-3 　　　　　　　　　　　领取并分发办公用品业务流程

序号	活动名称	角色	活动描述-操作指导
1	整理办公用品	服务公司总经理	整理办公用品
2	通知并分发办公用品	服务公司业务员	通知并分发办公用品
3	领取并分发办公用品	制造企业行政助理	领取并分发办公用品
4	领取办公用品	制造企业各个员工	领取办公用品

四、公司注册（见模块四）

五、了解制造企业各岗位职责和规则

（一）业务概述

详细阅读系统下发的制造企业各岗位职责和规则，了解清楚自己岗位的职责、任务和规则。

（二）业务流程

具体业务流程见表6-4。

表6-4 　　　　　　　　了解制造企业各岗位职责和规则业务流程

活动名称	角色	活动描述-操作指导
了解制造企业各岗位职责和规则	制造企业各个员工	了解制造企业各岗位职责、任务和规则

六、批量办理个人银行卡

（一）业务概述

人力资源部根据本企业员工人数，办理发放工资的银行卡。

（二）业务流程

具体业务流程见表6-5。

微课：企业管理部借款

七、企业管理部借款

（一）业务概述

企业管理部行政助理为开展业务，前去财务部借一定数额的备用金，并依据公司流程办理相关手续

表6-5   批量办理个人银行卡业务流程

序号	活动名称	角色	活动描述-操作指导
1	填制借记卡集体申领登记表	人力资源助理	（1）收集员工姓名、身份证号信息，并录入借记卡集体申领登记表 （2）由员工核对并签字确认信息，"负责人姓名"处由人力资源助理签字
2	审核登记表	人力资源部经理	人力资源助理将借记卡集体申领登记表交人力资源部经理审核
3	去银行办理开卡业务	人力资源助理	到银行柜台递交借记卡集体申领登记表办理银行开卡（注：实际业务中必须带身份证原件）
4	办理银行开卡	银行柜员	银行柜员办理开卡完毕后，把银行卡交给办卡申请人
5	借记卡集体申领登记表归档	人力资源助理	借记卡集体申领登记表归档

（二）业务流程

具体业务流程见表6-6。

表6-6   企业管理部借款业务流程

序号	活动名称	角色	活动描述-操作指导
1	填写借款单	行政助理	（1）在VBSE系统中填写借款单（实际工作中可能填写纸质借款单） （2）填写借款单，借款作为部门备用金 （3）拿借款单找部门经理（总经理兼任）审核
2	审核借款单	总经理	（1）在VBSE系统中对借款用途、金额、付款条款进行审核 （2）审核无误，在审核意见处签字确认
3	审核借款单	财务部经理	（1）在VBSE系统中对借款用途、金额、付款条款进行审核 （2）审核无误，在审核意见处签字确认
4	确认借款单并支付现金	出纳	（1）接收财务部经理交给的已审核过的借款单 （2）支付现金给借款人并由借款人签字 （3）借款单签字盖章并将借款单交给财务会计（做凭证）
5	填制记账凭证	财务会计	（1）接收出纳交给的借款单 （2）填制记账凭证，将借款单粘贴在后面作为附件 （3）送财务部经理审核
6	审核记账凭证	财务部经理	（1）接收财务会计交给的记账凭证，进行审核 （2）审核无误后，在记账凭证上签字或盖章 （3）交出纳登记库存现金日记账
7	登记库存现金日记账	出纳	（1）接收财务部经理审核后的记账凭证 （2）在记账凭证上签字或盖章 （3）根据记账凭证登记库存现金日记账 （4）将记账凭证交财务会计登记科目明细账
8	登记科目明细账	财务会计	（1）接收出纳交给的记账凭证 （2）在记账凭证上签字或盖章 （3）根据记账凭证登记科目明细账
9	登记总账	财务部经理	（1）接收财务会计交给的记账凭证 （2）在记账凭证上签字或盖章 （3）根据记账凭证登记总账

八、人力资源部借款

（一）业务概述

人力资源助理为开展业务，前去财务部借一定数额的备用金，并依据公司流程办理相关手续。

（二）业务流程

具体业务流程见表6-7。

表6-7　　　　　　　　　　人力资源部借款业务流程

序号	活动名称	角色	活动描述-操作指导
1	填写借款单	人力资源助理	（1）在VBSE系统中填写借款单（实际工作中可能填写纸质借款单） （2）拿借款单找人力资源部经理审核
2	审核借款单	人力资源部经理	（1）在VBSE系统中对借款用途、金额、付款条款进行审核 （2）审核无误，在审核意见处签字确认
3	审核借款单	财务部经理	（1）在VBSE系统中对借款用途、金额、付款条款进行审核 （2）审核无误，在审核意见处签字确认
4	确认借款单并支付现金	出纳	（1）接收人力资源助理交给的已审核过的借款单并签字或盖章 （2）支付现金给借款人并由借款人签字 （3）将借款单交给财务会计做凭证
5	填制记账凭证	财务会计	（1）接收出纳交给的借款单 （2）填制记账凭证，将借款单粘贴在后面作为附件 （3）送财务部经理审核
6	审核记账凭证	财务部经理	（1）接收财务会计交给的记账凭证，进行审核 （2）审核无误后，在记账凭证上签字或盖章 （3）交出纳登记库存现金日记账
7	登记库存现金日记账	出纳	（1）接收财务部经理审核后的记账凭证 （2）根据记账凭证登记库存现金日记账 （3）记账后在记账凭证上签字或盖章 （4）将记账凭证交财务会计登记科目明细账
8	登记科目明细账	财务会计	（1）接收出纳交给的记账凭证 （2）根据记账凭证登记科目明细账 （3）记账后在记账凭证上签字或盖章
9	登记总账	财务部经理	（1）接收财务会计交给的记账凭证 （2）在记账凭证上签字或盖章 （3）根据记账凭证登记科目总账

九、采购部借款

（一）业务概述

采购部因部门业务需要，去财务部借一定数额的备用金，并依据公司流程办理相关手续。

（二）业务流程

具体业务流程见表6-8。

表6-8 采购部借款业务流程

序号	活动名称	角色	活动描述-操作指导
1	填写借款单	采购员	（1）在VBSE系统中填写借款单（实际工作中可能填写纸质借款单） （2）拿借款单找采购部经理审核
2	审核借款单	采购部经理	（1）在VBSE系统中对借款用途、金额、付款条款进行审核 （2）审核无误，在审核意见处签字确认
3	审核借款单	财务部经理	（1）在VBSE系统中对借款用途、金额、付款条款进行审核 （2）审核无误，在审核意见处签字确认
4	确认借款单并支付现金	出纳	（1）接收采购员交给的已审核过的借款单 （2）支付现金给借款人并由借款人签字 （3）将借款单交给财务会计做凭证
5	填制记账凭证	财务会计	（1）接收出纳交给的借款单 （2）填制记账凭证，将借款单粘贴在后面作为附件 （3）送财务部经理审核
6	审核记账凭证	财务部经理	（1）接收财务会计交给的记账凭证，进行审核 （2）审核无误后，在记账凭证上签字或盖章 （3）交出纳登记库存现金日记账
7	登记库存现金日记账	出纳	（1）接收财务部经理审核后的记账凭证 （2）根据记账凭证登记库存现金日记账 （3）记账后在记账凭证上签字或盖章 （4）将记账凭证交财务会计登记科目明细账
8	登记科目明细账	财务会计	（1）接收出纳交给的记账凭证 （2）在记账凭证上签字或盖章 （3）根据记账凭证登记科目明细账
9	登记总账	财务部经理	（1）接收财务会计交给的记账凭证 （2）在记账凭证上签字或盖章 （3）根据记账凭证登记科目总账

十、营销部借款

（一）业务概述

营销部因部门业务需要，去财务部借一定数额的备用金，并依据公司流程办理相关手续。

（二）业务流程

具体业务流程见表6-9。

表6-9 营销部借款业务流程

序号	活动名称	角色	活动描述-操作指导
1	填写借款单	销售专员	(1) 在VBSE系统中填写借款单(实际工作中可能填写纸质借款单) (2) 拿借款单找营销部经理审核
2	审核借款单	营销部经理	(1) 在VBSE系统中对借款用途、金额、付款条款进行审核 (2) 审核无误,在审核意见处签字确认
3	审核借款单	财务部经理	(1) 在VBSE系统中对借款用途、金额、付款条款进行审核 (2) 审核无误,在审核意见处签字确认
4	确认借款单并支付现金	出纳	(1) 接收销售专员交给的已审核过的借款单 (2) 支付现金给借款人并由借款人签字 (3) 出纳在借款单上签字或盖章 (4) 将借款单交给财务会计做凭证
5	填制记账凭证	财务会计	(1) 接收出纳交给的借款单 (2) 填制记账凭证,将借款单粘贴在后面作为附件 (3) 送财务部经理审核
6	审核记账凭证	财务部经理	(1) 接收财务会计交给的记账凭证,进行审核 (2) 审核无误后,在记账凭证上签字或盖章 (3) 交出纳登记库存现金日记账
7	登记库存现金日记账	出纳	(1) 接收财务部经理审核后的记账凭证 (2) 根据记账凭证登记库存现金日记账 (3) 记账后在记账凭证上签字或盖章 (4) 将记账凭证交财务会计登记科目明细账
8	登记科目明细账	财务会计	(1) 接收出纳交给的记账凭证 (2) 在记账凭证上签字或盖章 (3) 根据记账凭证登记科目明细账
9	登记总账	财务部经理	(1) 接收财务会计交给的记账凭证 (2) 在记账凭证上签字或盖章 (3) 根据记账凭证登记科目总账

模块六

十一、仓储部借款

(一)业务概述

仓储部因部门业务需要,去财务部借一定数额的备用金,并依据公司相关流程办理手续。

(二)业务流程

具体业务流程见表6-10。

表 6-10   仓储部借款业务流程

序号	活动名称	角色	活动描述-操作指导
1	填写借款单	仓管员	(1) 在 VBSE 系统中填写借款单（实际工作中可能填写纸质借款单） (2) 拿借款单找仓储部经理审核
2	审核借款单	仓储部经理	(1) 在 VBSE 系统中对借款用途、金额、付款条款进行审核 (2) 审核无误，在审核意见处签字确认
3	审核借款单	财务部经理	(1) 在 VBSE 系统中对借款用途、金额、付款条款进行审核 (2) 审核无误，在审核意见处签字确认
4	确认借款单并支付现金	出纳	(1) 接收仓管员交给的已审核过的借款单 (2) 支付现金给借款人并由借款人签字 (3) 将借款单交给财务会计做凭证
5	填制记账凭证	财务会计	(1) 接收出纳交给的借款单 (2) 填制记账凭证，将借款单粘贴在后面作为附件 (3) 送财务部经理审核
6	审核记账凭证	财务部经理	(1) 接收财务会计交给的记账凭证，进行审核 (2) 审核无误后，在记账凭证上签字或盖章 (3) 交出纳登记库存现金日记账
7	登记库存现金日记账	出纳	(1) 接收财务部经理审核后的记账凭证 (2) 根据记账凭证登记库存现金日记账 (3) 记账后在记账凭证上签字或盖章 (4) 将记账凭证交财务会计登记科目明细账
8	登记科目明细账	财务会计	(1) 接收出纳交给的记账凭证 (2) 在记账凭证上签字或盖章 (3) 根据记账凭证登记科目明细账
9	登记总账	财务部经理	(1) 接收财务会计交给的记账凭证 (2) 在记账凭证上签字或盖章 (3) 根据记账凭证登记科目总账

十二、生产计划部借款

（一）业务概述

生产计划部因部门业务需要，去财务部借一定数额的备用金，并依据公司相关流程办理手续。

（二）业务流程

具体业务流程见表 6-11。

表6-11 生产计划部借款业务流程

序号	活动名称	角色	活动描述–操作指导
1	填写借款单	生产计划员	(1) 在VBSE系统中填写借款单（实际工作中可能填写纸质借款单） (2) 拿借款单找生产计划部经理审核
2	审核借款单	生产计划部经理	(1) 在VBSE系统中对借款用途、金额、付款条款进行审核 (2) 审核无误，在审核意见处签字确认
3	审核借款单	财务部经理	(1) 在VBSE系统中对借款用途、金额、付款条款进行审核 (2) 审核无误，在审核意见处签字确认
4	确认借款单并支付现金	出纳	(1) 接收生产计划员交给的已审核过的借款单 (2) 支付现金给借款人并由借款人签字 (3) 将借款单交给财务会计做凭证
5	填制记账凭证	财务会计	(1) 接收出纳交给的借款单 (2) 填制记账凭证，将借款单粘贴在后面作为附件 (3) 送财务部经理审核
6	审核记账凭证	财务部经理	(1) 接收财务会计交给的记账凭证，进行审核 (2) 审核无误后，在记账凭证上签字或盖章 (3) 交出纳登记库存现金日记账
7	登记库存现金日记账	出纳	(1) 接收财务部经理审核后的记账凭证 (2) 根据记账凭证登记库存现金日记账 (3) 记账后在记账凭证上签字或盖章 (4) 将记账凭证交财务会计登记科目明细账
8	登记科目明细账	财务会计	(1) 接收出纳交给的记账凭证 (2) 在记账凭证上签字或盖章 (3) 根据记账凭证登记科目明细账
9	登记总账	财务部经理	(1) 接收财务会计交给的记账凭证 (2) 在记账凭证上签字或盖章 (3) 根据记账凭证登记科目总账

十三、签订代发工资协议

（一）业务概述

人力资源部与银行签订银企代发工资合作协议，由银行按照双方约定的时间统一发放工资给本企业的各个员工。

（二）业务流程

具体业务流程见表6-12。

表6-12 签订代发工资协议业务流程

序号	活动名称	角色	活动描述-操作指导
1	去签订银企代发工资合作协议	人力资源部经理	(1) 整理资料,带好营业执照、法人身份证、公章、预留印鉴等准备签订银企代发工资合作协议(注意:实训中带上营业执照和公章即可) (2) 去银行签订银企代发工资合作协议,并加盖单位公章
2	签订银企代发工资合作协议	银行柜员	(1) 核对内容是否填写完整、规范 (2) 在银企代发工资合作协议上签字盖章 (3) 将一份交给客户,一份自己保存
3	协议书归档	人力资源部经理	收到银行签字盖章的银企代发工资合作协议,归档

十四、签订社保、公积金同城委托收款协议

(一)业务概述

财务部经理与银行签订委托银行代收合同。

(二)业务流程

具体业务流程见表6-13。

表6-13 签订社保、公积金同城委托收款协议业务流程

序号	活动名称	角色	活动描述-操作指导
1	去签订委托银行代收合同书	财务部经理	(1) 去银行领取委托银行代收合同书,合同书一式三份 (2) 按要求填写委托银行代收合同书,并加盖单位公章 (3) 将合同书送交银行办理委托收款业务
2	签订委托银行代收合同书	银行柜员	(1) 核对内容是否填写完整、规范 (2) 在委托银行代收合同书上签字盖章 (3) 将一份交给客户,一份自己保存,一份交给人社局
3	合同书归档	财务部经理	收到银行签字盖章的委托银行代收合同书,归档

十五、签订税务同城委托收款协议

(一)业务概述

财务部经理与银行签订授权划缴税款协议,代理本企业扣缴税款。

(二)业务流程

具体业务流程见表6-14。

表6-14 签订税务同城委托收款协议业务流程

序号	活动名称	角色	活动描述-操作指导
1	去签订授权划缴税款协议书	财务部经理	(1) 去银行领取授权划缴税款协议书,协议书一式三份 (2) 按要求填写授权划缴税款协议书,并加盖单位公章 (3) 将协议书送交银行办理委托收款业务
2	签订授权划缴税款协议书	银行柜员	(1) 核对内容是否填写完整、规范 (2) 在授权划缴税款协议书上签字盖章 (3) 将一份交给客户,一份自己保存,一份交给税务局
3	协议书归档	财务部经理	收到银行签字盖章的授权划缴税款协议书,归档

任务二　日常任务

一、申请和办理ISO9000认证

（一）业务概述

生产计划部经理为使公司开发的产品符合在市场销售的要求并提升产品的竞争力，申请办理ISO9000认证。

（二）业务流程

具体业务流程见表6-15。

表6-15　　　　　　　　　　　　申请和办理ISO9000认证业务流程

序号	活动名称	角色	活动描述-操作指导
1	填写ISO9000认证申请	生产计划部经理	（1）根据公司的经营策略，填写办理ISO9000认证申请 （2）将认证申请表提交给总经理
2	审核ISO9000认证申请	总经理	（1）接收生产计划部经理提交的认证申请表 （2）对照公司的经营策略、产品规格，审核办理ISO9000认证的合理性 （3）审核确认ISO9000认证申请的支出凭单无误后签字确认 （4）将认证申请书发送给行政助理
3	ISO9000申请认证盖章	行政助理	（1）收到总经理发送的认证申请表 （2）查看总经理的审核批复及签字 （3）将认证申请表发送给生产计划部经理
4	到服务公司办理ISO9000认证	生产计划部经理	（1）接收行政助理发送的认证申请表 （2）到服务公司，通知服务公司办理ISO9000申请
5	收到ISO9000申请表	服务公司业务员	（1）由制造企业生产计划部经理来办理ISO9000申请，制造企业生产计划部经理要提交ISO9000申请表 （2）接收ISO9000申请表
6	办理ISO认证	服务公司业务员	为申请企业办理ISO9000认证

二、收到ISO9000认证发票

（一）业务概述

制造企业收到服务公司的ISO9000认证发票，进行付款审核并做相关账务处理。

（二）业务流程

具体业务流程见表6-16。

微课：增值税
专用发票的
填写

表6-16　　　　　　　　　　收到ISO9000认证发票业务流程

序号	活动名称	角色	活动描述-操作指导
1	去服务公司领取ISO9000认证发票	生产计划员	签订ISO9000委托认证合同并且经过认证后，领取服务公司开来的ISO9000认证发票
2	开具ISO9000认证发票	服务公司业务员	(1) 根据ISO9000认证的金额和生产计划员提供的企业信息开具增值税专用发票 (2) 将增值税专用发票联、抵扣联交给生产计划员 (3) 将增值税专用发票记账联备案留档
3	收取ISO9000认证发票	生产计划员	(1) 从服务公司收取ISO9000认证费用增值税专用发票并登记备案 (2) 将收取的ISO9000认证费用增值税专用发票送至财务会计处并登记发票
4	收到发票并填制记账凭证	财务会计	(1) 收到生产计划员提交的ISO9000认证费用增值税专用发票 (2) 根据ISO9000认证费用增值税专用发票填制记账凭证
5	审核记账凭证	财务部经理	(1) 审核财务会计编制的记账凭证并对照相关附件检查是否正确 (2) 审核无误，在记账凭证上签字或盖章
6	登记科目明细账	财务会计	(1) 根据记账凭证登记科目明细账 (2) 记账后在记账凭证上签字或盖章
7	登记总账	财务部经理	(1) 根据记账凭证登记总账 (2) 记账后在记账凭证上签字或盖章

三、与工贸企业签订购销合同

（一）业务概述

采购部为规范商业经营活动，保证公司利益，与工贸企业签订采购合同，并依据公司流程审批。

（二）业务流程

具体业务流程见表6-17。

表6-17　　　　　　　　　与工贸企业签订购销合同业务流程

序号	活动名称	角色	活动描述-操作指导
1	填写购销合同	采购员	(1) 根据采购计划选择合适的工贸企业，沟通采购细节内容 (2) 填写购销合同，一式两份
2	填写合同会签单	采购员	(1) 根据合同的信息填写合同会签单 (2) 将购销合同和合同会签单提交给采购部经理
3	合同会签单签字	采购部经理	(1) 接收采购员提交的购销合同及合同会签单 (2) 审核购销合同内容填写的准确性和合理性，审核同意后在合同会签单上签字确认 (3) 将购销合同和合同会签单发送给财务部经理
4	合同会签单签字	财务部经理	(1) 接收采购部经理交送的购销合同及合同会签单 (2) 审核购销合同的准确性和合理性，审核同意后在合同会签单上签字 (3) 将购销合同和合同会签单提交给总经理
5	合同会签单签字	总经理	(1) 接收财务部经理提交的购销合同及合同会签单 (2) 审核采购部经理和财务部经理是否审核签字，审核购销合同的准确性和合理性，审核同意后在合同会签单、购销合同上签字 (3) 将购销合同和合同会签单发送给行政助理
6	购销合同盖章	行政助理	(1) 接收总经理发送的购销合同和合同会签单 (2) 检查合同会签单总经理是否签字，确认无误后给合同盖章 (3) 将购销合同发送给采购员
7	登记购销合同执行情况表	采购员	(1) 接收行政助理发送的购销合同 (2) 根据制造企业与工贸企业签订好的购销合同，登记购销合同执行情况表 (3) 将购销合同送交供应商

四、录入采购订单

（一）业务概述

制造企业录入与工贸企业的采购订单。

（二）业务流程

具体业务流程见表6-18。

表6-18　　　　　　　　　　　　录入采购订单业务流程

活动名称	角色	活动描述-操作指导
在系统中录入采购订单	采购员	（1）根据制造企业与工贸企业签订好的购销合同，将采购订单信息录入VBSE系统 （2）通知供货方确认订单

五、与经销商签订购销合同

（一）业务概述

营销部为开展商业活动，保护公司利益，与经销商签订购销合同。

（二）业务流程

具体业务流程见表6-19。

微课：签订销售合同

表6-19　　　　　　　　　　与经销商签订购销合同业务流程

序号	活动名称	角色	活动描述-操作指导
1	收到经销商购销合同	销售专员	（1）销售专员收到经销商的购销合同 （2）与经销商达成共识
2	填写合同会签单	销售专员	（1）填写合同会签单 （2）将购销合同和合同会签单送交营销部经理审核
3	合同会签单签字	营销部经理	（1）接收销售专员交给的购销合同及合同会签单 （2）审核购销合同内容填写的准确性和合理性 （3）在合同会签单上签字确认
4	合同会签单签字	财务部经理	（1）接收营销部经理交给的购销合同及合同会签单 （2）审核购销合同内容填写的准确性和合理性 （3）在合同会签单上签字确认
5	合同会签单签字	总经理	（1）接收财务部经理交给的购销合同及合同会签单 （2）审核购销合同内容填写的准确性和合理性 （3）在合同会签单上签字确认
6	购销合同盖章	行政助理	接到审核通过的合同会签单，在购销合同上盖章
7	合同存档	行政助理	（1）行政助理将合同会签单与一份盖章的购销合同一起进行归档 （2）行政助理将一份盖完章的购销合同交给销售专员送交合同当事人
8	购销合同登记	销售专员	（1）销售专员将盖章的购销合同登记，交给合同当事人 （2）更新购销合同执行情况表

模块六

六、确认经销商的采购订单

（一）业务概述

营销部为规范地开展商业活动，保证企业经营利益，便于跟踪了解市场信息，将经销商的采购订单存档保存。

（二）业务流程

具体业务流程见表6-20。

表6-20　　　　　　　　　　确认经销商的采购订单业务流程

活动名称	角色	活动描述-操作指导
在系统中确认经销商的采购订单	销售专员	（1）根据制造企业与经销商签订好的销售合同，在系统中确认经销商的采购订单 （2）根据系统的采购订单信息填写销售订单

七、派工领料-车架

（一）业务概述

生产计划部生产计划员进行派工，车间管理员填写领料单去库房领取生产所需物料，仓管员按领料单发放并登记库存台账。

（二）业务流程

具体业务流程见表6-21。

微课：生产领料

表6-21　　　　　　　　　　派工领料-车架业务流程

序号	活动名称	角色	活动描述-操作指导
1	填写派工单	生产计划员	（1）根据主生产计划表编制车架派工单，车架派工单一式两份 （2）下达车架派工单给车间管理员 （3）另一份车架派工单自己留存
2	填写领料单	车间管理员	（1）根据派工单和BOM填写一式二联领料单 （2）送仓管员办理领料
3	核对生产用料	仓管员	（1）仓管员接到领料单 （2）核对领料单上物料的库存情况 （3）确认可以满足后在领料单上签字
4	填写材料出库单	仓管员	根据领料单填写材料出库单
5	办理材料出库	仓管员	（1）在VBSE系统中办理材料出库，车间管理员在材料出库单上签字确认 （2）材料出库单的生产计划部联交车间管理员随材料一起拿走
6	登记库存台账	仓储部经理	（1）接收仓管员送来的材料出库单 （2）根据材料出库单登记库存台账 （3）登记完交仓管员留存备查
7	机加车间开工	车间管理员	在VBSE系统中办理派工。车间依据物料、人员、设备的齐全状况开始生产

模块六

八、派工领料–整车

（一）业务概述

生产计划部安排车间领料生产整车，车间管理员领取物料，库房依据领料单发料并变更库存台账。

（二）业务流程

具体业务流程见表6-22。

表6-22 派工领料–整车业务流程

序号	活动名称	角色	活动描述–操作指导
1	填写派工单	生产计划员	（1）根据主生产计划表编制整车派工单 （2）整车派工单一式两份，将其中一份整车派工单交给车间管理员 （3）另一份整车派工单自己留存
2	填写领料单	车间管理员	（1）根据派工单和BOM填写一式二联领料单 （2）送仓管员办理领料
3	核对生产用料	仓管员	（1）仓管员接到车间管理员的领料单 （2）核对领料单上物料的库存情况 （3）确认可以满足后在领料单上签字
4	填写材料出库单	仓管员	根据领料单填写材料出库单
5	办理材料出库	仓管员	（1）在VBSE系统中办理材料出库，车间管理员在材料出库单上签字确认 （2）材料出库单的生产计划部联交车间管理员和材料一起拿走 （3）材料出库单财务联交成本会计 （4）材料出库单仓储部联交仓储部经理登记库存台账
6	登记库存台账	仓储部经理	（1）接收仓管员送来的材料出库单 （2）根据材料出库单登记库存台账 （3）登记完交仓管员留存备案
7	组装车间开工	车间管理员	车间管理员根据人员、物料、设备的状况是否齐全，确定后开始生产

九、下达发货通知给经销商

（一）业务概述

营销部销售专员填写发货单，交营销部经理审核批准后通知经销商。

（二）业务流程

具体业务流程见表6-23。

表6-23 下达发货通知给经销商业务流程

序号	活动名称	角色	活动描述-操作指导
1	填写发货单	销售专员	(1) 填写发货单 (2) 将发货单送交营销部经理审核
2	审核发货单	营销部经理	(1) 接收销售专员交给的发货单并审核发货单 (2) 将发货单发送给销售专员
3	分发发货单	销售专员	(1) 接收营销部经理交给的发货单 (2) 将仓储留存联、客户留存联、财务留存联一并送至仓储部

十、给经销商办理出库及开票

（一）业务概述

仓储部给经销商办理出库，并由销售专员申请开具发票后，进行相关账务处理。

（二）业务流程

具体业务流程见表6-24。

表6-24 给经销商办理出库并开票业务流程

序号	活动名称	角色	活动描述-操作指导
1	接受物流运单并填制产品销售出库单	仓管员	(1) 接受物流运单，根据发货单填制产品销售出库单 (2) 提交至仓储部经理审批
2	审核产品销售出库单	仓储部经理	(1) 仓储部经理收到仓管员开具的产品销售出库单 (2) 审核填写是否正确 (3) 确认无误，签字并交还仓管员去办理出库手续 (4) 在系统中办理出库
3	登记库存台账	仓管员	(1) 接收仓储部经理审核批准的产品销售出库单，将仓储部留存联留存备案 (2) 将发货单的客户留存联、营销部留存联、财务留存联和产品销售出库单其他两联传至销售专员
4	销售发运并申请开票	销售专员	(1) 根据仓管员送至的发货单客户留存联、营销部留存联、财务留存联和销售出库单其他两联，核对出库数量无误后分别签字确认，将产品销售出库单销售部留存联留存 (2) 将签字确认的发货单客户留存联交给物流公司带至客户处 (3) 根据发货单财务留存联、产品销售出库单财务留存联填写开票申请单，将发货单财务留存联、产品销售出库单财务留存联和开票申请单一并交至财务部出纳处，由出纳开具增值税专用发票
5	开具发票	出纳	(1) 根据销售专员提交的开票申请单、发货单财务留存联、产品销售出库单财务留存联开具增值税专用发票 (2) 销售专员在发票领用表登记并签字 (3) 将开具好的增值税专用发票的发票联、抵扣联交给销售专员 (4) 将发货单财务留存联、产品销售出库单财务留存联、增值税专用发票的记账联送至财务会计
6	发票送给客户	销售专员	销售专员将增值税专用发票的发票联、抵扣联及发货单的客户留存联一并交给物流公司，由物流公司送至客户
7	填制记账凭证	财务会计	(1) 根据开具的发票、产品销售出库单填制记账凭证 (2) 将记账凭证交给财务部经理审核
8	审核记账凭证	财务部经理	(1) 接收财务会计交给的记账凭证，进行审核 (2) 审核无误后，在记账凭证上签字或盖章 (3) 交财务会计登记科目明细账
9	登记明细账	财务部会计	(1) 接收财务部经理交给的记账凭证并审核 (2) 在记账凭证上签字或盖章 (3) 根据审核后的记账凭证登记科目明细账
10	登记总账	财务部经理	(1) 接收财务会计交给的记账凭证 (2) 根据记账凭证登记科目总账 (3) 记账后在记账凭证上签字或盖章

十一、接到发货单准备取货

（一）业务概述

采购员接到工贸企业的发货单并告知仓管员准备收货。

（二）业务流程

具体业务流程见表6-25。

表6-25　　　　　　　　　　　接到发货单准备取货业务流程

序号	活动名称	角色	活动描述-操作指导
1	接到工贸企业的发货通知	采购员	（1）按照购销合同约定的到货日期，工贸企业具备发货条件后通知采购员 （2）收到发货通知 （3）将发货通知送给仓管员
2	准备采购收货	仓管员	（1）接收采购员发送的工贸企业发货通知 （2）准备采购收货

十二、向物流下达运输订单

（一）业务概述

仓储部按照购销合同的约定，通过下达运输订单的方式安排运输。

（二）业务流程

具体业务流程见表6-26。

表6-26　　　　　　　　　　　向物流下达运输订单业务流程

序号	活动名称	角色	活动描述-操作指导
1	填写物流运输订单	仓管员	（1）收到采购员的发货通知 （2）按照购销合同约定的到货日期、发货计划、运输方式等要求联系物流公司 （3）手工填制运输订单
2	确认物流运输订单	仓储部经理	（1）审核运输订单内容的准确性和合理性 （2）确认运输订单并签字

十三、车架完工入库

（一）业务概述

生产计划部完成车架生产后，由生产计划部经理审核后办理入库，仓管员收货并登记库存台账。

（二）业务流程

具体业务流程见表6-27。

表6-27　　　　　　　　　　　　车架完工入库业务流程

序号	活动名称	角色	活动描述-操作指导
1	生成完工单	车间管理员	（1）机加工车间车架生产完工，车间管理员根据派工单填写完工单 （2）将派工单及填写的完工单交给生产计划部经理审核
2	审核完工单并签字	生产计划部经理	（1）接收车间管理员送来的派工单和完工单 （2）依据派工单对照审核完工单所填写的产品是否已经完工 （3）审核无误签字 （4）将完工单第一联留存车间管理员，并由车间管理员将车架完工单第二联和车架交给仓管员
3	填写生产入库单	仓管员	（1）仓管员核对车架完工单和实物是否相符 （2）根据车架完工单填写一式三联的生产入库单 （3）车间管理员在生产入库单上签字确认
4	办理入库	仓管员	（1）仓管员收到车间管理员确认的生产入库单，登记办理入库手续 （2）仓管员把审核完的生产入库单的财务联给财务部，生产部联给生产部，仓库联自留 （3）在系统中办理车架完工入库
5	登记库存台账	仓管员	仓管员根据生产入库单登记库存台账

十四、整车完工入库

（一）业务概述

车间管理员在完成整车生产后，填写完工送检单并交由生产计划部经理代为检验，合格后送到仓库，由仓储部仓管员办理入库，并登记库存台账。

（二）业务流程

具体业务流程见表6-28。

表6-28　　　　　　　　　　　　整车完工入库业务流程

序号	活动名称	角色	活动描述-操作指导
1	填写完工送检单	车间管理员	（1）根据整车生产计划完成生产任务 （2）车间管理员填写完工送检单（一式三联） （3）将完工送检单送生产计划部经理处进行审验
2	审核完工送检单	生产计划部经理	（1）生产计划部经理接到车间管理员送来的完工送检单 （2）生产计划部经理对整车进行检验 （3）将检验结果填入完工送检单
3	生成完工单	车间管理员	（1）根据生产计划部经理批复的完工送检单生成与之数量相同的整车生产完工单 （2）根据生产完工单和完工送检单填写生产执行情况表 （3）将生产完工单第一联自行留存，第二联交仓管员
4	填写生产入库单，办理入库	仓管员	（1）仓管员核对生产完工单和完工送检单及实物 （2）根据生产完工单填写一式三联的生产入库单 （3）车间管理员在生产入库单上签字确认 （4）仓管员在系统中办理组装完工入库 （5）仓管员把审核完的生产入库单的财务联给财务部，生产部联给生产部，仓库联自留
5	登记库存台账	仓管员	仓管员根据生产入库单登记库存台账

十五、收到经销商货款银行回单

（一）业务概述

出纳去银行取回经销商货款的电汇凭单，并交由财务部依据公司流程进行账务处理。

（二）业务流程

具体业务流程见表6-29。

表6-29   收到经销商货款银行回单业务流程

序号	活动名称	角色	活动描述-操作指导
1	查询网银	出纳	（1）接收采购商的付款通知 （2）查询网银，确认已收到货款 （3）到银行打印此款项凭单
2	打印业务回单	银行柜员	（1）根据出纳提供的信息查询到转账记录并打印 （2）将打印好的电汇凭单交给出纳
3	编制记账凭证	财务会计	（1）接收出纳送来的电汇凭单 （2）编制记账凭证 （3）将电汇凭单粘贴到记账凭证后面 （4）将记账凭证交财务部经理审核
4	审核记账凭证	财务部经理	（1）接收财务会计送来的记账凭证 （2）审核记账凭证的附件是否齐全、正确 （3）审核记账凭证的编制是否正确 （4）审核无误后，在记账凭证上签字或盖章 （5）交出纳登记银行存款日记账
5	登记银行存款日记账	出纳	（1）根据审核后的记账凭证登记银行存款日记账 （2）记账后在记账凭证上签字或盖章 （3）交财务会计登记明细账
6	登记科目明细账	财务会计	（1）接收出纳送来的记账凭证 （2）在记账凭证上签字或盖章 （3）根据审核后的记账凭证登记科目明细账
7	登记总账	财务部经理	（1）接收财务会计交给的记账凭证 （2）在记账凭证上签字或盖章 （3）根据记账凭证登记科目总账

十六、到货并办理入库

（一）业务概述

仓管员接到供应商来料，接收，检验，并办理相关入库手续。

（二）业务流程

具体业务流程见表6-30。

表6-30 到货并办理入库业务流程

序号	活动名称	角色	活动描述-操作指导
1	运输车辆到达，收到物流的运单	仓管员（兼原料质检）	（1）接收供应商发来的材料，附有物流运单和实物 （2）接收运输费发票与工贸企业发票 （3）记录运输费发票金额并准备支付运输费 （4）运输费发票与工贸企业发票交采购员
2	物料验收并办理入库	仓管员（兼原料质检）	（1）根据发货单和质量检验标准进行质量、数量、包装等检测 （2）根据检验结果填写物料检验单，并签字确认 （3）检验无误，在收货单上签字收货 （4）在VBSE系统中办理采购入库
3	填写采购入库单	仓管员（兼原料质检）	（1）根据物料检验单填写采购入库单（一式三联） （2）将采购入库单提交给仓储部经理 （3）将审核后的采购入库单自留一联，另外两联交采购部和财务部（其中一联的采购入库单发送给采购员）
4	登记购销合同执行情况表	采购员	（1）接收仓管员发送的采购入库单、运输费发票、工贸企业发票 （2）登记购销合同执行情况表 （3）记录工贸企业发票金额并准备支付工贸企业货款 （4）将运输费发票、工贸企业发票（发票联和抵扣联）和对应的采购入库单的财务联送交财务
5	登记库存台账	仓管员	（1）接收采购入库单 （2）根据采购入库单登记库存台账
6	填制记账凭证	成本会计	（1）根据发票记账联填制记账凭证，将发票记账联和采购入库单粘贴到记账凭证后面作为附件 （2）将记账凭证交财务部经理审核
7	审核记账凭证	财务部经理	（1）接收成本会计交给的记账凭证，进行审核 （2）审核无误后，在记账凭证上签字或盖章 （3）交还成本会计登记数量金额明细账
8	登记数量金额明细账	成本会计	根据记账凭证后所附采购入库单填写数量金额明细账
9	登记科目明细账	财务会计	（1）根据记账凭证登记科目明细账 （2）记账后在记账凭证上签字或盖章
10	登记总账	财务部经理	（1）根据记账凭证登记科目总账 （2）记账后在记账凭证上签字或盖章

十七、支付运输费

（一）业务概述

仓管员根据运输费发票，填写付款申请单后交仓储部经理审批，审批后交财务部办理付款手续。

（二）业务流程

具体业务流程见表6-31。

模块六

表6-31 支付运输费业务流程

序号	活动名称	角色	活动描述-操作指导
1	填写运输费付款申请	仓管员	依据运输发票金额填写付款申请单
2	审核付款申请单	仓储部经理	(1) 收到仓管员提交的付款申请单 (2) 审核付款要求是否合理 (3) 确认合理后，签字并交还仓管员
3	审核付款申请单	财务部经理	(1) 收到仓储部经理审核同意的付款申请单 (2) 根据运输费发票审核付款申请单的准确性和合理性 (3) 确认后在付款申请单上签字
4	办理网银付款（转账）	出纳	(1) 收到仓管员转交的财务部经理和仓储部经理批复的付款申请单 (2) 检查财务部经理是否签字，确认后对照付款申请单办理网银付款
5	填制记账凭证	财务会计	(1) 接收出纳提交的仓储部、财务部经理签字的付款申请单 (2) 编制记账凭证 (3) 将记账凭证、发票提交给财务部经理
6	审核记账凭证	财务部经理	(1) 接收财务会计提交的记账凭证和发票 (2) 审核记账凭证填写的准确性，合法性和真实性 (3) 审核资金使用的合理性 (4) 审核无误后，在记账凭证上签字或盖章 (5) 将记账凭证交给出纳
7	登记银行存款日记账	出纳	(1) 根据记账凭证登记银行存款日记账 (2) 记账后在记账凭证上签字或盖章 (3) 将记账凭证交财务会计登账
8	登记科目明细账	财务会计	(1) 接收出纳交给的记账凭证 (2) 根据记账凭证登记科目明细账 (3) 记账后在记账凭证上签字或盖章
9	登记总账	财务部经理	(1) 接收财务会计交给的记账凭证 (2) 根据记账凭证登记科目总账 (3) 记账后在记账凭证上签字或盖章

十八、支付工贸企业货款

（一）业务概述

采购员根据工贸企业发票，填写付款申请单后交采购部经理审批，审批后交财务部办理付款手续。

（二）业务流程

具体业务流程见表6-32。

表6-32　　　　　　　　　　　支付工贸企业货款业务流程

序号	活动名称	角色	活动描述–操作指导
1	根据工贸企业发票填写付款申请单	采购员	根据工贸企业发票在系统中录入付款申请单
2	审核付款申请单	采购部经理	（1）收到采购员提交的付款申请单 （2）审核付款的要求是否合理 （3）确认合理后，签字并交还采购员
3	审核付款申请单	财务部经理	（1）收到采购部经理审核同意的付款申请单 （2）根据工贸企业发票审核付款申请单的准确性和合理性 （3）确认后在申请付款单上签字
4	办理网银付款（转账）	出纳	（1）收到采购员转交的财务部经理和采购部经理批复的申请付款单 （2）检查财务部经理是否签字，确认后对照付款申请单办理网银付款
5	填制记账凭证	财务会计	（1）接收出纳提交的采购部、财务部经理签字的付款申请单 （2）编制记账凭证 （3）将记账凭证、发票提交给财务部经理
6	审核记账凭证	财务部经理	（1）接收财务会计提交的记账凭证和发票 （2）审核记账凭证填写的准确性，合法性和真实性 （3）审核资金使用的合理性 （4）审核无误后，在记账凭证上签字或盖章 （5）将记账凭证交给出纳登记银行存款日记账
7	登记银行存款日记账	出纳	（1）根据记账凭证登记银行存款日记账 （2）记账后在记账凭证上签字或盖章 （3）将记账凭证交财务会计登账
8	登记科目明细账	财务会计	（1）接收出纳交给的记账凭证 （2）在记账凭证上签字或盖章 （3）根据记账凭证登记科目明细账 （4）将科目明细表发送给成本会计
9	登记总账	财务部经理	（1）接收财务会计交给的记账凭证 （2）根据记账凭证登记科目总账 （3）记账后在记账凭证上签字或盖章

十九、申请和办理广告投放

（一）业务概述

　　市场专员依据公司的销售策略，提交投放广告申请及预算表，报由营销部经理审核批准后，去服务公司办理投放广告业务。

（二）业务流程

具体业务流程见表6-33。

表6-33   申请和办理广告投放业务流程

序号	活动名称	角色	活动描述-操作指导
1	申请广告投放并编制广告投放申请单	市场专员	根据公司销售策略，按照广告的主题结构、内容、金额提交广告投放申请单
2	审批广告投放申请单	营销部经理	（1）接收市场专员交来的广告投放申请单 （2）审核广告投放申请单填写的准确性 （3）审核广告投放申请单是否合理 （4）审核通过，确认进行广告投放
3	到服务公司办理广告投放	市场专员	持营销经理批准的广告投放申请单到服务公司办理广告投放业务
4	签订广告合同	服务公司业务员	（1）接收市场专员提交的广告投放申请单 （2）在广告投放申请单上盖章后办理广告投放业务
5	办理广告投放	服务公司业务员	（1）查看市场专员要办理的广告费投放地区 （2）依据广告费投放地区，为制造企业办理广告费投放 （3）告知市场专员业务已办理完成，请到服务公司总经理处开具增值税专用发票

二十、收到广告费发票

（一）业务概述

市场专员收到服务公司关于市场广告费的发票，核对后交本企业相关部门审核，并按照公司的财务付款流程，依次办理财务手续，最终支付市场广告的费用。

（二）业务流程

具体业务流程见表6-34。

表6-34   收到广告费发票业务流程

序号	活动名称	角色	活动描述-操作指导
1	到服务公司领取广告费用发票	市场专员	到服务公司领取广告费用发票
2	开具广告费用发票	服务公司业务员	（1）根据广告费投放申请单的金额和市场专员提供的企业信息开具增值税专用发票 （2）将增值税专用发票的发票联、抵扣联交给市场专员 （3）将增值税专用发票记账联备案留档

续表

序号	活动名称	角色	活动描述-操作指导
3	收取广告费用发票并交经理审核	市场专员	（1）从服务公司收取广告费用发票并登记备案，即将发票信息登记到发票记录表上（发票号、开票单位、金额、日期等） （2）确认发票信息无误后将发票交给营销部经理审核
4	审核广告费用发票	营销部经理	（1）收到市场专员提交的广告费用发票 （2）审核发票是否与合同规定的金额一致 （3）确认无误后，将广告费用发票送至财务会计处
5	收到广告费用发票并记账	财务会计	（1）收到营销部经理的广告费用发票 （2）根据广告费用发票填制记账凭证
6	审核记账凭证	财务部经理	（1）审核财务会计编制的记账凭证并对照相关附件检查是否正确 （2）审核无误，在记账凭证上签字或盖章
7	登记科目明细账	财务会计	（1）根据记账凭证登记科目明细账 （2）记账后在记账凭证上签字或盖章
8	登记总账	财务部经理	（1）根据记账凭证登记总账 （2）记账后在记账凭证上签字或盖章

二十一、查看虚拟销售订单

（一）业务概述

销售专员在系统中查看销售订单。

（二）业务流程

具体业务流程见表6-35。

表6-35　　　　　　　　　查看虚拟销售订单业务流程

活动名称	角色	活动描述-操作指导
查看订单并确定预期订单	销售专员	（1）在系统中查看可选订单 （2）接到服务公司通知后，到服务公司进行选单

二十二、查看竞单结果

（一）业务概述

销售专员在系统中查看竞单结果。

（二）业务流程

具体业务流程见表6-36。

表6-36   查看竞单结果业务流程

活动名称	角色	活动描述-操作指导
查看竞单结果	销售专员	(1) 查看已选中订单 (2) 确定订单信息是否正确（公司名称、产品规格、价格、数量、质量标准、交货方式等） (3) 确认交货日期是否正确

二十三、给虚拟经销商发货

（一）业务概述

给虚拟经销商发货。

（二）业务流程

具体业务流程见表6-37。

表6-37   给虚拟经销商发货业务流程

序号	活动名称	角色	活动描述-操作指导
1	填制发货单	销售专员	(1) 销售专员根据销售订单填写发货单 (2) 将发货单的财务联送交财务部的财务会计 (3) 将发货单的客户联自留（因为对方是虚拟企业，无实体） (4) 携带发货单的仓储联前往仓储部办理发货
2	审核发货单	营销部经理	(1) 收到销售专员交给的发货单 (2) 对照购销合同审核销售发货计划的发货订单时间、数量、发货方式是否正确 (3) 确认无误，在发货单上签字
3	审核发货单	财务会计	(1) 收到销售专员传过来的发货单 (2) 检查本企业的应收账款额度是否过高，如过高则应通知营销部经理限制发货 (3) 将发货单留存联交给出纳填制记账凭证
4	确认发货单	仓储部经理	(1) 收到交来的发货单并审核其填写是否正确，库存是否能够满足 (2) 与财务部确认客户会款状态是否符合发货的条件 (3) 确认正确无误，依照其登记库存台账并办理出库手续

二十四、给虚拟经销商办理出库并开发票

（一）业务概述

仓储部仓管员按照销售部提供的发货单，填制产品出库单，并报给仓储部经理审核，批准后给虚拟客户发货，营销部提交开具增值税专用发票申请，财务部开出增值税专用发票并记账。

（二）业务流程

具体业务流程见表6-38。

表6-38　　　　　　　　　　给虚拟经销商办理出库并开发票业务流程

序号	活动名称	角色	活动描述-操作指导
1	填制产品出库单	仓管员	（1）根据销售专员递交的发货单填制产品出库单（一式三联） （2）请销售专员签字确认 （3）提交至仓储部经理审批
2	审核产品出库单	仓储部经理	（1）收到仓管员交给的产品出库单并审核 （2）确认正确后交还仓管员在VBSE系统中办理出库手续
3	办理出库	仓管员	（1）在VBSE系统中办理出库，把出库单给销售专员一联 （2）按照仓库联登记台账 （3）把出库单送给成本会计一联
4	登记销售发货明细表	销售专员	（1）根据发货单进行销售发运 （2）登记并更新销售发货明细表
5	提交增值税专用发票申请	销售专员	（1）根据销售发货明细表和销售订单的信息提交开具增值税专用发票申请 （2）开票申请单提交，告知出纳开具增值税专用发票
6	开具增值税专用发票	出纳	根据销售专员提供的信息开具增值税专用发票
7	登记发票领用表	出纳	（1）销售专员在发票领用表上登记并签字 （2）出纳将增值税专用发票记账联保留，将发票联和抵扣联交给销售专员送给客户
8	将发票送给虚拟经销商（服务公司代收）	销售专员	收到出纳开具的发票，将其传给购货方（外部虚拟商业社会环境）
9	填制记账凭证	出纳	（1）接收销售专员交来的发票和回款结果，填制记账凭证 （2）在记账凭证上签字或盖章 （3）将发票粘到记账凭证后面 （4）将记账凭证交财务部经理审核
10	审核记账凭证	财务部经理	（1）接收出纳编制的记账凭证并审核 （2）审核无误后在记账凭证上签字或盖章 （3）将记账凭证交给财务会计登记明细账
11	登记三栏式明细账	财务会计	（1）接收财务经理交给的记账凭证，进行审核 （2）审核后，登记三栏式科目明细账 （3）记账后在记账凭证上签字或盖章
12	登记数量金额明细账	成本会计	根据记账凭证后所附产品出库单填写数量金额明细账
13	登记总账	财务部经理	（1）根据记账凭证登记总账 （2）记账后在记账凭证上签字或盖章

二十五、招聘生产工人

（一）业务概述

人力资源助理根据公司生产需要，按照招聘流程进行员工招聘。

（二）业务流程

具体业务流程见表6-39。

表6-39　　　　　　　　　　招聘生产工人业务流程

序号	活动名称	角色	活动描述-操作指导
1	确定人员需求	人力资源部经理	（1）生产计划部经理根据生产需求告知人力资源部经理其对工人的需求 （2）与生产计划部经理沟通人才素质要求及职称等 （3）填写招聘计划表，将招聘计划表提交给服务公司业务员，申请人员
2	人员派遣	服务公司业务员	（1）收到制造企业的用人需求 （2）在系统中将对应的人员派遣至对方公司
3	确定招聘人员	人力资源部经理	在系统中，查看服务公司派遣的人员是否正确。根据情况选择是接收，还是拒绝
4	开具发票	服务公司业务员	（1）在派遣页面中，点击查看派遣人员，查看为制造企业派遣的工人 （2）根据协定的人才推介服务费用金额开具服务业发票，并将发票交给制造企业，要求其尽快支付费用
5	填写付款申请	人力资源部经理	（1）对照服务公司开具的服务业发票填写付款申请书 （2）将付款申请书及发票提交给财务部经理审核
6	审核付款申请	财务部经理	（1）审核收到的付款申请书与服务业发票是否相符，并审核其正确性 （2）将付款申请书交总经理审核
7	审核付款申请	总经理	（1）审核付款申请书，确认无误后在申请书上签字 （2）将付款申请书交给出纳付款
8	支付招聘费	出纳	（1）收到总经理审核通过的付款申请书 （2）按付款申请书金额开具转账支票 （3）将转账支票交给服务公司总经理
9	填制记账凭证	财务会计	（1）根据付款申请书和银行回单填制记账凭证 （2）将银行回单、付款申请书和支票存根粘贴在记账凭证后作为附件
10	审核记账凭证	财务部经理	（1）审核财务会计编制的记账凭证并对照相关附件检查是否正确 （2）审核无误，在记账凭证上签字或盖章 （3）将确认后的记账凭证传递给出纳登记银行存款日记账
11	登记银行存款日记账	出纳	（1）根据记账凭证登记银行存款日记账 （2）记账后在记账凭证上签字或盖章 （3）将记账凭证传递给财务会计登记科目明细账
12	登记科目明细账	财务会计	（1）根据记账凭证登记科目明细账 （2）记账后在记账凭证上签字或盖章 （3）将记账凭证交给财务部经理登记总账
13	登记总账	财务部经理	（1）根据记账凭证登记总账 （2）记账后在记账凭证上签字或盖章

二十六、解聘生产工人

（一）业务概述

人力资源部经理根据公司生产需要，按照解聘流程进行员工解聘。

（二）业务流程

具体业务流程见表6-40。

表6-40　　　　　　　　　　解聘生产工人业务流程

活动名称	角色	活动描述-操作指导
解聘工人	人力资源部经理	（1）询问生产计划部经理是否需要裁减冗余的生产工人 （2）登录系统查询生产工人信息，辞退不需要的工人 （3）依照规则结算工人工资

二十七、社会保险和公积金增（减）员

（一）业务概述

人力资源部根据本企业实际用工的情况，依照公司的相关规定办理入职、离职的社保变更手续。

（二）业务流程

具体业务流程见表6-41。

表6-41　　　　　　　　社会保险和公积金增（减）员业务流程

序号	活动名称	角色	活动描述-操作指导
1	整理新进/离职员工信息	人力资源助理	（1）整理本月的招（解）聘人员信息 （2）提交人力资源部经理
2	社会保险增（减）员	人力资源部经理	依据人力资源助理提交的招（解）聘人员信息在VBSE系统中做相应社会保险的增（减）员
3	住房公积金增（减）员	人力资源部经理	依据人力资源助理提交的招（解）聘人员信息在VBSE系统中做相应的住房公积金增（减）员

二十八、购买设备

（一）业务概述

按生产需求，向服务公司购买设备。

（二）业务流程

具体业务流程见表6-42。

表6-42　　　　　　　　　　购买设备业务流程

序号	活动名称	角色	活动描述-操作指导
1	填写购销合同	采购员	（1）根据公司需求，确定购买需求，到服务公司协商生产线的价格 （2）准备购销合同并签署相关内容（用购销合同即可）

续表

序号	活动名称	角色	活动描述-操作指导
2	填写合同会签单	采购员	（1）拿到签订的购销合同 （2）根据购销合同，填写合同会签单
3	采购经理审核合同会签单	采购部经理	（1）接收采购员发送的购销合同和购销合同会签单 （2）审核购销合同及合同会签单，并在合同会签单上签字
4	财务审核合同会签单	财务部经理	（1）接收采购部经理发送的购销合同和合同会签单 （2）审核购销合同及合同会签单，并在合同会签单对应位置上签字
5	总经理审核合同会签单	总经理	（1）接收财务部审核的购销合同和合同会签单 （2）审核购销合同及合同会签单，并在合同会签单对应位置上签字并盖章 （3）将购销合同发送给采购员
6	将购销合同送交给服务公司	采购员	（1）接收总经理发送的购销合同 （2）拿本公司已盖章的购销合同去服务公司盖章
7	服务公司盖章	服务公司总经理	（1）收到企业盖章后的购销合同，审核并盖章 （2）将盖章后的购销合同，送交制造企业行政助理
8	合同归档	行政助理	（1）行政助理更新合同管理表 （2）行政助理登记完，把购销合同留存备案
9	办理设备销售	服务公司业务员	按照购销合同，在系统中为对应的企业选择相应的设备
10	开具发票	服务公司总经理	依据购销合同金额，为企业开具发票
11	生产线配置人员	车间管理员	在VBSE系统中为新购买的生产线配置生产人员

二十九、支付设备购买款

（一）业务概述

企业支付购买设备的费用。

（二）业务流程

具体业务流程见表6-43。

表6-43　　　　支付设备购买款业务流程

序号	活动名称	角色	活动描述-操作指导
1	收到发票	采购部经理	收到服务公司开具的增值税专用发票
2	填写付款申请	采购部经理	（1）对照服务公司开具的增值税专用发票填写付款申请书 （2）将付款申请书及增值税专用发票提交给财务部经理审核
3	审核付款申请	财务部经理	（1）审核收到的付款申请书与增值税专用发票是否相符，并审核其正确性 （2）将增值税专用发票抵扣联留档 （3）将付款申请书交总经理审核

续表

序号	活动名称	角色	活动描述-操作指导
4	审核付款申请	总经理	（1）审核付款申请书，确认无误后在申请书上签字 （2）将付款申请书交给出纳付款
5	支付货款	出纳	（1）收到总经理转交的批复后的付款申请书，审核其准确性 （2）按付款申请书金额开具转账支票 （3）将转账支票交给服务公司总经理
6	填制记账凭证	财务会计	（1）根据付款申请书和银行回单填制记账凭证 （2）将银行回单、付款申请书和支票存根粘贴在记账凭证后作为附件
7	审核记账凭证	财务部经理	（1）审核财务会计编制的记账凭证并对照相关附件检查是否正确 （2）审核无误，在记账凭证上签字或盖章 （3）将确认后的记账凭证传递给出纳登记银行存款日记账
8	登记银行存款日记账	出纳	（1）根据记账凭证登记银行存款日记账 （2）记账后在记账凭证上签字或盖章 （3）将记账凭证传递给财务会计登记科目明细账
9	登记科目明细账	财务会计	（1）根据记账凭证登记科目明细账 （2）记账后在记账凭证上签字或盖章
10	登记总账	财务部经理	（1）根据记账凭证登记总账 （2）记账后在记账凭证上签字或盖章

三十、出售设备

（一）业务概述

按生产需求，向服务公司出售设备。

（二）业务流程

具体业务流程见表6-44。

表6-44　　　　　　　　　　出售设备业务流程

序号	活动名称	角色	活动描述-操作指导
1	填写购销合同	采购员	（1）根据公司需求，确定设备销售需求，到服务公司协商销售设备的价格 （2）准备购销合同并签署相关内容（用购销合同即可）
2	填写合同会签单	采购员	（1）拿到签订的购销合同 （2）根据购销合同，填写合同会签单
3	采购经理审核合同会签单	采购部经理	（1）接收采购员发送的购销合同和合同会签单 （2）审核购销合同及合同会签单，并在合同会签单上签字

序号	活动名称	角色	活动描述-操作指导
4	财务审核合同会签单	财务部经理	（1）接收采购经理发送的购销合同和合同会签单 （2）审核购销合同及合同会签单，并在合同会签单对应位置上签字
5	总经理审核合同会签单	总经理	（1）接收财务部审核的购销合同和合同会签单 （2）审核购销合同及合同会签单，并在合同会签单对应位置上签字并盖章 （3）将购销合同发送给采购员
6	将购销合同送交给服务公司	采购员	（1）接收总经理发送的购销合同 （2）拿本公司已盖章的购销合同，去服务公司盖章
7	服务公司盖章	服务公司总经理	（1）收到企业盖章后的购销合同，审核并盖章 （2）将盖章后的购销合同，送交制造企业行政助理
8	合同归档	行政助理	（1）行政助理更新合同管理表 （2）行政助理登记完，把购销合同留存备案
9	生产线人员调整	车间管理员	检查该生产线上是否有工人，如果有工人，需要使工人离开生产线
10	办理设备销售	车间管理员	按照购销合同，在系统中将对应的设备进行出售
11	办理设备回收	服务公司业务员	在系统中回收购销合同中签订的设备
12	开具发票	出纳	依据购销合同金额，为企业开具发票

三十一、申领增值税发票

（一）业务概述

向税务机关领用发票。

（二）业务流程

具体业务流程见表6-45。

表6-45　　　　　　　　　　申领增值税发票业务流程

序号	活动名称	角色	活动描述-操作指导
1	申请领用发票	出纳	（1）申领人携带营业执照副本、经办人身份证到税务局 （2）向税务专员说明申请发票的类型及数量
2	登记并发放发票	税务专员	（1）收到制造企业的申请后，将信息录入发票领用表。发票领用表参照教学资源中的格式自行设计 （2）发票号由税务专员按序号排列即可 （3）填写后，发放发票

三十二、购买支票

（一）业务概述

企业向银行购买支票。

（二）业务流程

具体业务流程见表6-46。

表6-46 购买支票业务流程

序号	活动名称	角色	活动描述-操作指导
1	填写票据领用登记单	出纳	（1）出纳到银行，向银行柜员索要票据领用登记单 （2）填写票据领用登记单，将现金一并交给银行柜员
2	发放支票	银行柜员	收到企业递交的票据领用登记单，根据票据领用登记单填写的数量，为企业准备并发放支票
3	编制记账凭证	财务会计	（1）领用相关票据 （2）编制记账凭证 （3）将银行回单粘贴到记账凭证后面 （4）将记账凭证交财务部经理审核
4	审核记账凭证	财务部经理	（1）审核出纳填制的记账凭证并对照相关附件检查是否正确 （2）审核无误，在记账凭证上签字或盖章 （3）将审核后的记账凭证传递给出纳登记库存现金日记账
5	登记库存现金日记账	出纳	（1）根据记账凭证登记库存现金日记账 （2）记账后在记账凭证上签字或盖章 （3）将记账凭证传递给财务会计登记科目明细账
6	登记科目明细账	财务会计	（1）根据记账凭证登记科目明细账 （2）记账后在记账凭证上签字或盖章
7	登记总账	财务部经理	（1）根据记账凭证登记总账 （2）记账后在记账凭证上签字或盖章

三十三、办理产品研发

（一）业务概述

按生产需求，研发新产品。

（二）业务流程

具体业务流程见表6-47。

表6-47　　　　　　　　　　　　　办理产品研发业务流程

序号	活动名称	角色	活动描述–操作指导
1	产品研发申请	生产计划部经理	(1) 确定要研发的产品类型 (2) 在系统中，对要研发的产品提出申请
2	填写支出凭单	生产计划部经理	(1) 根据产品研发申请，填写支出凭单 (2) 研发由服务公司代为办理，费用支付给服务公司
3	审核支出凭单	制造企业财务部经理	查看产品研发的信息，审核支出凭单的内容
4	审核支出凭单	总经理	查看产品研发的信息，审核支出凭单的内容
5	填写转账支票，更新支付状态	出纳	(1) 根据审核通过的支出凭单，填写支票，收款方为服务公司 (2) 在系统中对应的申请研发的产品点击支付 (3) 将转账支票送交服务公司
6	收票入账	服务公司业务员	(1) 收到服务公司递交的办理产品研发的支票 (2) 根据支票填写进账单 (3) 携带支票与进账单到银行入账
7	银行转账	银行柜员	(1) 收到服务公司递交的支票 (2) 在系统中为服务公司办理入账操作
8	打印研发费用回单	银行柜员	(1) 将刚办理的研发费用转账业务的回单打印出来 (2) 通知对应企业领取回单
9	填制记账凭证	财务会计	(1) 到银行领取回单 (2) 根据银行回单填制记账凭证 (3) 将银行回单粘贴在记账凭证后作为附件
10	审核记账凭证	财务部经理	(1) 审核财务会计编制的记账凭证并对照相关附件检查是否正确 (2) 审核无误，在记账凭证上签字或盖章 (3) 将确认后的记账凭证传递给出纳登记银行存款日记账
11	登记银行存款日记账	出纳	(1) 根据记账凭证登记银行存款日记账 (2) 记账后在记账凭证上签字或盖章 (3) 将记账凭证传递给财务会计登记科目明细账
12	登记科目明细账	财务会计	(1) 根据记账凭证登记科目明细账 (2) 记账后在记账凭证上签字或盖章 (3) 将记账凭证传递给财务部经理登记总账
13	登记总账	财务部经理	(1) 根据记账凭证登记总账 (2) 记账后在记账凭证上签字或盖章

三十四、办理3C认证

（一）业务概述

按生产需求，办理3C认证。

（二）业务流程

具体业务流程见表6-48。

表6-48　　　　　　　　　　　办理3C认证业务流程

序号	活动名称	角色	活动描述-操作指导
1	填写3C认证申请	生产计划部经理	（1）根据公司经营策略，选择需要进行3C认证的产品并确定投入3C认证的费用 （2）填写产品3C认证申请 （3）将认证申请提交给总经理
2	审核3C认证申请	总经理	（1）接收生产计划部经理提交的3C认证申请 （2）根据公司的经营计划，审核3C认证费用的合理性、准确性，同意后签字 （3）将认证申请发送给行政助理
3	3C认证申请盖章	行政助理	（1）接收总经理发送的3C认证申请 （2）查看总经理是否审核同意，确认无误后盖章 （3）将认证申请发送给生产计划部经理
4	到服务公司办理3C认证	生产计划部经理	（1）接收行政助理发送的3C认证申请 （2）携带3C认证申请到服务公司办理认证
5	办理3C认证	服务公司业务员	（1）收到制造企业的3C认证申请 （2）为制造企业办理3C认证
6	开具发票	服务公司总经理	依据办理3C认证的金额，为制造企业开具发票

三十五、支付3C认证款

（一）业务概述

企业支付办理3C认证款。

（二）业务流程

具体业务流程见表6-49。

表6-49　　　　　　　　　　　支付3C认证款业务流程

序号	活动名称	角色	活动描述-操作指导
1	收到发票	采购部经理	收到服务公司开具的增值税专用发票
2	填写付款申请	采购部经理	（1）对照服务公司开具的增值税专用发票填写付款申请书 （2）将付款申请书及发票提交给财务经理审核
3	审核付款申请	财务部经理	（1）审核收到的付款申请书与增值税专用发票是否相符，并审核其正确性 （2）将增值税专用发票抵扣联留档 （3）将增值税专用付款申请书交总经理审核

续表

序号	活动名称	角色	活动描述-操作指导
4	审核付款申请	总经理	(1) 审核付款申请书，确认无误后在申请书上签字 (2) 将付款申请书交给出纳付款
5	支付货款	出纳	(1) 收到总经理转交的批复后的付款申请书，审核其准确性 (2) 按付款申请书金额开具转账支票 (3) 将转账支票交给服务公司总经理
6	填制记账凭证	财务会计	(1) 根据付款申请书和银行回单填制记账凭证 (2) 将银行回单、付款申请书和支票存根粘贴在记账凭证后作为附件
7	审核记账凭证	财务部经理	(1) 审核财务会计编制的记账凭证并对照相关附件检查是否正确 (2) 审核无误，在记账凭证上签字或盖章 (3) 将确认后的记账凭证传递给出纳登记银行存款日记账
8	登记银行存款日记账	出纳	(1) 根据记账凭证登记银行存款日记账 (2) 记账后在记账凭证上签字或盖章 (3) 将记账凭证传递给财务会计登记科目明细账
9	登记科目明细账	财务会计	(1) 根据记账凭证登记科目明细账 (2) 记账后在记账凭证上签字或盖章
10	登记总账	财务部经理	(1) 根据记账凭证登记总账 (2) 记账后在记账凭证上签字或盖章

三十六、购买厂房

（一）业务概述

按生产需求，向服务公司购买厂房。

（二）业务流程

具体业务流程见表6-50。

表6-50　　　　　　　　　　购买厂房业务流程

序号	活动名称	角色	活动描述-操作指导
1	填写购销合同	采购员	(1) 根据制造企业需求，确定购买需求，到服务公司协商厂房的价格 (2) 准备厂房仓库购销合同并签署相关内容
2	填写合同会签单	采购员	(1) 拿到签订的购销合同 (2) 根据购销合同，填写合同会签单
3	采购经理审核合同会签单	采购部经理	(1) 接收采购员发送的购销合同和合同会签单 (2) 审核购销合同及合同会签单，并在合同会签单上签字
4	财务审核合同会签单	财务部经理	(1) 接收采购部经理发送的购销合同和合同会签单 (2) 审核购销合同及合同会签单，并在合同会签单对应位置上签字
5	总经理审核合同会签单	总经理	(1) 接收财务部审核的购销合同和合同会签单 (2) 审核购销合同及合同会签单，并在合同会签单对应位置上盖章 (3) 将购销合同发送给采购员
6	将购销合同送交给服务公司	采购员	(1) 接收总经理发送的购销合同 (2) 拿本公司已盖章的购销合同，去服务公司盖章
7	服务公司盖章	服务公司总经理	(1) 收到制造企业盖章后的购销合同，审核并盖章 (2) 将盖章后的购销合同，送交行政助理
8	合同归档	行政助理	(1) 行政助理更新合同管理表 (2) 行政助理登记完，把购销合同留存备案
9	确定厂房销售	服务公司业务员	在系统中确定制造企业的厂房采购
10	开具发票	服务公司总经理	依据购销合同金额，为制造企业开具发票

三十七、支付购买厂房款

（一）业务概述

企业支付购买厂房的费用。

（二）业务流程

具体业务流程见表6-51。

表6-51 支付购买厂房款业务流程

序号	活动名称	角色	活动描述-操作指导
1	收到发票	采购部经理	收到服务公司开具的增值税专用发票
2	填写付款申请	采购部经理	（1）对照服务公司开具的增值税专用发票填写付款申请书 （2）将付款申请书及增值税专用发票提交给财务部经理审核
3	审核付款申请	财务部经理	（1）审核收到的付款申请书与增值税专用发票是否相符，并审核其正确性 （2）将增值税专用发票抵扣联留档 （3）将付款申请书交总经理审核
4	审核付款申请	总经理	（1）审核付款申请书，确认无误后在付款申请书上签字 （2）将付款申请书交给出纳付款
5	支付货款	出纳	（1）收到总经理转交的批复后的付款申请书，审核其准确性 （2）按付款申请书金额开具转账支票 （3）将转账支票交给服务公司总经理
6	填制记账凭证	财务会计	（1）根据付款申请书和银行回单填制记账凭证 （2）将银行回单、付款申请书和支票存根粘贴在记账凭证后作为附件
7	审核记账凭证	财务部经理	（1）审核财务会计编制的记账凭证并对照相关附件检查是否正确 （2）审核无误，在记账凭证上签字或盖章 （3）将确认后的记账凭证传递给出纳登记银行存款日记账
8	登记银行存款日记账	出纳	（1）根据记账凭证登记银行存款日记账 （2）记账后在记账凭证上签字或盖章 （3）将记账凭证传递给财务会计登记科目明细账
9	登记科目明细账	财务会计	（1）根据记账凭证登记科目明细账 （2）记账后在记账凭证上签字或盖章
10	登记总账	财务部经理	（1）根据记账凭证登记总账 （2）记账后在记账凭证上签字或盖章

三十八、购买仓库

（一）业务概述

按生产需求，向服务公司购买仓库。

（二）业务流程

具体业务流程见表6-52。

表6-52　　　　　　　　　　　　购买仓库业务流程

序号	活动名称	角色	活动描述-操作指导
1	填写购销合同	采购员	（1）根据公司需求，确定购买需求，到服务公司协商仓库的价格 （2）准备厂房仓库购销合同并签署相关内容
2	填写合同会签单	采购员	（1）拿到签订的购销合同 （2）根据购销合同，填写合同会签单
3	采购部经理审核合同会签单	采购部经理	（1）接收采购员发送的购销合同和合同会签单 （2）审核合同及合同会签单，并在合同会签单上签字
4	财务审核合同会签单	财务部经理	（1）接收采购部经理发送的购销合同和合同会签单 （2）审核购销合同及合同会签单，并在合同会签单对应位置上签字
5	总经理审核合同会签单	总经理	（1）接收财务部审核的购销合同和合同会签单 （2）审核购销合同及合同会签单，并在合同会签单对应位置上盖章 （3）将购销合同发送给采购员
6	将购销合同送交给服务公司	采购员	（1）接收总经理发送的购销合同 （2）拿本公司已盖章的购销合同，去服务公司盖章
7	服务公司盖章	服务公司总经理	（1）收到企业盖章后的购销合同，审核并盖章 （2）将盖章后的购销合同，送交制造企业行政助理
8	合同归档	行政助理	（1）行政助理更新合同管理表 （2）行政助理登记完，把采购合同留存备案
9	确定仓库销售	服务公司业务员	在系统中确定企业的仓库采购
10	开具发票	服务公司总经理	依据购销合同金额，为企业开具发票

三十九、支付购买仓库款

（一）业务概述

企业支付购买仓库的费用。

（二）业务流程

具体业务流程见表6-53。

表6-53　　　　　　　　　　　　　支付购买仓库款业务流程

序号	活动名称	角色	活动描述–操作指导
1	收到发票	采购部经理	收到服务公司开具的增值税专用发票
2	填写付款申请	采购部经理	(1) 对照服务公司开具的增值税专用发票填写付款申请书 (2) 将付款申请书及增值税专用发票提交给财务经理审核
3	审核付款申请	财务部经理	(1) 审核收到的付款申请书与增值税专用发票是否相符，并审核其正确性 (2) 将增值税专用发票抵扣联留档 (3) 将付款申请书交总经理审核
4	审核付款申请	总经理	(1) 审核付款申请书，确认无误后在付款申请书上签字 (2) 将付款申请书交给出纳付款
5	支付货款	出纳	(1) 收到总经理转交的批复后的付款申请书，审核其准确性 (2) 按付款申请书金额开具转账支票 (3) 将转账支票交给服务公司总经理
6	填制记账凭证	财务会计	(1) 根据付款申请书和银行回单填制记账凭证 (2) 将银行回单、付款申请书和支票存根粘贴在记账凭证后作为附件
7	审核记账凭证	财务部经理	(1) 审核财务会计编制的记账凭证并对照相关附件检查是否正确 (2) 审核无误，在记账凭证上签字或盖章 (3) 将确认后的记账凭证传递给出纳登记银行存款日记账
8	登记银行存款日记账	出纳	(1) 根据记账凭证登记银行存款日记账 (2) 记账后在记账凭证上签字或盖章 (3) 将记账凭证传递给财务会计登记科目明细账
9	登记科目明细账	财务会计	(1) 根据记账凭证登记科目明细账 (2) 记账后在记账凭证上签字或盖章
10	登记总账	财务部经理	(1) 根据记账凭证登记总账 (2) 记账后在记账凭证上签字或盖章

四十、收到虚拟企业货款及账务处理

（一）业务概述

销售专员收到客户交给的用于支付货款的转账支票，交给财务人员办理收款。

（二）业务流程

具体业务流程见表6-54。

表6-54   收到虚拟企业货款及账务处理业务流程

序号	活动名称	角色	活动描述-操作指导
1	销售收款	销售专员	接收客户采购员交付的转账支票
2	到银行办理入账	出纳	填写银行进账单交给银行柜员进行转账
3	收支票划款转账	银行柜员	（1）收到制造企业出纳交来的转账支票 （2）验证支票后办理转账 （3）划款转账后将收款结算凭证交给制造企业出纳
4	取回银行收款结算凭证（电汇回单）	出纳	（1）收到银行柜员打印的收款结算凭证 （2）将银行进账单回单交付会计做记账凭证
5	编制记账凭证	财务会计	（1）根据销售发票和销售回款结果，填制记账凭证 （2）将发票粘贴到记账凭证后面 （3）将记账凭证交财务部经理审核
6	审核记账凭证	财务部经理	（1）审核记账凭证的附件是否齐全、正确 （2）审核记账凭证的编制是否正确 （3）审核无误，在记账凭证上签字或盖章 （4）交出纳登记银行存款日记账
7	登记银行存款日记账	出纳	（1）根据审核后的记账凭证登记银行存款日记账 （2）记账后在记账凭证上签字或盖章 （3）交财务会计登记明细账
8	登记科目明细账	财务会计	（1）接收出纳送来的记账凭证 （2）核对财务部经理是否已审核 （3）根据审核后的记账凭证登记主营业务收入科目明细账 （4）记账后在记账凭证上签字或盖章

四十一、回收设备销售款

（一）业务概述

企业回收销售生产线的设备款。

（二）业务流程

具体业务流程见表6-55。

表6-55   回收设备销售款业务流程

序号	活动名称	角色	活动描述-操作指导
1	催收货款	采购员	（1）向服务公司催收设备销售款 （2）收到服务公司递交的转账支票 （3）依据购销合同审核支票的金额 （4）将支票交出纳处理
2	支付货款	出纳	（1）收到采购员递交的支票，审核支票的正确性 （2）填写进账单，连同支票一起送交银行进行入账

续表

序号	活动名称	角色	活动描述-操作指导
3	银行转账	银行柜员	(1) 收到企业提交的支票与进账单 (2) 审核支票的正确性 (3) 根据进账单进行转账
4	填制记账凭证	财务会计	(1) 根据银行回单填制记账凭证 (2) 将银行回单、付款申请书和支票存根粘贴在记账凭证后作为附件
5	审核记账凭证	财务部经理	(1) 审核财务会计编制的记账凭证并对照相关附件检查是否正确 (2) 审核无误，在记账凭证上签字或盖章 (3) 将确认后的记账凭证传递给出纳登记银行存款日记账
6	登记银行存款日记账	出纳	(1) 根据记账凭证登记银行存款日记账 (2) 记账后在记账凭证上签字或盖章 (3) 将记账凭证传递给财务会计登记科目明细账
7	登记科目明细账	财务会计	(1) 根据记账凭证登记科目明细账 (2) 记账后在记账凭证上签字或盖章
8	登记总账	财务部经理	(1) 根据记账凭证登记总账 (2) 记账后在记账凭证上签字或盖章

四十二、支付ISO9000认证费

（一）业务概述

制造企业生产计划员依据收到服务公司的ISO9000认证发票，进行付款，交公司财务审核并做相关账务处理。

（二）业务流程

具体业务流程见表6-56。

表6-56　　　　　　　　　　支付ISO9000认证费业务流程

序号	活动名称	角色	活动描述-操作指导
1	填写付款申请	生产计划员	(1) 根据ISO9000认证的发票填写付款申请书 (2) 将发票粘在付款申请书后
2	审核付款申请	生产计划部经理	(1) 收到生产计划员交给的付款申请书 (2) 查看ISO9000认证合同的执行情况，审核付款申请表的准确性和合理性 (3) 确认后在付款申请书上签字 (4) 将付款申请书交生产计划员，送交财务部经理审核

序号	活动名称	角色	活动描述-操作指导
3	审核付款申请	财务部经理	(1) 收到计划部经理审核同意的付款申请书 (2) 审核付款申请书的准确性和合理性 (3) 确认后在付款申请书上签字
4	填写支票	出纳	依据审核通过的付款申请书填写转账支票
5	审核支票	财务部经理	(1) 审核ISO9000认证的发票是否正确 (2) 审核支票的填写是否正确 (3) 确认无误,加盖财务专用章和法人章
6	登记支票登记簿	出纳	(1) 填写支票登记簿 (2) 将支票正联交给生产计划员 (3) 让生产计划员在支票登记簿上签收
7	填制记账凭证	财务会计	(1) 接收出纳交来的ISO9000认证发票的付款申请书 (2) 核对出纳交来的ISO9000认证的发票 (3) 根据付款申请书及支票金额编制记账凭证
8	审核记账凭证	财务部经理	(1) 审核财务会计提交的记账凭证 (2) 审核无误,在记账凭证上签字或盖章 (3) 将记账凭证交给出纳,作为记账依据
9	登记银行存款日记账	出纳	(1) 根据记账凭证登记银行存款日记账 (2) 在记账凭证上签字或盖章 (3) 将记账凭证交财务会计登账
10	登记科目明细账	财务会计	(1) 根据记账凭证登记明细账 (2) 在记账凭证上签字或盖章 (3) 将记账凭证交财务部经理登总账
11	登记总账	财务部经理	(1) 接收财务会计交给的记账凭证 (2) 根据记账凭证登记科目总账 (3) 在记账凭证上签字或盖章
12	将支票送服务公司	生产计划员	生产计划员将支票送交服务公司
13	收到转账支票并到银行办理转账	服务公司总经理	(1) 向办理ISO 9000认证的制造企业催收ISO 9000认证费 (2) 拿到办理ISO9000认证的制造企业支付办理ISO9000认证费的转账支票 (3) 根据转账支票填写进账单 (4) 携带转账支票与进账单到银行进行转账
14	办理转账并打印银行回单(银行)	银行柜员	(1) 收到服务公司提交的进账单与支票 (2) 根据进账单信息办理转账业务 (3) 根据办理的转账业务,打印银行业务回单 (4) 将银行业务回单交给服务公司办事员

四十三、支付市场开拓费

（一）业务概述

市场专员根据收到的服务公司开具的关于市场开拓的发票，核对后交本企业相关部门审核，并按照公司的财务付款流程，依次办理财务手续，最终支付市场开拓的费用。

（二）业务流程

具体业务流程见表6-57。

表6-57　　　　　　　　　　　支付市场开拓费业务流程

序号	活动名称	角色	活动描述-操作指导
1	填写付款申请	市场专员	（1）查看发票记录表，确认未支付的发票信息 （2）对照发票记录表上的未支付发票信息填写付款申请书 （3）将付款申请书提交给营销经理审核
2	审核付款申请	营销部经理	（1）审核付款申请书和发票金额是否一致，确认无误后在付款申请书上签字 （2）将付款申请书交市场专员传递给财务部经理审核
3	审核付款申请	财务部经理	（1）审核付款申请书，确认无误后在付款申请书上签字 （2）将付款申请书交还给出纳人员安排付款
4	填写转账支票	出纳	（1）收到财务部经理转交的批复后的付款申请书 （2）确认后对照付款申请书金额开具转账支票 （3）出纳登记支票登记簿，支票领用人签字 （4）将支票正联交给财务部经理审核，盖章
5	审核支票	财务部经理	（1）审核支票的填写是否正确 （2）确认无误，签字，加盖公司财务章和法人章 （3）将支票正联交给营销部经理支付给服务公司
6	将支票送至服务公司	市场专员	（1）在支票登记簿上登记 （2）将支票交给服务公司完成支付
7	接收支票并入账	服务公司总经理	（1）向办理市场开拓的制造企业催收市场开拓费 （2）拿到办理市场开拓的制造企业支付市场开拓费开具的转账支票 （3）根据转账支票填写进账单 （4）携带转账支票与进账单到银行进行转账
8	办理转账并打印回单	银行柜员	（1）收到服务公司提交的进账单与支票 （2）根据进账单信息办理转账业务 （3）根据办理的转账业务，打印银行业务回单 （4）将银行业务回单交给服务公司办事员
9	填制记账凭证	财务会计	（1）根据审核的付款申请书和支票存根填制记账凭证 （2）将支票存根和付款申请单粘贴在记账凭证后作为附件 （3）将记账凭证传递给财务部经理审核
10	审核记账凭证	财务部经理	（1）审核财务会计填制的记账凭证并对照相关附件检查是否正确 （2）审核无误，在记账凭证上签字或盖章 （3）将确认后的记账凭证传递给出纳登记银行存款日记账
11	登记银行存款日记账	出纳	（1）根据记账凭证登记银行存款日记账 （2）记账后在记账凭证上签字或盖章 （3）将记账凭证传递给财务会计登记科目明细账
12	登记科目明细账	财务会计	（1）接收出纳交还的记账凭证 （2）根据记账凭证登记科目明细账 （3）记账后在记账凭证上签字或盖章
13	登记总账	财务部经理	（1）接收财务会计的记账凭证 （2）根据记账凭证登记总账 （3）记账后在记账凭证上签字或盖章

四十四、收到市场开拓费发票

（一）业务概述

市场专员收到服务公司关于市场开拓的发票，核对后交本企业相关部门审核，并按照公司的财务付款流程，依次办理财务手续，最终支付市场开拓的费用。

（二）业务流程

具体业务流程见表6-58。

表6-58　　　　　　　　　　　收到市场开拓费发票业务流程

序号	活动名称	角色	活动描述-操作指导
1	到服务公司领取市场开拓费用发票	市场专员	到服务公司领取其开具的市场开拓费发票
2	开具市场开拓费用发票	服务公司业务员	（1）根据市场开拓申请单的金额和市场专员提供的制造企业信息开具增值税专用发票 （2）将增值税专用发票的发票联、抵扣联交给市场专员 （3）将增值税专用发票记账联备案留档
3	收到市场开拓费用发票并登记	市场专员	（1）将增值税专用发票信息登记到发票记录表上（发票号、开票单位、金额、日期、到期日等） （2）确认增值税专用发票信息无误后交给营销经理审核。
4	审核收到的市场开拓费发票	营销部经理	（1）接到市场专员交来的市场开拓费发票 （2）审核市场开拓费发票与市场开拓合同是否一致 （3）确认无误后，由市场专员交给财务会计
5	收到市场开拓费用发票并记账	财务会计	（1）收到营销部经理的市场开拓费用发票 （2）根据市场开拓费用专用发票填制记账凭证
6	审核记账凭证	财务部经理	（1）审核财务会计编制的记账凭证并对照相关附件检查是否正确 （2）审核无误，在记账凭证上签字或盖章
7	登记科目明细账	财务会计	（1）根据记账凭证登记科目明细账 （2）记账后在记账凭证上签字或盖章
8	登记总账	财务部经理	（1）根据记账凭证登记总账 （2）记账后在记账凭证上签字或盖章

四十五、支付广告投放费用

（一）业务概述

市场专员收到服务公司关于市场广告费的发票，核对后交本企业相关部门审核，并按照公司的财务付款流程，依次办理财务手续，最终支付市场广告的费用。

（二）业务流程

具体业务流程见表6-59。

表6-59　　　　　　　　　　支付广告投放费用业务流程

序号	活动名称	角色	活动描述-操作指导
1	填写付款申请	市场专员	（1）收到服务公司开具的广告费用发票 （2）对照发票信息填写付款申请单（用途、金额、收款单位、账号等） （3）将发票与付款申请书，交给营销部经理审核
2	审核付款申请	营销部经理	（1）收到市场专员交给的广告费付款申请书 （2）对照之前审核通过的广告投放申请单内容、金额等进行审核 （3）审核无误后，将发票和付款申请书交由市场专员提交财务
3	审核付款申请	财务部经理	（1）审核市场专员交给的付款申请书和发票 （2）审核付款申请单的填写是否无误，确认后签字
4	填写支票并登记支票登记簿	出纳	（1）依照审核通过的付款申请书，填写转账支票，盖财务专用章 （2）将填写好的支票给财务部经理，财务部经理审核合格后，盖法人章 （3）登记支票登记簿，将支票正联交给市场专员，并请其签收 （4）将支票存根粘贴在付款申请凭单后面
5	填制记账凭证	财务会计	（1）接收并核对出纳交来的支票存根、付款申请书 （2）根据支票存根、付款申请书编制记账凭证
6	审核记账凭证	财务部经理	（1）审核财务会计编制的记账凭证并对照支票存根、付款申请书检查是否正确 （2）审核记账凭证的填写是否正确 （3）确认无误，在记账凭证上签字或盖章
7	登记银行存款日记账	出纳	（1）根据记账凭证登记银行存款日记账 （2）记账后在记账凭证上签字或盖章 （3）将记账凭证交财务会计登账
8	登记科目明细账	财务会计	（1）根据记账凭证登记科目明细账 （2）记账后在记账凭证上签字或盖章
9	登记总账	财务部经理	（1）根据记账凭证登记总账 （2）记账后在记账凭证上签字或盖章
10	将支票送服务公司	市场专员	（1）在支票登记簿上签收 （2）将收到的支票交给收款方即服务公司
11	收到转账支票并到银行办理转账	服务公司总经理	（1）向办理市场广告的制造企业催收市场广告费 （2）拿到办理市场广告的制造企业开具的转账支票 （3）根据转账支票填写进账单 （4）携带转账支票与进账单到银行进行转账
12	办理转账并打印银行回单	银行柜员	（1）收到服务公司提交的进账单与支票 （2）根据进账单信息办理转账业务 （3）根据办理的转账业务，打印银行回单 （4）将银行回单交给服务公司办事员

四十六、收到虚拟经销商货款

（一）业务概述

销售专员通知出纳查看收款信息，出纳根据收款的回单记账。

（二）业务流程

具体业务流程见表6-60。

表6-60   收到虚拟经销商货款业务流程

序号	活动名称	角色	活动描述-操作指导
1	销售收款	销售专员	（1）在VBSE系统中办理销售收款 （2）通知出纳查询银行存款
2	收到银行收款结算凭证（电汇回单）	出纳	（1）收到银行收款结算凭证（电汇回单） （2）将银行收款结算凭证（电汇回单）交给财务会计
3	编制记账凭证	财务会计	（1）收到银行收款结算凭证（电汇回单）并据此编制记账凭证 （2）将电汇回单粘贴到记账凭证后面 （3）将记账凭证交财务部经理审核
4	审核记账凭证	财务部经理	（1）审核财务会计填制的记账凭证并对照相关附件检查是否正确 （2）审核无误，在记账凭证上签字或盖章 （3）将确认后的记账凭证传递给出纳登记银行存款日记账
5	登记银行存款日记账	出纳	（1）根据记账凭证登记银行存款日记账 （2）记账后在记账凭证上签字或盖章 （3）将记账凭证传递给财务会计登记科目明细账
6	登记科目明细账	财务会计	（1）根据记账凭证登记科目明细账 （2）记账后在记账凭证上签字或盖章
7	登记总账	财务部经理	（1）根据记账凭证登记总账 （2）记账后在记账凭证上签字或盖章

任务三　月初业务

一、发放薪酬

（一）业务概述

人力资源部经理依据本企业员工的在职状况，核算本企业的员工薪酬，并按月作出薪酬发放表，由财务部依据此表发放员工薪酬。

（二）业务流程

具体业务流程见表6-61。

表6-61　　　　　　　　　　　　　　　　　发放薪酬业务流程

序号	活动名称	角色	活动描述-操作指导
1	薪资录盘	人力资源助理	(1) 在VBSE系统里打开"薪资录盘"界面，检查员工的相关信息，工资等 (2) 依据薪酬发放表在系统中修改并保存职工基本工资 (3) 在系统中修改完毕后，点击导出按钮，将导出的工资表拷贝至U盘
2	填写支出凭单	人力资源助理	(1) 依据薪酬发放表数据填写支出凭单 (2) 将拷贝了工资表的U盘交人力资源部经理和财务部经理进行审核
3	审核支出凭单和薪酬发放表	人力资源部经理	(1) 审核支出凭单信息和薪酬发放表是否一致、正确 (2) 审核支出凭单的日期、金额、支出方式、支出用途及金额大小写是否正确 (3) 审核完成后在支出凭单上签字确认
4	审核支出凭单和薪酬发放表	财务部经理	(1) 审核支出凭单信息和薪酬发放表是否一致、正确 (2) 审核支出凭单的日期、金额、支出方式、支出用途及金额大小写是否正确 (3) 审核完成后在支出凭单上签字确认
5	开具转账支票	出纳	(1) 根据支出凭单的信息开具转账支票 (2) 检查支票填写无误后加盖公司财务章和法人章
6	登记支票使用登记簿	出纳	(1) 根据签发的支票登记支票登记簿 (2) 支票领用人在支票登记簿上签字
7	去银行办理薪资发放	出纳	带齐薪资发放资料（薪酬发放表、转账支票、薪资录盘）去银行办理工资发放
8	银行柜台发放薪酬	银行柜员	(1) 将薪酬发放表导入 (2) 发放薪酬
9	取得银行业务回单	出纳	取得银行的业务回单（可以直接在柜台办理时由银行柜员打印取回；在柜台未打印，次日可以在回单柜中取得）
10	填制记账凭证	财务会计	(1) 依据银行业务回单、转账支票存根、支出凭单填制记账凭证 (2) 编制记账凭证，将原始单据作为附件粘贴在记账凭证后面 (3) 将记账凭证和相关原始单据交给财务经理审核
11	审核记账凭证	财务部经理	(1) 审核财务会计提交的记账凭证 (2) 核对记账凭证与原始凭证的一致性，审核无误后签字或盖章 (3) 将审核后的记账凭证交给出纳登记银行存款日记账
12	登记银行存款日记账	出纳	(1) 根据审核后的记账凭证登记银行存款日记账 (2) 记账后在记账凭证上签字或盖章 (3) 将记账凭证交回财务会计登记科目明细账
13	登记科目明细账	财务会计	(1) 接收出纳交还的记账凭证 (2) 根据记账凭证登记科目明细账 (3) 记账后在记账凭证上签字或盖章
14	登记总账	财务部经理	(1) 接收财务会计交给的记账凭证 (2) 在记账凭证上签字或盖章 (3) 根据记账凭证登记科目总账

二、申报企业增值税

（一）业务概述

财务部经理依据业务流程办理增值税申报。

（二）业务流程

具体业务流程见表6-62。

表6-62　　　　　　　　　申报企业增值税业务流程

序号	活动名称	角色	活动描述-操作指导
1	填写增值税纳税申报表	财务部经理	（1）准备上期的进项税，汇总并整理 （2）准备上期的销项税，汇总并整理
2	网上增值税纳税申报	财务部经理	（1）在VBSE系统中根据确认的金额进行增值税纳税申报 （2）填写完成后提交税务机关审核
3	审核企业增值税纳税申报	税务专员	在VBSE系统中审核企业提交的增值税纳税申报

三、与物流公司签订运输合同

（一）业务概述

仓储部为规范商业活动，保护公司利益，与物流公司签订物流运输合同。

（二）业务流程

具体业务流程见表6-63。

表6-63　　　　　　　　与物流公司签订运输合同业务流程

序号	活动名称	角色	活动描述-操作指导
1	接收物流公司送来的运输合同	仓管员	（1）根据采购计划等选择合适的物流公司，沟通运输（送货地、包装方式、运输方式、价格、保险、付款等）细节内容 （2）接收与物流公司拟定并盖有物流公司章的运输合同，一式两份
2	填写合同会签单	仓管员	（1）填写合同会签单 （2）将运输合同和合同会签单提交给仓储部经理
3	合同会签单签字	仓储部经理	（1）接收仓管员提交的运输合同及合同会签单 （2）审核运输合同内容填写的准确性和合理性，审核后在合同会签单上签字确认 （3）将运输合同和合同会签单发送给财务部经理
4	合同会签单签字	财务部经理	（1）接收仓储部经理发送的运输合同及合同会签单 （2）审核运输合同的准确性和合理性，审核后在合同会签单上签字确认 （3）将运输合同和合同会签单提交给总经理
5	合同会签单签字	总经理	（1）接收财务部经理提交的运输合同及合同会签单 （2）审核仓储部经理和财务部经理是否审核签字，运输合同的准确性和合理性 （3）审核同意后在运输合同和合同会签单上签字 （4）将运输合同和合同会签单发送给行政助理
6	运输合同盖章	行政助理	（1）接收总经理发送的运输合同和合同会签单 （2）将运输合同盖章 （3）将运输合同发送给仓管员
7	返回物流公司一份，另一份行政助理存档	仓管员	（1）接收行政助理发送的运输合同 （2）确定双方盖章、签字完整 （3）将合同返回物流公司一份，另一份行政助理存档
8	运输合同存档	行政助理	更新合同管理表，登记后把运输合同留存备案

四、整理销售需求

（一）业务概述

营销部将与经销商签订的销售订单汇总制表，并将此表下发给生产计划部和采购部，作为生产计划制订的依据。

（二）业务流程

具体业务流程见表6-64。

微课：销售发货计划

表6-64　　　　　　　　　　　　　整理销售需求业务流程

序号	活动名称	角色	活动描述-操作指导
1	编制销售订单汇总表	销售专员	（1）根据销售订单和销售预测整理编制销售订单汇总表（一式二份） （2）编制完成后报营销部经理审核
2	审核销售订单汇总表	营销部经理	（1）接收销售专员编制的销售订单汇总表 （2）依据市场状况进行审核，无误后签字并返回销售专员
3	下发销售订单汇总表	销售专员	（1）将营销部经理审核过的销售订单汇总表送生产计划部生产计划员签收（作为制定MPS的主要依据） （2）将营销部经理审核过的销售订单汇总表送采购部采购员签收（作为采购计划的整体指导）

五、编制主生产计划

（一）业务概述

生产计划部依据营销部的销售信息，结合当前生产、库存的状况编制主生产计划。

（二）业务流程

具体业务流程见表6-65。

微课：主生产计划

表6-65　　　　　　　　　　　　　编制主生产计划业务流程

序号	活动名称	角色	活动描述-操作指导
1	编制主生产计划	生产计划员	（1）依据接收的销售订单汇总表，结合各车间的生产能力、产品库存状况编制主生产计划计算表 （2）主生产计划表为Excel电子表，需要从老师处拷贝 （3）将主生产计划表交车间管理员核验，然后交生产计划部经理审批
2	核验主生产计划	车间管理员	（1）根据车间产能检查主生产计划是否可行（如不可行返回第一步重新调整编制） （2）核对确认后签字交还给生产计划员
3	审批主生产计划	生产计划部经理	审批车间管理员核验过的主生产计划，签字后交还给生产计划员

模块六

六、编制物料净需求计划

（一）业务概述

生产计划部依据需求、库存、物料清单编制物料的需求计划，并下发。

（二）业务流程

具体业务流程见表6-66。

表6-66　　　　　　　　　　　　　编制物料净需求计划业务流程

序号	活动名称	角色	活动描述-操作指导
1	编制物料净需求计划	生产计划员	（1）依据主生产计划、物料库存、BOM，通过填制物料需求计算表进行物料净需求计算 （2）MRP计算需要用Excel电子表，从老师处拷贝 （3）将物料净需求计划送车间管理员校对，送生产计划部经理审批
2	审核物料净需求计划	生产计划部经理	（1）收到生产计划员的物料净需求计划，核对计算是否正确 （2）审核物料净需求计划中物料需求时间与数量是否同主生产计划一致 （3）确认后批准交还给生产计划员
3	将物料净需求计划送交相关部门	生产计划员	（1）第一联留下用于生产计划员安排生产 （2）第二联送采购部经理以便其安排采购

七、收到五险一金缴款通知及账务处理

（一）业务概述

出纳取回银行代扣五险一金的回单，并交回办理相关的财务处理。

（二）业务流程

具体业务流程见表6-67。

表6-67　　　　　　　　　　　收到五险一金缴款通知及账务处理业务流程

序号	活动名称	角色	活动描述-操作指导
1	领取五险一金扣款回单	出纳	到银行领取五险一金银行扣款回单
2	代扣社会保险	银行柜员	为制造企业代理扣缴社会保险
3	代扣住房公积金	银行柜员	为制造企业代理扣缴住房公积金
4	打印五险一金扣款回单	银行柜员	（1）接到客户的打印请求，查询相关交易记录 （2）确认交易记录存在，即可为客户打印回单 （3）打印后将回单交给客户
5	编制记账凭证	财务会计	（1）依据银行回单填制记账凭证，将银行扣款凭证和五险一金扣款通知粘贴在记账凭证后作为附件 （2）将记账凭证传递给财务经理审核
6	审核记账凭证	财务部经理	（1）接收财务会计送来的记账凭证 （2）审核记账凭证 （3）审核无误，在记账凭证上签字或盖章，并将记账凭证交给出纳登记银行存款日记账

序号	活动名称	角色	活动描述-操作指导
7	登记银行存款日记账	出纳	（1）接收财务部经理交给的审核后的记账凭证 （2）根据记账凭证登记银行存款日记账 （3）记账后在记账凭证上签字或盖章 （4）将记账凭证交财务会计登记科目明细账
8	登记科目明细账	财务会计	（1）接收出纳交给的记账凭证 （2）根据记账凭证登记科目明细账，并在记账凭证上签字或盖章
9	登记总账	财务部经理	（1）接收财务会计交给的记账凭证 （2）根据记账凭证登记科目总账，并在记账凭证上签字或盖章

八、缴纳个人所得税

（一）业务概述

出纳取得个税扣款通知后，将取回的税收缴款书按照公司财务的工作流程在财务部内，依次进行财务处理。

（二）业务流程

具体业务流程见表6-68。

表6-68　　　　　　　　　　　　缴纳个人所得税业务流程

序号	活动名称	角色	活动描述-操作指导
1	查询网银扣款情况	出纳	（1）查询网银，确认个人所得税是否已扣款成功 （2）到银行打印税收缴税证明
2	打印缴税证明	银行柜员	（1）查询转账记录 （2）确认后打印缴税证明
3	收到缴税证明	出纳	收到缴税证明并交给财务会计
4	填制记账凭证	财务会计	（1）根据扣款通知和税收缴款书填制记账凭证 （2）将扣款通知和税收缴款书粘贴在记账凭证后作为原始单据 （3）提交给财务部经理审核
5	审核记账凭证	财务部经理	（1）收到记账凭证和相关原始单据 （2）审核记账凭证是否正确 （3）确认无误签字或盖章，将记账凭证交给出纳登记银行存款日记账
6	登记银行存款日记账	出纳	（1）根据审核后的记账凭证登记银行存款日记账 （2）记账后在记账凭证上签字或盖章 （3）将记账凭证交给财务会计登记科目明细账
7	登记科目明细账	财务会计	（1）根据审核后的记账凭证登记科目明细账 （2）记账后在记账凭证上签字或盖章
8	登记总账	财务部经理	（1）根据审核后的记账凭证登记总账 （2）记账后在记账凭证上签字或盖章

九、缴纳企业增值税

（一）业务概述

出纳收到增值税扣款通知后，将取回的税收缴款书按照公司财务的工作流程在财务部内，依次进行财务处理。

（二）业务流程

具体业务流程见表6-69。

表6-69　　　　　　　　　　　缴纳企业增值税业务流程

序号	活动名称	角色	活动描述-操作指导
1	确认申报状态并提交扣款	财务部经理	（1）在VBSE系统中查看申报状态 （2）审核通过后点击"扣款"
2	查询网银扣款情况	出纳	（1）查询网银，确认增值税是否已扣款成功 （2）到银行打印缴税扣款证明
3	打印缴税凭证	银行柜员	（1）查询转账记录 （2）确认后打印缴税扣款证明
4	收到银行缴税扣款证明	出纳	（1）收到银行的缴税扣款证明 （2）将缴税扣款证明交给财务会计
5	填制记账凭证	财务会计	（1）根据缴税扣款证明编制记账凭证 （2）将税收缴款单和缴税扣款证明粘贴在记账凭证后面作为附件 （3）将记账凭证交给财务部经理审核
6	审核记账凭证	财务部经理	（1）收到记账凭证 （2）审核记账凭证是否正确 （3）审核无误，在记账凭证上签字或盖章 （4）交给出纳登记银行存款日记账
7	登记银行存款日记账	出纳	（1）依据审核的记账凭证登记银行存款日记账 （2）登记后在记账凭证上签字或盖章，将记账凭证返还财务会计
8	登记科目明细账	财务会计	（1）根据审核后的记账凭证登记科目明细账 （2）记账后在记账凭证上签字或盖章
9	登记总账	财务部经理	（1）根据审核后的记账凭证登记科目总账 （2）记账后在记账凭证上签字或盖章

任务四　月末业务

一、申报个人所得税

（一）业务概述

财务会计依据人力资源部提交的个人所得税申报表，做相关的财务账务处理，办理完相关流程后再进行网上申报。

（二）业务流程

具体业务流程见表6-70。

表6-70 申报个人所得税业务流程

序号	活动名称	角色	活动描述-操作指导
1	整理汇总工资表、员工信息	人力资源助理	（1）整理、汇总工资表和员工信息 （2）提交工资表和员工信息给财务会计
2	收到工资表、员工信息	财务会计	（1）收到人力资源助理提交的工资表和员工信息 （2）与人力资源助理确认工资表和员工信息，确认后提交给财务部经理
3	审核工资表、员工信息	财务部经理	（1）收到财务会计提交的工资表和员工信息 （2）审核个人所得税金额 （3）交给财务会计提交税务局
4	提交个人信息	财务会计	（1）根据员工信息在VBSE系统中下载导入模版，根据员工信息填写"个人所得税基础信息模板" （2）将填好的"个人所得税基础信息模板"导入系统中并提交税务局
5	审核企业个人所得税申报	税务专员	在VBSE系统中审核企业提交的个人所得税申报
6	网上个人所得税申报	财务会计	（1）在VBSE系统中下载"扣缴个人所得税报告表模板" （2）根据工资表和员工信息填写"扣缴个人所得税报告表模板" （3）将填好的"扣缴个人所得税报告表模板"导入系统中并扣缴个人所得税

二、报送车间电费并收到服务公司开具的发票

（一）业务概述

车间管理员统计机加车间与组装车间电费并交到服务公司。服务公司开具电费发票，车间管理员收到发票；按照制造企业公司财务相关流程做处理。

（二）业务流程

具体业务流程见表6-71。

三、支付车间电费

（一）业务概述

车间管理员收到电费发票并支付，交财务部的成本会计做账务处理。

（二）业务流程

具体业务流程见表6-72。

表6-71　　　　　　　报送车间电费并收到服务公司开局的发票业务流程

序号	活动名称	角色	活动描述–操作指导
1	报送机加车间与组装车间电费给服务公司	车间管理员	（1）统计报送机加车间与组装车间电费，填写水电缴费单 （2）将机加车间与组装车间电费送交给服务公司
2	查看电费单	服务公司业务员	（1）收到企业提交的水电缴费单，核准单据 （2）通知制造企业找服务公司总经理领取发票
3	开具发票	服务公司总经理	（1）与服务公司业务员确定服务金额 （2）根据金额为经销商开具发票
4	收取电费发票并交经理审核	车间管理员	（1）从服务公司收取电费发票并登记备案，即将发票信息登记到发票记录表上（发票号、开票单位、金额、日期、到期日等） （2）确认发票信息无误 （3）将电费发票提交给生产计划部经理审核
5	审核电费发票	生产计划部经理	（1）收到车间管理员提交的电费发票 （2）审核电费发票是否与合同规定的金额一致 （3）确认无误后，将电费发票送至财务会计处
6	收到电费发票并记账	成本会计	（1）收到生产计划经理的电费发票 （2）根据电费发票填制记账凭证
7	审核记账凭证	财务部经理	（1）审核记账凭证并对照相关附件检查是否正确 （2）审核无误，在记账凭证上签字或盖章 （3）审核通过后交成本会计登记数量金额明细账
8	登记数量金额明细账	成本会计	（1）根据记账凭证登记填写数量金额明细账 （2）记账后在记账凭证上签字或盖章 （3）将记账凭证交财务会计登记科目明细账
8	登记科目明细账	财务会计	（1）根据记账凭证登记科目明细账 （2）记账后在记账凭证上签字或盖章 （3）登记完成后将记账凭证交财务部经理登记总账
9	登记总账	财务部经理	（1）根据记账凭证登记科目总账 （2）记账后在记账凭证上签字或盖章

模块六

表6-72　　　　　　　　　　　　　支付车间电费业务流程

序号	活动名称	角色	活动描述-操作指导
1	填写付款申请	车间管理员	(1) 查看发票记录表，登记未支付的发票信息 (2) 对照发票记录表上的未支付发票信息填写付款申请书 (3) 将付款申请书提交给生产计划部经理审核
2	审核付款申请	生产计划经理	(1) 审核付款申请书和发票金额是否一致，确认无误后在付款申请书上签字 (2) 将付款申请书交车间管理员传递给财务部经理审核
3	审核付款申请	财务部经理	(1) 审核付款申请书，确认无误后在申请书上签字 (2) 将付款申请书交还给出纳人员安排付款
4	填写转账支票	出纳	(1) 收到财务部经理转交的批复后的付款申请书 (2) 确认后对照付款申请书金额开具转账支票
5	登记支票登记簿	出纳	(1) 出纳登记支票登记簿，支票领用人签字 (2) 将转账支票正联交给财务部经理审核，盖章
6	审核支票	财务部经理	(1) 审核转账支票的填写是否正确 (2) 确认无误，签字，加盖公司财务章和法人章 (3) 将转账支票正联交给车间管理员支付给服务公司
7	将支票送至服务公司	车间管理员	(1) 在支票登记簿上登记 (2) 将支票交给服务公司完成支付
8	收到支票并入账	服务公司业务员	(1) 收到制造企业支付电费的转账支票 (2) 根据转账支票填写进账单 (3) 携带转账支票与进账单到银行进行转账
9	银行转账	银行柜员	(1) 收到企业提交的进账单与转账支票 (2) 根据进账单信息办理转账业务 (3) 根据办理的转账业务，打印银行业务回单 (4) 通知企业到银行领取业务回单
10	填制记账凭证	财务会计	(1) 到银行领取业务回单 (2) 根据审核的付款申请书和支票存根填制记账凭证 (3) 将支票存根和付款申请书粘贴在记账凭证后作为附件 (4) 将记账凭证传递给财务部经理审核
11	审核记账凭证	财务部经理	(1) 审核财务会计填制的记账凭证并对照相关附件检查是否正确 (2) 审核无误，在记账凭证上签字或盖章 (3) 将审核后的记账凭证传递给出纳登记银行存款日记账
12	登记银行存款日记账	出纳	(1) 根据记账凭证登记银行存款日记账 (2) 记账后在记账凭证上签字或盖章 (3) 将记账凭证传递给财务会计登记科目明细账
13	登记科目明细账	财务会计	(1) 接收出纳交还的记账凭证 (2) 根据记账凭证登记科目明细账 (3) 记账后在记账凭证上签字或盖章 (4) 将记账凭证传递给财务部经理登记总账
14	登记总账	财务部经理	(1) 接收财务会计交给的记账凭证 (2) 根据记账凭证登记科目总账 (3) 记账后在记账凭证上签字或盖章

四、核算薪酬

（一）业务概述

制造企业核算职工薪酬，制作工资表。

（二）业务流程

具体业务流程见表6-73。

表6-73 核算薪酬业务流程

序号	活动名称	角色	活动描述-操作指导
1	收集工资数据	人力资源助理	（1）依据期初数据查找当月入职人员记录，收集整理新增数据 （2）依据期初数据查找当月离职人员记录，收集整理减少数据 （3）依据期初数据查找当月晋升、调动及工资调整记录，收集整理变更数据 （4）依据期初数据查找当月考勤信息，整理汇总当月考勤数据 （5）依据期初数据查找当期绩效考核评价评分资料，整理汇总绩效考核结果 （6）依据期初数据查找当月奖励、处罚记录，并作汇总整理 （7）依据期初数据查找当月五险一金增减、缴费数据，计算五险一金
2	审核工资	人力资源部经理	（1）审核薪酬核算金额，重点对人员变动的正确性进行核查 （2）审核完所有表单后，在表单对应位置签字 （3）将签字完成的表单返还人力资源助理
3	审核工资	总经理	（1）收到人力资源助理交给的薪酬发放表 （2）审核薪酬核算金额，重点对人员变动的正确性进行核查 （3）审核完成后在表单对应位置签字 （4）将签字完成的表单返还人力资源助理
4	填制记账凭证	财务会计	（1）收到人力资源部交来的薪酬表单 （2）编制本月薪酬发放的记账凭证
5	审核记账凭证	财务部经理	（1）收到财务会计交来的薪酬表单和记账凭证 （2）审核记账凭证的正确性 （3）审核无误，在记账凭证上签字或盖章 （4）交还给财务会计薪酬表单和记账凭证
6	登记科目明细账	财务会计	（1）根据记账凭证和薪酬表单，登记科目明细账 （2）记账后在记账凭证上签字或盖章
7	登记总账	财务部经理	（1）根据记账凭证登记总账 （2）记账后在记账凭证上签字或盖章

五、计提折旧

（一）业务概述

财务会计依据固定资产的政策，计提折旧后，交给成本会计和财务部经理做相关账务处理。

（二）业务流程

具体业务流程见表6-74。

表6-74　　　　　　　　　　　　　　　计提折旧业务流程

序号	活动名称	角色	活动描述−操作指导
1	计算折旧	财务会计	（1）根据固定资产政策及固定资产明细账计提折旧 （2）填写企业管理部门固定资产折旧计算表、生产部门固定资产折旧计算表
2	编制企业管理部门折旧记账凭证	财务会计	（1）根据企业管理部门固定资产折旧计算表填写管理部门折旧记账凭证 （2）将管理部门固定资产折旧计算表交成本会计填制凭证 （3）交财务部经理审核记账凭证
3	编制生产部门折旧记账凭证	成本会计	（1）接收财务会计提供的生产部门固定资产折旧计算表，并据以填写生产部门折旧记账凭证 （2）交财务部经理审核记账凭证
4	审核记账凭证	财务部经理	（1）接收财务会计、成本会计交给的记账凭证，进行审核 （2）审核无误，在记账凭证上签字或盖章 （3）审核后登记总分类账，并将记账凭证分别返还财务会计和成本会计登记科目明细账
5	登记科目明细账	成本会计	（1）接收财务部经理已审核的记账凭证 （2）登记制造费用明细账 （3）登记完明细账后，将记账凭证交财务会计登记累计折旧明细账
6	登记科目明细账	财务会计	（1）接收财务部经理已审核的记账凭证 （2）登记管理费用明细账 （3）根据管理部门折旧记账凭证和生产部门折旧记账凭证登记累计折旧明细账 （4）登记完明细账后，与其他记账凭证放一起

六、存货核算

（一）业务概述

财务会计根据销售出库单的汇总，编制销售成本结转表后，交出纳记账，由财务部经理审核后，登记科目明细账、数量金额明细表。

（二）业务流程

具体业务流程见表6-75。

模块六

表6-75 存货核算业务流程

序号	活动名称	角色	活动描述-操作指导
1	汇总销售收入和销售出库数量	财务会计	（1）根据销售出库单汇总销售出库数量 （2）根据主营业务收入总账得出销售收入
2	编制销售成本结转表	财务会计	根据出库数量和库存商品成本金额采用全月一次加权平均法计算平均单价，编制销售成本结转表
3	填制记账凭证	出纳	（1）根据原始凭证及产成品出库单、销售成本结转表反映的业务内容，编制记账凭证 （2）在记账凭证"制单"处签字或盖章 （3）将记账凭证提交给财务部经理
4	审核记账凭证	财务部经理	（1）接收出纳提交的记账凭证并审核 （2）审核无误，在记账凭证上签字或盖章 （3）登记总分类账
5	登记科目明细账	财务会计	（1）根据记账凭证登记科目明细账 （2）记账后在记账凭证上签字或盖章
6	登记数量金额明细账	财务会计	（1）根据记账凭证登记数量金额明细账 （2）记账后在记账凭证上签字或盖章

七、成本计算

（一）业务概述

成本会计编制制造费用的记账凭证，计算原材料的出库成本、车架成本，由财务经理审核后登记明细账。

（二）业务流程

具体业务流程见表6-76。

表6-76 成本计算业务流程

序号	活动名称	角色	活动描述-操作指导
1	分配制造费用，并编制记账凭证	成本会计	（1）根据制造费用明细账归集的制造费用，编制制造费用分配表 （2）编制记账凭证
2	原材料出库价格计算，并编制记账凭证	成本会计	（1）根据原材料明细账、本月的原材料出库单，计算本月原材料的出库成本 （2）编制记账凭证
3	车架成本计算，并编制记账凭证	成本会计	（1）根据车架物料清单BOM和生产成本明细账，分别汇总直接材料、直接人工、制造费用本月发生数 （2）编制车架的产品成本计算表 （3）编制记账凭证
4	车架出库价格计算，并编制记账凭证	成本会计	（1）根据车架明细账、本月的领料单，计算本月车架的出库成本 （2）编制记账凭证
5	整车成本计算并填写记账凭证	成本会计	（1）编制整车的产品成本计算表，包括料工费 （2）编制记账凭证
6	审核记账凭证	财务部经理	（1）接收成本会计交给的记账凭证，进行审核，并登记总分类账 （2）审核无误，在记账凭证上签字或盖章 （3）交成本会计登记科目明细账
7	登记科目明细账	成本会计	（1）接收财务部经理审核完的记账凭证 （2）根据记账凭证登记科目明细账

八、期末账务处理

（一）业务概述

期末结转销售成本及结转损益。

（二）业务流程

具体业务流程见表6-77。

表6-77　　　　　　　　　　　　　期末账务处理业务流程

序号	活动名称	角色	活动描述-操作指导
1	编制销售产品成本汇总表，填制记账凭证	成本会计	（1）根据产品出库单，汇总销售出库的产品数量 （2）根据销售数量和库存商品平均单价，用Excel编制销售成本结转明细表（线下学生自己完成） （3）根据销售出库单及销售成本结转明细表反映的业务内容，编制记账凭证 （4）在记账凭证"制单"处签字或盖章
2	审核记账凭证	财务部经理	（1）审核记账凭证的附件、记账科目、金额、手续是否正确与齐全 （2）经审核无误的记账凭证，财务部经理在"复核"和"财务主管"处签字或盖章 （3）根据已审核记账凭证登记总分类账
3	计提企业所得税费用并结转	财务会计	（1）根据本年利润余额计算企业所得税 （2）填制记账凭证
4	审核记账凭证	财务部经理	收到已填制的记账凭证，进行审核，并登记总账
5	结转本年利润	财务会计	根据本年利润余额，结转至利润分配中，填制记账凭证
6	审核记账凭证	财务部经理	收到已填制的记账凭证，进行审核，并登记总账
7	计提法定盈余公积并结转	成本会计	（1）按本年净利润（减弥补以前亏损）的10%提取法定盈余公积，法定盈余公积累计额达到注册资本的50%时可以不再提取 （2）将提取的法定盈余公积结转至利润分配中，登记记账凭证
8	审核记账凭证	财务部经理	收到填制的记账凭证，进行审核，并登记总账
9	登记科目明细账	财务会计	（1）根据审核后的记账凭证登记科目明细账 （2）记账后在记账凭证上签字或盖章

九、编制资产负债表

（一）业务概述

财务部经理根据总分类账和明细分类账期末余额编制资产负债表。

（二）业务流程

具体业务流程见表6-78。

表6-78　　　　　　　　　　　编制资产负债表业务流程

活动名称	角色	活动描述-操作指导
编制资产负债表	财务部经理	编制资产负债表

十、编制利润表

（一）业务概述

财务部经理根据总分类账和明细账期末余额和发生额编制利润表。

（二）业务流程

具体业务流程见表6-79。

表6-79　　　　　　　　　　　编制利润表业务流程

活动名称	角色	活动描述-操作指导
编制利润表	财务部经理	编制利润表

十一、认证增值税抵扣联

（一）业务概述

财务会计将公司的增值税抵扣联收集后，到税务部门进行认证，获得盖章的认证结果通知书后，与抵扣联一并装订。

（二）业务流程

具体业务流程见表6-80。

表6-80　　　　　　　　　　认证增值税抵扣联业务流程

序号	活动名称	角色	活动描述-操作指导
1	收集抵扣联	财务会计	收集齐抵扣联
2	到税务局进行认证	财务会计	（1）持抵扣联到税务局进行认证 （2）取回税务局盖章的认证结果通知书
3	审核企业提交的进项税抵扣联	税务专员	对企业提交的进项税抵扣联进行审核，审核通过后从教学资源中下载打印并填写认证结果通知书并盖章，交给制造企业办事人员
4	抵扣联装订归档	财务部经理	将从税务局取得的认证结果通知书与抵扣联装订，归档备查

模块七
工贸企业
（供应商）

模块七　工贸企业（供应商）

任务一　经营前准备工作

一、组织内部会议

（一）业务概述

新公司刚刚组建，由来自不同专业的同学组成新公司的管理团队，总经理是团队建设的领航人，必须引领公司成员以优异的表现完成所有工作内容。总经理必须时刻关注团队建设，以更好地完成组织目标。

（二）业务流程

具体业务流程见表7-1。

表7-1　　　　　　　　　　　组织内部会议业务流程

活动名称	角色	活动描述–操作指导
组织开展企业内部会议	工贸企业总经理	（1）欢迎各位成员的加入 （2）阐述企业经营口号 （3）提出实训期间的员工成长目标、工作期望 （4）总经理要求团队中的每个人做1—2分钟的自我介绍 （5）在成员做好自我介绍后，再次欢迎各位成员的加入

二、查看办公用品清单

（一）业务概述

各个单位员工需要在系统中查看与自己相关的办公用品清单。

（二）业务流程

具体业务流程见表7-2。

表7-2　　　　　　　　　　　查看办公用品清单业务流程

活动名称	角色	活动描述–操作指导
查看办公用品清单	工贸企业各个员工	查看办公用品清单

三、领取并分发办公用品

（一）业务概述

实训开始各个单位需要领取必要的办公用品以满足实训的需要。本任务中每个单位派一名代表领取所有办公用品，带回后分发给单位内各个部门及人员。

（二）业务流程

具体业务流程见表7-3。

表7-3 领取并分发办公用品业务流程

序号	活动名称	角色	活动描述-操作指导
1	整理办公用品	服务公司总经理	整理办公用品
2	通知并分发办公用品	服务公司业务员	通知并分发办公用品
3	领取并分发办公用品	工贸企业行政经理	领取并分发办公用品
4	领取办公用品	工贸企业各个员工	领取办公用品

四、公司注册（见模块四）

五、了解工贸企业各岗位职责和规则

（一）业务概述

详细阅读系统下发的工贸企业各岗位职责和规则，了解清楚自己岗位的职责、任务和规则。

（二）业务流程

具体业务流程见表7-4。

表7-4 了解工贸企业各岗位职责和规则业务流程

活动名称	角色	活动描述-操作指导
了解工贸企业各岗位职责和规则	工贸企业各个员工	了解工贸企业各岗位职责、任务和规则

六、批量办理个人银行卡

（一）业务概述

行政经理收集员工信息，审核后到银行办理个人银行卡。

（二）业务流程

具体业务流程见表7-5。

表7-5 批量办理个人银行卡业务流程

序号	活动名称	角色	活动描述-操作指导
1	填写借记卡集体申领登记表	行政经理	（1）收集员工信息并在借记卡集体申领登记表中填写相关内容 （2）将填写完整的登记表交给财务经理审核
2	审核借记卡集体申领登记表	财务经理	（1）审核登记表无误后签字并加盖财务专用章 （2）将审核后的登记表交给行政经理到银行办理开卡手续
3	去银行办理开卡业务	行政经理	带着借记卡集体申领登记表及身份证复印件（注：实际业务中必须带身份证原件），到银行柜台递交开卡申请
4	办理银行开卡	银行柜员	银行柜员办理开卡完毕后，把银行卡交给办卡申请人
5	从银行领回银行卡并发放	行政经理	（1）从银行柜员处领取银行卡，核对银行卡卡号与登记表中记录是否一致 （2）把银行卡卡号、姓名等信息进行归档备案 （3）提交一份银行卡信息给财务经理备案

七、企管部借款

（一）业务概述

行政经理借备用金。

（二）业务流程

具体业务流程见表7-6。

表7-6　　　　　　　　　　　　企管部借款业务流程

序号	活动名称	角色	活动描述-操作指导
1	填写借款单	行政经理	（1）在VBSE系统中填写借款单（实际工作中可能填写纸质借款单） （2）填写借款单，借款作为部门备用金 （3）将填写好的借款单提交总经理审核
2	审核借款单	总经理	（1）在VBSE系统中对借款用途、金额、付款条款进行审核 （2）审核无误，在审核意见处签字确认
3	支付现金	总经理	（1）接收经过总经理审核签字的借款单 （2）确认无误后支付现金给借款人，借款人签字 （3）在借款单出纳签章处，加盖签章
4	填制记账凭证	财务经理	（1）根据已支付的借款单填制记账凭证，将借款单粘贴在后面作为附件 （2）将记账凭证交由总经理审核
5	审核记账凭证	总经理	（1）审核财务经理填制的记账凭证并对照借款单检查是否正确 （2）审核无误，在记账凭证上签字或盖章 （3）将审核后的记账凭证交给总经理登记库存现金日记账
6	登记库存现金日记账	总经理	（1）根据审核后的记账凭证登记库存现金日记账 （2）记账后在记账凭证上签字或盖章
7	登记科目明细账	财务经理	（1）根据记账凭证登记科目明细账 （2）记账后在记账凭证上签字或盖章
8	登记总账	财务经理	（1）根据记账凭证登记总账 （2）记账后在记账凭证上签字或盖章

八、业务部借款

（一）业务概述

业务经理借备用金。

（二）业务流程

具体业务流程见表7-7。

表7-7   业务部借款业务流程

序号	活动名称	角色	活动描述-操作指导
1	填写借款单	业务经理	（1）在VBSE系统中填写借款单（实际工作中可能填写纸质借款单） （2）填写借款单，借款作为部门备用金 （3）将填写好的借款单提交总经理审核
2	审核借款单	总经理	（1）在VBSE系统中对借款用途、金额、付款条款进行审核 （2）审核无误，在审核意见处签字确认
3	支付现金	总经理	（1）接收经过总经理审核签字的借款单 （2）确认无误后支付现金给借款人，借款人签字 （3）在借款单出纳签章处，加盖签章
4	填制记账凭证	财务经理	（1）根据已支付的借款单填制记账凭证，将借款单粘贴在后面作为附件 （2）将记账凭证交由总经理审核
5	审核记账凭证	总经理	（1）审核财务经理填制的记账凭证并对照借款单检查是否正确 （2）审核无误，在记账凭证上签字或盖章 （3）将审核后的记账凭证交给总经理登记库存现金日记账
6	登记库存现金日记账	总经理	（1）根据审核后的记账凭证登记库存现金日记账 （2）记账后在记账凭证上签字或盖章
7	登记科目明细账	财务经理	（1）根据记账凭证登记总账和科目明细账 （2）记账后在记账凭证上签字或盖章
8	登记总账	财务经理	（1）根据记账凭证登记总账 （2）记账后在记账凭证上签字或盖章

九、签订代发工资协议

（一）业务概述

签订银企代发工资合作协议。

（二）业务流程

具体业务流程见表7-8。

表7-8   签订代发工资协议业务流程

序号	活动名称	角色	活动描述-操作指导
1	填写公章、印鉴、资质证照使用申请表	行政经理	（1）填写公章、印鉴、资质证照使用申请表，注明使用缘由是去银行签订银企代发工资合作协议 （2）将申请表提交给总经理审核

序号	活动名称	角色	活动描述-操作指导
2	审核公章、印鉴、资质证照使用申请表	总经理	（1）审核公章、印鉴、资质证照使用申请表 （2）审核无误后在申请表上签字确认
3	到银行签订银企代发工资合作协议	行政经理	（1）根据审核后的申请表，整理相关资料，带好营业执照、法人身份证、公章、预留印鉴等，准备签订银企代发工资合作协议（注意：实训中带上营业执照、公章、印鉴即可） （2）到银行柜台签订协议
4	办理银企代发工资合作协议	银行柜员	（1）接收、审核客户提交的银企代发工资合作协议 （2）审核通过后盖章返还客户
5	协议书归档	行政经理	（1）收到银行签字盖章的银企代发工资合作协议 （2）审核无误后将协议书归档 （3）登记合同管理表，填写协议书信息

十、签订社保、公积金同城委托收款协议

（一）业务概述

签订委托银行代收合同书。

（二）业务流程

具体业务流程见表7-9。

表7-9　　　　　　签订社保、公积金同城委托收款协议业务流程

序号	活动名称	角色	活动描述-操作指导
1	填写公章、印鉴、资质证照使用申请表	行政经理	（1）填写公章、印鉴、资质证照使用申请表，注明使用缘由是去银行签订委托银行代收合同书 （2）将申请表提交给总经理审核
2	审核公章、印鉴、资质证照使用申请表	总经理	（1）审核公章、印鉴、资质证照使用申请表 （2）审核无误后在申请表上签字确认
3	到人社局办理委托银行代收合同书	财务经理	携带相关资料到人社局办理三方协议
4	审核并办理	社保/公积金专员	（1）接收企业提交的资料并审核 （2）审核通过后下发《委托银行代收合同书》（待企业填写完成后盖章即可）
5	填写《委托银行代收合同书》	财务经理	（1）在社会保险/住房公积金中心填写《委托银行代收合同书》并盖企业公章，协议书一式三份 （2）填写完成后由社保/公积金专员盖章

模块七

序号	活动名称	角色	活动描述-操作指导
6	到银行办理委托银行代收合同	财务经理	（1）财务经理到银行办理委托收款业务 （2）提交相关资料给银行柜员
7	办理企业提交的《委托银行代收合同书》	银行柜员	（1）接收企业提交的一式三份的《委托银行代收合同书》并审核 （2）审核通过后盖银行公章，留存一联，其余两联返还客户
8	送交人社局	财务经理	（1）收到银行签字盖章的《委托银行代收合同书》 （2）将一份银行签字盖章的合同书交给行政经理归档 （3）将一份银行签字盖章的合同书交给人社局
9	接收企业返还的《委托银行代收合同书》	社保/公积金专员	（1）接收企业返还的《委托银行代收合同书》 （2）将《委托银行代收合同书》进行归档
10	合同书归档	行政经理	（1）收到人社局、银行签字盖章的《委托银行代收合同书》 （2）审核无误后进行归档 （3）登记合同管理表，填写合同书信息

十一、签订税务同城委托收款协议

（一）业务概述

签订授权划缴税款协议书。

（二）业务流程

具体业务流程见表7-10。

表7-10　　　　　　　　　签订税务同城委托收款协议业务流程

序号	活动名称	角色	活动描述-操作指导
1	填写公章、印鉴、资质证照使用申请表	行政经理	（1）填写公章、印鉴、资质证照使用申请表，注明使用缘由是去银行签订授权划缴税款协议书 （2）将申请表提交给总经理审核
2	审核公章、印鉴、资质证照使用申请表	总经理	（1）审核公章、印鉴、资质证照使用申请表 （2）审核无误后在申请表上签字确认
3	到税务局办理授权划缴税款协议书	行政经理	携带相关公章、印鉴、资质证照到税务局办理三方协议
4	审核并办理	税务专员	（1）接收企业提交的资料并审核 （2）审核通过后下发《授权划缴税款协议书》（待企业填写完成后盖章即可）

模块七

续表

序号	活动名称	角色	活动描述-操作指导
5	填写《授权划缴税款协议书》并到银行办理	行政经理	（1）填写《授权划缴税款协议书》并盖企业公章，协议书一式三份 （2）填写完成后到银行办理委托收款手续 （3）将填写完成的《授权划缴税款协议书》提交给银行柜员
6	办理企业提交的《授权划缴税款协议书》	银行柜员	（1）接收企业提交的一式三份的《授权划缴税款协议书》并审核盖章 （2）审核通过后盖银行公章，留存一联，另两联返还客户
7	送交税务局	行政经理	（1）收到银行签字盖章的《授权划缴税款协议书》 （2）将一份银行签字盖章的协议书归档 （3）将一份银行签字盖章的协议书交给税务局
8	接收企业返还的《授权划缴税款协议书》	税务专员	（1）接收企业返还的《授权划缴税款协议书》 （2）将《授权划缴税款协议书》进行归档
9	协议书归档	行政经理	（1）收到税务局、银行签字盖章的《授权划缴税款协议书》 （2）审核无误后进行归档 （3）登记合同管理表，填写协议书信息

任务二　日常任务

一、与制造企业签订购销合同

（一）业务概述

收到制造企业的采购合同并签署。

（二）业务流程

具体业务流程见表7–11。

表7–11　　　　　　　　　　　与制造企业签订购销合同业务流程

序号	活动名称	角色	活动描述-操作指导
1	收到购销合同，填制合同会签单	业务经理	（1）业务经理依据收到的购销合同，填写合同会签单 （2）业务经理将购销合同和合同会签单送交财务经理审核
2	审核购销合同和合同会签单	财务经理	（1）收到业务经理交给的购销合同及合同会签单 （2）审核购销合同的准确性和合理性 （3）财务经理在合同会签单上签字 （4）将购销合同和会签单送至总经理审核

序号	活动名称	角色	活动描述-操作指导
3	审核购销合同和合同会签单	总经理	（1）审核购销合同的条款、期限、付款信息等是否符合公司要求 （2）确定符合要求后，在合同会签单上签字 （3）审核通过后的购销合同和合同会签单一同送至行政经理盖章
4	合同盖章	行政经理	（1）接到审核通过的合同会签单，在购销合同上盖章 （2）业务经理在公章印鉴使用登记表上登记并签字
5	合同存档	行政经理	（1）行政经理更新合同管理表-购销合同 （2）行政经理将合同会签单与一份盖章购销合同一起进行归档 （3）将一份盖章的购销合同交给业务经理送交合同当事人
6	购销合同登记	业务经理	（1）业务经理将盖章的购销合同登记，交给合同当事人 （2）业务经理更新购销合同执行情况表

二、确认制造企业的采购订单

（一）业务概述

确认制造企业的采购订单。

（二）业务流程

具体业务流程见表7-12。

表7-12　　　　　　　　　　　确认制造企业的采购订单业务流程

活动名称	角色	活动描述-操作指导
确认采购订单	业务经理	（1）在系统中确认制造企业的采购订单 （2）根据系统的采购订单信息填写销售订单

三、下达采购订单

（一）业务概述

向虚拟供应商下达采购订单。

（二）业务流程

具体业务流程见表7-13。

表7-13　　　　　　　　　　　下达采购订单业务流程

活动名称	角色	活动描述-操作指导
下达采购	业务经理	（1）在系统中选择要采购的货物 （2）选择完成后，确认采购

四、准备发货并通知制造企业取货

（一）业务概述

业务经理下达发货通知给客户。

（二）业务流程

具体业务流程见表7-14。

表7-14　　　　　　　　　　准备发货并通知制造企业取货业务流程

序号	活动名称	角色	活动描述-操作指导
1	填制发货单	业务经理	（1）根据销售发货计划和仓库现状填制发货单（一式四联） （2）将发货单财务部留存联交给财务经理
2	确认发货单	财务经理	（1）收到业务经理传过来的发货单 （2）检查本企业的应收账款额度是否过高。如过高则应通知业务经理限制发货
3	发送至客户	业务经理	将财务经理确认的发货单送至客户处

五、给制造企业办理出库并开发票

（一）业务概述

业务经理办理销售出库并开具增值税专用发票。

（二）业务流程

具体业务流程见表7-15。

表7-15　　　　　　　　　　给制造企业办理出库并开发票业务流程

序号	活动名称	角色	活动描述-操作指导
1	填制出库单，办理出库业务	业务经理	（1）根据发货单填制销售出库单（一式三联） （2）办理出库业务，根据销售出库单的数量发货给客户
2	登记库存台账	业务经理	根据销售出库单登记库存台账
3	更新销售发货明细表	业务经理	依据销售出库单更新销售发货明细表
4	提交增值税专用发票申请	业务经理	（1）根据销售发货明细表和销售订单的信息提交开具增值税专用发票申请 （2）开票申请单提交至财务经理审核
5	审核增值税专用发票申请	财务经理	（1）审核业务经理提交的开具增值税专用发票申请 （2）审核后提交总经理审核
6	审核增值税专用发票申请	总经理	（1）审核财务经理提交的开具增值税专用发票申请 （2）审核通过后交业务经理送至财务经理处开具增值税专用发票
7	开具增值税专用发票	财务经理	根据业务经理送来审核的开具增值税专用发票申请，开具增值税专用发票

模块七

续表

序号	活动名称	角色	活动描述-操作指导
8	登记发票领用表	财务经理	（1）业务经理在发票领用表上登记并签字 （2）财务经理将增值税专用发票记账联保留，将发票联和抵扣联交给业务经理送给客户
9	发票送至客户	业务经理	业务经理将增值税专用发票送至客户
10	填制记账凭证	财务经理	（1）根据发票记账联填制记账凭证，将发票记账联和销售出库单粘贴到记账凭证后面作为附件 （2）将记账凭证交总经理审核
11	审核记账凭证	总经理	（1）接收财务经理交给的记账凭证，进行审核 （2）审核无误，在记账凭证上签字或盖章
12	登记数量金额明细账	财务经理	根据记账凭证后所附销售出库单填写数量金额明细账
13	登记科目明细账	财务经理	（1）根据记账凭证登记科目明细账 （2）记账后在记账凭证上签字或盖章
14	登记科目明细账	财务经理	（1）根据记账凭证登记总账 （2）记账后在记账凭证上签字或盖章

六、到货并办理入库

（一）业务概述

接到虚拟供应商的货物，办理采购入库。

（二）业务流程

具体业务流程见表7-16。

表7-16　　　　　　　　　　　　到货并办理入库业务流程

序号	活动名称	角色	活动描述-操作指导
1	依据采购订单填写采购入库单	业务经理	业务经理依照确认的采购订单填写采购入库单
2	审核采购入库单	业务经理	审核采购入库单
3	VBSE系统办理入库	业务经理	依据采购订单、采购入库单在VBSE系统中办理货物入库
4	登记库存台账	业务经理	（1）将采购入库单（存根联）信息登记到库存台账中 （2）将采购入库单传递给财务经理
5	更新购销合同执行情况表	业务经理	根据入库信息更新购销合同执行情况表
6	填制记账凭证	财务经理	（1）收到业务经理交来的采购入库单 （2）依据采购入库单填制记账凭证
7	审核记账凭证	总经理	（1）收到财务经理交来的记账凭证 （2）审核记账凭证的正确性 （3）审核无误，在记账凭证上签字或盖章 （4）交还给财务经理记账凭证
8	登记科目明细账	财务经理	（1）根据记账凭证登记科目明细账 （2）记账后在记账凭证上签字或盖章
9	登记总账	财务经理	（1）根据记账凭证登记总账 （2）记账后在记账凭证上签字或盖章

七、收到制造企业货款银行回单

（一）业务概述
收到制造企业支付的销售款，取得银行回单。

（二）业务流程
具体业务流程见表7-17。

表7-17　　　　　　　　　　　　收到制造企业货款银行回单业务流程

序号	活动名称	角色	活动描述–操作指导
1	查询网银	业务经理	（1）接收采购商的付款通知 （2）通知总经理查询网银，确认已收到货款 （3）通知财务经理到银行打印此款项回单
2	打印业务回单	银行柜员	（1）根据财务经理提供的信息查询到转账记录并打印 （2）将打印好的业务回单交给财务经理
3	确认回款客户	业务经理	（1）到财务部财务经理处确认收到货款 （2）在系统中填写收款确认单，对银行回款进行确认，确认回款客户 （3）将收款确认单传至财务经理审核
4	审核收款确认单并填制记账凭证	财务经理	（1）审核收款确认单 （2）依据收款确认单填制记账凭证，将银行业务回单粘贴在记账凭证背面作为原始凭证 （3）提交总经理审核
5	审核记账凭证	总经理	（1）审核财务经理填制的记账凭证并对照相关附件检查是否正确 （2）审核无误，在记账凭证上签字或盖章 （3）将审核后的记账凭证传递给总经理登记银行存款日记账
6	登记银行存款日记账	总经理	（1）根据记账凭证登记银行存款日记账 （2）记账后在记账凭证上签字或盖章
7	登记科目明细账	财务经理	（1）根据记账凭证登记科目明细账 （2）记账后在记账凭证上签字或盖章
8	登记总账	财务经理	（1）根据记账凭证登记总账 （2）记账后在记账凭证上签字或盖章

八、支付虚拟工贸企业货款

（一）业务概述
支付虚拟供应商的货款。

（二）业务流程
具体业务流程见表7-18。

模块七

表 7-18 支付虚拟工贸企业货款业务流程

序号	活动名称	角色	活动描述-操作指导
1	提交付款申请	业务经理	依据采购入库单提交付款申请单
2	审核付款申请	财务经理	(1) 接收业务经理提交的付款申请单 (2) 依据采购入库单审核付款申请单
3	审核付款申请	总经理	审核财务经理提交的付款申请单
4	付款	总经理	(1) 接收总经理提交审核通过的付款申请单 (2) 依据审核通过的付款申请单在 VBSE 系统中进行付款 (3) 通知财务经理到银行取得付款业务回单
5	打印银行付款回单	银行柜员	(1) 查询并打印付款业务回单 (2) 将付款业务回单交给财务经理 (3) 财务经理取得付款业务回单，回公司填制记账凭证
6	去税务局代开增值税专用发票	业务经理	(1) 业务经理整理采购订单信息 (2) 根据信息到税务局找税务专员开具增值税专用发票
7	为虚拟供应商代开增值税专用发票	税务专员	(1) 根据业务经理整理的信息开具增值税专用发票 (2) 将开具好的增值税专用发票交给业务经理
8	收到税务局代开的增值税专用发票	业务经理	(1) 收到税务局代开的增值税专用发票 (2) 将收到的增值税专用发票带回并送至财务经理处
9	填制记账凭证	财务经理	(1) 将银行业务回单、增值税专用发票与付款申请单核对 (2) 填制记账凭证，将银行业务回单粘贴在记账凭证背面作为原始凭证 (3) 提交总经理审核
10	审核记账凭证	总经理	(1) 审核财务经理填制的记账凭证并对照相关附件检查是否正确 (2) 审核无误，在记账凭证上签字或盖章 (3) 将审核后的记账凭证传递给总经理登记银行存款日记账
11	登记银行存款日记账	总经理	(1) 根据记账凭证登记银行存款日记账 (2) 记账后在记账凭证上签字或盖章
12	登记科目明细账	财务经理	(1) 根据记账凭证登记科目明细账 (2) 记账后在记账凭证上签字或盖章
13	登记总账	财务经理	(1) 根据记账凭证登记总账 (2) 记账后在记账凭证上签字或盖章

九、申领发票

（一）业务概述

向税务机关领用发票。

（二）业务流程

具体业务流程见表7-19。

表7-19　　　　　　　　　　申领发票业务流程

序号	活动名称	角色	活动描述-操作指导
1	申请领用发票	财务经理	（1）申领人携带营业执照副本、经办人身份证到税务局 （2）向税务专员说明申请发票的类型及数量
2	登记并发放发票	税务专员	（1）收到企业的申请后，填写发票领用表 （2）发票号由税务专员按序号排列即可 （3）填写后，发放发票

十、购买支票

（一）业务概述

企业向银行购买支票。

（二）业务流程

具体业务流程见表7-20。

表7-20　　　　　　　　　　购买支票业务流程

序号	活动名称	角色	活动描述-操作指导
1	填写票据领用单	财务经理	（1）财务经理到银行，向银行柜员索要《票据领用单》 （2）填写《票据领用单》交给银行柜员
2	发放支票	银行柜员	（1）收到企业提交的《票据领用单》，根据领用单填写数量，为企业准备支票 （2）根据企业购买支票的金额办理转账并打印业务回单 （3）发放支票
3	编制记账凭证	财务经理	（1）领用相关票据 （2）根据银行业务回单编制记账凭证 （3）将电汇回单粘贴到记账凭证后面 （4）将记账凭证交总经理审核
4	审核记账凭证	总经理	（1）审核财务经理填制的记账凭证并对照相关附件检查是否正确 （2）审核无误，在记账凭证上签字或盖章
5	登记银行存款日记账	总经理	（1）根据记账凭证登记银行存款日记账 （2）记账后在记账凭证上签字或盖章 （3）将记账凭证传递给财务经理登记科目明细账
6	登记科目明细账	财务经理	（1）根据记账凭证登记科目明细账 （2）记账后在记账凭证上签字或盖章
7	登记总账	财务经理	（1）根据记账凭证登记总账 （2）记账后在记账凭证上签字或盖章

十一、购买仓库

（一）业务概述

按生产需求，向服务公司购买仓库。

（二）业务流程

具体业务流程见表7-21。

表7-21　　　　　　　　　　　　购买仓库业务流程

序号	活动名称	角色	活动描述-操作指导
1	填写购销合同	业务经理	（1）根据公司需求，确定购买需求，到服务公司协商仓库的价格 （2）准备购销合同并签署相关内容
2	填写合同会签单	业务经理	（1）拿到双方盖章的购销合同 （2）根据购销合同，填写合同会签单
3	财务审核合同会签单	财务经理	（1）接收业务经理发送的购销合同和合同会签单 （2）审核购销合同及合同会签单，并在合同会签单上签字
4	总经理审核合同会签单	总经理	（1）接收财务经理审核的购销合同和合同会签单 （2）审核购销合同及合同会签单 （3）在购销合同和合同会签单对应的位置盖章 （4）将购销合同发送给业务经理
5	将购销合同送交给服务公司	业务经理	（1）接收总经理发送的购销合同 （2）拿本公司已盖章的购销合同，去服务公司盖章
6	服务公司盖章	服务公司总经理	（1）收到工贸企业盖章后的购销合同，审核并盖章 （2）将盖章后的购销合同，送交工贸企业行政经理
7	合同归档	行政经理	（1）行政经理更新合同管理表-购销合同 （2）行政经理登记完，把购销合同留存备案
8	办理仓库销售	服务公司业务员	按照购销合同，为企业办理仓库销售
9	开具发票	服务公司总经理	依据购销合同金额，为企业开具发票

十二、支付购买仓库款

（一）业务概述

企业支付购买仓库的费用。

（二）业务流程

具体业务流程见表7-22。

表 7-22　　　　　　　　　支付购买仓库款业务流程

序号	活动名称	角色	活动描述-操作指导
1	收到发票	业务经理	收到服务公司开具的增值税专用发票
2	填写付款申请	业务经理	（1）对照服务公司开具的增值税专用发票填写付款申请单 （2）将付款申请单及发票提交给财务经理审核
3	财务经理审核付款申请	财务经理	（1）审核收到的付款申请单与增值税专用发票是否相符，并审核其正确性 （2）将发票抵扣联留档 （3）将付款申请单交总经理审核
4	总经理审核付款申请	总经理	（1）审核付款申请单，确认无误后在申请单上签字 （2）将付款申请单交财务经理
5	支付货款	财务经理	（1）收到总经理转交的批复后的付款申请单 （2）按付款申请单金额开具转账支票 （3）将转账支票交给服务公司总经理
6	填制记账凭证	财务经理	（1）根据付款申请单和银行回单填制记账凭证 （2）将银行回单、付款申请单和支票存根粘贴在记账凭证后作为附件
7	登记银行存款日记账	总经理	（1）根据记账凭证登记银行存款日记账 （2）记账后在记账凭证上签字或盖章
8	登记科目明细账	财务经理	（1）根据记账凭证登记科目明细账 （2）记账后在记账凭证上签字或盖章
9	登记总账	财务经理	（1）根据记账凭证登记总账 （2）记账后在记账凭证上签字或盖章

任务三　月初任务

一、发放薪酬

（一）业务概述

发放上月薪酬。

（二）业务流程

具体业务流程见表 7-23。

表7-23   发放薪酬业务流程

序号	活动名称	角色	活动描述-操作指导
1	薪资录盘	行政经理	（1）在VBSE系统里打开"薪资录盘"界面 （2）依据工资表信息，录入人员薪资，完成后保存并导出 （3）将导出的"薪酬发放"的文件拷贝到U盘中
2	填写支出凭单	行政经理	（1）依据工资表数据填写支出凭单 （2）将填好的支出凭单、工资表交总经理和财务经理进行审核
3	审核支出凭单和工资表	总经理	（1）审核支出凭单信息和工资表是否一致、正确 （2）审核支出凭单的日期、金额、支出方式、支出用途及金额大小写是否正确 （3）审核完成后在支出凭单上签字确认
4	审核支出凭单和工资表	财务经理	（1）审核支出凭单信息和工资表是否一致、正确 （2）审核支出凭单的日期、金额、支出方式、支出用途及金额大小写是否正确 （3）审核完成后在支出凭单上签字确认
5	开具转账支票	总经理	（1）根据支出凭单的信息开具转账支票 （2）检查支票填写无误后加盖公司财务章和法人章
6	登记支票登记簿	总经理	（1）根据签发的支票登记支票登记簿 （2）支票领用人在支票登记簿上签字
7	去银行办理薪资发放	财务经理	（1）填写进账单 （2）带齐薪资发放资料（转账支票、薪资录盘）去银行办理工资发放
8	办理工资发放	银行柜员	（1）接到工资录盘文件和支票 （2）检查文件和支票 （3）在系统中导入工资录盘文件完成工资发放
9	取得银行业务回单	财务经理	取得银行的业务回单（可以直接在柜台办理时由银行柜员打印取回；在柜台未打印，次日可以在回单柜中取得）
10	填制记账凭证	财务经理	（1）依据银行业务回单、转账支票存根、支出凭单填制记账凭证 （2）编制记账凭证，将原始单据作为附件粘贴在记账凭证后面 （3）将记账凭证和相关原始单据交给总经理审核
11	审核记账凭证	总经理	（1）审核财务经理提交的记账凭证 （2）核对记账凭证与原始凭证的一致性，审核无误后签字或盖章 （3）将审核后的记账凭证交给总经理登记银行存款日记账
12	登记银行存款日记账	总经理	（1）根据审核后的记账凭证登记银行存款日记账 （2）记账后在记账凭证上签字或盖章 （3）将记账凭证交回财务经理登记科目明细账
13	登记科目明细账	财务经理	（1）依据记账凭证登记科目明细账 （2）记账后在记账凭证上签字或盖章
14	登记总账	财务经理	（1）依据记账凭证登记总账 （2）记账后在记账凭证上签字或盖章

二、申报企业增值税

（一）业务概述

月初财务经理申报上月企业增值税。

（二）业务流程

具体业务流程见表7-24。

表7-24　　　　　　　　　　　申报企业增值税业务流程

序号	活动名称	角色	活动描述-操作指导
1	整理增值税纳税申报资料	财务经理	（1）准备上期的进项税，汇总并整理 （2）准备上期的销项税，汇总并整理
2	网上增值税纳税申报	财务经理	（1）在VBSE系统中根据确认的金额进行增值税纳税申报 （2）填写完成后提交税务机关审核
3	审核企业增值税纳税申报	税务专员	在VBSE系统中审核企业提交的增值税纳税申报

三、扣缴五险一金

（一）业务概述

收到银行代扣五险一金的业务回单。

（二）业务流程

具体业务流程见表7-25。

表7-25　　　　　　　　　　　扣缴五险一金业务流程

序号	活动名称	角色	活动描述-操作指导
1	领取五险一金扣款回单	财务经理	到银行领取五险一金扣款回单
2	代扣社会保险	银行柜员	为企业代理扣缴社会保险
3	代扣住房公积金	银行柜员	为企业代理扣缴住房公积金
4	打印五险一金扣款回单	银行柜员	（1）接到客户打印请求，查询相关交易记录 （2）确认交易记录存在，即可为客户打印回单 （3）打印后将回单交于客户
5	填制记账凭证	财务经理	（1）财务经理依据银行回单填制记账凭证，将银行扣款凭证和五险一金扣款通知粘贴在记账凭证后作为附件 （2）将记账凭证传递给总经理审核
6	审核记账凭证	总经理	（1）审核财务经理填制的记账凭证并对照相关附件检查是否正确 （2）审核无误，在记账凭证上签字或盖章 （3）将审核后的记账凭证传递给总经理登记银行存款日记账
7	登记银行存款日记账	总经理	（1）根据记账凭证登记银行存款日记账 （2）记账后在记账凭证上签字或盖章
8	登记科目明细账	财务经理	（1）根据记账凭证登记科目明细账 （2）记账后在记账凭证上签字或盖章
9	登记总账	财务经理	（1）根据记账凭证登记总账 （2）记账后在记账凭证上签字或盖章

模块七

四、缴纳个人所得税

（一）业务概述
缴税扣款及账务处理。

（二）业务流程
具体业务流程见表7-26。

表7-26   缴纳个人所得税业务流程

序号	活动名称	角色	活动描述-操作指导
1	查询网银扣款情况	总经理	（1）查询网银，确认个人所得税是否已扣款成功 （2）通知财务经理到银行打印缴税证明
2	打印缴税凭证	银行柜员	（1）查询转账记录 （2）确认后打印缴税证明
3	填制记账凭证	财务经理	（1）根据缴税证明填制记账凭证 （2）将缴税证明粘贴在记账凭证后作为原始单据 （3）提交给总经理审核
4	审核记账凭证	总经理	（1）收到记账凭证和相关原始单据 （2）审核记账凭证是否正确 （3）确认无误签字或盖章，将记账凭证交给总经理登记银行存款日记账
5	登记银行存款日记账	总经理	（1）根据审核后的记账凭证登记银行存款日记账 （2）记账后在记账凭证上签字或盖章
6	登记科目明细账	财务经理	（1）根据审核后的记账凭证登记科目明细账 （2）记账后在记账凭证上签字或盖章
7	登记总账	财务经理	（1）根据审核后的记账凭证登记总账 （2）记账后在记账凭证上签字或盖章

五、缴纳企业增值税

（一）业务概述
确认申报状态，审核通过后提交扣款并进行账务处理。

（二）业务流程
具体业务流程见表7-27。

表7-27   缴纳企业增值税业务流程

序号	活动名称	角色	活动描述-操作指导
1	确认申报状态并提交扣款	财务经理	（1）在VBSE系统中查看申报状态 （2）审核通过后点击"扣缴"
2	查询网银扣款情况	总经理	（1）查询网银，确认增值税是否已扣款成功 （2）通知财务经理到银行打印缴税证明

模块七

序号	活动名称	角色	活动描述-操作指导
3	打印缴税凭证	银行柜员	（1）查询转账记录 （2）确认后打印缴税证明
4	填制记账凭证	财务经理	（1）根据缴税证明编制记账凭证 （2）将缴税证明粘贴在记账凭证后面作为附件 （3）将记账凭证交给总经理审核
5	审核记账凭证	总经理	（1）收到记账凭证和缴款证明 （2）审核记账凭证无误后签字或盖章 （3）将记账凭证交给总经理登记银行存款日记账
6	登记银行存款日记账	总经理	（1）根据审核后的记账凭证登记银行存款日记账 （2）记账后在记账凭证上签字或盖章
7	登记科目明细账	财务经理	（1）根据审核后的记账凭证登记科目明细账 （2）记账后在记账凭证上签字或盖章
8	登记总账	财务经理	（1）根据审核后的记账凭证登记总账 （2）记账后在记账凭证上签字或盖章

任务四 月末任务

一、申报个人所得税

（一）业务概述

财务经理申报本月个人所得税。

（二）业务流程

具体业务流程见表7-28。

表7-28   申报个人所得税业务流程

序号	活动名称	角色	活动描述-操作指导
1	整理、提交个人所得税纳税申报资料	行政经理	（1）收集整理员工信息 （2）根据员工信息在VBSE系统中下载导入模版，根据员工信息填写"个人所得税基础信息模板" （3）将填好的"个人所得税基础信息模板"导入系统中并提交税务局 （4）将员工信息和工资表一同交给财务经理
2	审核企业提交的个人所得税纳税申报资料	税务专员	在VBSE系统中审核企业提交的个人所得税纳税申报资料
3	网上个人所得税纳税申报	财务经理	（1）在VBSE系统中下载"扣缴个人所得税报告表模板" （2）根据工资表和员工信息填写"扣缴个人所得税报告表模板" （3）将填好的"扣缴个人所得税报告表模板"导入系统中并扣缴个人所得税

二、认证增值税抵扣联

（一）业务概述

财务经理将公司的增值税抵扣联收集后，到税务部门进行认证，获得盖章的认证结果通知书后，与抵扣联一并装订。

（二）业务流程

具体业务流程见表7-29。

表7-29 认证增值税抵扣联业务流程

序号	活动名称	角色	活动描述-操作指导
1	收集抵扣联	财务经理	收集齐抵扣联
2	到税务局进行抵扣认证	财务经理	将增值税抵扣联送至税务局，进行抵扣认证
3	审核企业提交的进项税抵扣联	税务专员	对企业提交的进项税抵扣联进行审核，通过后打印认证结果通知书，交给企业办事人员
4	抵扣联装订归档	财务经理	将从税务局取得的认证结果通知书与抵扣联装订，归档备查

三、核算薪酬

（一）业务概述

行政经理核算职工薪酬，制作工资表。

（二）业务流程

具体业务流程见表7-30。

表7-30 核算薪酬业务流程

序号	活动名称	角色	活动描述-操作指导
1	收集工资数据	行政经理	（1）依据期初数据查找当月入职人员记录，收集整理新增数据 （2）依据期初数据查找当月离职人员记录，收集整理减少数据 （3）依据期初数据查找当月晋升、调动及工资调整记录，收集整理变更数据 （4）依据期初数据查找当月考勤信息，整理汇总当月考勤数据 （5）依据期初数据查找当期绩效考核评价评分资料，整理汇总绩效考核结果 （6）依据期初数据查找当月奖励、处罚记录，并作汇总整理 （7）依据期初数据查找当月五险一金增减、缴费数据，计算五险一金
2	计算工资	行政经理	（1）下载企业员工花名册信息 （2）依照薪酬规则，参照期初有关职工薪酬的各种表格，制作职工薪酬计算的各种表格，包含《职工薪酬统计表》《五险一金缴费统计表》《部门汇总》等 （3）按照薪酬体系中每个项目的计算规则进行工资核算 （4）将工资表交给总经理审核

续表

序号	活动名称	角色	活动描述-操作指导
3	审核工资表	总经理	（1）收到行政经理交给的工资表 （2）审核工资结算总金额，了解总人工成本及波动幅度，并就变动的合理性进行核查 （3）审核完成后在表单对应位置签字 （4）将签字完成的表单交还行政经理，拿给财务部记账
4	填制记账凭证	财务经理	（1）收到行政经理交来的工资表 （2）依据工资表编制本月工资记账凭证，计提本月工资
5	审核记账凭证	总经理	（1）收到财务经理交来的工资表和记账凭证 （2）审核记账凭证的正确性 （3）审核无误，在记账凭证上签字或盖章 （4）交还给财务经理工资表和记账凭证
6	登记科目明细账	财务经理	（1）根据记账凭证登记科目明细账 （2）记账后在记账凭证上签字或盖章
7	登记总账	财务经理	（1）根据记账凭证登记总账 （2）记账后在记账凭证上签字或盖章

四、计提折旧

（一）业务概述

财务经理计提固定资产折旧。

（二）业务流程

具体业务流程见表7-31。

表7-31　　　　　计提折旧业务流程

序号	活动名称	角色	活动描述-操作指导
1	计算固定资产折旧	财务经理	（1）根据固定资产政策及固定资产明细账计提折旧 （2）填写固定资产折旧计算表
2	填制记账凭证	财务经理	（1）根据固定资产折旧计算表填写记账凭证，将折旧计算表粘贴在记账凭证后作为附件 （2）将记账凭证交给总经理审核
3	审核记账凭证	总经理	（1）接收财务经理交给的记账凭证，进行审核 （2）审核无误，在记账凭证上签字或盖章 （3）将记账凭证传递给财务经理登记科目明细账
4	登记科目明细账	财务经理	（1）根据记账凭证登记科目明细账 （2）记账后在记账凭证上签字或盖章
5	登记总账	财务经理	（1）根据记账凭证登记总账 （2）记账后在记账凭证上签字或盖章

模块七

五、存货核算

（一）业务概述

财务经理根据出入库明细表计算存货成本，并结转销售成本。

（二）业务流程

具体业务流程见表7-32。

表7-32   **存货核算业务流程**

序号	活动名称	角色	活动描述-操作指导
1	编制产品销售成本结转明细表	财务经理	（1）根据销售出库单汇总销售出库的产品明细数量 （2）根据销售数量和库存商品平均单价，编制销售成本结转明细表 （3）将单据传递给财务经理填制记账凭证
2	填制记账凭证	财务经理	（1）根据销售出库单及销售成本结转明细表反映的业务内容，编制记账凭证，将相关单据粘贴在后面作为附件 （2）将记账凭证传递给总经理审核
3	审核记账凭证	总经理	（1）审核记账凭证的附件、记账科目、金额、手续是否正确与齐全 （2）审核无误在记账凭证上签字或盖章
4	登记科目明细账	财务经理	（1）根据记账凭证登记科目明细账 （2）记账后在记账凭证上签字或盖章
5	登记总账	财务经理	（1）根据记账凭证登记总账 （2）记账后在记账凭证上签字或盖章

六、期末账务处理

（一）业务概述

财务经理在月末进行财务核算。

（二）业务流程

具体业务流程见表7-33。

表7-33   **期末账务处理业务流程**

序号	活动名称	角色	活动描述-操作指导
1	结转损益	财务经理	（1）汇总损益类科目发生额，并与总账核对 （2）将总账里的损益类科目本期发生额结转致本年利润科目 （3）填制记账凭证
2	计提企业所得税费用并结转	财务经理	（1）根据本年利润余额计算企业所得税 （2）填制记账凭证
3	结转本年利润	财务经理	（1）将本年利润余额，结转至利润分配中 （2）填制记账凭证

续表

序号	活动名称	角色	活动描述–操作指导
4	计提法定盈余公积并结转	财务经理	（1）按本年净利润（减弥补以前亏损）的10%提取法定盈余公积，法定盈余公积累计额达到注册资本的50%时可以不再提取 （2）将提取的法定盈余公积结转至利润分配中 （3）编制计提法定盈余公积凭证和结转凭证
5	审核记账凭证	总经理	审核财务经理提交的记账凭证，确认无误后签字或盖章
6	登记科目明细账	财务经理	（1）根据记账凭证登记科目明细账 （2）记账后在记账凭证上签字或盖章
7	登记总账	财务经理	（1）根据记账凭证登记总账 （2）记账后在记账凭证上签字或盖章

七、编制资产负债表

（一）业务概述

财务经理编制资产负债表。

（二）业务流程

具体业务流程见表7-34。

表7-34　　　　　　　　　　　编制资产负债表业务流程

序号	活动名称	角色	活动描述–操作指导
1	编制资产负债表	财务经理	（1）财务经理编制资产负债表和财务报表说明等财务报告相关内容 （2）确认无误后在财务报告上签字并盖章 （3）将财务报告交给总经理审查并签字盖章
2	审查财务报告	总经理	（1）总经理审查财务经理编制的财务报告 （2）总经理确认无误后在财务报告上签字并盖章

八、编制利润表

（一）业务概述

财务经理编制利润表。

（二）业务流程

具体业务流程见表7-35。

表7-35　　　　　　　　　　　编制利润表业务流程

序号	活动名称	角色	活动描述–操作指导
1	编制利润表	财务经理	（1）财务经理编制利润表和财务报表说明等财务报告相关内容 （2）确认无误后在财务报告上签字并盖章 （3）将财务报告交给总经理审查并签字盖章
2	审查财务报告	总经理	（1）总经理审查财务经理编制的财务报告 （2）总经理确认无误后在财务报告上签字并盖章

模块七

模块八
商贸企业
（经销商）

模块八　商贸企业（经销商）

任务一　经营前准备工作

一、组织内部会议

（一）业务概述

新公司刚刚组建，由来自不同专业的同学组成新公司的管理团队，总经理是团队建设的领航人，必须引领公司成员以优异的表现完成所有工作内容。总经理必须时刻关注团队建设，以更好地完成组织目标。

（二）业务流程

具体业务流程见表8-1。

表8-1　　　　　　　　　　　组织内部会议业务流程

活动名称	角色	活动描述-操作指导
组织开展企业内部会议	商贸企业总经理	（1）欢迎各位成员的加入 （2）阐述企业经营口号 （3）提出实训期间的员工成长目标、工作期望 （4）总经理要求团队中的每个人做1—2分钟的自我介绍 （5）在成员做好自我介绍后，再次欢迎各位成员的加入

二、查看办公用品清单

（一）业务概述

各个单位员工需要在系统中查看与自己相关的办公用品清单。

（二）业务流程

具体业务流程见表8-2。

表8-2　　　　　　　　　　查看办公用品清单业务流程

活动名称	角色	活动描述-操作指导
查看办公用品清单	商贸企业各个员工	查看办公用品清单

三、领取并分发办公用品

（一）业务概述

实训开始各个单位需要领取必要的办公用品以满足实训的需要。本任务中每个单位派一名代表领取所有办公用品，带回后分发给单位内各个部门及人员。

（二）业务流程

具体业务流程见表8-3。

表8-3　　　　　　　　　　　　　　　领取并分发办公用品业务流程

序号	活动名称	角色	活动描述-操作指导
1	整理办公用品	服务公司总经理	整理办公用品
2	通知并分发办公用品	服务公司业务员	通知并分发办公用品
3	领取并分发办公用品	商贸企业行政经理	领取并分发办公用品
4	领取办公用品	商贸企业各个员工	领取办公用品

四、公司注册（见模块四）

五、了解商贸企业各岗位职责和规则

（一）业务概述

详细阅读系统下发的商贸企业各岗位职责和规则，了解清楚自己岗位的职责、任务和规则。

（二）业务流程

具体业务流程见表8-4。

表8-4　　　　　　　　　　了解商贸企业各岗位职责和规则业务流程

活动名称	角色	活动描述-操作指导
了解商贸企业各岗位职责和规则	商贸企业各个员工	了解商贸企业各岗位职责、任务和规则

六、批量办理个人银行卡

（一）业务概述

行政经理收集员工信息，审核后到银行办理个人银行卡。

（二）业务流程

具体业务流程见表8-5。

表8-5　　　　　　　　　　　批量办理个人银行卡业务流程

序号	活动名称	角色	活动描述-操作指导
1	填写借记卡集体申领登记表	行政经理	（1）收集员工信息并在借记卡集体申领登记表中填写相关内容 （2）将填写完整的登记表交给财务经理审核
2	审核借记卡集体申领登记表	财务经理	（1）审核行政经理交来的登记表，确认无误后签字并加盖财务专用章 （2）将审核后的登记表交给行政经理到银行办理开卡手续
3	去银行办理开卡业务	行政经理	带着借记卡集体申领登记表及身份证复印件（注：实际业务中必须带身份证原件），到银行柜台递交开卡申请
4	办理银行开卡	银行柜员	银行柜员办理开卡，完毕后，把银行卡交给办卡申请人
5	从银行领回银行卡并归档	行政经理	（1）从银行柜员处领取银行卡，核对银行卡卡号与登记表中记录是否一致 （2）把银行卡卡号、姓名等信息进行归档备案 （3）提交一份银行卡信息给财务经理备案

七、企管部借款

（一）业务概述

企管部行政经理到财务部借款。

（二）业务流程

具体业务流程见表8-6。

表8-6　　　　　　　　　　　　企管部借款业务流程

序号	活动名称	角色	活动描述-操作指导
1	填写借款单	行政经理	（1）在VBSE系统中填写借款单（实际工作中可能填写纸质借款单） （2）填写借款单，借款作为部门备用金 （3）将填写好的借款单提交总经理审核
2	审核借款单	总经理	（1）在VBSE系统中对借款用途、金额、付款条款进行审核 （2）审核无误，在审核意见处签字确认
3	审核借款单	财务经理	（1）在VBSE系统中对借款用途、金额、付款条款进行审核 （2）审核无误，在审核意见处签字确认
4	支付现金	出纳	（1）接收经过财务经理审核签字的借款单 （2）确认无误后支付现金给借款人，借款人签字 （3）在借款单出纳签章处，加盖签章
5	填制记账凭证	出纳	（1）根据已支付的借款单填制记账凭证，将借款单粘贴在后面作为附件 （2）将记账凭证交由财务经理审核
6	审核记账凭证	财务经理	（1）审核出纳填制的记账凭证并对照借款单检查是否正确 （2）审核无误，在记账凭证上签字或盖章 （3）将审核后的记账凭证交给出纳登记库存现金日记账
7	登记库存现金日记账	出纳	（1）根据审核后的记账凭证登记库存现金日记账 （2）记账后在记账凭证上签字或盖章 （3）将记账凭证交给财务经理登记科目明细账
8	登记科目明细账	财务经理	（1）接收出纳交给的记账凭证 （2）根据记账凭证登记科目明细账 （3）记账后在记账凭证上签字或盖章
9	登记总账	财务经理	（1）在记账凭证上签字或盖章 （2）根据记账凭证登记总账

八、营销部借款

（一）业务概述

营销部营销经理到财务部借款。

（二）业务流程

具体业务流程见表8-7。

表8-7 营销部借款业务流程

序号	活动名称	角色	活动描述–操作指导
1	填写借款单	营销经理	（1）在VBSE系统中填写借款单（实际工作中可能填写纸质借款单） （2）填写借款单，借款作为部门备用金 （3）将填写好的借款单提交总经理审核
2	审核借款单	总经理	（1）在VBSE系统中对借款用途、金额、付款条款进行审核 （2）审核无误，在审核意见处签字确认
3	审核借款单	财务经理	（1）在VBSE系统中对借款用途、金额、付款条款进行审核 （2）审核无误，在审核意见处签字确认
4	支付现金	出纳	（1）接收经过财务经理审核签字的借款单 （2）确认无误后支付现金给借款人，借款人签字 （3）在借款单出纳签章处，加盖签章
5	填制记账凭证	出纳	（1）根据已支付的借款单填制记账凭证，将借款单粘贴在后面作为附件 （2）将记账凭证交由财务经理审核
6	审核记账凭证	财务经理	（1）审核出纳填制的记账凭证并对照借款单检查是否正确 （2）审核无误，在记账凭证上签字或盖章 （3）将审核后的记账凭证交给出纳登记库存现金日记账
7	登记库存现金日记账	出纳	（1）根据审核后的记账凭证登记库存现金日记账 （2）记账后在记账凭证上签字或盖章 （3）将记账凭证交给财务经理登记科目明细账
8	登记科目明细账	财务经理	（1）接收出纳交给的记账凭证 （2）根据记账凭证登记科目明细账 （3）记账后在记账凭证上签字或盖章
9	登记总账	财务经理	（1）根据记账凭证登记总账 （2）记账后在记账凭证上签字或盖章

九、采购部借款

（一）业务概述

采购部采购经理到财务部借款。

（二）业务流程

具体业务流程见表8-8。

模块八

表8-8 采购部借款业务流程

序号	活动名称	角色	活动描述-操作指导
1	填写借款单	采购经理	（1）在VBSE系统中填写借款单（实际工作中可能填写纸质借款单） （2）填写借款单，借款作为部门备用金 （3）将填写好的借款单提交总经理审核
2	审核借款单	总经理	（1）在VBSE系统中对借款用途、金额、付款条款进行审核 （2）审核无误，在审核意见处签字确认
3	审核借款单	财务经理	（1）在VBSE系统中对借款用途、金额、付款条款进行审核 （2）审核无误，在审核意见处签字确认
4	支付现金	出纳	（1）接收经过财务经理审核签字的借款单 （2）确认无误后支付现金给借款人，借款人签字 （3）在借款单出纳签章处，加盖签章
5	填制记账凭证	出纳	（1）根据已支付的借款单填制记账凭证，将借款单粘贴在后面作为附件 （2）将记账凭证交由财务经理审核
6	审核记账凭证	财务经理	（1）审核出纳填制的记账凭证并对照借款单检查是否正确 （2）审核无误，在记账凭证上签字或盖章 （3）将审核后的记账凭证交给出纳登记库存现金日记账
7	登记库存现金日记账	出纳	（1）根据审核后的记账凭证登记库存现金日记账 （2）记账后在记账凭证上签字或盖章 （3）将记账凭证交给财务经理登记科目明细账
8	登记科目明细账	财务经理	（1）接收出纳交给的记账凭证 （2）根据记账凭证登记科目明细账 （3）记账后在记账凭证上签字或盖章
9	登记总账	财务经理	（1）根据记账凭证登记总账 （2）记账后在记账凭证上签字或盖章

十、仓储部借款

（一）业务概述

仓储部仓储经理到财务部借款。

（二）业务流程

具体业务流程见表8-9。

表 8-9 仓储部借款业务流程

序号	活动名称	角色	活动描述-操作指导
1	填写借款单	仓储经理	（1）在 VBSE 系统中填写借款单（实际工作中可能填写纸质借款单） （2）填写借款单，借款作为部门备用金 （3）将填写好的借款单提交总经理审核
2	审核借款单	总经理	（1）在 VBSE 系统中对借款用途、金额、付款条款进行审核 （2）审核无误，在审核意见处签字确认
3	审核借款单	财务经理	（1）在 VBSE 系统中对借款用途、金额、付款条款进行审核 （2）审核无误，在审核意见处签字确认
4	支付现金	出纳	（1）接收经过财务经理审核签字的借款单 （2）确认无误后支付现金给借款人，借款人签字 （3）在借款单出纳签章处，加盖签章
5	填制记账凭证	出纳	（1）根据已支付的借款单填制记账凭证，将借款单粘贴在后面作为附件 （2）将记账凭证交由财务经理审核
6	审核记账凭证	财务经理	（1）审核出纳填制的记账凭证并对照借款单检查是否正确 （2）审核无误，在记账凭证上签字或盖章 （3）将审核后的记账凭证交给出纳登记库存现金日记账
7	登记库存现金日记账	出纳	（1）根据审核后的记账凭证登记库存现金日记账 （2）记账后在记账凭证上签字或盖章 （3）将记账凭证交给财务经理登记科目明细账
8	登记科目明细账	财务经理	（1）接收出纳交给的记账凭证 （2）根据记账凭证登记科目明细账 （3）记账后在记账凭证上签字或盖章
9	登记总账	财务经理	（1）根据记账凭证登记总账 （2）记账后在记账凭证上签字或盖章

十一、签订代发工资协议

（一）业务概述

行政经理签订银企代发工资合作协议。

（二）业务流程

具体业务流程见表 8-10。

表 8-10　　　　　　　　　　　签订代发工资协议业务流程

序号	活动名称	角色	活动描述−操作指导
1	填写公章、印鉴、资质证照使用申请表	行政经理	（1）填写公章、印鉴、资质证照使用申请表，注明使用原由是去银行签订银企代发工资合作协议 （2）将申请表提交给总经理审核
2	审核公章、印鉴、资质证照使用申请表	总经理	（1）审核公章、印鉴、资质证照使用申请表 （2）审核无误后在申请表上签字确认
3	到银行签订银企代发工资合作协议	行政经理	（1）根据审核后的申请表，整理相关资料，带好营业执照、法人身份证等、公章、预留印鉴准备签订银企代发工资合作协议（注意：实训中带上营业执照、公章、印鉴即可） （2）到银行柜台签订协议
4	办理银企代发工资合作协议	银行柜员	（1）接收、审核客户提交的银企代发工资合作协议 （2）审核通过后盖章返还客户
5	协议书归档	行政经理	（1）收到银行签字盖章的银企代发工资合作协议 （2）审核无误后将协议书归档 （3）登记合同管理表，填写协议书信息

十二、签订社保、公积金同城委托收款协议

（一）业务概述

财务经理签订委托银行代收合同书。

（二）业务流程

具体业务流程见表 8-11。

表 8-11　　　　　　　签订社保、公积金同城委托收款协议业务流程

序号	活动名称	角色	活动描述−操作指导
1	填写公章、印鉴、资质证照使用申请表	行政经理	（1）填写公章、印鉴、资质证照使用申请表，注明使用原由是去银行签订委托银行代收合同书 （2）将申请表提交给总经理审核
2	审核公章、印鉴、资质证照使用申请表	总经理	（1）审核公章、印鉴、资质证照使用申请表 （2）审核无误后在申请表上签字确认
3	到人社局办理委托银行代收合同书	财务经理	携带相关资料到人社局办理三方协议
4	审核并办理	社保/公积金专员	（1）接收企业提交的资料并审核 （2）审核通过后下发《委托银行代收合同书》（待企业填写完成后盖章即可）

续表

序号	活动名称	角色	活动描述-操作指导
5	填写《委托银行代收合同书》	财务经理	（1）在社会保险/住房公积金中心填写《委托银行代收合同书》并盖企业公章，合同书一式三份 （2）填写完成后由社保/公积金专员盖章
6	到银行办理委托银行代收合同	财务经理	（1）财务经理到银行办理委托收款业务 （2）提交相关资料给银行柜员
7	办理企业提交的《委托银行代收合同书》	银行柜员	（1）接收企业提交的一式三份的《委托银行代收合同书》并审核 （2）审核通过后盖银行公章留存一联其余两联返还客户
8	送交人社局	财务经理	（1）收到银行签字盖章的《委托银行代收合同书》 （2）将一份银行签字盖章的合同书交给行政经理归档 （3）将一份银行签字盖章的合同书交给人社局
9	接收企业返还的《委托银行代收合同书》	社保/公积金专员	（1）接收企业返还的《委托银行代收合同书》 （2）将《委托银行代收合同书》进行归档
10	合同书归档	行政经理	（1）收到人社局、银行签字盖章的《委托银行代收合同书》 （2）审核无误后进行归档 （3）登记合同管理表，填写合同书信息

十三、签订税务同城委托收款协议

（一）业务概述

财务经理签订授权划缴税款协议书。

（二）业务流程

具体业务流程见表8-12。

表8-12　　　　　　　签订税务同城委托收款协议业务流程

序号	活动名称	角色	活动描述-操作指导
1	填写公章、印鉴、资质证照使用申请表	行政经理	（1）填写公章、印鉴、资质证照使用申请表，注明使用原由是去银行签订授权划缴税款协议书 （2）将申请表提交给总经理审核
2	审核公章、印鉴、资质证照使用申请表	总经理	（1）审核公章、印鉴、资质证照使用申请表 （2）审核无误后在申请表上签字确认
3	到税务局办理授权划缴税款协议书	财务经理	携带相关资料到税务局办理三方协议
4	审核并办理	税务专员	（1）接收企业提交的资料并审核 （2）审核通过后下发《授权划缴税款协议书》（待企业填写完成后盖章即可）

模块八

续表

序号	活动名称	角色	活动描述-操作指导
5	填写《授权划缴税款协议书》	财务经理	（1）在税务局填写《授权划缴税款协议书》并盖企业公章，协议书一式三份 （2）填写完成后由税务专员盖章
6	到银行办理授权划缴税款协议书	财务经理	（1）财务经理到银行办理委托收款业务 （2）提交相关资料给银行柜员
7	办理企业提交的《授权划缴税款协议书》	银行柜员	（1）接收企业提交的一式三份的《授权划缴税款协议书》并审核 （2）审核通过后盖银行公章，留存一联，其余两联返还客户
8	送交税务局	财务经理	（1）收到银行签字盖章的授权划缴税款协议书 （2）将一份银行签字盖章的协议书交给行政经理归档 （3）将一份银行签字盖章的协议书交给税务局
9	接收企业返还的《授权划缴税款协议书》	税务专员	（1）接收企业返还的《授权划缴税款协议书》 （2）将《授权划缴税款协议书》进行归档
10	协议书归档	行政经理	（1）收到税务局、银行签字盖章的授权划缴税款协议书 （2）审核无误后进行归档 （3）登记合同管理表，填写协议书信息

任务二　日常任务

一、提交市场开拓申请

（一）业务概述
营销经理根据市场预测，提交市场开拓申请。

（二）业务流程
具体业务流程见表8-13。

表8-13　　　　　　　　　　提交市场开拓申请业务流程

序号	活动名称	角色	活动描述-操作指导
1	编制市场开拓申请单	营销经理	根据公司策略和市场预测，选择要开拓的市场及投放金额，填写市场开拓申请单
2	审批市场开拓申请单	总经理	（1）接到营销经理的市场开拓申请单 （2）根据公司的经营策略及资金使用计划，审核其合理性 （3）确认同意后，签字批准
3	市场开拓申请单盖章	行政经理	（1）营销经理在公章印鉴使用登记表登记签字 （2）确认签字后，在审批通过的市场开拓申请单盖企业公章

续表

序号	活动名称	角色	活动描述-操作指导
4	到服务公司办理开拓市场	营销经理	（1）营销经理到服务公司办理市场开拓，提交市场开拓申请单 （2）确定市场开拓的地点
5	办理市场开拓	服务公司业务员	（1）查看要办理的市场开拓的地区 （2）依据开拓申请，为客户开拓市场 （3）告知客户业务办理完成，到服务公司总经理处领取发票
6	确认市场开拓结果	营销经理	到服务公司确认市场开拓结果

二、收取市场开拓发票

（一）业务概述

营销经理领取服务公司的市场开拓费用发票。

（二）业务流程

具体业务流程见表8-14。

表8-14　　　　　　　　收取市场开拓发票业务流程

序号	活动名称	角色	活动描述-操作指导
1	到服务公司领取市场开拓费用发票	营销经理	携带本公司的开票信息（公司名称、税务登记号、注册地址及电话、开户银行及账户等信息），到服务公司业务员处领取市场开拓费用发票
2	开具市场开拓费用发票	服务公司业务员	（1）根据市场开拓申请单的金额和营销经理提供的企业信息开具增值税专用发票 （2）将增值税专用发票的发票联、抵扣联交给营销经理 （3）将增值税专用发票记账联备案留档
3	收取市场开拓费用发票	营销经理	（1）从服务公司收取市场开拓费用发票并登记备案 （2）将市场开拓费用发票送至出纳处并登记发票
4	收到市场开拓费用发票并记账	出纳	（1）收到营销经理的市场开拓费用发票 （2）根据市场开拓费用发票填制记账凭证
5	审核记账凭证	财务经理	（1）审核出纳编制的记账凭证并对照相关附件检查是否正确 （2）审核无误，在记账凭证上签字或盖章
6	登记科目明细账	财务经理	（1）根据记账凭证登记科目明细账 （2）记账后在记账凭证上签字或盖章
7	登记总账	财务经理	（1）根据记账凭证登记总账 （2）记账后在记账凭证上签字或盖章

模块八

三、与制造企业签订购销合同

（一）业务概述

采购经理与制造企业签订购销合同。

（二）业务流程

具体业务流程见表8-15。

表8-15　　　　　　　　　　　　与制造企业签订购销合同业务流程

序号	活动名称	角色	活动描述-操作指导
1	填写购销合同，填制合同会签单	采购经理	（1）采购经理填写购销合同和合同会签单 （2）采购经理将购销合同和合同会签单送交财务经理审核
2	审核购销合同和合同会签单	财务经理	（1）收到采购经理交给的购销合同及合同会签单 （2）审核购销合同的准确性和合理性 （3）财务部经理在合同会签单上签字 （4）将购销合同和会签单送至总经理审核
3	审核购销合同和合同会签单	总经理	（1）审核购销合同的条款、期限、付款信息等是否符合公司要求 （2）确定符合要求后，在合同会签单上签字 （3）将审核通过的购销合同和合同会签单一同送给行政经理盖章
4	合同盖章	行政经理	（1）接到审核通过的合同会签单，在购销合同上盖章 （2）行政经理在公章印鉴使用登记表上登记并签字 （3）更新合同管理表-购销合同 （4）将购销合同交给采购经理
5	购销合同登记	采购经理	（1）采购经理将盖章的购销合同登记，并将购销合同交给供应商（制造企业） （2）采购经理更新购销合同执行情况表

四、录入采购订单

（一）业务概述

采购经理依据采购合同填写采购订单。

（二）业务流程

具体业务流程见表8-16。

表8-16　　　　　　　　　　　　录入采购订单业务流程

序号	活动名称	角色	活动描述-操作指导
1	在VBSE系统中填写采购订单	采购经理	根据与供应商（制造企业）签订好的采购合同，在VBSE系统中填写采购订单

五、提交广告投放申请

（一）业务概述

提交广告投放申请。

（二）业务流程

具体业务流程见表8-17。

表8-17　　　　　　　　　　　　　　提交广告投放申请业务流程

序号	活动名称	角色	活动描述-操作指导
1	编制广告投放申请单	营销经理	根据公司策略、市场预测和开拓的市场及投放金额，填写广告投放申请单
2	审批广告投放申请单	总经理	（1）接到营销经理的广告投放申请单 （2）根据公司的经营策略及资金使用计划，审核其合理性 （3）确认同意后，签字批准 （4）审核通过后进行广告投放
3	广告投放申请单盖章	行政经理	（1）营销经理在公章印鉴使用登记表登记签字 （2）确认签字后，在审批通过的广告投放申请单盖企业公章
4	到服务公司开拓市场	营销经理	到服务公司办理广告投放，提交广告投放申请单
5	办理广告投放	服务公司业务员	（1）查看商贸企业营销经理提交的广告投放申请 （2）依据广告投放申请，为对应的商贸企业办理广告投放
6	确认广告投放结果	营销经理	在服务公司确认广告投放结果

六、收取广告投放费用发票

（一）业务概述

领取广告投放费用发票。

（二）业务流程

具体业务流程见表8-18。

表8-18　　　　　　　　　　　　　　收取广告投放费用发票业务流程

序号	活动名称	角色	活动描述-操作指导
1	到服务公司领取广告投放费用发票	营销经理	（1）到服务公司业务员处领取广告投放费用发票 （2）携带本公司的开票信息（公司名称、税务登记号、注册地址及电话、开户银行及账户等信息）
2	开具广告投放费用发票	服务公司业务员	（1）根据广告投放申请单的金额和商贸企业营销经理提供的企业信息开具增值税专用发票 （2）将增值税专用发票的发票联、抵扣联交给商贸企业营销经理 （3）将增值税专用发票记账联备案留档

续表

序号	活动名称	角色	活动描述-操作指导
3	收取广告投放费用发票	营销经理	（1）从服务公司收取广告投放费用发票并登记备案 （2）将广告投放费用发票送至出纳处并登记发票
4	收到广告投放费用发票并记账	出纳	（1）收到营销经理的广告投放费用发票 （2）根据广告投放费用发票填制记账凭证
5	审核记账凭证	财务经理	（1）审核出纳填制的记账凭证并对照相关附件检查是否正确 （2）审核无误，在记账凭证上签字或盖章
6	登记科目明细账	财务经理	（1）根据记账凭证登记科目明细账 （2）记账后在记账凭证上签字或盖章
7	登记总账	财务经理	（1）根据记账凭证登记总账 （2）记账后在记账凭证上签字或盖章

七、查看虚拟销售订单

（一）业务概述

营销经理在系统中查看地区的虚拟订单信息。

（二）业务流程

具体业务流程见表8-19。

微课：客户与
虚拟客户签订
销售订单

表8-19　　　　　　　　查看虚拟销售订单业务流程

活动名称	角色	活动描述-操作指导
查看、预选订单	营销经理	（1）在系统中查看可选订单 （2）接到服务公司通知后，到服务公司进行选单

八、查看竞单结果

（一）业务概述

营销经理在系统中查看选择的虚拟订单信息。

（二）业务流程

具体业务流程见表8-20。

表8-20　　　　　　　　查看竞单结果业务流程

活动名称	角色	活动描述-操作指导
查看已选订单	营销经理	（1）查看已选中订单 （2）确定订单信息是否正确 （3）确认交货日期是否正确

模块八

九、接到发货单

（一）业务概述

采购经理接到供应商的发货通知并通知仓储经理准备收货。

（二）业务流程

具体业务流程见表8-21。

表8-21　　　　　　　　　　　接到发货单业务流程

序号	活动名称	角色	活动描述-操作指导
1	接到供应商的发货通知	采购经理	（1）收到供应商的发货单 （2）将发货单交给仓储部经理
2	准备采购收货	仓储经理	依据发货单准备采购收货

十、向物流下达运输订单

（一）业务概述

仓储经理依据发货单填写运输订单，传至物流公司。

（二）业务流程

具体业务流程见表8-22。

表8-22　　　　　　　　　　向物流下达运输订单业务流程

活动名称	角色	活动描述-操作指导
填写业务运输订单并审核	仓储经理	（1）接收采购经理发来的供应商发货单 （2）根据供应商的发货通知单填写业务运输订单并审核 （3）将运输订单传至物流公司

十一、给虚拟经销商发货

（一）业务概述

营销经理下达发货通知，通知仓储部发货。

（二）业务流程

具体业务流程见表8-23。

表8-23　　　　　　　　　　给虚拟经销商发货业务流程

序号	活动名称	角色	活动描述-操作指导
1	填制发货单	营销经理	（1）根据销售发货计划填制发货单（一式四联） （2）将发货单财务部留存联交给财务经理 （3）将发货单仓储部留存联和客户联交给仓储经理
2	确认发货单	财务经理	（1）收到营销经理传过来的发货单 （2）检查本企业的应收账款额度是否过高，如过高则应通知营销经理限制发货 （3）将发货单留存联交给出纳填制记账凭证
3	确认发货单	仓储经理	（1）收到营销经理传过来的发货单 （2）根据仓库现状确认发货单 （3）进行发货准备工作

十二、给虚拟经销商办理出库并开发票

（一）业务概述

仓储经理给虚拟客户发货，营销经理提交开具增值税专用发票申请，财务部开出增值税专用发票并记账。

（二）业务流程

具体业务流程见表8-24。

表8-24　　　　　　　　　给虚拟经销商办理出库并开发票业务流程

序号	活动名称	角色	活动描述-操作指导
1	填制出库单，办理出库业务	仓储经理	根据营销经理传递的发货单填制销售出库单（一式三联）
2	办理出库	仓储经理	（1）依据销售出库单在VBSE系统中办理出库业务 （2）将销售出库单的客户联与货物一起送至客户
3	登记库存台账	仓储经理	（1）办理出库后，根据销售出库单的存根联登记库存台账 （2）将销售出库单的记账联传递给营销经理告知已出库
4	更新销售发货明细表	营销经理	依据仓储经理传递的销售出库单更新销售发货明细表
5	提交增值税专用发票申请	营销经理	（1）根据销售发货明细表和销售订单的记账联信息提交开具增值税专用发票申请 （2）开票申请提交至财务经理审核
6	审核增值税专用发票申请	财务经理	（1）审核营销经理提交的开具增值税专用发票申请 （2）审核后提交总经理审核
7	审核增值税专用发票申请	总经理	（1）审核财务经理提交的开具增值税专用发票申请 （2）审核通过后交营销经理送至出纳处开具增值税专用发票
8	开具增值税专用发票	出纳	根据营销经理来的审核后的开具增值税专用发票申请，开具增值税专用发票
9	登记发票领用表	出纳	（1）营销经理在发票领用表上登记并签字 （2）出纳将增值税专用发票记账联保留，将发票联和抵扣联交给营销经理送给客户
10	发票送至客户	营销经理	营销经理将增值税专用发票送至客户
11	填制记账凭证	出纳	（1）根据发票记账联填制记账凭证，将发票记账联和销售出库单粘贴到记账凭证后面作为附件 （2）将记账凭证交财务经理审核
12	审核记账凭证	财务经理	（1）接收出纳交给的记账凭证，进行审核 （2）审核无误，在记账凭证上签字或盖章
13	登记科目明细账	财务经理	（1）根据记账凭证登记科目明细账 （2）记账后在记账凭证上签字或盖章
14	登记总账	财务经理	（1）根据记账凭证登记总账 （2）记账后在记账凭证上签字或盖章

模块八

十三、收到虚拟经销商货款

（一）业务概述

营销经理通知出纳查看收款信息，出纳根据收款的回单记账。

（二）业务流程

具体业务流程见表8-25。

表8-25   收到虚拟经销商货款业务流程

序号	活动名称	角色	活动描述-操作指导
1	销售收款	营销经理	（1）在VBSE系统中办理销售收款 （2）通知出纳查询银行存款
2	到银行取得收款结算凭证	出纳	（1）查询网银确认收入 （2）到银行取得收款结算凭证
3	查询并打印业务回单	银行柜员	（1）根据出纳提供的信息查询交易记录 （2）打印查询到的交易记录业务回单 （3）将打印的业务回单交给出纳
4	编制记账凭证	出纳	（1）编制记账凭证 （2）将业务回单粘贴到记账凭证后面 （3）将记账凭证交财务经理审核
5	审核记账凭证	财务经理	（1）审核出纳填制的记账凭证并对照相关附件检查是否正确 （2）审核无误，在记账凭证上签字或盖章 （3）将确认后的记账凭证传递给出纳登记银行存款日记账
6	登记银行存款日记账	出纳	（1）根据记账凭证登记银行存款日记账 （2）记账后在记账凭证上签字或盖章 （3）将记账凭证传递给财务经理登记科目明细账
7	登记科目明细账	财务经理	（1）根据记账凭证登记科目明细账 （2）记账后在记账凭证上签字或盖章
8	登记总账	财务经理	（1）根据记账凭证登记总账 （2）记账后在记账凭证上签字或盖章

十四、到货并办理入库

（一）业务概述

仓储经理接到物流的运单，核对无误后，完成入库和记账。

（二）业务流程

具体业务流程见表8-26。

表8-26　　　　　　　　　到货并办理入库业务流程

序号	活动名称	角色	活动描述-操作指导
1	接到物流交来的运单	仓储经理	（1）接收物流交来的运单（一式三联） （2）对照货物检查无误签字确认 （3）留下运单的存根联和记账联
2	办理入库	仓储经理	依据采购订单、供应商发货单和物流运单办理入库业务
3	填写并审核采购入库单	仓储经理	（1）填写并审核采购入库单 （2）将入库信息传递给营销部经理
4	生成采购入库单	仓储经理	在VBSE系统中生成采购入库单
5	登记库存台账	仓储经理	（1）将入库单（存根联）信息登记到库存台账中 （2）将采购入库单传递给采购经理和财务经理登记相关账表
6	更新购销合同执行情况表	采购经理	（1）接收仓储部传递的采购入库单 （2）根据采购入库单信息更新购销合同执行情况表

十五、收到运输费发票并支付

（一）业务概述

仓储经理接到物流的运费增值税专用发票，依据增值税专用发票信息提交付款申请，财务部付款并记账。

（二）业务流程

具体业务流程见表8-27。

表8-27　　　　　　　　　收到运输费发票并支付业务流程

序号	活动名称	角色	活动描述-操作指导
1	收到当次的运输费用发票	仓储经理	（1）收到物流公司开具的运输费用发票 （2）将发票信息登记到发票记录表上（发票号、开票单位、金额、日期、到期日等） （3）确认发票信息无误后交给财务经理审核
2	审核运输费用发票	财务经理	（1）审核收到的运输费用发票 （2）将发票抵扣联留档 （3）将发票记账联传递给出纳填制记账凭证
3	填制记账凭证	出纳	（1）接收运输费用发票记账联 （2）根据发票金额填制记账凭证，将发票记账联粘在记账凭证后作为附件 （3）将记账凭证传递给财务经理审核
4	审核记账凭证	财务经理	（1）审核出纳填制的记账凭证并对照相关附件检查是否正确 （2）审核无误，在记账凭证上签字或盖章

续表

序号	活动名称	角色	活动描述–操作指导
5	登记科目明细账	财务经理	(1) 根据记账凭证登记科目明细账 (2) 记账后在记账凭证上签字或盖章
6	登记总账	财务经理	(1) 根据记账凭证登记总账 (2) 记账后在记账凭证上签字或盖章
7	填写付款申请单	仓储经理	(1) 查看发票记录表，确认未支付的运输费用发票信息 (2) 对照记录表上的未支付发票信息填写付款申请单 (3) 将付款申请单提交给财务经理审核
8	审核付款申请	财务经理	(1) 审核付款申请单和发票金额是否一致，确认无误后在付款申请单上签字 (2) 将付款申请单交仓储经理传递给总经理审核
9	审核付款申请	总经理	(1) 审核付款申请单，确认无误后在申请单上签字 (2) 将付款申请单交还给仓储经理传递给出纳安排付款
10	办理网银付款	出纳	(1) 收到仓储经理转交的批复后的付款申请单 (2) 确认后对照付款申请单办理网银付款
11	编制记账凭证	出纳	(1) 编制记账凭证 (2) 将回单粘贴到记账凭证后面 (3) 将记账凭证交财务经理审核
12	审核记账凭证	财务经理	(1) 审核出纳填制的记账凭证并对照相关附件检查是否正确 (2) 审核无误，在记账凭证上签字或盖章 (3) 将确认后的记账凭证传递给出纳登记银行存款日记账
13	登记银行存款日记账	出纳	(1) 根据记账凭证登记银行存款日记账 (2) 记账后在记账凭证上签字或盖章 (3) 将记账凭证传递给财务经理登记科目明细账
14	登记科目明细账	财务经理	(1) 根据记账凭证登记科目明细账 (2) 记账后在记账凭证上签字或盖章
15	登记总账	财务经理	(1) 根据记账凭证登记总账 (2) 记账后在记账凭证上签字或盖章

十六、收到制造企业发票并支付

（一）业务概述

采购经理接到供应商的销售增值税专用发票，依据增值税发票信息提交付款申请，财务部付款并记账。

（二）业务流程

具体业务流程见表8-28。

表 8-28 收到制造企业发票并支付业务流程

序号	活动名称	角色	活动描述-操作指导
1	收到供应商开具的增值税专用发票	采购经理	（1）收到供应商开具的增值税专用发票 （2）将发票信息登记到发票记录表上（发票号、开票单位、金额、日期、到期日等）
2	填写付款申请单	采购经理	（1）查看发票记录表，确认未支付的供应商增值税专用发票信息 （2）对照记录表上的未支付发票信息填写付款申请单 （3）将付款申请单提交给财务经理审核
3	审核付款申请	财务经理	（1）审核收到的增值税专用发票，与相关采购入库单进行对比，确定发票上的数量、金额与入库单相符 （2）将发票抵扣联留档 （3）将付款申请单交采购经理传递给总经理审核
4	审核付款申请	总经理	（1）审核付款申请单，确认无误后在申请单上签字 （2）将付款申请单交还给采购经理传递给出纳安排付款
5	支付货款	出纳	（1）收到采购经理转交的批复后的付款申请单 （2）确认后在 VBSE 系统中办理网银支付 （3）转账后到银行打印回单作为转账支付凭证
6	填制记账凭证	出纳	（1）出纳根据审核的付款申请单和银行回单填制记账凭证 （2）将银行回单和付款申请单粘贴在记账凭证后作为附件 （3）将记账凭证传递给财务经理审核
7	审核记账凭证	财务经理	（1）审核出纳编制的记账凭证并对照相关附件检查是否正确 （2）审核无误，在记账凭证上签字或盖章 （3）将确认后的记账凭证传递给出纳登记银行存款日记账
8	登记银行存款日记账	出纳	（1）根据记账凭证登记银行存款日记账 （2）记账后在记账凭证上签字或盖章 （3）将记账凭证传递给财务经理登记科目明细账
9	登记科目明细账	财务经理	（1）根据记账凭证登记科目明细账 （2）记账后在记账凭证上签字或盖章
10	登记总账	财务经理	（1）根据记账凭证登记总账 （2）记账后在记账凭证上签字或盖章

十七、申领发票

（一）业务概述
向税务机关领用发票。
（二）业务流程
具体业务流程见表 8-29。

表8-29 申领发票业务流程

序号	活动名称	角色	活动描述-操作指导
1	申请领用发票	出纳	（1）申领人携带营业执照副本、经办人身份证到税务局 （2）向税务专员说明申请发票类型及数量
2	登记并发放发票	税务专员	（1）收到企业的申请后，填写《发票领用表》 （2）发票号由税务专员按序号排列即可 （3）填写后，发放发票

十八、购买支票

（一）业务概述

企业向银行购买支票。

（二）业务流程

具体业务流程见表8-30。

表8-30 购买支票业务流程

序号	活动名称	角色	活动描述-操作指导
1	填写票据领用登记单	出纳	（1）出纳到银行，向银行柜员索要《票据领用登记单》 （2）填写《票据领用登记单》交给银行柜员
2	发放支票	银行柜员	（1）收到企业提交的《票据领用登记单》，根据领用单填写数量，为企业准备支票 （2）根据企业购买支票的金额办理转账并打印业务回单 （3）发放支票
3	编制记账凭证	出纳	（1）领用相关票据 （2）根据银行业务回单编制记账凭证 （3）将业务回单粘贴到记账凭证后面 （4）将记账凭证交财务经理审核
4	审核记账凭证	财务经理	（1）审核出纳填制的记账凭证并对照相关附件检查是否正确 （2）审核无误，在记账凭证上签字或盖章 （3）将确认后的记账凭证传递给出纳登记银行存款日记账
5	登记银行存款日记账	出纳	（1）根据记账凭证登记银行存款日记账 （2）记账后在记账凭证上签字或盖章 （3）将记账凭证传递给财务经理登记科目明细账
6	登记科目明细账	财务经理	（1）根据记账凭证登记科目明细账 （2）记账后在记账凭证上签字或盖章
7	登记总账	财务经理	（1）根据记账凭证登记总账 （2）记账后在记账凭证上签字或盖章

十九、购买仓库

（一）业务概述

按生产需求，向服务公司购买仓库。

（二）业务流程

具体业务流程见表 8-31。

表 8-31　　　　　　　　　　　　购买仓库业务流程

序号	活动名称	角色	活动描述-操作指导
1	填写购销合同	采购经理	（1）根据公司需求，确定购买需求，到服务公司协商仓库的价格 （2）准备购销合同并签署相关内容
2	填写合同会签单	采购经理	（1）拿到双方盖章的购销合同 （2）根据购销合同，填写合同会签单
3	财务审核合同会签单	财务经理	（1）接收采购部经理发送的购销合同和合同会签单 （2）审核购销合同及合同会签单，并在合同会签单上签字
4	总经理审核合同会签单	总经理	（1）接收财务部审核的购销合同和合同会签单 （2）审核购销合同及合同会签单，并在合同会签单对应的位置盖章 （3）将购销合同发送给仓储经理
5	将购销合同送交给服务公司	采购经理	（1）接收总经理发送的购销合同 （2）拿本公司已盖章的购销合同，去服务公司盖章
6	服务公司盖章	服务公司总经理	（1）收到企业盖章后的购销合同，进行审核并盖章 （2）将盖章后的购销合同，送交行政经理
7	合同归档	行政经理	（1）行政经理更新合同管理表 （2）行政经理登记完，把购销合同留存备案
8	办理仓库购买	采购经理	按照合同，在系统中选择相应的仓库进行采购
9	确定仓库销售	服务公司业务员	在系统中确定商贸企业的仓库采购
10	开具发票	服务公司总经理	依据购销合同金额，为商贸企业开具发票

二十、支付购买仓库款

（一）业务概述

支付购买仓库的费用。

（二）业务流程

具体业务流程见表 8-32。

模块八

表8-32　　　　　　　　　　　支付购买仓库款业务流程

序号	活动名称	角色	活动描述-操作指导
1	收到发票	采购经理	收到服务公司开具的增值税专用发票
2	填写付款申请单	采购经理	(1) 对照服务公司开具的增值税专用发票填写付款申请单 (2) 将付款申请书及发票提交给财务经理审核
3	财务经理审核付款申请	财务经理	(1) 审核收到的付款申请单与增值税专用发票是否相符，并审核其正确性 (2) 将发票抵扣联留档 (3) 将付款申请单交总经理审核
4	总经理审核付款申请	总经理	(1) 审核付款申请单，确认无误后在申请单上签字 (2) 将付款申请单交给出纳付款
5	支付货款	出纳	(1) 收到总经理转交的批复后的付款申请单，审核其准确性 (2) 按付款申请单金额开具转账支票 (3) 将转账支票交给服务公司总经理
6	填制记账凭证	出纳	(1) 根据付款申请单和银行回单填制记账凭证 (2) 将银行回单、付款申请单和支票存根粘贴在记账凭证后作为附件
7	审核记账凭证	财务经理	(1) 审核出纳编制的记账凭证并对照相关附件检查是否正确 (2) 审核无误，在记账凭证上签字或盖章 (3) 将确认后的记账凭证传递给出纳登记银行存款日记账
8	登记银行存款日记账	出纳	(1) 根据记账凭证登记银行存款日记账 (2) 记账后在记账凭证上签字或盖章 (3) 将记账凭证传递给财务经理登记科目明细账
9	登记科目明细账	财务经理	(1) 根据记账凭证登记科目明细账 (2) 记账后在记账凭证上签字或盖章
10	登记总账	财务经理	(1) 根据记账凭证登记总账 (2) 记账后在记账凭证上签字或盖章

二十一、支付市场开拓费

（一）业务概述

营销经理根据市场开拓费用发票，提交支付市场开拓费申请及付款处理。

（二）业务流程

具体业务流程见表8-33。

表 8-33   支付市场开拓费业务流程

序号	活动名称	角色	活动描述-操作指导
1	填写付款申请单	营销经理	（1）查看发票记录表，确认未支付的发票信息 （2）对照发票记录表上的未支付发票信息填写付款申请单 （3）将付款申请单提交给财务经理审核
2	审核付款申请	财务经理	（1）审核付款申请单和发票金额是否一致，确认无误后在付款申请单上签字 （2）将付款申请单交营销经理传递给总经理审核
3	审核付款申请	总经理	（1）审核付款申请单，确认无误后在申请单上签字 （2）将付款申请单交还给营销经理拿给出纳人员安排付款
4	开具转账支票	出纳	（1）收到营销经理转交的批复后的付款申请单 （2）确认后对照付款申请单金额开具转账支票 （3）出纳登记支票登记簿，支票领用人签字 （4）将支票正联交给财务经理审核，盖章
5	审核支票	财务经理	（1）审核支票的填写是否正确 （2）确认无误，签字，加盖公司财务章和法人章 （3）将支票正联交给营销经理支付给服务公司
6	将支票送至服务公司	营销经理	（1）在支票登记簿上登记 （2）将支票交给服务公司完成支付
7	填制记账凭证	出纳	（1）出纳根据审核后的付款申请单和支票存根填制记账凭证 （2）将支票存根和付款申请单粘贴在记账凭证后作为附件； （3）将记账凭证传递给财务经理审核
8	审核记账凭证	财务经理	（1）审核出纳填制的记账凭证并对照相关附件检查是否正确 （2）审核无误，在记账凭证上签字或盖章 （3）将确认后的记账凭证传递给出纳登记银行存款日记账
9	登记银行存款日记账	出纳	（1）根据记账凭证登记银行存款日记账 （2）记账后在记账凭证上签字或盖章 （3）将记账凭证传递给财务经理登记科目明细账
10	登记科目明细账	财务经理	（1）根据记账凭证登记科目明细账 （2）记账后在记账凭证上签字或盖章
11	登记总账	财务经理	（1）根据记账凭证登记总账 （2）记账后在记账凭证上签字或盖章
12	收到转账支票并到银行办理转账	服务公司总经理	（1）向办理市场开拓的商贸企业催收市场开拓费 （2）拿到商贸企业办理市场开拓开具的转账支票 （3）根据转账支票填写进账单 （4）携带转账支票与进账单到银行进行转账
13	办理转账并打印银行回单	银行柜员	（1）收到服务公司提交的进账单与支票 （2）根据进账单信息办理转账业务 （3）根据办理的转账业务，打印银行业务回单 （4）将银行业务回单交给服务公司办事员

模块八

二十二、支付广告投放费用

（一）业务概述

支付广告投放费用。

（二）业务流程

具体业务流程见表8-34。

表8-34 支付广告投放费用业务流程

序号	活动名称	角色	活动描述-操作指导
1	填写付款申请单	营销经理	（1）查看发票记录表，确认未支付的发票信息 （2）对照发票记录表上的未支付发票信息填写付款申请单 （3）将付款申请单提交给财务经理审核
2	审核付款申请	财务经理	（1）审核付款申请单和发票金额是否一致，确认无误后在付款申请单上签字 （2）将付款申请单交营销经理传递给总经理审核
3	审核付款申请	总经理	（1）审核付款申请单，确认无误后在申请单上签字 （2）将付款申请单交还给营销经理拿给出纳人员安排付款
4	开具转账支票	出纳	（1）收到营销经理转交的批复后的付款申请单 （2）确认后对照付款申请单金额开具转账支票 （3）出纳登记支票登记簿，支票领用人签字 （4）将支票正联交给财务经理审核、盖章
5	审核支票	财务经理	（1）审核支票的填写是否正确 （2）确认无误，签字，加盖公司财务章和法人章 （3）将支票正联交给营销经理支付给服务公司
6	将支票送至服务公司	营销经理	（1）在支票登记簿上登记 （2）将支票交给服务公司完成支付
7	填制记账凭证	出纳	（1）出纳根据审核的付款申请单和支票存根填制记账凭证 （2）将支票存根和付款申请单粘贴在记账凭证后作为附件 （3）将记账凭证传递给财务经理审核
8	审核记账凭证	财务经理	（1）审核出纳填制的记账凭证并对照相关附件检查是否正确 （2）审核无误，在记账凭证上签字或盖章 （3）将确认后的记账凭证传递给出纳登记银行存款日记账
9	登记银行存款日记账	出纳	（1）根据记账凭证登记银行存款日记账 （2）记账后在记账凭证上签字或盖章 （3）将记账凭证传递给财务经理登记科目明细账
10	登记科目明细账	财务经理	（1）根据记账凭证登记科目明细账 （2）记账后在记账凭证上签字或盖章

续表

序号	活动名称	角色	活动描述-操作指导
11	登记总账	财务经理	（1）根据记账凭证登记总账 （2）记账后在记账凭证上签字或盖章
12	收到转账支票并到银行办理转账	服务公司总经理	（1）向办理广告投放的商贸企业催收广告投放费 （2）拿到商贸企业办理广告投放开具的转账支票 （3）根据转账支票填写进账单 （4）携带转账支票与进账单到银行进行转账
13	办理转账并打印银行回单	银行柜员	（1）收到服务公司提交的进账单与支票 （2）根据进账单信息办理转账业务 （3）根据办理的转账业务，打印银行业务回单 （4）将银行业务回单交给服务公司办事员

任务三　月初任务

一、发放薪酬

（一）业务概述

支付上月职工薪酬。

（二）业务流程

具体业务流程见表8-35。

表8-35　　　　　　　　　　发放薪酬业务流程

序号	活动名称	角色	活动描述-操作指导
1	薪资录盘	行政经理	（1）在VBSE系统里打开"薪资录盘"界面 （2）依据工资表信息，录入人员薪资，完成后保存并导出 （3）将导出的"薪酬发放"的文件拷贝到U盘中
2	填写支出凭单	行政经理	（1）依据薪酬发放表数据填写支出凭单 （2）将填好的支出凭单、薪酬发放表交总经理和财务经理进行审核
3	审核支出凭单和薪酬发放表	总经理	（1）审核支出凭单信息和薪酬发放表是否一致、正确 （2）审核支出凭单的日期、金额、支出方式、支出用途及金额大小写是否正确 （3）审核完成后在支出凭单上签字确认
4	审核支出凭单和薪酬发放表	财务经理	（1）审核支出凭单信息和薪酬发放表是否一致、正确 （2）审核支出凭单的日期、金额、支出方式、支出用途及金额大小写是否正确 （3）审核完成后在支出凭单上签字确认

序号	活动名称	角色	活动描述-操作指导
5	开具转账支票	出纳	（1）根据支出凭单的信息开具转账支票 （2）检查支票填写无误后找财务经理加盖公司财务章和法人章
6	登记支票登记簿	出纳	（1）根据签发的支票登记支票登记簿 （2）支票领用人在支票登记簿上签字
7	去银行办理薪资发放	出纳	（1）填写进账单 （2）带齐薪资发放资料（转账支票、薪资录盘）去银行办理工资发放
8	办理工资发放	银行柜员	（1）接到工资录盘文件和支票 （2）检查文件和支票 （3）在系统中导入工资录盘文件完成工资发放并打印回单给客户
9	取得银行业务回单	出纳	取得银行的业务回单（可以在柜台办理时直接由银行柜员打印取回，在柜台未打印，次日可以在回单柜中取得）
10	填制记账凭证	出纳	（1）依据银行业务回单、转账支票存根、支出凭单填制记账凭证 （2）编制记账凭证，将原始单据作为附件粘贴在记账凭证后面 （3）将记账凭证和相关原始单据交给财务经理审核
11	审核记账凭证	财务经理	（1）审核出纳提交的记账凭证 （2）核对记账凭证与原始凭证的一致性，审核无误后签字或盖章 （3）将审核后的记账凭证交给出纳登记银行存款日记账
12	登记银行存款日记账	出纳	（1）根据审核后的记账凭证登记银行存款日记账 （2）记账后在记账凭证上签字或盖章 （3）将记账凭证交回财务经理登记科目明细账
13	登记科目明细账	财务经理	（1）依据记账凭证登记科目明细账 （2）记账后在记账凭证上签字或盖章
14	登记总账	财务经理	（1）依据记账凭证登记总账 （2）记账后在记账凭证上签字或盖章

二、申报企业增值税

（一）业务概述

月初财务经理申报上月增值税。

（二）业务流程

具体业务流程见表8-36。

表 8-36　　　　　　　　　　　　　　申报企业增值税业务流程

序号	活动名称	角色	活动描述-操作指导
1	整理增值税纳税申报资料	财务经理	（1）准备上期的进项税，汇总并整理 （2）准备上期的销项税，汇总并整理
2	网上增值税纳税申报	财务经理	（1）在 VBSE 系统中根据确认的金额进行增值税纳税申报 （2）填写完成后提交税务机关审核
3	审核企业增值税纳税申报	税务专员	在 VBSE 系统中审核企业提交的增值税纳税申报

三、与物流公司签订运输合同

（一）业务概述

与物流公司签订运输合同。

（二）业务流程

具体业务流程见表 8-37。

表 8-37　　　　　　　　　　　　与物流公司签订运输合同业务流程

序号	活动名称	角色	活动描述-操作指导
1	收到物流运输合同，填制合同会签单	仓储经理	（1）收到物流公司草拟的物流运输合同 （2）审查物流运输合同的条款内容是否有误 （3）审查通过后填写合同会签单 （4）物流运输合同与合同会签单一同送至财务经理审核
2	审核物流运输合同和合同会签单	财务经理	（1）审核物流运输合同的金额是否符合公司要求 （2）确定符合要求后，在合同会签单上签字 （3）审核通过后的物流运输合同和合同会签单一同送至总经理审核
3	审核物流运输合同和合同会签单	总经理	（1）审核物流运输合同的条款、期限、付款信息等是否符合公司要求 （2）确定符合要求后，在合同会签单上签字 （3）审核通过后的物流运输合同和合同会签单由仓储经理一同送至行政经理
4	合同盖章	行政经理	（1）接到审核通过的合同会签单，在物流运输合同上盖章 （2）仓储经理在公章印鉴使用登记表上登记
5	归档	行政经理	（1）将 1 份盖章的合同交给仓储经理转交物流公司 （2）行政经理将合同会签单与一份盖章的物流运输合同一起进行归档 （3）登记合同管理表
6	合同盖章后返回物流公司	仓储经理	仓储经理将盖好公章的物流运输合同返回物流公司

四、扣缴五险一金

（一）业务概述
财务经理收到扣缴五险一金回单，进行账务处理。

（二）业务流程
具体业务流程见表8-38。

表8-38　　　　　　　　　　扣缴五险一金业务流程

序号	活动名称	角色	活动描述-操作指导
1	到银行领取五险一金银行扣款回单	出纳	到银行领取五险一金银行扣款回单
2	代扣社会保险	银行柜员	为企业代理扣缴社会保险
3	代扣住房公积金	银行柜员	为企业代理扣缴住房公积金
4	打印五险一金扣款回单	银行柜员	（1）接到客户打印请求，查询相关交易记录 （2）确认交易记录存在，即可为客户打印回单 （3）打印后将回单交于客户
5	填制记账凭证	出纳	（1）出纳依据银行回单填制记账凭证，将银行扣款凭证和五险一金扣款通知粘贴在记账凭证后作为附件 （2）将记账凭证传递给财务经理审核
6	审核记账凭证	财务经理	（1）审核出纳填制的记账凭证并对照相关附件检查是否正确 （2）审核无误，在记账凭证上签字或盖章 （3）将确认后的记账凭证传递给出纳登记银行存款日记账
7	登记银行存款日记账	出纳	（1）根据记账凭证登记银行存款日记账 （2）记账后在记账凭证上签字或盖章 （3）将记账凭证传递给财务经理登记科目明细账
8	登记科目明细账	财务经理	（1）根据记账凭证登记科目明细账 （2）记账后在记账凭证上签字或盖章
9	登记总账	财务经理	（1）根据记账凭证登记总账 （2）记账后在记账凭证上签字或盖章

五、缴纳个人所得税

（一）业务概述
缴税扣款及账务处理。

（二）业务流程
具体业务流程见表8-39。

表8-39　　　　　　　　　　　缴纳个人所得税业务流程

序号	活动名称	角色	活动描述-操作指导
1	查询网银扣款情况	出纳	(1) 查询网银，确认个人所得税是否已扣款成功 (2) 到银行打印税收缴税证明
2	打印缴税凭证	银行柜员	(1) 查询转账记录 (2) 确认后打印缴税证明
3	填制记账凭证	出纳	(1) 根据扣款通知和税收缴款书填制记账凭证 (2) 将扣款通知和税收缴款书粘贴在记账凭证后作为原始单据 (3) 提交给财务经理审核
4	审核记账凭证	财务经理	(1) 收到记账凭证和相关原始单据 (2) 审核记账凭证是否正确 (3) 确认无误签字或盖章，将记账凭证交给出纳登记银行存款日记账
5	登记银行存款日记账	出纳	(1) 根据审核后的记账凭证登记银行存款日记账 (2) 记账后在记账凭证上签字或盖章 (3) 将记账凭证交给财务经理登记科目明细账
6	登记科目明细账	财务经理	(1) 根据审核后的记账凭证登记科目明细账 (2) 记账后在记账凭证上签字或盖章
7	登记总账	财务经理	(1) 根据审核后的记账凭证登记总账 (2) 记账后在记账凭证上签字或盖章

六、缴纳企业增值税

（一）业务概述
确认申报状态，审核通过后提交扣款并进行账务处理。

（二）业务流程
具体业务流程见表8-40。

表8-40　　　　　　　　　　　缴纳企业增值税业务流程

序号	活动名称	角色	活动描述-操作指导
1	确认申报状态并提交扣款	财务经理	(1) 在VBSE系统中查看申报状态 (2) 审核通过后点击"扣缴"
2	查询网银扣款情况	出纳	(1) 查询网银，确认增值税是否已扣款成功 (2) 扣款成功，到银行打印税收缴税证明
3	打印缴税凭证	银行柜员	(1) 查询转账记录 (2) 确认后打印缴税证明
4	填制记账凭证	出纳	(1) 根据缴税证明编制记账凭证 (2) 将缴税证明粘贴在记账凭证后面作为附件 (3) 将记账凭证交给财务经理审核

序号	活动名称	角色	活动描述-操作指导
5	审核记账凭证	财务经理	(1) 收到记账凭证和缴款证明 (2) 审核记账凭证无误后签字或盖章 (3) 将记账凭证交给出纳登记银行存款日记账
6	登记银行存款日记账	出纳	(1) 根据审核后的记账凭证登记银行存款日记账 (2) 记账后在记账凭证上签字或盖章 (3) 将记账凭证交给财务经理登记科目明细账
7	登记科目明细账	财务经理	(1) 根据审核后的记账凭证登记科目明细账 (2) 记账后在记账凭证上签字或盖章
8	登记总账	财务经理	(1) 根据审核后的记账凭证登记总账 (2) 记账后在记账凭证上签字或盖章

任务四 月末任务

一、申报个人所得税

（一）业务概述
申报本月个人所得税。

（二）业务流程
具体业务流程见表8-41。

表8-41　　　　　　　　　　　申报个人所得税业务流程

序号	活动名称	角色	活动描述-操作指导
1	整理、提交个人所得税纳税申报资料	行政经理	(1) 收集整理员工信息 (2) 根据员工信息在VBSE系统中下载导入模版，根据员工信息填写"个人所得税基础信息模板" (3) 将填好的"个人所得税基础信息模板"导入系统中并提交税务局 (4) 将员工信息和工资表一同交给财务经理
2	审核企业提交的个人所得税纳税申报资料	税务专员	在VBSE系统中审核企业提交的个人所得税申报资料
3	网上个人所得税纳税申报	财务经理	(1) 在VBSE系统中下载"扣缴个人所得税报告表模板" (2) 根据工资表和员工信息填写"扣缴个人所得税报告表模板" (3) 将填好的"扣缴个人所得税报告表模板"导入系统中并扣缴个人所得税

二、认证增值税抵扣联

（一）业务概述

财务经理将公司的增值税抵扣联收集后，到税务部门进行认证，获得盖章的认证结果通知书后，与抵扣联一并装订。

（二）业务流程

具体业务流程见表8-42。

表8-42　　　　　　　　　　认证增值税抵扣联业务流程

序号	活动名称	角色	活动描述-操作指导
1	收集抵扣联	财务经理	收集齐抵扣联
2	到税务局进行抵扣认证	财务经理	将增值税抵扣联送至税务局，进行抵扣认证
3	审核企业提交的进项税抵扣联	税务专员	对企业提交的进项税抵扣联进行审核，通过后打印认证结果通知书，交给企业办事人员
4	抵扣联装订归档	财务经理	将从税务局取得的认证结果通知书与抵扣联装订，归档备查

三、核算薪酬

（一）业务概述

行政经理统计考勤，制作工资表，并提交至财务部。

（二）业务流程

具体业务流程见表8-43。

表8-43　　　　　　　　　　核算薪酬业务流程

序号	活动名称	角色	活动描述-操作指导
1	收集工资数据	行政经理	（1）依据期初数据查找当月入职人员记录，收集整理新增数据 （2）依据期初数据查找当月离职人员记录，收集整理减少数据 （3）依据期初数据查找当月晋升、调动及工资调整记录，收集整理变更数据 （4）依据期初数据查找当月考勤信息，整理汇总当月考勤数据 （5）依据期初数据查找当期绩效考核评价评分资料，整理汇总绩效考核结果 （6）依据期初数据查找当月奖励、处罚记录，并作汇总整理 （7）依据期初数据查找当月五险一金增减、缴费数据，计算五险一金
2	计算工资	行政经理	（1）下载企业员工花名册信息 （2）依照薪酬规则，参照期初有关职工薪酬的各种表格，制作职工薪酬计算的各种表格，包含《职工薪酬统计表》《五险一金缴费统计表》《部门汇总》等 （3）按照薪酬体系中每个项目的计算规则进行工资核算 （4）将工资表交给总经理审核

模块八

序号	活动名称	角色	活动描述-操作指导
3	审核工资表	总经理	（1）收到行政经理交给的工资表 （2）审核工资结算总金额，了解总人工成本及波动幅度，并就变动的合理性进行核查 （3）审核完成后在表单对应位置签字 （4）将签字完成的表单交还行政经理，拿给财务部记账
4	填制记账凭证	出纳	（1）收到行政经理交来的工资表 （2）依据工资表编制本月工资记账凭证，计提本月工资
5	审核记账凭证	财务经理	（1）收到出纳交来的工资表和记账凭证 （2）审核记账凭证的正确性 （3）审核无误，在记账凭证上签字或盖章 （4）交还给出纳工资表和记账凭证
6	登记科目明细账	财务经理	（1）根据记账凭证登记科目明细账 （2）记账后在记账凭证上签字或盖章
7	登记总账	财务经理	（1）根据记账凭证登记总账 （2）记账后在记账凭证上签字或盖章

四、计提折旧

（一）业务概述
财务经理对固定资产进行折旧计提。

（二）业务流程
具体业务流程见表8-44。

表8-44　　　　　　　　　　计提折旧业务流程

序号	活动名称	角色	活动描述-操作指导
1	计算固定资产折旧	财务经理	（1）根据固定资产政策及固定资产明细账计提折旧 （2）填写固定资产折旧计算表
2	填制记账凭证	出纳	（1）接收财务经理提供的固定资产折旧计算表 （2）根据固定资产折旧计算表填写记账凭证，将折旧计算表粘贴在记账凭证后作为附件 （3）将记账凭证交给财务部经理审核
3	审核记账凭证	财务经理	（1）接收出纳交给的记账凭证，进行审核 （2）审核无误，在记账凭证上签字或盖章
4	登记科目明细账	财务经理	（1）根据记账凭证登记科目明细账 （2）记账后在记账凭证上签字或盖章
5	登记总账	财务经理	（1）根据记账凭证登记总账 （2）记账后在记账凭证上签字或盖章

五、存货核算

（一）业务概述

财务经理根据本月的商品的进出库记录，进行成本核算。

（二）业务流程

具体业务流程见表8-45。

表8-45 存货核算业务流程

序号	活动名称	角色	活动描述-操作指导
1	编制产品销售成本结转明细表	财务经理	（1）根据销售出库单汇总销售出库的产品明细数量 （2）根据销售数量和库存商品平均单价，编制销售成本结转明细表 （3）将单据传递给出纳填制记账凭证
2	填制记账凭证	出纳	（1）根据销售出库单及销售成本结转明细表反映的业务内容，编制记账凭证，将相关单据粘贴在后面作为附件 （2）将记账凭证传递给财务经理审核
3	审核记账凭证	财务经理	（1）审核记账凭证的附件、记账科目、金额、手续是否正确与齐全 （2）审核无误在记账凭证上签字或盖章
4	登记科目明细账	财务经理	（1）根据记账凭证登记科目明细账 （2）记账后在记账凭证上签字或盖章
5	登记总账	财务经理	（1）根据记账凭证登记总账 （2）记账后在记账凭证上签字或盖章

六、期末账务处理

（一）业务概述

财务经理在月末进行财务核算。

（二）业务流程

具体业务流程见表8-46。

表8-46 期末账务处理业务流程

序号	活动名称	角色	活动描述-操作指导
1	结转损益	财务经理	（1）汇总损益类科目发生额，并与总账核对 （2）将总账里的损益类科目本期发生额结转致本年利润科目
2	填制记账凭证	出纳	收到财务经理的数据填制记账凭证
3	计提企业所得税费用并结转	财务经理	（1）根据本年利润余额计算企业所得税 （2）将计算数额通知出纳填制记账凭证
4	填制记账凭证	出纳	收到财务经理的数据填制记账凭证

序号	活动名称	角色	活动描述-操作指导
5	结转本年利润	财务经理	将本年利润余额结转至利润分配中
6	填制记账凭证	出纳	收到财务经理的数据填制记账凭证
7	计提法定盈余公积并结转	财务经理	（1）按本年净利润（减弥补以前亏损）的10%提取法定盈余公积，法定盈余公积累计额达到注册资本的50%时可以不再提取 （2）将提取的法定盈余公积结转至利润分配中
8	填制记账凭证	出纳	（1）编制计提法定盈余公积凭证和结转凭证 （2）提交财务部经理审核
9	审核记账凭证	财务经理	（1）审核出纳提交的记账凭证是否有误 （2）审核无误，在记账凭证上签字或盖章
10	登记科目明细账	财务经理	（1）根据记账凭证登记科目明细账 （2）记账后在记账凭证上签字或盖章
11	登记总账	财务经理	（1）根据记账凭证登记总账 （2）记账后在记账凭证上签字或盖章

七、编制资产负债表

（一）业务概述

财务经理根据财务数据编制资产负债表。

（二）业务流程

具体业务流程见表8-47。

表8-47　　　　　　　　　　　编制资产负债表业务流程

序号	活动名称	角色	活动描述-操作指导
1	编制资产负债表	财务经理	（1）财务经理编制资产负债表、财务报表说明等财务报告相关内容 （2）确认无误后在财务报告上签字并盖章 （3）将财务报告交给总经理审查并签字盖章
2	审查财务报告	总经理	（1）总经理审查财务经理编制的财务报告 （2）总经理确认无误后在财务报告上签字并盖章

八、编制利润表

（一）业务概述

财务经理根据财务数据编制利润表。

（二）业务流程

具体业务流程见表8-48。

表 8-48 编制利润表业务流程

序号	活动名称	角色	活动描述-操作指导
1	编制利润表	财务经理	（1）财务经理编制利润表、财务报表说明等财务报告相关内容 （2）确认无误后在财务报告上签字并盖章 （3）将财务报告交给总经理审查并签字盖章
2	审查财务报告	总经理	（1）总经理审查财务经理编制的财务报告 （2）总经理确认无误后在财务报告上签字并盖章

模块九
社会资源日常任务

模块九　社会资源日常任务

任务一 融通综合服务有限公司日常任务

一、分发办公用品（服务公司）

（一）业务概述

整理办公用品，发放给本次实训课程的组织。

（二）业务流程

具体业务流程见表9-1。

表9-1 分发办公用品业务流程

序号	活动名称	角色	活动描述-操作指导
1	整理办公用品	服务公司总经理	（1）确定本次实训的机构数量 （2）整理每个机构应发放的办公用品 （3）通知服务公司业务员准备分发办公用品
2	通知并分发办公用品	服务公司业务员	（1）按顺序通知各机构到服务公司领用办公用品 （2）将总经理分配好的办公用品分发给各机构领用人员并做好登记

二、组织经销商竞单（服务公司）

（一）业务概述

组织经销商进行竞单。

（二）业务流程

具体业务流程见表9-2。

表9-2 组织经销商竞单业务流程

序号	活动名称	角色	活动描述-操作指导
1	通知经销商竞单	服务公司总经理	让服务公司业务员去通知已投放广告的企业到服务公司来进行竞单
2	为经销商办理选单	服务公司总经理	（1）选择一个区域 （2）按该区域中各公司投放广告顺序依次选单 （3）收到企业选单命令后，选择对应企业，再选择对应的订单，进行确认

三、核对车间水电费并开发票（服务公司）

（一）业务概述

核对各企业车间水电费，并为企业开具发票。

（二）业务流程

具体业务流程见表9-3。

表9-3   核对车间水电费并开发票业务流程

序号	活动名称	角色	活动描述-操作指导
1	查看水电费单	服务公司业务员	（1）收到客户提交的《水电费付款单》，核准单据 （2）通知企业找服务公司总经理领取发票
2	开具发票	服务公司总经理	（1）与服务公司业务员确定服务金额 （2）根据金额为客户开具发票

四、收取车间水电费（服务公司）

（一）业务概述

按月收取各企业的水电费。

（二）业务流程

具体业务流程见表9-4。

表9-4   收取车间水电费业务流程

序号	活动名称	角色	活动描述-操作指导
1	收到转账支票	服务公司总经理	（1）向办理业务的企业收取水电费 （2）拿到申请企业开具的支票
2	到银行办理转账	服务公司总经理	（1）根据转账支票填写进账单 （2）携带转账支票与进账单到银行进行转账
3	办理转账（银行）	银行柜员	（1）收到企业提交的进账单与支票 （2）根据进账单信息办理转账业务
4	打印银行回单（银行）	银行柜员	（1）找到已办理的转账业务，打印回单 （2）将回单交给企业办事员

微课：撰写营销策划方案

五、组织制造企业竞单（服务公司）

（一）业务概述

组织制造企业进行竞单。

（二）业务流程

具体业务流程见表9-5。

表9-5   组织制造企业竞单业务流程

序号	活动名称	角色	活动描述-操作指导
1	通知制造企业竞单	服务公司总经理	让服务公司业务员去通知已投放广告的企业到服务公司来进行竞单
2	为制造企业办理选单	服务公司总经理	（1）选择中部区域 （2）按该区域中各公司投放广告顺序依次选单 （3）收到企业选单命令后，选择对应企业，再选择对应的订单，进行确认

模块九

六、支付设备回购款（服务公司）

（一）业务概述

支付回收设备的货款。

（二）业务流程

具体业务流程见表9-6。

表9-6　　　　　　　　　　　　支付设备回购款业务流程

序号	活动名称	角色	活动描述-操作指导
1	填写支票	服务公司总经理	（1）回收制造企业设备后，按回收价格填写支票 （2）填写后交由服务公司业务员送交对应企业采购员
2	递送支票	服务公司业务员	从服务公司总经理处拿过支票，送到相应企业

七、回收厂房销售款（服务公司）

（一）业务概述

回收销售给企业的厂房销售款。

（二）业务流程

具体业务流程见表9-7。

表9-7　　　　　　　　　　　　回收厂房销售款业务流程

序号	活动名称	角色	活动描述-操作指导
1	催收货款	服务公司业务员	（1）向购买厂房的企业催收货款 （2）收到企业递交的转账支票 （3）依据厂房购销合同审核支票的金额 （4）填写进账单，连同支票一起送交银行进行转账
2	银行转账	银行柜员	（1）收到服务公司提交的支票与进账单 （2）审核支票的正确性 （3）根据进账单进行转账

八、回收仓库销售款（服务公司）

（一）业务概述

回收销售给企业的仓库销售款。

（二）业务流程

具体业务流程见表9-8。

表 9-8   回收仓库销售款业务流程

序号	活动名称	角色	活动描述-操作指导
1	催收货款	服务公司业务员	（1）向购买仓库的企业催收货款 （2）收到企业递交的转账支票 （3）依据仓库购销合同审核支票的金额 （4）填写进账单，连同支票一起送交银行进行转账
2	银行转账	银行柜员	（1）收到服务公司提交的支票与进账单 （2）审核支票的正确性 （3）根据进账单进行转账

九、回收3C认证款（服务公司）

（一）业务概述

回收企业办理3C认证款。

（二）业务流程

具体业务流程见表9-9。

表 9-9   回收3C认证款业务流程

序号	活动名称	角色	活动描述-操作指导
1	催收货款	服务公司业务员	（1）向办理3C认证的企业催收货款 （2）收到企业递交的转账支票 （3）依据3C认证办理费审核支票的金额 （4）填写进账单，连同支票一起送交银行进行转账
2	银行转账	银行柜员	（1）收到服务公司提交的支票与进账单 （2）审核支票的正确性 （3）根据进账单进行转账

十、回收设备销售款（服务公司）

（一）业务概述

回收企业购买设备款。

（二）业务流程

具体业务流程见表9-10。

表 9-10   回收设备销售款业务流程

序号	活动名称	角色	活动描述-操作指导
1	催收货款	服务公司业务员	（1）向购买设备的企业催收货款 （2）收到企业递交的转账支票 （3）依据设备销售合同审核支票的金额 （4）填写进账单，连同支票一起送交银行进行转账
2	银行转账	银行柜员	（1）收到服务公司提交的支票与进账单 （2）审核支票的正确性 （3）根据进账单进行转账

任务二　新华招投标有限公司日常任务

一、名称预先核准申请（招投标）

（一）业务概述

企业起名后到市场监督管理局办理名称核准。

（二）业务流程

具体业务流程见表9-11。

表9-11　　　　　　　　　名称预先核准申请业务流程

序号	活动名称	角色	活动描述-操作指导
1	企业取名	招投标总经理	（1）申办人应提前准备好公司名称3—5个，公司名称要符合规范，具体格式例如：××（地区名）+××（企业名）+××（行业名）+××××（类型） （2）在实训中，公司名称已给定
2	填写《名称预先核准申请书》	招投标总经理	（1）找到《名称预先核准申请书》 （2）填写已准备好的公司名称，完成《名称预先核准申请书》
3	到市场监督管理局审核申请书	招投标总经理	到市场监督管理局，递交《名称预先核准申请书》，等待市场监督管理局的审批结果
4	审核申请书	市场监督管理专员	（1）审核招投标公司递交的《名称预先核准申请书》 （2）审核后，为招投标公司发放《企业名称核准通知书》

二、企业设立登记（招投标）

（一）业务概述

到市场监督管理局办理公司注册。

（二）业务流程

具体业务流程见表9-12。

微课：认识企业文化

表9-12　　　　　　　　　企业设立登记业务流程

序号	活动名称	角色	活动描述-操作指导
1	填写企业设立登记申请表	招投标总经理	填写《企业设立登记申请表》
2	到市场监督管理局办理审核	招投标总经理	携带《房屋租赁合同》、《房产证复印件》（实训中未提供，可不带）、《公司章程》、《企业名称核准通知书》到市场监督管理局进行企业设立登记，等待市场监督管理局人员进行审核
3	市场监督管理局审核设立登记	市场监督管理专员	（1）接收企业申请的《企业设立登记申请表》 （2）审核《企业设立登记申请表》并发放营业执照

模块九

三、税务登记（招投标）

（一）业务概述

办理税务报到，完成税务登记。

（二）业务流程

具体业务流程见表9-13。

表9-13 税务登记业务流程

序号	活动名称	角色	活动描述-操作指导
1	签订税收代扣协议	招投标总经理	到银行领取《同城委托收款协议》并填写
2	审核代扣协议（银行）	银行柜员	（1）收到企业填写的《同城委托收款协议》 （2）审核协议，并签署相关部分
3	填写税务登记	招投标总经理	（1）到税务局领取并填写《税务登记表》 （2）将《税务登记表》提交税务局进行审核
4	审核登记表	税务专员	审核企业提交的《税务登记表》

四、银行开户申请（招投标）

（一）业务概述

到银行开立企业的基本账户。

（二）业务流程

具体业务流程见表9-14。

表9-14 银行开户申请业务流程

序号	活动名称	角色	活动描述-操作指导
1	填写银行开户申请	招投标总经理	（1）到银行领取《银行结算账户申请书》并填写 （2）填写后，将单据与营业执照、法人身份证、经办人身份证交由银行进行审核
2	审核开户申请	银行柜员	（1）收到企业填写的《银行结算账户申请书》 （2）审核协议，并签署相关部分

五、签订招标委托合同（招投标）

（一）业务概述

与委托方签订招投标委托合同。

（二）业务流程

具体业务流程见表9-15。

表9-15 签订招投标委托合同业务流程

活动名称	角色	活动描述-操作指导
签订委托代理合同	招投标总经理	（1）委托方为湖北强盛商贸有限公司，开户行为中国工商银行，账号为4563512600681022353 （2）根据以上信息，签订《委托代理合同》，因委托方是虚拟企业，所以，《委托代理合同》由招投标总经理一人代签

六、制作招标文件（招投标）

（一）业务概述

招投标总经理编制招标文件。

（二）业务流程

具体业务流程见表9-16。

表9-16　　　　　　　　　　　　　　制作招标文件业务流程

活动名称	角色	活动描述-操作指导
制作招标文件	招投标总经理	招投标总经理编制招标文件

七、发布招标公告（招投标）

（一）业务概述

招投标总经理发布招标公告。

（二）业务流程

具体业务流程见表9-17。

表9-17　　　　　　　　　　　　　　发布招标公告业务流程

序号	活动名称	角色	活动描述-操作指导
1	编制招标公告	招投标总经理	招投标总经理根据招标公告模板，新建Word文档编制招标公告
2	发布招标公告	招投标总经理	（1）打印编制完成的招标公告 （2）将招标公告贴到公告板中，并通知各企业到公告板处查看

八、投标资格预审（制造企业）

（一）业务概述

企业确认投标后，编写并提交资格预审文件。

（二）业务流程

具体业务流程见表9-18。

表9-18　　　　　　　　　　　　　　投标资格预审业务流程

序号	活动名称	角色	活动描述-操作指导
1	编制资格预审文件	制造企业销售专员	（1）确定投标后，找到资格预审文件，编制资格预审文件 （2）编制完成后，由部门经理审核后，制造企业销售专员提交到招投标公司
2	审核资格预审文件	招投标总经理	（1）收到制造企业提交的资格预审文件 （2）审核资格预审文件

九、出售招标文件（招投标）

（一）业务概述

招投标公司出售招标文件。

（二）业务流程

具体业务流程见表9-19。

表9-19　　　　　　　　　　　　出售招标文件业务流程

活动名称	角色	活动描述-操作指导
出售招标文件	招投标总经理	（1）收到企业购买的需求 （2）将招标文件销售给制造企业销售专员，招标文件200元一份

十、制作投标文件（制造企业）

（一）业务概述

企业领取招标文件。

（二）业务流程

具体业务流程见表9-20。

表9-20　　　　　　　　　　　制作投标文件业务流程

序号	活动名称	角色	活动描述-操作指导
1	购买招标文件	销售专员	（1）到招投标公司说明要购买招标文件，每份招标文件200元 （2）从招投标总经理处接过招标文件
2	编制投标文件	销售专员	根据招标文件内容及公司自身情况，编制投标文件

十一、组织开标会（招投标）

（一）业务概述

招投标公司总经理组织开标会。

（二）业务流程

具体业务流程见表9-21。

表9-21　　　　　　　　　　　组织开标会业务流程

活动名称	角色	活动描述-操作指导
组织开标会	招投标总经理	（1）招投标经理组织已投标的企业人员进行投标讲解 （2）请4—5位评委对招标情况进行评审

十二、参加开标会（制造企业）

（一）业务概述

制造企业参加开标会。

（二）业务流程

具体业务流程见表9-22。

表9-22　　　　　　　　　　　参加开标会业务流程

活动名称	角色	活动描述-操作指导
参加开标会	销售专员	（1）准备用于投标讲解的PPT （2）到招投标公司指定地点参加开标会

十三、定标并发出中标订单（招投标）

（一）业务概述

招投标公司总经理组织评委进行招标评分，定标并发出中标订单。

（二）业务流程

具体业务流程见表9-23。

表9-23　　　　　　　　　定标并发出中标订单业务流程

序号	活动名称	角色	活动描述-操作指导
1	招标评分	招投标总经理	联合评标委员进行评分
2	定标，发布中标公告	招投标总经理	（1）确定评分后，确定中标企业 （2）在系统中发布中标公告
3	填写中标通知书	招投标总经理	（1）填写中标通知书 （2）将中标通知书送交中标企业
4	发出中标订单	招投标总经理	在系统中发出中标订单

十四、给招标客户发货（制造企业）

（一）业务概述

营销部销售专员填写发货单，交营销部经理审核批准后通知客户。

（二）业务流程

具体业务流程见表9-24。

表9-24　　　　　　　　　给招标客户发货业务流程

序号	活动名称	角色	活动描述-操作指导
1	填写发货单	销售专员	（1）填写发货单 （2）将发货单送交营销部经理审核
2	审核发货单	营销部经理	（1）接收销售专员交给的发货单，并审核发货单 （2）将发货单发送给销售专员
3	分发发货单	销售专员	（1）接收营销部经理交给的发货单 （2）分发发货单给客户

十五、为招标客户办理出库（制造企业）

（一）业务概述

仓储部办理招标客户出库，并由销售专员申请开具发票后，进行相关账务处理。

（二）业务流程

具体业务流程见表9-25。

表9-25 为招标客户办理出库业务流程

序号	活动名称	角色	活动描述-操作指导
1	填制产品出库单	仓管员	(1) 依据发货单填制产品的销售出库单 (2) 提交至仓储部经理审批
2	审核产品出库单	仓储部经理	(1) 仓储部经理收到仓管员开具的产品销售出库单 (2) 审核填写是否正确 (3) 确认无误，签字并交还仓管员去办理出库手续
3	登记库存台账	仓管员	接收仓储部经理审核批准的产品销售出库单，填写库存台账，留存备案
4	销售发运并申请开票	销售专员	(1) 根据销售出库单进行销售发运，并将销售出库单第四联送交客户 (2) 向出纳申请开发票
5	开具发票	出纳	(1) 从销售专员处获取卖给该客户的销售价格 (2) 根据产品出库单，结合销售价格，开具销售发票
6	将发票送给客户	销售专员	销售专员将发票交物流公司，由物流公司送给客户
7	填制记账凭证	财务会计	(1) 根据开具的发票填制记账凭证 (2) 将记账凭证交给财务部经理审核
8	审核记账凭证	财务部经理	(1) 接收财务会计交给的记账凭证，进行审核 (2) 审核后，交财务会计登记科目明细账
9	登记明细账	财务会计	(1) 接收财务部经理交给的记账凭证 (2) 核对财务部经理是否已审核 (3) 根据审核后的记账凭证登记科目明细
10	登记总账	财务部经理	(1) 接收出纳交给的记账凭证 (2) 根据记账凭证登记科目总账

十六、收到招标客户货款（制造企业）

（一）业务概述

营销经理通知出纳查看收款信息，出纳根据收款的回单记账。

（二）业务流程

具体业务流程见表9-26。

表 9-26 收到招标客户货款业务流程

序号	活动名称	角色	活动描述-操作指导
1	销售收款	销售专员	（1）在 VBSE 系统中办理销售收款 （2）通知出纳查询银行存款
2	收到银行收款结算凭证（电汇回单）	出纳	收到银行收款结算凭证（电汇回单）
3	编制记账凭证	财务会计	（1）编制记账凭证 （2）将电汇回单粘贴到记账凭证后面 （3）将记账凭证交财务部经理审核
4	审核记账凭证	财务部经理	（1）审核出纳填制的记账凭证并对照相关附件检查是否正确 （2）审核无误，签字确认 （3）将确认后的记账凭证传递给出纳登记银行存款日记账
5	登记银行存款日记账	出纳	（1）根据记账凭证登记簿登记银行存款日记账 （2）记账后在记账凭证上签字或盖章 （3）将记账凭证传递给财务经理登记科目明细账
6	登记科目明细账	财务会计	（1）根据记账凭证登记科目明细账 （2）记账后在记账凭证上签字或盖章
7	登记总账	财务部经理	（1）根据记账凭证登记总账 （2）记账后在记账凭证上签字或盖章

十七、结算招标服务费（招投标）

（一）业务概述

结算招投标服务费。

（二）业务流程

具体业务流程见表 9-27。

表 9-27 结算招标服务费业务流程

活动名称	角色	活动描述-操作指导
结算招标服务费	招投标总经理	结算招投标公司的服务费

任务三 五洲进出口有限公司日常任务

一、贸易洽谈（国贸）

（一）业务概述

国贸企业进行贸易洽谈。

（二）业务流程

具体业务流程见表 9-28。

表9-28 贸易洽谈业务流程

序号	活动名称	角色	活动描述-操作指导
1	选中目标客户	进出口经理	在系统中选中目标客户订单
2	向进口商发建交函	进出口经理	向进口商发建交函，介绍自己公司的业务，表达希望能与对方公司建立贸易伙伴关系
3	进口商询盘	进出口经理	收到进口商发来的询盘函
4	出口报价核算	进出口经理	（1）请示交易条件和利润率，并在获取相关信息后，开始计算价格 （2）进行报价核算，得出美元单价
5	起草发盘函	进出口经理	（1）起草发盘函 （2）送交总经理审核
6	审核发盘函	总经理	（1）对发盘函的内容进行审核 （2）签字确认
7	发盘	进出口经理	起草发盘函，经领导审核无误，对外报价（注：初次报价中的支付条款一般坚持要求使用不可撤销、即期信用证（irrevocable sight letter of credit or L/C））
8	还盘、再还盘、接受	进出口经理	在实际业务过程中，很少有第一次报价的内容就完全被对方接受，一般都会针对某个或几个成交条件发生几次不同意见的还盘、再还盘，直到一方宣布完全同意已经谈过的所有条件，即为接受

二、出口合同签订（国贸）

（一）业务概述
国贸企业签订出口合同。

（二）业务流程
具体业务流程见表9-29。

表9-29 出口合同签订业务流程

序号	活动名称	角色	活动描述-操作指导
1	双方接受合同条款	进出口经理	双方经过贸易洽谈，接受销售合同条款
2	填写销售合同会签单	进出口经理	填写销售合同会签单
3	审批销售合同	总经理	（1）填写合同会签单 （2）审核销售合同
4	在销售合同上签字、盖章	总经理	在销售合同上签字、盖章
5	将销售合同寄给进口商	进出口经理	将销售合同寄给进口商
6	进口商会签	进出口经理	（1）进口商会签销售合同 （2）进口商寄回一份给国贸企业

三、催证、审证、改证（国贸）

（一）业务概述

国贸企业办理信用证。

（二）业务流程

具体业务流程见表9-30。

表9-30 催证、审证、改证业务流程

序号	活动名称	角色	活动描述-操作指导
1	依合同明确开证时间和种类	进出口经理	买卖双方依据签订的贸易合同，在合同的支付条款中明确使用信用证及其种类和开证时间
2	催开信用证	进出口经理	及时开出信用证是买方在信用证支付方式合同中的一项主要义务，但买方往往会因资金短缺或市场变化等原因不能按时开出信用证。在这种情况下，卖方应适时采取措施敦促买方开证，以便如期装运。在出口贸易实践中较多使用传真和E-mail等形式向买方进行催证。由于通过银行开出信用证在办理手续上需要几天的时间，而作为一个职业的出口业务管理人员，于合同规定日期之前的适当时间善意地提醒买方开证不失为合理
3	买方申请开证	进出口经理	（1）买方（信用证申请人）在合同规定时间内向当地往来银行申请开立以卖方为受益人的信用证 （2）信用证内容的依据是双方贸易合同的条款 （3）信用证申请人（Applicant）同时向开证银行（Issuing Bank）提供押金或某种担保
4	买方银行开证（开证行）	进出口经理	买方银行依据合同条款开证
5	开证行把信用证交给卖方银行（通知行）	进出口经理	开证银行通过邮寄或电报方式将开立的信用证交给卖方当地的往来银行（通知行），要求其转给受益人（卖方）
6	通知行审核信用证	银行柜员	（1）在实际业务中，由于种种原因，买方通过其往来银行开立的信用证的条款与合同规定常有不符，这就直接影响卖方收回货款的安全性。所以严格审核信用证并及时要求买方给予必要的更正，对保护卖方合同利益至关重要 （2）信用证审核工作由出口方通知（议付）行和出口方共同承担。银行方面着重审核信用证真伪、开证行的政治背景、资信情况、付款责任、索汇路线等，并在通知出口方（信用证受益人）时做必要的提示
7	通知并把信用证交给卖方	银行柜员	向卖方下达信用证通知书并把信用证交给卖方
8	审核信用证	进出口经理	出口方应注意阅读通知（议付）行提出的问题，同时依据合同条款以及国际商会的《跟单信用证统一惯例》（第600号出版物）审查信用证易出现问题的内容
9	审核信用证	总经理	出口方应注意阅读通知（议付）行提出的问题，同时依据合同条款以及国际商会的《跟单信用证统一惯例》（第600号出版物）审查信用证易出现问题的内容
10	修改并确认信用证	进出口经理	（1）改证程序一般是：受益人→开证申请人→开证行→通知行→受益人 （2）收到信用证修改件

四、开商业发票和装箱单（国贸）

（一）业务概述

国贸企业开具商业发票和装箱单

（二）业务流程

具体业务流程见表9-31。

表9-31　　　　　　　　　　　　　开商业发票和装箱单

序号	活动名称	角色	活动描述-操作指导
1	填写商业发票	进出口经理	（1）商业发票是出口方对进口商开立的载有货物名称、品质、数量、包装、价格等内容的商业单据 （2）它是双方交接货物、结算货款、出口进口报关以及纳税的依据，是重要的议付单据之一 （3）商业发票的内容一般有卖方相关信息、买方相关信息、发票号码、发票日期、信用证号码、商品名称，规格、数量、包装、唛头、单价和货物的总值等
2	审核商业发票	总经理	审核商业发票的正确性、真实性和完整性
3	填写装箱单	进出口经理	装箱单是对商业发票的补充说明单据，是信用证普遍要求的议付单据之一。它的内容主要包括货物的包装、数量、重量、体积、件数。信用证中关于装箱单的要求比较简单，如：PACKINGLIST IN 3 ORIGINALS, SHOWING GROSS WEIGHT, NET WEIGHT, AND MEASUREMENT OF EACH ITEM
4	审核装箱单	总经理	审核装箱单的正确性、真实性和完整性

五、订舱（国贸）

（一）业务概述

国贸企业租船订舱。

（二）业务流程

具体业务流程见表9-32。

表9-32　　　　　　　　　　　　　订舱业务流程

序号	活动名称	角色	活动描述-操作指导
1	选择合适的船舶公司和航次	进出口经理	出口方要通过各船公司定期发布的船舶、船期、运价信息选择合适的船舶和航次。这些信息也可以同时从货代那里征询
2	选定某一个货代	进出口经理	（1）本实训没有货代组织，假设已经选定某一个货代公司 （2）为了让学生们体验这部分业务而更好地掌握前面外贸环节的诸多知识点，我们将这部分工作设计为由国贸公司进出口经理代替货代公司完成

续表

序号	活动名称	角色	活动描述-操作指导
3	填写货代提供的订舱委托书	进出口经理	（1）填写订舱委托书，确立出口方与货代之间的委托代理关系。出口方与货代在订舱过程中统称托运人 （2）订舱委托书中需列明托运人（出口方）名称、收货人名称、信用证相关信息、出口货物的描述、目的港、最后装运日期、是否允许分批和转运等内容，作为订舱的依据 （3）这些内容要严格按照信用证规定填写，如果信用证中没有相应规定，则按合同内容填写
4	审核订舱委托书	总经理	审核订舱委托书的准确性
5	委托货代订舱	进出口经理	把填制好的订舱委托书和商业发票、装箱单及其他必要的单据提交给货代，委托货代代理订舱
6	货代办理订舱	进出口经理	（1）货代接受订舱委托后，开始缮制托运单，即订舱单，并同相关单据（如商业发票和装箱单）交给船公司 （2）托运单一式多联（本实训只用三联：配舱回单、装货单和大副收据联）
7	船公司在托运单上编号并签字	进出口经理	（1）船公司根据具体情况接受订舱 （2）船公司在托运单的几个联上编号（与提单号码一致的编号）并签字
8	船公司把托运单的相关联和其他单据交给货代	进出口经理	船公司处理完业务，把托运单的相关联（本实训只用三联：配舱回单、装货单和大副收据联）以及商业发票和装箱单交给货代
9	出口商（货代）可以凭此办理报关、投保等手续	进出口经理	出口商（货代）可以凭此办理报关、投保等手续
10	出口商（货代）可以凭此把货物发到港口，办理装船	进出口经理	出口商（货代）可以凭此把货物发到港口，准备办理装船

六、出口货物发货（国贸）

（一）业务概述

出口货物办理发货。

（二）业务流程

具体业务流程见表9-33。

表9-33　　　　　　　　　　出口货物发货业务流程

序号	活动名称	角色	活动描述-操作指导
1	填制发货单	进出口经理	填制发货单，并交给总经理
2	办理出口货物出库	总经理	接收发货单，填制销售出库单，并在系统中办理出库
3	登记库存台账	总经理	登记库存台账
4	更新销售发货明细表	总经理	依据销售出库单更新销售发货明细表

七、商检（国贸）

（一）业务概述

出口货物办理商检。

（二）业务流程

具体业务流程见表9-34。

表9-34　　　　　　　　　　　　商检业务流程

序号	活动名称	角色	活动描述-操作指导
1	委托报检行申报检验	进出口经理	出口商委托报检行于装运或报关7天前填写"出境货物报检单"，附上合同、信用证、有关合同货物品质的来往通信内容、凭样成交的样品等，向检验检疫机构申报检验
2	接受报检	进出口经理	（1）检查单据及相关材料 （2）接受报检（本实训没有设立检验检疫局组织，检验检疫局的工作由国贸进出口经理代替完成）
3	实施检验	进出口经理	按照检验标准实施检验（本实训没有设立检验检疫局组织，检验检疫局的工作由国贸进出口经理代替完成）
4	实施检验	进出口经理	经过检验，检验结果合格（本实训没有设立检验检疫局组织，检验检疫局的工作由国贸进出口经理代替完成）
5	发检验证书	进出口经理	（1）制作品质证 （2）在证书上签字、盖章（本实训没有设立检验检疫局组织，检验检疫局的工作由国贸进出口经理代替完成）
6	获得证书可以报关	进出口经理	将货物运送至码头，准备报关

八、投保（国贸）

（一）业务概述

出口货物办理保险。

（二）业务流程

具体业务流程见表9-35。

表9-35　　　　　　　　　　　　投保业务流程

序号	活动名称	角色	活动描述-操作指导
1	出口方得到配舱回单开始投保	进出口经理	（1）出口方得到配舱回单可以开始投保 （2）因为配舱回单上已经提供了船名、航次、提单号等保单上所需要的准确的装运信息
2	出口方填写投保单提交给保险公司	进出口经理	出口方根据销售合同、信用证、商业发票和配舱回单填写投保单提交给保险公司
3	保险公司审核并接受投保单	进出口经理	保险公司审核并接受投保单，提供投保回执给投保人（本实训没有设立保险公司组织，保险公司的工作由国贸进出口经理代替完成）
4	出口方填写保险单提交给保险公司	进出口经理	出口方填写保险单提交给保险公司
5	保险公司对保险单确认	进出口经理	保险公司对保险单确认
6	出口方准备支付保险费	进出口经理	出口方准备支付保险费

九、支付保险费获得保险单（国贸）

（一）业务概述

支付出口货物保险费。

（二）业务流程

具体业务流程见表9-36。

表9-36　　　　　　　　　支付保险费获得保险单业务流程

序号	活动名称	角色	活动描述-操作指导
1	填写付款申请单	进出口经理	按照投保单和保险单填写付款申请单
2	业务审核	总经理	（1）对付款申请单内容进行审核 （2）签字确认
3	填写支票	进出口经理	填写转账支票
4	登记支票登记簿	进出口经理	登记支票登记簿
5	把转账支票交给银行（实际应为保险公司）	进出口经理	把转账支票交给银行，实际上应为保险公司（本实训没有设立保险公司组织，由服务公司代替）
6	银行转账给保险公司	银行柜员	银行转账给保险公司（服务公司代收）
7	保险公司签发保险单给出口方	进出口经理	保险公司签发保险单给出口方

十、出口收汇核销单申领与备案（国贸）

（一）业务概述

国际贸易企业出口收汇核销单申领与备案。

（二）业务流程

具体业务流程见表9-37。

表9-37　　　　　　　　　出口收汇核销单申领与备案业务流程

序号	活动名称	角色	活动描述-操作指导
1	核销单电子申请	进出口经理	（1）在去申请之前必须在网上——中国电子口岸上申请 （2）进入主页 http://www.chinaport.gov.cn/，再进入执法口岸，输入密码进入，点申请核销单就会得到一个核销单号码
2	去外汇管理局申领纸质核销单	进出口经理	（1）到外汇管理局，递交申请书和合同的复印件（注：若第一次申请，需要准备更多的文件资料） （2）在外汇管理局的登记本上登记一下就可以领到核销单了 （3）在核销单每联的"出口单位"栏内填写单位名称 （4）在三条线之间的两个夹缝"出口单位盖章"处，加盖出口方公司公章
3	在核销单上加盖印章	进出口经理	外汇管理局在核销单上加盖"条码章"（本实训没有设立外汇管理局，外汇管理局办事员相关工作由国贸进出口经理代理）
4	发放核销单	进出口经理	发放核销单给申请人（本实训没有设立外汇管理局，外汇管理局办事员相关工作由国贸进出口经理代理）
5	取得核销单	进出口经理	取得核销单
6	报关前核销单进行备案	进出口经理	（1）回来后，进行网上备案 （2）以备出口报关时使用

十一、报关（国贸）

（一）业务概述

国际贸易企业进行出口报关。

（二）业务流程

具体业务流程见表9-38。

表9-38   报关业务流程

序号	活动名称	角色	活动描述-操作指导
1	填制报关单	进出口经理	（1）报关单是海关对出口货物进行监管、查验、征税和统计的基本单据 （2）出口报关单一般分为： ①海关作业联，报关员配合海关查验、缴纳税费、提取或装运货物的重要凭证，也是海关的重要凭证。海关收走 ②海关留存联，报关员配合海关查验、缴纳税费、提取或装运货物的重要凭证，也是海关的重要凭证。海关收走 ③企业留存联，企业自己留存备份 ④海关核销联，海关对实际申报进口的货物所签发的证明文件，是海关办理加工贸易合同核销结案手续的重要凭证 ⑤出口收汇证明联（黄色），用于到外汇管理局办理外汇核销用 ⑥出口退税证明联（白色），是国家税务部门办理出口货物退税手续的重要凭证（本实训只用到海关作业联、海关核销联和企业留存联） （3）直接拿去出口报关的有三联，海关作业联、海关核销联、企业留存联 （4）结关后去海关打印出口退税证明联和出口收汇证明联。用于收汇核销和出口退税用。本实训不需要出口退税证明联和出口收汇证明联
2	交单申报	进出口经理	报关时应向海关提交下列单证：报关单（海关作业联、海关核销联、企业留存联）、出口收汇核销单（3联）、装货单、品质证、商业发票、装箱单（海关方面在电脑系统中已经看到）、合同复印件
3	接受申报	海关官员	接受申报
4	审核单证	海关官员	对单证进行审核，确定单单相符、单证相符
5	查验货物	海关官员	（1）海关以出口报关单为依据，在海关监管区域内对出口货物进行查验，核实出口货物是否和报关单申报内容一致 （2）报关单位应派人员在现场负责开箱装箱，协助海关完成查验工作
6	征税	海关官员	本实训不缴纳税费
7	结关放行	海关官员	（1）向海关提交收汇核销单。海关审核无误，在核销单和与核销单有相同编号的报关单上盖验讫章 （2）报关单的海关作业联和海关核销联由海关留存，企业留存联给企业留存 （3）经查验合格，在报关单位照章办理纳税手续后（本实训不需要纳税），海关在装货单上盖海关验讫章，即为结关放行
8	整理单据	进出口经理	（1）结关后去海关打印报关单出口退税证明联和出口收汇证明联，海关盖章，收好后拿回来，用于收汇核销和出口退税（本实训不需要出口退税证明联和出口收汇证明联） （2）收好报关单企业留存联 （3）收好装货单，去要求船方装船 （4）收好结汇核销单，去办理结汇核销 （5）收好品质证、合同复印件、装箱单

十二、装船（国贸）

（一）业务概述

国际贸易企业出口货物装船

（二）业务流程

具体业务流程见表9-39。

表9-39　　　　　　　　　　　　　装船业务流程

序号	活动名称	角色	活动描述-操作指导
1	货代凭装货单要求船方装船	进出口经理	货代凭盖有船公司印章和海关放行章的装货单要求船方装船
2	货代把装货单和大副收据给理货公司	进出口经理	货代把装货单和大副收据给理货公司（本实训没有理货公司组织，由国贸进出口经理替代）
3	理货公司凭单装船	进出口经理	（1）船舶抵港后，理货公司凭单理货装船 （2）货物都顺利装上船
4	理货公司给船方大副装货单和大副收据	进出口经理	理货公司给船方大副装货单和大副收据
5	大副留存装货单并签发大副收据给货代	进出口经理	大副留存装货单并签发大副收据经理货公司给货代
6	货代凭大副收据准备缴海运费	进出口经理	货代凭大副收据准备缴海运费，以便换取海运提单

十三、支付海运费换取清洁海运提单（国贸）

（一）业务概述

国际贸易企业支付海运费换取清洁海运提单。

（二）业务流程

具体业务流程见表9-40。

表9-40　　　　　　　支付海运费换取清洁海运提单业务流程

序号	活动名称	角色	活动描述-操作指导
1	填写付款申请单	进出口经理	按照托运单大副收据联填写付款申请单
2	业务审核	总经理	（1）对付款申请单内容进行审核 （2）签字确认
3	填写转账支票	进出口经理	（1）填写转账支票 （2）把支票交给货代
4	登记支票登记簿	进出口经理	登记支票登记簿
5	货代把转账支票交给银行	进出口经理	货代把转账支票交给银行，实际上应为船公司
6	银行转账给海运公司	银行柜员	银行转账给海运公司（服务公司代收）
7	货代凭大副收据从船公司换取清洁海运提单	进出口经理	（1）货代凭大副收据从船公司换取清洁海运提单 （2）船方留下大副收据
8	出口方向买方发装运通知	进出口经理	出口方向买方发装运通知

十四、制单（国贸）

（一）业务概述
国际贸易企业依据信用证要求缮制议付所需要提供的单据。

（二）业务流程
具体业务流程见表9-41。

表9-41　　　　　　　　　　　　　　制单业务流程

序号	活动名称	角色	活动描述-操作指导
1	缮制汇票	进出口经理	（1）拿到提单后开始进行制单工作 （2）缮制汇票
2	汇集相关单据准备议付	进出口经理	（1）依据信用证要求汇集相关单据准备议付 （2）单据列示如下：汇票、商业发票、装箱单、保险单、海运提单

十五、货款议付和信用证下一步处理（国贸）

（一）业务概述
国际贸易企业货款议付和信用证下一步处理。

（二）业务流程
具体业务流程见表9-42。

表9-42　　　　　　　　　　货款议付和信用证下一步处理业务流程

序号	活动名称	角色	活动描述-操作指导
1	提交单据	进出口经理	（1）当准备好所有装运单据（SHIPPING DOCUMENTS），便可携带这些单据连同信用证在交单日期内到银行进行汇款的议付（NEGOTIATION） （2）提交单据如下：汇票、商业发票、装箱单、保险单、海运提单
2	与信用证进行检查核对	银行柜员	银行进行检查比对，核对信用证内相应要求
3	代开证行支付货款	银行柜员	如果没有发现任何问题（正点交单），则收下单据，代开证行支付货款，划拨至出口方的账户（外币账户）
4	提供结汇水单	银行柜员	（1）在结汇水单上填写有关核销单编号，提供结汇水单给出口方 （2）结汇水单一般包括两联，一联为贷记通知，是公司财务人员的记账凭证；另一联为出口收汇核销专用联，专为外汇管理局核销用
5	收到结汇水单	进出口经理	收到结汇水单，在下一步外汇核销时使用
6	确认款项到账	进出口经理	确认款项是否到账
7	议付行把所有单据转交给开证行	银行柜员	议付行把所有单据转交给开证行
8	议付行向开证行索偿	银行柜员	议付行向开证行索偿
9	开证行核对单据无误，向议付行兑付款项	银行柜员	开证行核对单据无误，向议付行兑付款项
10	开证行要求买方赎单	银行柜员	开证行要求买方赎单
11	买方付款赎单	银行柜员	买方付款赎单
12	买方获取提单去提货	银行柜员	买方凭提单去提货

十六、外汇核销（国贸）

（一）业务概述

国际贸易企业办理外汇核销。

（二）业务流程

具体业务流程见表9-43。

表9-43　　　　　　　　　　　　　　　外汇核销业务流程

序号	活动名称	角色	活动描述-操作指导
1	检查核销单前面的工作	进出口经理	（1）已经申领与备案 （2）海关盖上海关验讫章 （3）议付时，银行的结汇水单上有核销单编号
2	填写核销单退税联	进出口经理	（1）办理前，在核销单上填写相关内容，注意只填写核销单最后一联，即出口退税联 （2）在退税联上填写货物名称、币种总价等 （3）填写报关单编号，报关单编号和报关号要一致
3	去外汇管理局办理核销	进出口经理	持核销单、报关单（核销联、退税联）、结汇水单（出口收汇核销专用联）到外汇管理局办理核销
4	在核销单（正本联和退税联）上加盖公章和签订日期	进出口经理	在核销单（正本联和退税联）上加盖公章和签订日期（本实训没有设立外汇管理局，外汇管理局专员工作由国贸进出口经理代理）
5	退还核销单退税联给出口方	进出口经理	退还核销单退税联给出口方（本实训没有设立外汇管理局，外汇局管理专员工作由国贸进出口经理代理）

十七、与制造企业签订购销合同（国贸）

（一）业务概述

国贸企业与制造企业签订购销合同。

（二）业务流程

具体业务流程见表9-44。

表9-44　　　　　　　　　　　　　与制造企业签订购销合同业务流程

序号	活动名称	角色	活动描述-操作指导
1	填写购销合同，填制合同会签单	内陆业务经理	（1）内陆业务经理填写购销合同和合同会签单 （2）内陆业务经理将购销合同和合同会签单送交总经理审核
2	审核购销合同和合同会签单	总经理	（1）审核购销合同的条款、期限、付款信息等是否符合公司要求 （2）确定符合要求后，在合同会签单上签字 （3）审核通过后在购销合同上盖章
3	购销合同存档	总经理	（1）国贸总经理更新合同管理表-购销合同 （2）将盖章的购销合同交给制造企业营销专员 （3）国贸总经理将合同会签单与一份制造企业盖章的购销合同一起进行归档
4	购销合同登记	总经理	购销经理更新购销合同执行情况表

十八、与国贸企业签订购销合同（制造企业）

（一）业务概述

营销部为开展商业活动，保护公司利益，与国贸企业签订购销合同。

（二）业务流程

具体业务流程见表9-45。

表9-45　　　　　　　　　　　与国贸企业签订购销合同业务流程

序号	活动名称	角色	活动描述
1	填写购销合同	销售专员	（1）销售专员根据销售计划与客户沟通销售合同细节内容 （2）填写购销合同，并要求国贸企业签字盖章，一式两份
2	填写合同会签单	销售专员	（1）填写合同会签单 （2）将购销合同和合同会签单送交营销部经理审核
3	合同会签单签字	营销部经理	（1）接收销售专员交给的购销合同及合同会签单 （2）审核购销合同内容填写的准确性和合理性 （3）在合同会签单上签字确认
4	合同会签单签字	财务部经理	（1）接收销售专员交给的购销合同及合同会签单 （2）审核购销合同内容填写的准确性和合理性 （3）在合同会签单上签字确认
5	合同会签单签字	总经理	（1）接收销售专员交给的购销合同及合同会签单 （2）审核购销合同内容填写的准确性和合理性 （3）在合同会签单上签字确认
6	购销合同盖章	行政助理	（1）营销部经理把购销合同和合同会签单交给销售专员去盖章 （2）销售专员拿购销合同和合同会签单找行政助理盖章 （3）行政助理检查合同会签单是否签字 （4）行政助理给购销合同盖章 （5）行政助理将盖完章的购销合同交还销售专员
7	送还对方一份已签字盖章的购销合同	销售专员	销售专员把本企业已经签字盖章的购销合同送还对方一份

十九、录入采购订单（国贸）

（一）业务概述

国际贸易企业录入与制造企业的采购订单。

（二）业务流程

具体业务流程见表9-46。

表9-46　　　　　　　　　　　录入采购订单业务流程

活动名称	角色	活动描述-操作指导
在系统中录入采购订单	内陆业务经理	根据国贸企业与制造企业签订好的购销合同，将采购订单信息录入VBSE系统

二十、确认国贸企业采购订单（制造企业）

（一）业务概述

确认国贸企业的采购订单。

（二）业务流程

具体业务流程见表9-47。

表9-47　　　　　　　　　　　确认国贸企业采购订单业务流程

活动名称	角色	活动描述-操作指导
确认采购订单	销售专员	（1）在系统中确认国贸企业的采购订单 （2）根据系统的采购订单信息填写销售订单

二十一、销售发货给国贸（制造企业）

（一）业务概述

制造企业销售发货给国际贸易企业。

（二）业务流程

具体业务流程见表9-48。

表9-48　　　　　　　　　　　销售发货给国贸业务流程

序号	活动名称	角色	活动描述-操作指导
1	填制发货单	销售专员	（1）根据销售订单明细表和发货计划填制发货单 （2）报营销部经理和财务部经理审核
2	审核发货单	营销部经理	（1）根据销售订单明细表审核发货单，确认客户名称、产品名称、型号等重要项的填写 （2）发货单签字，将审核完的发货单交还销售专员 （3）销售专员留存发货单第一联，将第二联送仓储部，第三联送财务部
3	审核发货单	财务部经理	审核发货单并签字
4	填制销售出库单	仓管员	（1）根据发货单填制销售出库单 （2）请销售专员签字 （3）提交至仓储部经理审批
5	审核销售出库单	仓储部经理	（1）仓储部经理审核销售出库单 （2）办理出库手续
6	登记库存台账	仓储部经理	根据出库单填写库存台账，登记完交仓管员留存备案
7	在系统中处理销售发货	销售专员	在VBSE系统中选择发货的订单，并发货
8	将发货单交给客户	销售专员	根据发货单进行销售发运，并将发货单第四联送交国贸客户
9	办理物流运输	物流业务经理	物流业务经理在VBSE系统中办理物流运输
10	开具增值税专用发票	出纳	（1）从销售专员处获取卖给该客户的销售价格 （2）根据销售出库单，结合销售价格，开具销售发票

续表

序号	活动名称	角色	活动描述–操作指导
11	填制收入记账凭证	财务会计	（1）根据开具的发票填制记账凭证 （2）将记账凭证交给财务部经理审核
12	审核记账凭证	财务部经理	（1）接收财务会计交给的记账凭证，进行审核 （2）审核后，交财务会计登记科目明细账
13	登记数量金额明细账	成本会计	（1）根据出库单填写存货明细账 （2）只填写数量，月末计算成本
14	登记明细账	财务会计	（1）接收财务部经理交给的记账凭证 （2）核对财务部经理是否已审核 （3）根据审核后的记账凭证登记科目明细账
15	登记总账	财务部经理	（1）接收财务会计交给的记账凭证 （2）根据记账凭证登记科目总账

二十二、采购入库（国贸）

（一）业务概述

接到制造企业的货物，办理采购入库。

（二）业务流程

具体业务流程见表9-49。

表9-49　　　　　　　　　　采购入库业务流程

序号	活动名称	角色	活动描述–操作指导
1	依据采购订单填写采购入库单	内陆业务经理	内陆业务经理依照确认的采购订单填写采购入库单
2	审核采购入库单	总经理	审核采购入库单
3	VBSE系统办理入库	内陆业务经理	依据采购订单、采购入库单在VBSE系统中办理货物入库
4	登记库存台账	总经理	将采购入库单（存根联）信息登记到库存台账中
5	更新购销合同执行情况表	内陆业务经理	根据入库信息更新购销合同执行情况表

二十三、向制造企业支付货款（国贸）

（一）业务概述

内陆业务经理接到制造企业的销售增值税专用发票，依据增值税专用发票信息提交付款申请并付款。

（二）业务流程

具体业务流程见表9-50。

表9-50   向制造企业支付货款业务流程

序号	活动名称	角色	活动描述-操作指导
1	收到制造企业开具的增值税专用发票	内陆业务经理	（1）收到制造企业开具的增值税专用发票 （2）在系统中录入付款申请单 （3）将发票和付款申请单提交给总经理审核
2	审核付款申请单	总经理	（1）收到内陆业务经理提交的发票和付款申请单 （2）审核付款申请单与发票信息是否一致，付款要求是否合理 （3）确认合理后，签字
3	办理网银付款	总经理	对照付款申请单在系统中办理网银付款

二十四、收到国贸企业货款银行回单（制造企业）

（一）业务概述

出纳去银行取回国贸企业货款的电汇凭单，并交由财务部依据公司流程进行账务处理。

（二）业务流程

具体业务流程见表9-51。

表9-51   收到国贸企业货款银行回单业务流程

序号	活动名称	角色	活动描述-操作指导
1	到银行取回电子银行转账回单	出纳	（1）到银行取回电子银行转账回单 （2）将电子银行转账回单交给财务会计
2	编制记账凭证	财务会计	（1）接收出纳送来的银行进账单回单 （2）编制记账凭证 （3）将电汇回单粘贴到记账凭证后面 （4）将记账凭证交财务部经理审核
3	审核记账凭证	财务部经理	（1）接收财务会计送来的记账凭证 （2）审核记账凭证的附件是否齐全、正确 （3）审核记账凭证的编制是否正确 （4）审核完毕，交出纳登记银行存款日记账
4	登记银行存款日记账	出纳	（1）根据审核后的记账凭证登记银行存款日记账 （2）登记完毕后，交财务会计登记明细账
5	登记科目明细账	财务会计	（1）接收出纳送来的记账凭证 （2）核对财务部经理是否已审核 （3）根据审核后的记账凭证登记科目明细账
6	登记总账	财务部经理	（1）接收出纳交给的记账凭证 （2）根据记账凭证登记科目总账

任务四　市场监督管理局日常任务

一、虚拟商业社会行政管理制度编制（市场监督管理局）

（一）业务概述

学习 VBSE 虚拟商业社会运营规则、市场监督管理知识，制定本次课程的《市场监督管理暂行规定》并制作成文档或 PPT，与主讲老师沟通确认后，对《市场监督管理暂行规定》进行讲解。

微课：企业文化墙

（二）业务流程

具体业务流程见表9-52。

表9-52　　　　　虚拟商业社会行政管理制度编制业务流程

序号	活动名称	角色	活动描述-操作指导
1	学习、制定本次课程的《市场监督管理暂行规定》	市场监督管理专员	（1）学习 VBSE 虚拟商业社会运营规则、《市场监督管理暂行规定》，制定本次课程的《市场监督管理暂行规定》 （2）将制定的《市场监督管理暂行规定》制作成文档或 PPT
2	《市场监督管理暂行规定》讲解	市场监督管理专员	（1）与主讲老师沟通，确认讲解的方式和时间 （2）进行《市场监督管理暂行规定》讲解 （3）记录企业关于《市场监督管理暂行规定》的问题，在查找资料确认后给予答复

二、行政管理检查（市场监督管理局）

（一）业务概述

根据《市场监督管理暂行规定》进入企业进行检查，记录结果，对确认存在问题的企业开具市场监督管理处罚决定书，并跟踪整改情况。

（二）业务流程

具体业务流程见表9-53。

表9-53　　　　　行政管理检查业务流程

序号	活动名称	角色	活动描述-操作指导
1	根据《市场监督管理暂行规定》对企业进行例行检查，并记录在案	市场监督管理专员	（1）根据《市场监督管理暂行规定》，到企业进行现场检查 （2）根据制定、公示的《市场监督管理暂行规定》对企业销售部、采购部或主管销售采购的负责人进行检查
2	下达市场监督管理处罚决定书	市场监督管理专员	根据检查结果对问题企业下达市场监督管理处罚决定书
3	检查整改情况	市场监督管理专员	（1）根据市场监督管理处罚决定书检查企业整改情况 （2）按期整改的，缴纳罚款，恢复信用评级 （3）未按期整改的，不予恢复信用评级，并给予警告或暂停营业、生产

模块九

三、商标制作及注册（制造企业、经销商、工贸企业、物流、服务公司、国贸、连锁、会计师事务所）

（一）业务概述

制作本企业的商标标识，制作完成后提交市场监督管理局审核公示并备案。

微课：微课我
们来设计logo

（二）业务流程

具体业务流程见表9-54。

表9-54　　　　　　　　　　　　　商标制作及注册业务流程

序号	活动名称	角色	活动描述-操作指导
1	制作本企业商标标识并提交市场监督管理局审核	制造企业行政助理、经销商行政经理、工贸行政经理、物流总经理、服务公司总经理、国贸总经理、连锁总经理、会计师事务所项目经理	（1）组织公司所有员工进行公司商标制作，包括图片、商标说明（除商标标识的说明内容还需要增加商标标识适用的产品或服务的类别）、商标含义、企业营业执照复印件、联系人、联系地址、联系电话、邮编等 （2）将制作好的商标标识的图片、说明文档，拷到U盘中提交到市场监督管理局市场监督管理专员
2	审核企业提交的商标标识，通过后公示并备案	市场监督管理专员	（1）接收企业提交的商标标识申请资料 （2）对提交的申请资料进行审核 （3）审核通过后进行公示（与主讲老师确认张贴公示地点），公示无异议后备案存档

四、企业年度报告公示（制造企业、经销商、工贸企业、物流、服务公司、国贸、连锁、会计师事务所）

（一）业务概述

在系统提交本企业的年报数据，提交市场监督管理局审核、公示。

（二）业务流程

具体业务流程见表9-55。

表9-55　　　　　　　　　　　　　企业年度报告公示业务流程

序号	活动名称	角色	活动描述-操作指导
1	填写本企业的年报	制造企业行政助理、经销商行政经理、工贸行政经理、物流总经理、服务公司总经理、国贸总经理、连锁总经理、会计师事务所项目经理	（1）与人力资源确认上一年度在职人员信息、与财务确认上一年度销售数据 （2）根据确认的企业信息在VBSE系统中填写年报资料 （3）检查信息无误后提交市场监督管理局进行审核
2	审核企业提交的年报，通过后公示并备案	市场监督管理专员	（1）接收企业提交的企业年报资料 （2）在VBSE系统中对提交的企业年报资料进行审核 （3）审核通过后进行公示，公示无异议后备案存档

五、接收市场监督管理处罚并处理（制造企业）

（一）业务概述

接收市场监督管理专员送达的市场监督管理处罚决定书，根据市场监督管理处罚决定书缴纳罚款。

（二）业务流程

具体业务流程见表9-56。

表9-56 　　　　　　　　接收市场监督管理处罚并处理业务流程

序号	活动名称	角色	活动描述–操作指导
1	接收市场监督管理处罚决定书	行政助理	（1）接收市场监督管理处罚决定书 （2）根据市场监督管理处罚决定书填写付款申请单并提交至总经理
2	审核付款申请	总经理	（1）根据市场监督管理处罚决定书审核行政助理提交的付款申请单 （2）将审核通过的付款申请单返回行政助理
3	将审核的付款申请单提交财务	行政助理	（1）接收审核通过的付款申请单 （2）将收到的市场监督管理处罚决定书和审核通过的付款申请单一并送至财务部出纳
4	审核付款申请	出纳	（1）审核行政助理提交的市场监督管理处罚决定书、付款申请单 （2）审核通过后提交财务部经理审核
5	审核付款申请	财务部经理	（1）审核出纳提交的市场监督管理处罚决定书、付款申请单 （2）审核通过后返给出纳进行转账付款
6	转账付款	出纳	（1）接收财务部经理审核通过的付款申请单 （2）根据付款申请单进行转账付款 （3）转账后查询网银，确认转账成功后到银行取业务回单
7	查询并打印业务回单	银行柜员	（1）根据出纳提供的信息查询并打印业务回单，打印两份 （2）将打印好的两份业务回单交给出纳
8	取得银行业务回单	出纳	（1）取得银行业务回单 （2）将其中一份送至行政助理 （3）将另一份送至财务会计填写记账凭证
9	填写记账凭证	财务会计	（1）接收出纳提交的市场监督管理处罚决定书、付款申请单、银行业务回单 （2）根据市场监督管理处罚决定书、付款申请单、银行业务回单填写记账凭证 （3）填写完成后将市场监督管理处罚决定书、付款申请单、银行业务回单贴到记账凭证后面，并提交财务经理审核
10	审核记账凭证	财务部经理	（1）审核财务会计提交的记账凭证 （2）审核通过后返给出纳登记银行存款日记账
11	登记银行存款日记账	出纳	（1）接收财务经理审核通过的记账凭证 （2）根据记账凭证登记银行存款日记账 （3）登记完成后将凭证送至财务会计处登记明细账
12	登记明细账	财务会计	（1）接收出纳送过来的记账凭证 （2）根据记账凭证登记明细账 （3）登记完成后将凭证送至财务部经理处登记总账

序号	活动名称	角色	活动描述-操作指导
13	登记总账	财务部经理	（1）接收财务会计送过来的记账凭证 （2）根据记账凭证登记总账
14	接收银行业务回单并送至市场监督管理局	行政助理	（1）接收出纳送过来的银行业务回单 （2）将银行业务回单送至市场监督管理局
15	接收银行业务回单并销案	市场监督管理专员	（1）接收行政助理送过来的银行业务回单 （2）核对金额无误后销案处理，并做好记录

六、接收市场监督管理处罚并处理（商贸企业）

（一）业务概述

接收市场监督管理专员送达的市场监督管理处罚决定书，根据市场监督管理处罚决定书缴纳罚款。

（二）业务流程

具体业务流程见表9-57。

表9-57　　　　　　　　　接收工商行政处罚并处理业务流程

序号	活动名称	角色	活动描述-操作指导
1	接收市场监督管理处罚决定书	行政经理	（1）接收市场监督管理处罚决定书 （2）根据市场监督管理处罚决定书填写付款申请单并提交至总经理
2	审核付款申请	总经理	（1）根据市场监督管理处罚决定书审核行政经理提交的付款申请单 （2）将审核通过的付款申请单返给行政经理
3	将审核的付款申请单提交财务	行政经理	（1）接收审核通过的付款申请单 （2）将收到的市场监督管理处罚决定书和审核通过的付款申请单一并送至财务部出纳
4	审核付款申请	出纳	（1）审核行政经理提交的市场监督管理处罚决定书、付款申请单 （2）审核通过后提交财务经理审核
5	审核付款申请	财务经理	（1）审核出纳提交的市场监督管理处罚决定书、付款申请单 （2）审核通过后返给出纳进行转账付款
6	转账付款	出纳	（1）接收财务经理审核通过的付款申请单 （2）根据付款申请单进行转账付款 （3）转账后查询网银，确认转账成功后到银行取业务回单
7	查询并打印业务回单	银行柜员	（1）根据出纳提供的信息查询并打印业务回单，打印两份 （2）将打印好的两份业务回单交给出纳
8	根据业务回单填写记账凭证	出纳	（1）取得银行业务回单 （2）将其中一份送至行政经理 （3）根据另一份市场监督管理处罚决定书、付款申请单、银行业务回单填写记账凭证 （4）填写完成后将市场监督管理处罚决定书、付款申请单、银行业务回单贴到记账凭证后面，并提交财务经理审核
9	审核记账凭证	财务经理	（1）审核出纳提交的记账凭证 （2）审核通过后返给出纳登记银行存款日记账

续表

序号	活动名称	角色	活动描述-操作指导
10	登记银行存款日记账	出纳	(1) 接收财务经理审核通过的记账凭证 (2) 根据记账凭证登记银行存款日记账 (3) 登记完成后将凭证送至财务经理处登记明细账
11	登记明细账	财务经理	(1) 接收出纳送过来的记账凭证 (2) 根据记账凭证登记明细账
12	登记总账	财务经理	根据记账凭证登记总账
13	接收银行业务回单并送至市场监督管理局	行政经理	(1) 接收出纳送过来的银行业务回单 (2) 将银行业务回单送至市场监督管理局
14	接收银行业务回单并销案	市场监督管理专员	(1) 接收行政经理送过来的银行业务回单 (2) 核对金额无误后销案处理，并做好记录

七、接收市场监督管理处罚并处理（工贸企业）

（一）业务概述

接收市场监督管理专员送达的市场监督管理处罚决定书，根据市场监督管理处罚决定书缴纳罚款。

（二）业务流程

具体业务流程见表9-58。

表9-58　　　　　　　　**接收市场监督管理处罚并处理业务流程**

序号	活动名称	角色	活动描述-操作指导
1	接收市场监督管理处罚决定书	行政经理	(1) 接收市场监督管理处罚决定书 (2) 根据市场监督管理处罚决定书填写付款申请单并提交至总经理
2	审核付款申请	总经理	(1) 根据市场监督管理处罚决定书审核行政经理提交的付款申请单 (2) 将审核通过的付款申请单提交至财务经理审核
3	审核付款申请	财务经理	(1) 审核总经理提交的市场监督管理处罚决定书、付款申请单 (2) 审核通过后返回总经理进行转账付款
4	转账付款	总经理	(1) 接收财务经理审核通过的付款申请单 (2) 根据付款申请单进行转账付款 (3) 转账后查询网银，确认转账成功后通知财务经理到银行取业务回单
5	查询并打印业务回单	银行柜员	(1) 根据财务经理提供的信息查询并打印业务回单，打印两份 (2) 将打印好的两份业务回单交给财务经理
6	取得银行业务回单	财务经理	(1) 取得银行业务回单 (2) 将其中一份送至行政经理 (3) 将另一份送至总经理填写记账凭证
7	填写记账凭证	总经理	(1) 接收财务经理提交的市场监督管理处罚决定书、付款申请单、银行业务回单 (2) 根据市场监督管理处罚决定书、付款申请单、银行业务回单填写记账凭证 (3) 填写完成后将市场监督管理处罚决定书、付款申请单、银行业务回单贴到记账凭证后面，并提交财务经理审核

续表

序号	活动名称	角色	活动描述-操作指导
8	审核记账凭证	财务经理	（1）审核总经理提交的记账凭证 （2）审核通过后返回总经理登记银行存款日记账
9	登记银行存款日记账	总经理	（1）接收财务经理审核通过的记账凭证 （2）根据记账凭证登记银行存款日记账 （3）登记完成后将凭证送至财务经理处登记明细账
10	登记明细账	财务经理	（1）接收总经理送过来的记账凭证 （2）根据记账凭证登记明细账
11	登记总账	财务经理	根据记账凭证登记总账
12	接收银行业务回单并送至市场监督管理局	行政经理	（1）接收财务经理送过来的银行业务回单 （2）将银行业务回单送至市场监督管理局
13	接收银行业务回单并销案	市场监督管理专员	（1）接收行政经理送过来的银行业务回单 （2）核对金额无误后销案处理，并做好记录

任务五　税务局日常任务

一、税务知识讲解（税务局）

（一）业务概述

学习税务知识，制作成文档或PPT，与主讲老师沟通确认后，对税务知识进行讲解。

（二）业务流程

具体业务流程见表9-59。

表9-59　　　　　　　　　　税务知识讲解业务流程

序号	活动名称	角色	活动描述-操作指导
1	学习、制作税务知识讲解PPT	税务专员	（1）学习税务的基本知识 （2）根据学习的情况制作文档、PPT
2	税务知识宣讲	税务专员	（1）与主讲老师沟通，确认讲解的方式和时间 （2）进行税务知识讲解 （3）记录各企业关于税收的问题，再查找资料确认后给予答复

二、税务检查制度和奖惩机制的制定（税务局）

（一）业务概述

学习虚拟商业社会的运营规则，根据规则制定本次课程的税务检查制度和奖惩办法。

（二）业务流程

具体业务流程见表9-60。

表9-60 税务检查制度和奖惩机制的制定业务流程

序号	活动名称	角色	活动描述-操作指导
1	学习运营规则制定规则	税务专员	（1）了解虚拟商业社会经营规则 （2）制定本次课程的税务管理规定 （3）制定完成后公示或宣讲
2	公示并宣讲规则	税务专员	（1）与主讲老师沟通，确认讲解的方式和时间 （2）进行税务规则讲解 （3）记录各企业关于税务规则的问题，在查找资料确认后给予答复

三、税务稽查（税务局）

（一）业务概述

根据制定的税务管理规定对企业进行随机的稽查，记录、公示稽查结果，并对问题企业作出行政处罚。

（二）业务流程

具体业务流程见表9-61。

表9-61 税务稽查业务流程

序号	活动名称	角色	活动描述-操作指导
1	对企业的税务进行稽查并记录结果	税务专员	根据税务稽查制度对企业进行稽查，并记录在案
2	公示稽查结果并通知问题企业限期补缴	税务专员	（1）与主讲老师沟通，确认公示时间（每天课程结束前5分钟） （2）将稽查结果张贴在税务局进行公示 （3）根据检查结果通知问题企业限期补缴
3	检查企业补缴情况	税务专员	（1）到期未补缴的开具税务行政处罚决定书 （2）到期补缴的，确认后不作处罚
4	作出行政处罚	税务专员	（1）根据税务行政处罚决定书，进行行政处罚 （2）将开具的税务行政处罚决定书送达相关问题企业

四、接收税务行政处罚并处理（制造企业）

（一）业务概述

接收税务专员送达的税务行政处罚决定书，根据税务行政处罚决定书补缴税款及罚款。

（二）业务流程

具体业务流程见表9-62。

表9-62 接收税务行政处罚并处理业务流程

序号	活动名称	角色	活动描述-操作指导
1	接收税务行政处罚决定书	行政助理	（1）接收税务行政处罚决定书 （2）根据税务行政处罚决定书填写付款申请单并提交至总经理
2	审核付款申请	总经理	（1）根据税务行政处罚决定书审核行政助理提交的付款申请单 （2）将审核通过的付款申请单返给行政助理

续表

序号	活动名称	角色	活动描述-操作指导
3	将审核的付款申请单提交财务	行政助理	(1) 接收审核通过的付款申请单 (2) 将收到的税务行政处罚决定书和审核通过的付款申请单一并送至财务部出纳
4	审核付款申请	出纳	(1) 审核行政助理提交的税务行政处罚决定书、付款申请单 (2) 审核通过后提交财务部经理审核
5	审核付款申请	财务部经理	(1) 审核出纳提交的税务行政处罚决定书、付款申请单 (2) 审核通过后返回出纳进行转账付款
6	转账付款	出纳	(1) 接收财务经理审核通过的付款申请单 (2) 根据付款申请单进行转账付款 (3) 转账后查询网银,确认转账成功后到银行取业务回单
7	查询并打印业务回单	银行柜员	(1) 根据出纳提供的信息查询并打印业务回单,打印两份 (2) 将打印好的两份业务回单交给出纳
8	取回银行业务回单	出纳	(1) 取得银行业务回单 (2) 将其中一份送至行政助理 (3) 将另一份送至财务会计填写记账凭证
9	填写记账凭证	财务会计	(1) 接收出纳提交的税务行政处罚决定书、付款申请单、银行业务回单 (2) 根据税务行政处罚决定书、付款申请单、银行业务回单填写记账凭证 (3) 填写完成后将税务行政处罚决定书、付款申请单、银行业务回单贴到记账凭证后面,并提交财务经理审核
10	审核记账凭证	财务部经理	(1) 审核财务会计提交的记账凭证 (2) 审核通过后返回出纳登记银行存款日记账
11	登记银行存款日记账	出纳	(1) 接收财务部经理审核通过的记账凭证 (2) 根据记账凭证登记银行存款日记账 (3) 登记完成后将凭证送至财务会计处登记明细账
12	登记明细账	财务会计	(1) 接收出纳送过来的记账凭证 (2) 根据记账凭证登记明细账 (3) 登记完成后将凭证送至财务部经理处登记总账
13	登记总账	财务部经理	(1) 接收财务会计送过来的记账凭证 (2) 根据记账凭证登记总账
14	接收银行业务回单并送至税务局	行政助理	(1) 接收出纳送过来的银行业务回单 (2) 将银行业务回单送至税务局
15	接收银行业务回单并销案	税务专员	(1) 接收行政助理送过来的银行业务回单 (2) 核对金额无误后销案处理,并做好记录

五、接收税务行政处罚并处理(商贸企业)

(一)业务概述

接收税务专员送达的税务行政处罚决定书,根据税务行政处罚决定书补缴税款及罚款。

（二）业务流程

具体业务流程见表9-63。

表9-63　　　　　　　　　　接收税务行政处罚并处理业务流程

序号	活动名称	角色	活动描述–操作指导
1	接收税务行政处罚决定书	行政经理	（1）接收税务行政处罚决定书 （2）根据税务行政处罚决定书填写付款申请单并提交至总经理
2	审核付款申请	总经理	（1）根据税务行政处罚决定书审核行政经理提交的付款申请单 （2）将审核通过的付款申请单返回行政经理
3	将审核的付款申请单提交财务	行政经理	（1）接收审核通过的付款申请单 （2）将收到的税务行政处罚决定书和审核通过的付款申请单一并送至财务部出纳
4	审核付款申请	出纳	（1）审核行政经理提交的税务行政处罚决定书、付款申请单 （2）审核通过后提交财务经理审核
5	审核付款申请	财务经理	（1）审核出纳提交的税务行政处罚决定书、付款申请单 （2）审核通过后返给出纳进行转账付款
6	转账付款	出纳	（1）接收财务经理审核通过的付款申请单 （2）根据付款申请单进行转账付款 （3）转账后查询网银，确认转账成功后到银行取业务回单
7	查询并打印业务回单	银行柜员	（1）根据出纳提供的信息查询并打印业务回单，打印两份 （2）将打印好的两份业务回单交给出纳
8	根据业务回单填写记账凭证	出纳	（1）取得银行业务回单 （2）将其中一份送至行政经理 （3）根据另一份税务行政处罚决定书、付款申请单、银行业务回单填写记账凭证 （4）填写完成后将税务行政处罚决定书、付款申请单、银行业务回单贴到记账凭证后面，并提交财务经理审核
9	审核记账凭证	财务经理	（1）审核出纳提交的记账凭证 （2）审核通过后返回出纳登记银行存款日记账
10	登记银行存款日记账	出纳	（1）接收财务经理审核通过的记账凭证 （2）根据记账凭证登记银行存款日记账 （3）登记完成后将凭证送至财务经理处登记明细账
11	登记明细账	财务经理	（1）接收出纳送过来的记账凭证 （2）根据记账凭证登记明细账
12	登记总账	财务经理	根据记账凭证登记总账
13	接收银行业务回单并送至税务局	行政经理	（1）接收出纳送过来的银行业务回单 （2）将银行业务回单送至税务局
14	接收银行业务回单并销案	税务专员	（1）接收行政经理送过来的银行业务回单 （2）核对金额无误后销案处理，并做好记录

六、接收税务行政处罚并处理（工贸企业）

（一）业务概述

接收税务专员送达的税务行政处罚决定书，根据税务行政处罚决定书补缴税款及罚款。

（二）业务流程

具体业务流程见表9-64。

表9-64　　　　　　接收税务行政处罚并处理业务流程

序号	活动名称	角色	活动描述-操作指导
1	接收税务行政处罚决定书	行政经理	（1）接收税务行政处罚决定书 （2）根据税务行政处罚决定书填写付款申请单并提交至总经理
2	审核付款申请	总经理	（1）根据税务行政处罚决定书审核行政经理提交的付款申请单 （2）将审核通过的付款申请单交给财务经理
3	审核付款申请	财务经理	（1）审核总经理提交的税务行政处罚决定书、付款申请单 （2）审核通过后返给总经理进行转账付款
4	转账付款	总经理	（1）接收财务经理审核通过的付款申请单 （2）根据付款申请单进行转账付款 （3）转账后查询网银，确认转账成功后通知财务经理到银行取业务回单
5	查询并打印业务回单	银行柜员	（1）根据财务经理提供的信息查询并打印业务回单，打印两份 （2）将打印好的两份业务回单交给财务经理
6	取回银行业务回单	财务经理	（1）取得银行业务回单 （2）将其中一份送至行政经理 （3）将另一份送至总经理填写记账凭证
7	填写记账凭证	总经理	（1）接收财务经理提交的税务行政处罚决定书、付款申请单、银行业务回单 （2）根据税务行政处罚决定书、付款申请单、银行业务回单填写记账凭证 （3）填写完成后将税务行政处罚决定书、付款申请单、银行业务回单贴到记账凭证后面，并提交财务经理审核
8	审核记账凭证	财务经理	（1）审核总经理提交的记账凭证 （2）审核通过后返给总经理登记银行存款日记账
9	登记银行存款日记账	总经理	（1）接收财务经理审核通过的记账凭证 （2）根据记账凭证登记银行存款日记账 （3）登记完成后将凭证送至财务经理处登记明细账
10	登记明细账	财务经理	（1）接收总经理送过来的记账凭证 （2）根据记账凭证登记明细账
11	登记总账	财务经理	根据记账凭证登记总账
12	接收银行业务回单并送至税务局	行政经理	（1）接收财务经理送过来的银行业务回单 （2）将银行业务回单送至税务局
13	接收银行业务回单并销案	税务专员	（1）接收行政经理送过来的银行业务回单 （2）核对金额无误后销案处理，并做好记录

任务六　人力资源与社会保障局日常任务

一、虚拟商业社会社会保障制度编制（人社局）

（一）业务概述

学习 VBSE 虚拟商业社会运营规则、社保、住房公积金知识，制定本次课程的社会保障制度并制作成文档或 PPT，与主讲老师沟通确认后，对社会保障制度进行讲解。

（二）业务流程

具体业务流程见表9-65。

表9-65　　　　　　　　虚拟商业社会社会保障制度编制业务流程

序号	活动名称	角色	活动描述-操作指导
1	学习、制定本次课程的社会保障制度	社保/公积金专员	（1）学习 VBSE 虚拟商业社会运营规则，制定本次课程的社会保障制度 （2）将制定的社会保障制度制作成文档或 PPT
2	社会保障制度讲解	社保/公积金专员	（1）与主讲老师沟通，确认讲解的方式和时间 （2）进行社会保障制度讲解 （3）记录各企业关于社会保障制度的问题，在查找资料确认后给予答复

二、下达社保稽查通知书（人社局）

（一）业务概述

填写社保稽核通知书，下发至制造企业、经销商、工贸企业。

（二）业务流程

具体业务流程见表9-66。

表9-66　　　　　　　　　下达社保稽查通知书业务流程

活动名称	角色	活动描述-操作指导
下达稽查通知书	社保/公积金专员	（1）填写社保稽核通知书 （2）填写完成后下发到制造企业的人力资源部或行政部门（企业管理部）、经销商行政经理、工贸企业行政经理 （3）请各企业按社保稽核通知书准备相关内容、资料、原始凭证等

三、社保稽核（人社局）

（一）业务概述

根据制定的社会保障制度对企业进行社保稽核，存在问题的形成稽核整改意见书并送达相关企业。

（二）业务流程

具体业务流程见表9-67。

表9-67　　　　　　　　　　　　社保稽查业务流程

序号	活动名称	角色	活动描述-操作指导
1	根据社会保障制度对企业进行例行检查，并记录在案	社保/公积金专员	（1）根据社保稽核通知书的时间，到企业进行现场稽核 （2）根据制定、公示的社会保障制度对企业人力资源部、财务部或主管人力资源、财务的负责人进行稽查 （3）检查人力资源参保人员情况、财务部按时缴纳保费情况等
2	下达稽查整改意见书	社保/公积金专员	（1）根据检查结果对没有问题的企业出具社会保险稽核报告 （2）根据检查结果对有问题的企业提出稽查整改意见书

四、行政处罚（人社局）

（一）业务概述

根据社保稽核检查结果，对问题企业作出行政处罚。

（二）业务流程

具体业务流程见表9-68。

表9-68　　　　　　　　　　　　行政处罚业务流程

序号	活动名称	角色	活动描述-操作指导
1	根据社保稽核整改意见书检查企业整改情况	社保/公积金专员	（1）根据社保稽核整改意见书检查企业整改情况 （2）到期未整改的开具社会保险提请行政处罚建议书，提请劳动监察部门依照法律、法规、规章处理或处罚 （3）到期整改的，确认后不作处罚
2	作出行政处罚	社保/公积金专员	（1）根据提请行政处罚建议书，进行行政处罚 （2）将开具的劳动保障监察行政处罚决定书送达相关问题企业

五、接收行政处罚并处理（制造企业）

（一）业务概述

接收社保/公积金专员送达的劳动保障监察行政处罚决定书，根据劳动保障监察行政处罚决定书缴纳罚款。

（二）业务流程

具体业务流程见表9-69。

表9-69　　　　　　　　　　　　接收行政处罚并处理业务流程

序号	活动名称	角色	活动描述-操作指导
1	接收劳动保障监察行政处罚决定书	行政助理	（1）接收劳动保障监察行政处罚决定书 （2）根据劳动保障监察行政处罚决定书填写付款申请单并提交至总经理
2	审核付款申请	总经理	（1）根据劳动保障监察行政处罚决定书审核行政助理提交的付款申请单 （2）将审核通过的付款申请单返回行政助理

序号	活动名称	角色	活动描述–操作指导
3	将审核的付款申请单提交财务	行政助理	（1）接收审核通过的付款申请单 （2）将收到的劳动保障监察行政处罚决定书和审核通过的付款申请单一并送至财务部出纳
4	审核付款申请	出纳	（1）审核行政助理提交的劳动保障监察行政处罚决定书、付款申请单 （2）审核通过后提交财务部经理审核
5	审核付款申请	财务部经理	（1）审核出纳提交的劳动保障监察行政处罚决定书、付款申请单 （2）审核通过后返给出纳进行转账付款
6	转账付款	出纳	（1）接收财务部经理审核通过的付款申请单 （2）根据付款申请单进行转账付款 （3）转账后查询网银，确认转账成功后到银行取业务回单
7	查询并打印业务回单	银行柜员	（1）根据出纳提供的信息查询并打印业务回单，打印两份 （2）将打印好的两份业务回单交给出纳
8	取回银行业务回单	出纳	（1）取得银行业务回单 （2）将其中一份送至行政助理 （3）将另一份送至财务会计填写记账凭证
9	填写记账凭证	财务会计	（1）接收出纳提交的劳动保障监察行政处罚决定书、付款申请单、银行业务回单 （2）根据劳动保障监察行政处罚决定书、付款申请单、银行业务回单填写记账凭证 （3）填写完成后将劳动保障监察行政处罚决定书、付款申请单、银行业务回单贴到记账凭证后面，并提交财务部经理审核
10	审核记账凭证	财务部经理	（1）审核财务会计提交的记账凭证 （2）审核通过后返回出纳登记银行存款日记账
11	登记银行存款日记账	出纳	（1）接收财务部经理审核通过的记账凭证 （2）根据记账凭证登记银行存款日记账 （3）登记完成后将凭证送至财务会计处登记明细账
12	登记明细账	财务会计	（1）接收出纳送过来的记账凭证 （2）根据记账凭证登记明细账 （3）登记完成后将凭证送至财务部经理处登记总账
13	登记总账	财务部经理	（1）接收财务会计送过来的记账凭证 （2）根据记账凭证登记总账
14	接收银行业务回单并送至人社局（或社保中心）	行政助理	（1）接收出纳送过来的银行业务回单 （2）将银行业务回单送至人社局（或社保中心）
15	接收银行业务回单并销案	社保/公积金专员	（1）接收行政助理送过来的银行业务回单 （2）核对金额无误后销案处理，并做好记录

模块九

六、接收行政处罚并处理（商贸企业）

（一）业务概述

接收社保/公积金专员送达的劳动保障监察行政处罚决定书，根据劳动保障监察行政处罚决定书缴纳罚款。

（二）业务流程

具体业务流程见表9-70。

表9-70　　　　　　　　　　　接收行政处罚并处理业务流程

序号	活动名称	角色	活动描述-操作指导
1	接收劳动保障监察行政处罚决定书	行政经理	（1）接收劳动保障监察行政处罚决定书 （2）根据劳动保障监察行政处罚决定书填写付款申请单并提交至总经理
2	审核付款申请	总经理	（1）根据劳动保障监察行政处罚决定书审核行政经理提交的付款申请单 （2）将审核通过的付款申请单返给行政经理
3	将审核的付款申请单提交财务	行政经理	（1）接收审核通过的付款申请单 （2）将收到的劳动保障监察行政处罚决定书和审核通过的付款申请单一并送至财务部出纳
4	审核付款申请	出纳	（1）审核行政经理提交的劳动保障监察行政处罚决定书、付款申请单 （2）审核通过后提交财务经理审核
5	审核付款申请	财务经理	（1）审核出纳提交的劳动保障监察行政处罚决定书、付款申请单 （2）审核通过后返给出纳进行转账付款
6	转账付款	出纳	（1）接收财务经理审核通过的付款申请单 （2）根据付款申请单进行转账付款 （3）转账后查询网银，确认转账成功后到银行取业务回单
7	查询并打印业务回单	银行柜员	（1）根据出纳提供的信息查询并打印业务回单，打印两份 （2）将打印好的两份业务回单交给出纳
8	根据业务回单填写记账凭证	出纳	（1）取得银行业务回单 （2）将其中一份送至行政经理 （3）根据另一份劳动保障监察行政处罚决定书、付款申请单、银行业务回单填写记账凭证 （4）填写完成后将劳动保障监察行政处罚决定书、付款申请单、银行业务回单贴到记账凭证后面，并提交财务经理审核
9	审核记账凭证	财务经理	（1）审核出纳提交的记账凭证 （2）审核通过后返回出纳登记银行存款日记账

续表

序号	活动名称	角色	活动描述-操作指导
10	登记银行存款日记账	出纳	（1）接收财务经理审核通过的记账凭证 （2）根据记账凭证登记银行存款日记账 （3）登记完成后将凭证送至财务经理处登记明细账
11	登记明细账	财务经理	（1）接收出纳送过来的记账凭证 （2）根据记账凭证登记明细账
12	登记总账	财务经理	根据记账凭证登记总账
13	接收银行业务回单并送至人社局（或社保中心）	行政经理	（1）接收出纳送过来的银行业务回单 （2）将银行业务回单送至人社局（或社保中心）
14	接收银行业务回单并销案	社保/公积金专员	（1）接收行政经理送过来的银行业务回单 （2）核对金额无误后销案处理，并做好记录

七、接收行政处罚并处理（工贸企业）

（一）业务概述

接收社保/公积金专员送达的劳动保障监察行政处罚决定书，根据劳动保障监察行政处罚决定书缴纳罚款。

（二）业务流程

具体业务流程见表9-71。

表9-71 接收行政处罚并处理业务流程

序号	活动名称	角色	活动描述-操作指导
1	接收劳动保障监察行政处罚决定书	行政经理	（1）接收劳动保障监察行政处罚决定书 （2）根据劳动保障监察行政处罚决定书填写付款申请单并提交至总经理
2	审核付款申请	总经理	（1）根据劳动保障监察行政处罚决定书审核行政经理提交的付款申请单 （2）将审核通过的付款申请单交给财务经理
3	审核付款申请	财务经理	（1）审核总经理提交的劳动保障监察行政处罚决定书、付款申请单 （2）审核通过后返给总经理进行转账付款
4	转账付款	总经理	（1）接收财务经理审核通过的付款申请单 （2）根据付款申请单进行转账付款 （3）转账后查询网银，确认转账成功后通知财务经理到银行取业务回单
5	查询并打印业务回单	银行柜员	（1）根据财务经理提供的信息查询并打印业务回单，打印两份 （2）将打印好的两份业务回单交给财务经理
6	取回银行业务回单	财务经理	（1）取得银行业务回单 （2）将其中一份送至行政经理 （3）将另一份送至总经理填写记账凭证

续表

序号	活动名称	角色	活动描述-操作指导
7	填写记账凭证	总经理	（1）接收财务经理提交的劳动保障监察行政处罚决定书、付款申请单、银行业务回单 （2）根据劳动保障监察行政处罚决定书、付款申请单、银行业务回单填写记账凭证 （3）填写完成后将劳动保障监察行政处罚决定书、付款申请单、银行业务回单贴到记账凭证后面，并提交财务经理审核
8	审核记账凭证	财务经理	（1）审核总经理提交的记账凭证 （2）审核通过后返回总经理登记银行存款日记账
9	登记银行存款日记账	总经理	（1）接收财务经理审核通过的记账凭证 （2）根据记账凭证登记银行存款日记账 （3）登记完成后将凭证送至财务经理处登记明细账
10	登记明细账	财务经理	（1）接收总经理送过来的记账凭证 （2）根据记账凭证登记明细账
11	登记总账	财务经理	根据记账凭证登记总账
12	接收银行业务回单并送至人社局（或社保中心）	行政经理	（1）接收财务经理送过来的银行业务回单 （2）将银行业务回单送至人社局（或社保中心）
13	接收银行业务回单并销案	社保/公积金专员	（1）接收行政经理送过来的银行业务回单 （2）核对金额无误后销案处理，并做好记录

八、就业指导-职业规划（人社局）

（一）业务概述

学习制作职业生涯规划文档，并组织各企业培训学习。

（二）业务流程

具体业务流程见表9-72。

表9-72　　　　　　　　　　就业指导-职业规划业务流程

序号	活动名称	角色	活动描述-操作指导
1	职业生涯规划的学习	社保/公积金专员	职业生涯规划和自我管理的学习
2	职业生涯规划的培训讲解	社保/公积金专员	（1）与主讲老师确认时间和培训方式 （2）组织各企业进行培训，讲解职业规划

九、就业指导-简历制作（人社局）

（一）业务概述

学习制作简历，并组织各企业培训学习。

（二）业务流程

具体业务流程见表9-73。

表9-73　　　　　　　　就业指导-简历制作业务流程

序号	活动名称	角色	活动描述-操作指导
1	简历制作的学习	社保公积金专员	简历制作的学习
2	简历制作的培训讲解	社保公积金专员	(1) 与主讲老师确认时间和培训方式 (2) 组织各企业进行培训，讲解简历制作

十、就业指导-面试技巧（人社局）

（一）业务概述

学习面试技巧，并组织各企业培训学习。

（二）业务流程

具体业务流程见表9-74。

表9-74　　　　　　　　就业指导-面试技巧业务流程

序号	活动名称	角色	活动描述-操作指导
1	面试技巧的学习	社保/公积金专员	面试技巧的学习
2	面试技巧的培训讲解	社保/公积金专员	(1) 与主讲老师确认时间和培训方式 (2) 组织各企业进行培训，讲解面试技巧

任务七　百联集团有限公司日常任务

一、门店借备用金（连锁）

（一）业务概述

为方便门店收银找零，店长需借一定金额的备用金。

（二）业务流程

具体业务流程见表9-75。

表9-75　　　　　　　　门店借备用金业务流程

序号	活动名称	角色	活动描述-操作内容
1	填写借款单	连锁东区店长	(1) 去连锁仓储经理处领取借款单 (2) 填写借款单，借款500元作为找零备用金
2	审核借款单	连锁仓储经理	(1) 审核借款单填写的准确性 (2) 审核借款业务的真实性 (3) 审核无误，签字
3	支付现金	连锁总经理	(1) 接收店长交给的已审核过的借款单 (2) 支付现金500元给借款人

二、门店销售收款（连锁）

（一）业务概述

连锁门店日常销售，并销售收款。

（二）业务流程

具体业务流程见表9-76。

表9-76　　　　　　　　　　门店销售收款业务流程

序号	活动名称	角色	活动描述-操作内容
1	选中零售订单	连锁东区店长	在VBSE系统中选中零售订单
2	零售门店出库	连锁东区店长	在VBSE系统中处理零售货物出库
3	零售收款	连锁东区店长	店长核对钱数，完成收款
4	开小票	连锁东区店长	（1）店长开小票，一式3联 （2）在每一联都盖上现金收讫章 （3）认真核对商品名称、型号、数量和金额，然后交给顾客 （4）店长留一联，其他两联，一联给财务，一联给顾客
5	开发票	连锁总经理	依据小票开销售发票，认真核对顾客姓名、商品名称、型号、数量和金额
6	把货物交给顾客	连锁东区店长	把货物交给顾客
7	登记库存台账	连锁东区店长	依据销售小票，登记库存台账

三、门店零售日结（连锁）

（一）业务概述

门店一天营业结束后，要对现金、商品和小票进行对账，若没有问题则正常闭店。

（二）业务流程

具体业务流程见表9-77。

表9-77　　　　　　　　　　门店零售日结业务流程

序号	活动名称	角色	活动描述-操作内容
1	整理商品陈列	连锁东区店长	在营业结束前30分钟开始整理门店商品陈列
2	现金验钞	连锁东区店长	进行现金验钞
3	核对现金、小票和商品	连锁东区店长	核对现金、小票和商品
4	现金封包	连锁东区店长	核对无误后对现金进行封包，店长签字
5	放入保险柜并登记签字	连锁东区店长	将现金放入保险柜，并在保险柜检查登记本上记录和签字
6	登记销售日报表	连锁东区店长	闭店前，店长登记当日的销售日报表

四、门店上缴营业款（连锁）

（一）业务概述

门店上缴上一天的营业款给连锁总部，分店与总店进行对账核算。

（二）业务流程

具体业务流程见表9-78。

表9-78 门店上缴营业款业务流程

序号	活动名称	角色	活动描述-操作内容
1	上缴营业款	连锁东区店长	在VBSE系统中上缴上一天的营业款给连锁总部
2	报送销售日报表和销售流水小票	连锁东区店长	同时向总部报送销售日报表和销售流水小票
3	归集门店营业款	连锁总经理	归集各个门店营业款
4	核对各门店营业收入	连锁总经理	核对各门店营业收入
5	核对门店明细核算	连锁总经理	核对门店明细核算，包括配货数量、销售数量、存货数量、售价金额等
6	登记门店核算明细表	连锁总经理	登记门店核算明细表

五、门店向总部请货（连锁）

（一）业务概述

门店根据销售情况和库存情况向连锁总部主动提出补货申请。

（二）业务流程

具体业务流程见表9-79。

表9-79 门店向总部请货业务流程

序号	活动名称	角色	活动描述-操作内容
1	填制补货申请单	连锁东区店长	门店连锁东区店长根据日均销售量、库存下限、在途数量、补货周期及安全库存等因素在VBSE系统中填写补货申请单
2	确认补货申请单	连锁仓储经理	（1）审核补货申请单内容填写的准确性和合理性（2）在VBSE系统中确认补货申请
3	补货分类	连锁仓储经理	根据补货申请对补货情况进行分类（紧急、正常）

六、总部请货分析（连锁）

（一）业务概述

请货分析的目的是连锁总部通过监控各门店，及时了解经营状况，最快获悉市场动向和顾客需求，合理调配库存、加快资金周转；根据各店请货情况和仓储中心的库存情况，生成采购信息，降低库存量，减少资金占用量。

（二）业务流程

具体业务流程见表9-80。

表9-80 总部请货分析业务流程

序号	活动名称	角色	活动描述-操作内容
1	店长提供库存信息	连锁东区店长	提供门店库存结存信息
2	总经理提供库存信息	连锁总经理	汇总门店库存结存信息，提供仓储配送中心库存结存信息

序号	活动名称	角色	活动描述-操作内容
3	请货分析	连锁仓储经理	针对各分店的请货量、请货品种及请货状态来分析哪些商品畅销、哪些商品滞销,查看商品数量能否满足请货需求。首先应该满足"紧急"请货商品;通过分析制定配送方案(包括配送中心配送方案和供应商配货方案)
4	填写配送通知单	连锁仓储经理	根据配送方案填写配送通知单
5	审核配送通知单	连锁总经理	审核配送通知单,签字确认
6	店长提供库存信息	连锁东区店长	提供门店库存结存信息

七、向东区门店下达配送通知(连锁)

(一)业务概述

总部通过请货分析等相关信息统筹生成配送通知单,并下达给仓储配送中心及门店,或者将需采购商品信息发送给采购员向供应商采购,并指定送货地点。

(二)业务流程

具体业务流程见表9-81。

表9-81 向东区门店下达配送通知业务流程

序号	活动名称	角色	活动描述-操作内容
1	下达配送通知单	连锁仓储经理	将配送通知单下达给门店店长
2	接收并确认配送通知单	连锁东区店长	(1)门店店长接收配送通知单 (2)根据补货申请单确认配送通知单内容 (3)签字确认
3	门店准备接货	连锁东区店长	准备按配送通知单接货

八、向西区门店下达配送通知(连锁)

(一)业务概述

总部通过请货分析等相关信息统筹生成配送通知单,并下达给仓储配送中心及门店,或者将需采购商品信息发送给采购员向供应商采购,并指定送货地点。

(二)业务流程

具体业务流程见表9-82。

表9-82 向西区门店下达配送通知业务流程

序号	活动名称	角色	活动描述-操作内容
1	下达配送通知单	连锁仓储经理	将配送通知单下达给门店店长
2	接收并确认配送通知单	连锁西区店长	(1)门店店长接收配送通知单 (2)根据补货申请单确认配送通知单内容 (3)签字确认
3	门店准备接货	连锁西区店长	准备按配送通知单接货

九、仓储中心配送出库（连锁）

（一）业务概述
仓储配送中心按照配送通知单的要求进行拣货，把理好的货进行复核，并办理配送出库。

（二）业务流程
具体业务流程见表9-83。

表9-83　　　　　　　　　　仓储中心配送出库业务流程

序号	活动名称	角色	活动描述-操作内容
1	按照配送通知单的要求进行拣货	连锁仓储经理	按照配送通知单的要求进行拣货
2	把理好的货发送到发货区域	连锁仓储经理	把理好的货发送到发货区域
3	复核理货	连锁总经理	按照配送方案的要求对理好的货进行复核
4	填写配送出库单	连锁仓储经理	（1）填写配送出库单（一式两联） （2）送交总经理审核
5	审核配送出库单	连锁总经理	审核配送出库单的准确性和合理性，在出库单上签字
6	办理出库	连锁仓储经理	在VBSE系统中办理配送出库
7	登记库存台账	连锁仓储经理	仓储经理根据出库单登记库存台账

十、门店到货签收（连锁）

（一）业务概述
门店到货签收，并办理入库。

（二）业务流程
具体业务流程见表9-84。

表9-84　　　　　　　　　　门店到货签收业务流程

序号	活动名称	角色	活动描述-操作内容
1	清点、检验配送货物	连锁东区店长	根据配送通知单清点、检验配送的货物
2	填写补货入库单	连锁东区店长	填写补货入库单（一式两联）
3	审核补货入库单	连锁东区店长	审核补货入库单的准确性和合理性，在入库单上签字
4	办理门店入库	连锁东区店长	在VBSE系统中办理门店入库
5	登记库存台账	连锁东区店长	根据补货入库单登记库存台账

十一、仓储中心补货申请（连锁）

（一）业务概述
仓储中心补货业务是依据仓储中心库存商品最小库存量编制补货申请表，提交给采购部门，作为采购计划的参考。

（二）业务流程
具体业务流程见表9-85。

表9-85   仓储中心补货申请业务流程

序号	活动名称	角色	活动描述-操作内容
1	填制仓储中心补货申请表	连锁仓储经理	（1）依据库存下限、在途数量、采购周期及安全库存等因素填写补货申请表 （2）补货申请表，一式2份
2	审核仓储中心补货申请表	连锁总经理	（1）审核补货申请表内容填写的准确性和合理性 （2）在补货申请表上签字确认

十二、总部编制采购计划（连锁）

（一）业务概述

连锁总部根据门店的销售情况、请货分析、仓储中心补货计划，核对仓储中心库存及在途信息编制采购计划。

（二）业务流程

具体业务流程见表9-86。

表9-86   总部编制采购计划业务流程

序号	活动名称	角色	活动描述-操作内容
1	编制采购计划	连锁总经理	（1）根据门店的销售情况、请货分析、仓储中心补货计划，核对仓储中心库存及在途信息编制采购计划 （2）初步填制采购计划表 （3）根据供应商的折扣等相关信息调整计划 （4）采购计划交采购员下发
2	分发采购计划	连锁仓储经理	（1）采购计划表一式2份 （2）分发采购计划表（仓储部、业务部各一份）

十三、与制造企业签订购销合同（连锁）

（一）业务概述

与制造企业签订购销合同。

（二）业务流程

具体业务流程见表9-87。

表9-87   与制造企业签订购销合同业务流程

序号	活动名称	角色	活动描述-操作内容
1	填写购销合同，填制合同会签单	连锁仓储经理	（1）连锁仓储经理填写购销合同和合同会签单 （2）连锁仓储经理将购销合同和合同会签单送交总经理审核
2	审核购销合同和合同会签单	连锁总经理	（1）审核购销合同的条款、期限、付款信息等是否符合公司要求 （2）确定符合要求后，在合同会签单上签字 （3）审核通过后在购销合同上盖章
3	购销合同存档	连锁总经理	（1）连锁总经理更新合同管理表-购销合同 （2）将盖章的购销合同交给制造企业营销专员 （3）连锁总经理将合同会签单与一份制造企业盖章的购销合同一起进行归档
4	购销合同登记	连锁总经理	连锁总经理更新购销合同执行情况表

模块九

十四、与连锁企业签订购销合同（制造企业）

（一）业务概述

营销部为开展商业活动，保护公司利益，与连锁企业签订购销合同。

（二）业务流程

具体业务流程见表9-88。

表9-88　　　　　　　　　　与连锁企业签订购销合同业务流程

序号	活动名称	角色	活动描述-操作内容
1	填写购销合同	销售专员	（1）销售专员根据销售计划与客户沟通销售合同细节内容 （2）填写购销合同，并要求连锁企业签字盖章，一式两份
2	填写合同会签单	销售专员	（1）填写合同会签单 （2）将购销合同和合同会签单送交营销部经理审核
3	合同会签单签字	营销部经理	（1）接收销售专员交给的购销合同及合同会签单 （2）审核购销合同内容填写的准确性和合理性 （3）在合同会签单上签字确认
4	合同会签单签字	财务部经理	（1）接收销售专员交给的购销合同及合同会签单 （2）审核购销合同内容填写的准确性和合理性 （3）在合同会签单上签字确认
5	合同会签单签字	总经理	（1）接收销售专员交给的购销合同及合同会签单 （2）审核购销合同内容填写的准确性和合理性 （3）在合同会签单上签字确认
6	购销合同盖章	行政助理	（1）营销部经理把购销合同和合同会签单交给销售专员去盖章 （2）销售专员拿购销合同和合同会签单找行政助理盖章 （3）行政助理检查合同会签单是否签字 （4）行政助理给合同盖章 （5）行政助理将盖完章的购销合同交还销售专员
7	送还对方一份已签字盖章的购销合同	销售专员	销售专员把本企业已经签字盖章的购销合同送还对方一份

十五、录入采购订单（连锁）

（一）业务概述

连锁企业录入与制造企业的采购订单。

（二）业务流程

具体业务流程见表9-89。

表9-89　　　　　　　　　　录入采购订单业务流程

活动名称	角色	活动描述-操作内容
在系统中录入采购订单	连锁仓储经理	根据连锁企业与制造企业签订好的购销合同，将采购订单信息录入VBSE系统

十六、确认连锁企业采购订单（制造企业）

（一）业务概述

确认连锁企业采购订单。

（二）业务流程

具体业务流程见表9-90。

表9-90　　　　　　　　确认连锁企业采购订单业务流程

活动名称	角色	活动描述-操作内容
确认采购订单	销售专员	（1）在系统中确认连锁企业采购订单 （2）根据系统的采购订单信息填写销售订单、销售订单明细表

十七、销售发货给连锁企业（制造企业）

（一）业务概述

制造企业销售发货给连锁企业。

（二）业务流程

具体业务流程见表9-91。

表9-91　　　　　　　　销售发货给连锁企业业务流程

序号	活动名称	角色	活动描述-操作内容
1	填制发货单	销售专员	（1）根据销售订单明细表和发货计划填制发货单 （2）报营销部经理和财务部经理审核
2	审核发货单	营销部经理	（1）根据销售订单明细表审核发货单，确认客户名称、产品名称、型号等重要项的填写 （2）发货单签字，将审核完的发货单交还销售专员 （3）销售专员留存发货单第一联，将第二联送仓储部，第三联送财务部
3	审核发货单	财务部经理	审核发货单并签字
4	填制销售出库单	仓管员	（1）根据发货单填制销售出库单 （2）请销售专员签字 （3）提交至仓储部经理审批
5	审核销售出库单	仓储部经理	（1）仓储部经理审核销售出库单 （2）办理出库手续
6	登记库存台账	仓储部经理	根据出库单填写库存台账，登记完交仓管员留存备案
7	在系统中处理销售发货	仓储部经理	在VBSE系统中选择发货的订单，并发货
8	将发货单交给客户	销售专员	根据发货单进行销售发运，并将发货单第四联送交连锁客户
9	办理物流运输	物流业务经理	物流业务经理在VBSE系统中办理物流运输
10	开具增值税专用发票	出纳	（1）从销售专员处获取卖给该客户的销售价格 （2）根据销售出库单，结合销售价格，开具销售发票
11	填制收入记账凭证	财务会计	（1）根据开具的发票填制记账凭证 （2）将记账凭证交给财务部经理审核
12	审核记账凭证	财务部经理	（1）接收财务会计交的记账凭证，进行审核 （2）审核后，交财务会计登记科目明细账

续表

序号	活动名称	角色	活动描述-操作内容
13	登记数量金额明细账	成本会计	（1）根据出库单填写存货明细账 （2）只填写数量，月末计算成本
14	登记明细账	财务会计	（1）接收财务部经理交给的记账凭证 （2）核对财务部经理是否已审核 （3）根据审核后的记账凭证登记科目明细账
15	登记总账	财务部经理	（1）接收财务会计交给的记账凭证 （2）根据记账凭证登记科目总账

十八、采购入库（连锁）

（一）业务概述

接到制造企业的货物，办理采购入库。

（二）业务流程

具体业务流程见表9-92。

表9-92　　　　　　　　　　　　采购入库业务流程

序号	活动名称	角色	活动描述-操作内容
1	依据采购订单填写采购入库单	连锁仓储经理	连锁仓储经理依照确认的采购订单填写采购入库单
2	审核采购入库单	连锁总经理	审核采购入库单
3	VBSE系统办理入库	连锁仓储经理	依据采购订单、采购入库单在VBSE系统中办理货物入库
4	登记库存台账	连锁仓储经理	将采购入库单（存根联）信息登记到库存台账中
5	更新购销合同执行情况表	连锁总经理	根据入库信息更新购销合同执行情况表

十九、向制造企业支付货款（连锁）

（一）业务概述

连锁仓储经理接到制造企业的销售增值税专用发票，依据增值税专用发票信息提交付款申请并付款。

（二）业务流程

具体业务流程见表9-93。

表9-93　　　　　　　　　　　　向制造企业支付货款业务流程

序号	活动名称	角色	活动描述-操作内容
1	收到制造企业开具的增值税专用发票	连锁仓储经理	（1）收到制造企业开具的增值税专用发票 （2）在系统中录入付款申请单 （3）将发票和付款申请单提交给总经理审核
2	审核付款申请单	连锁总经理	（1）收到连锁仓储经理提交的发票和付款申请单 （2）审核付款申请单与发票信息是否一致，付款要求是否合理 （3）确认合理后，签字
3	办理网银付款（转账）	连锁总经理	对照付款申请单在系统中办理网银付款

二十、回收连锁企业货款（制造企业）

（一）业务概述

出纳去银行取回连锁企业货款的电汇凭单，并交由财务部依据公司流程进行账务处理。

（二）业务流程

具体业务流程见表9-94。

表9-94　　　　　　　　　　　回收连锁企业货款业务流程

序号	活动名称	角色	活动描述-操作内容
1	到银行取回电子银行转账回单	出纳	（1）到银行取回电子银行转账回单 （2）将电子银行转账回单交给财务会计
2	编制记账凭证	财务会计	（1）接收出纳送来的银行转账回单 （2）编制记账凭证 （3）将银行转账回单粘贴到记账凭证后面 （4）将记账凭证交财务部经理审核
3	审核记账凭证	财务部经理	（1）接收财务会计送来的记账凭证 （2）审核记账凭证的附件是否齐全、正确 （3）审核记账凭证的编制是否正确 （4）审核完毕，交出纳登记银行存款日记账
4	登记银行存款日记账	出纳	（1）根据审核后的记账凭证登记银行存款日记账 （2）登记完毕后，交财务会计登记明细账
5	登记科目明细账	财务会计	（1）接收出纳送来的记账凭证 （2）核对财务部经理是否已审核 （3）根据审核后的记账凭证登记科目明细账
6	登记总账	财务部经理	（1）接收出纳交给的记账凭证 （2）根据记账凭证登记科目总账

任务八　立新会计师事务所日常任务

一、承接物流企业代理记账业务（事务所）

（一）业务概述

了解物流公司基本情况并确定服务项目及收费后承接物流企业代理记账业务。

（二）业务流程

具体业务流程见表9-95。

表9-95　　　　　　　　　承接物流企业代理记账业务流程

序号	活动名称	角色	活动描述-操作指导
1	与物流企业洽谈业务	项目经理	（1）物流企业财务经理与会计师事务所项目经理进行洽谈 （2）项目经理询问物流企业基本情况，了解委托目的 （3）确定服务项目及收费

序号	活动名称	角色	活动描述–操作指导
2	签订代理记账合同	项目经理	项目经理与物流企业就业务达成一致，签署代理记账合同并签字盖章
3	建立客户档案	审计助理	登记客户的基本信息
4	办理物流企业财务资料移交手续	审计助理	（1）接受物流企业交来的财务资料 （2）填写"资料移交清单"并在交接人处签字
5	准备期初建账	审计助理	（1）将移交的资料进行整理并妥善保管 （2）熟悉物流企业业务及常用的会计科目，准备期初建账

二、承接连锁企业代理记账业务（事务所）

（一）业务概述

了解连锁公司基本情况并确定服务项目及收费后承接连锁企业代理记账业务。

（二）业务流程

具体业务流程见表9-96。

表9-96　　　　　　　　承接连锁企业代理记账业务业务流程

序号	活动名称	角色	活动描述–操作指导
1	与连锁企业洽谈业务	项目经理	（1）连锁企业财务经理与会计师事务所项目经理进行洽谈 （2）项目经理询问连锁企业基本情况，了解委托目的 （3）确定服务项目及收费
2	签订代理记账合同	项目经理	项目经理与连锁企业就业务达成一致，签署代理记账合同并签字盖章
3	建立客户档案	审计助理	登记客户的基本信息
4	办理连锁企业财务资料移交手续	审计助理	（1）接受连锁企业交来的财务资料 （2）填写"资料移交清单"并在交接人处签字
5	准备期初建账	审计助理	（1）将移交的资料进行整理并妥善保管 （2）熟悉连锁企业业务及常用的会计科目，准备期初建账

三、委托会计师事务所承接审计业务（制造企业）

（一）业务概述

会计师事务所在承接审计业务后开展审计业务活动可分为三个阶段：计划审计工作阶段、审计实施工作阶段、审计终结阶段。在VBSE跨专业综合实训的审计活动中，业务流程是基于制造企业年终财务报告审计情境的。

在计划审计工作开展之前，注册会计师需要开展初步业务活动，评估承接业务的风险，与客户签订业务约定书，完成审计业务的承接。

初步业务活动的目的是确定是否接受业务委托，如接受业务委托，确保在计划审计工作时达到下列要求：（1）注册会计师已具备执行业务所需要的独立性和专业胜任能力；（2）不存在因管理层诚信问题而影响注册会计师承接或保持该项业务意愿的情况；（3）与被审计单位之间不存在对业务约定条款的误解。

（二）业务流程

具体业务流程见表9-97。

表9-97　　　　　　　**委托会计师事务所承接审计业务业务流程**

序号	活动名称	角色	活动描述-操作指导
1	委托审计	制造企业财务部经理	制造企业财务部经理找会计师事务所就委托审计的目的、内容等进行洽谈，提出委托事务所进行年终财务报告审计的请求
2	与被审计单位面谈	项目经理	与制造企业财务部经理洽谈，初步了解制造企业委托审计的目标、范围和内容；项目经理对委托企业的情况进行详细调查和了解
3	评估并签订审计合同	项目经理	综合考虑客户情况及事务所人员能否胜任委托审计的业务，决定是否接受该项审计业务并签署审计合同

四、总体审计策略制定与风险识别和评估（制造企业）

（一）业务概述

会计师事务所承接审计业务之后，首先应召开审计预备会议，并制定总体审计策略。根据批准后的总体审计策略，项目经理安排项目组成员与制造企业进行沟通，告知进驻的具体审计时间以及需要准备的审计资料。在办理完成审计资料交接的手续后在规定的时间进驻制造企业，并对财务报表存在的重大错报风险进行初步识别、评估。

（二）业务流程

具体业务流程见表9-98。

表9-98　　　　　　　**总体审计策略制定与风险识别和评估业务流程**

序号	活动名称	角色	活动描述-操作指导
1	召开审计预备会议并记录会议内容	制造企业财务部经理	成立审计小组，召开项目预备会
2	制定总体审计策略	项目经理	根据会议讨论结果，制定总体审计策略并编制"总体审计策略"工作底稿
3	通知制造企业审计时间及需要准备的资料	项目经理	电话通知制造企业审计的内容、时间安排等信息，并将审计资料清单内容告知制造企业财务部经理
4	整理和准备资料	制造企业财务部经理	根据会计师事务所告知的审计资料清单内容准备相关资料
5	接收审计资料	审计助理	（1）审计助理接收制造企业财务经理提交的审计资料并在"审计资料交接清单"中"资料交接人"处签字 （2）制造企业财务部经理向审计助理提交审计资料后在"审计资料交接清单"中"资料移交人"处签字 （3）双方各留存一份"审计资料交接清单"

五、固定资产的实质性测试（事务所）

（一）业务概述

项目经理在对制造企业采购与付款内部控制测试的基础上，制定固定资产的实质性测试程序计划并实施实质性分析程序，并分派注册会计师及审计助理对固定资产的增减变动以及账务处理、固定资产的所有权、累计折旧计提的合理性等实施审计程序，从而确定固定资产净值的审定数。在完成上述审计工作后，项目经理对注册会计师及审计助理编制的工作底稿进行现场复核。

（二）业务流程

具体业务流程见表9-99。

表9-99   固定资产的实质性测试业务流程

序号	活动名称	角色	活动描述-操作指导
1	制订固定资产实质性测试程序计划	项目经理	（1）确定审计目标与认定的对应关系 （2）选择计划执行的审计程序 （3）编制"固定资产实质性程序"工作底稿
2	编制固定资产明细表	审计师	（1）获取本期固定资产、累计折旧、固定资产减值准备等总账、明细账并复核是否一致 （2）编制"固定资产明细表"工作底稿
3	检查本期固定资产的增加	审计师	（1）检查固定资产明细账，抽取本期外购固定资产样本，追查至记账凭证，查看附件是否包含采购申请单、采购合同、采购发票、运费单等原始凭证 （2）检查采购申请单中是否有审批人签字 （3）重新计算固定资产的入账价值，确定是否与明细账一致 （4）检查会计凭证中的账务处理是否正确 （5）编制"固定资产增加检查情况表"工作底稿
4	检查本期固定资产的减少	审计师	（1）抽查固定资产减少的记录样本，追查至固定资产减少的记账凭证 （2）查看附件中是否有固定资产减少的申请单；是否有审批人签字 （3）检查固定资产减少的账务处理是否正确 （4）编制"固定资产减少检查情况表"工作底稿
5	检查累计折旧的计算	审计助理	（1）检查固定资产明细账，按照分类折旧率和固定资产计提折旧的基数重新计算本期计提折旧额，并与累计折旧明细账核对 （2）将本期计提折旧额与成本计算单以及生产成本、制造费用、管理费用等明细账中的折旧额合计进行核对 （3）编制"折旧测算表"工作底稿 （4）编制"固定资产折旧分配检查表"工作底稿
6	固定资产的调整与审定	审计师	（1）将"固定资产监盘检查情况表""固定资产增加检查情况表""固定资产减少检查情况表""折旧测算表""固定资产折旧分配检查表"等工作底稿中需要进行账项调整的金额计入"固定资产审定表"工作底稿 （2）根据本期未审数、账项调整分录计算本期审定数，编制"固定资产审定表"工作底稿
7	复核工作底稿	项目经理	（1）审核"固定资产监盘检查情况表""固定资产增加检查情况表""固定资产减少检查情况表""折旧测算表""固定资产折旧分配检查表""固定资产所有权审查表"等工作底稿 （2）在"固定资产审定表"复核人处签字

六、存货的实质性测试（事务所）

（一）业务概述

项目经理在对制造企业生产与仓储内部控制测试的基础上，制订存货实质性测试程序计划，并分派注册会计师及审计助理对存货进行监盘、计价测试、产品生产成本的计算测试、存货盘点结果的核对等审计程序，从而确定存货的审定数。在完成上述审计工作后，项目经理对注册会计师及审计助理编制的工作底稿进行现场复核。

（二）业务流程

具体业务流程见表9-100。

表9-100　　　　　　　　　存货的实质性测试业务流程

序号	活动名称	角色	活动描述-操作指导
1	制订存货实质性测试程序计划	项目经理	（1）确定审计目标与认定的对应关系 （2）编制"存货实质性程序"工作底稿
2	编制主要存货明细表	审计师	（1）获取本期存货总账及明细账并复核是否一致 （2）编制"主要存货明细表"工作底稿 （3）检查"主要存货明细表"中是否有异常或负数余额
3	实施存货监盘程序	审计师	（1）取得制造企业存货盘点计划 （2）观察制造企业人员是否遵循存货盘点计划准确记录存货的数量及状况 （3）从存货盘点记录中抽取部分原材料及产成品存货追查至存货实物 （4）从存货实物中抽取部分原材料及产成品存货追查至存货盘点记录 （5）编制"存货抽盘核对表"工作底稿
4	将存货明细表与盘点结果核对	审计助理	（1）从各类存货明细账中选取具有代表性的样本，与盘点记录核对 （2）从盘点记录选取具有代表性的样本，与各类存货明细账核对 （3）编制"存货明细账与监盘报告核对表"工作底稿
5	存货借方的截止测试	审计师	（1）在资产负债表日前存货明细账借方发生额中各选取适量样本，与入库记录（如入库单、购货发票或运输单据）核对，确定存货入库被记录在正确的会计期间 （2）在资产负债表日前的入库记录（如入库单、购货发票或运输单据）中各选取适量样本，与存货明细账的借方发生额进行核对，确定存货入库被记录在正确的会计期间 （3）在资产负债表日前后的存货明细账借方发生额中各选取适量样本，确定有无跨期现象 （4）编制"存货借方截止测试"工作底稿

序号	活动名称	角色	活动描述-操作指导
6	存货贷方的截止测试	审计师	（1）在资产负债表日前存货明细账的贷方发生额中各选取适量样本，与出库记录（如出库单、销货发票或运输单据）核对，确定存货出库被记录在正确的会计期间 （2）在资产负债表日前后的出库记录（如出库单、销货发票或运输单据）中各选取适量样本，与存货明细账的贷方发生额进行核对，确定存货出库被记录在正确的会计期间 （3）编制"存货贷方截止测试"工作底稿
7	存货的计价测试	审计助理	（1）在存货明细表中选取适量样本，将其单位成本与购货发票核对，并确认存货成本中不包含增值税 （2）选取适量样本，复核发出存货的金额计算是否正确 （3）编制"存货计价测试表"工作底稿
8	产品生产成本计算的测试	审计师	（1）抽查成本计算单，检查直接材料、直接人工及制造费用的计算和分配是否正确，并与有关佐证文件（如领料记录、生产工时记录、材料费用分配汇总表、人工费用分配汇总表等）相核对 （2）获取完工产品与在产品的生产成本分配标准和计算方法，重新计算并确认生产成本计算的准确性 （3）编制"产品生产成本计算测试表"工作底稿 （4）编制"制造费用明细表"工作底稿
9	存货的调整与审定	审计师	（1）将"主要存货明细表""存货抽盘核对表""存货明细账与监盘报告核对表""存货借方截止测试""存货贷方截止测试""存货计价测试表""制造费用明细表""产品生产成本计算测试表"等工作底稿中需要进行账项调整的金额过入"存货审定表"工作底稿 （2）根据本期未审数、账项调整分录计算本期审定数，编制"存货审定表"工作底稿
10	复核工作底稿	项目经理	（1）审核"存货抽盘核对表""存货明细账与监盘报告核对表""存货借方截止测试""存货贷方截止测试""存货计价测试表""制造费用明细表""产品生产成本计算测试表"等工作底稿 （2）在上述工作底稿的复核人处签字

七、应付账款的实质性测试（事务所）

（一）业务概述

项目经理在对制造企业采购与付款内部控制测试的基础上，制订应付账款的实质性测试程序计划，并分派注册会计师及审计助理对应付账款实施函证或替代测试、抽取凭证检查、查找未入账应付账款等审计程序，从而确定应付账款的审定数。在完成上述审计工作后，项目经理对注册会计师及审计助理编制的工作底稿进行现场复核。

（二）业务流程

具体业务流程见表9-101。

表9-101 应付账款的实质性测试业务流程

序号	活动名称	角色	活动描述-操作指导
1	制订应付账款实质性测试程序计划	项目经理	（1）确定审计目标与认定的对应关系 （2）选择计划执行的审计程序 （3）编制"应付账款实质性程序"工作底稿
2	编制应付账款明细表	审计师	（1）获取本期应付账款总账、明细账并复核是否一致 （2）确定客户应付账款的账龄 （3）编制"应付账款明细表"工作底稿
3	检查本期应付账款的增减变动	审计助理	（1）抽取已偿付的应付账款样本若干，追查至银行对账单等其他原始凭证，确定其是否在资产负债表日前真实偿付 （2）抽取未偿付的应付账款若干笔，检查债务形成的原始凭证，如供应商发票、验收报告或入库单 （3）编制"应付账款检查情况表"工作底稿
4	查找未入账的应付账款	审计师	（1）以供应商发票、验收报告或入库单原始凭证为起点抽取若干笔业务 （2）追查至应付账款明细账，检查有无漏记 （3）编制"未入账应付账款汇总表"工作底稿
5	应付账款的函证或替代测试	审计助理	（1）从应付账款明细账中选取余额为前3名的应付账款，检查后附的原始凭证的完整性、记录的恰当性等 （2）编制"应付账款替代测试表"工作底稿
6	确定应收账款审定数	审计师	（1）将"应付账款检查情况表""应付账款替代测试表""未入账应付账款汇总表"等工作底稿中需要进行账项调整的金额过入"应付账款审定表"工作底稿 （2）根据本期未审数、账项调整分录计算本期审定数，编制"应付账款审定表"工作底稿
7	复核工作底稿	项目经理	审核"应付账款明细表""未入账应付账款汇总表""应付账款检查情况表""应付账款替代测试表"等工作底稿并在复核人处签字

八、营业成本的实质性测试（事务所）

（一）业务概述

项目经理在对制造企业生产与仓储内部控制测试的基础上，制订营业成本实质性测试程序计划，并分派注册会计师及审计助理对主营业务成本实施实质性分析、抽查主营业务成本的计算及结转等审计程序，从而确定营业成本的审定数。在完成上述审计工作后，项目经理对注册会计师及审计助理编制的工作底稿进行现场复核。

（二）业务流程

具体业务流程见表9-102。

表 9-102　　　　　　　　　　营业成本的实质性测试业务流程

序号	活动名称	角色	活动描述-操作指导
1	制订营业成本实质性测试程序计划	项目经理	（1）确定审计目标与认定的对应关系 （2）选择计划执行的审计程序 （3）编制"营业成本实质性程序"工作底稿
2	编制主要营业成本明细表	审计助理	（1）获取本期主营业务成本总账、明细账并复核是否一致 （2）编制"主营业务成本明细表"工作底稿
3	实施主营业务成本的实质性分析程序	审计师	（1）获取本期和上期主营业务成本明细账资料 （2）将本期和上期主营业务成本按月度进行比较分析 （3）将本期和上期的主要产品单位成本进行比较分析 （4）编制"营业成本与上年度比较分析表"工作底稿 （5）编制"主要产品单位主营业务成本分析表"工作底稿
4	实施主营业务成本的倒轧测试	审计师	（1）获取本期原材料、生产成本、库存商品总账及明细账 （2）编制"主营业务成本倒轧表"工作底稿
5	抽查主营业务成本的计算与结转	审计助理	（1）获取本期主营业务成本明细账 （2）抽查主营业务成本，比较计入主营业务成本的品种、规格、数量和主营业务收入的口径是否一致 （3）检查主营业务成本的计算与结转是否正确、检查支持性文件，确定原始凭证是否齐全、记账凭证与原始凭证是否相符以及账务处理是否正确 （4）编制"抽查会计凭证记录"工作底稿
6	营业成本的调整与审定	审计师	（1）将"主营业务成本明细表""主营业务成本倒轧表""抽查会计凭证记录"等工作底稿中需要进行账项调整的金额过入"营业成本审定表"工作底稿 （2）根据本期未审数、账项调整分录计算本期审定数，编制"营业成本审定表"工作底稿
7	复核工作底稿	项目经理	（1）审核"主营业务成本明细表""营业成本与上年度比较分析表""主要产品单位主营业务成本分析表""主营业务成本倒轧表""抽查会计凭证记录"等工作底稿 （2）在上述工作底稿的复核人处签字

九、货币资金的实质性测试（事务所）

（一）业务概述

项目经理在对制造企业货币资金内部控制测试的基础上，制订货币资金实质性测试程序计划，并分派审计师及审计助理实施大额货币资金收支抽查、银行存款余额调节检查、银行存款的函证等审计程序，从而确定货币资金的审定数。在完成上述审计工作后，项目经理对审计师及审计助理编制的工作底稿进行现场复核。

（二）业务流程

具体业务流程见表9-103。

表9-103　　　　　　　　　货币资金的实质性测试业务流程

序号	活动名称	角色	活动描述-操作内容
1	制订货币资金实质性测试程序计划	项目经理	（1）确定审计目标与认定的对应关系 （2）选择计划执行的审计程序 （3）编制"货币资金实质性程序"工作底稿
2	编制货币资金明细表	审计助理	（1）获取本期库存现金、银行存款等总账、明细账并复核是否一致 （2）编制"货币资金明细表"工作底稿
3	实施库存现金监盘	审计助理	（1）制订监盘计划，确定监盘时间 （2）将盘点金额与库存现金日记账余额进行核对 （3）编制"库存现金盘点表"工作底稿
4	检查银行对账单及余额调节表	审计师	（1）获取资产负债表日银行对账单，并与账面余额核对 （2）获取资产负债表日各银行存款余额调节表并进行汇总，检查调节表中加计数是否正确，调节后银行日记账余额与银行对账单余额是否一致 （3）复核余额调节表的调节事项性质和范围是否合理 （4）检查是否存在未入账的利息收入和利息支出 （5）检查是否存在其他跨期收支事项 （6）编制"银行存款余额调节汇总表"工作底稿 （7）编制"对银行存款余额调节表的检查"工作底稿
5	函证银行存款	审计助理	（1）获取银行存款、短期借款、长期借款明细账及总账，获取银行存款和银行借款的日期、金额、期限等信息 （2）编制"银行询证函"工作底稿 （3）持"银行询证函"到制造企业开户银行办理函证，并取得回执 （4）根据银行函证回执编制"银行存款函证结果汇总表"工作底稿
6	抽查大额货币资金收支凭证	审计助理	（1）抽取金额在某金额以上的银行存款以及金额在某金额以上的库存现金收支业务 （2）检查原始凭证是否齐全、记账凭证与原始凭证是否相符、账务处理是否正确、是否记录于恰当的会计期间等项内容 （3）编制"货币资金收支检查表"工作底稿
7	货币资金的调整与审定	审计师	（1）将"货币资金明细表""对银行存款余额调节表的检查""库存现金盘点表""抽查会计凭证记录"等工作底稿中需要进行账项调整的金额过入"货币资金审定表"工作底稿 （2）根据本期未审数、账项调整分录计算本期审定数，编制"货币资金审定表"工作底稿
8	复核工作底稿	项目经理	（1）审核"货币资金明细表""对银行存款余额调节表的检查""库存现金盘点表""货币资金收支检查表"等工作底稿 （2）在上述工作底稿的复核人处签字

十、营业收入的实质性测试（事务所）

（一）业务概述

项目经理在对制造企业销售与收款内部控制测试的基础上，制订营业收入的实质性测试程序计划，并分派注册会计师及审计助理对主营业务收入执行分析程序及其他细节测试程序，确定营业收入的审定数。在完成审计工作后，项目经理对注册会计师及审计助理编制的工作底稿进行现场复核。

（二）业务流程

具体业务流程见表9-104。

表9-104　　　　　　　　营业收入的实质性测试业务流程

序号	活动名称	角色	活动描述-操作内容
1	制订营业收入实质性测试程序计划	项目经理	（1）确定审计目标与认定的对应关系 （2）选择计划执行的审计程序 （3）编制"营业收入实质性程序"工作底稿
2	分析全年各月主营业务收入变动情况	审计师	（1）获取本期利润表、主营业务收入总账和明细账以及上期各月主营业务收入数据 （2）利用分析程序计算变动额和变动比率 （3）编制"主营业务收入明细表"工作底稿
3	分析月度毛利率	审计师	（1）计算本年各期毛利和毛利率 （2）计算上年各期毛利和毛利率 （3）分析本年和上年的毛利率变动幅度，作出审计结论 （4）编制"月度毛利率分析表"工作底稿
4	分析业务/产品销售情况	审计助理	（1）计算本年各类收入/产品的毛利率 （2）计算上年各类收入/产品的毛利率 （3）分析本年和上年各类收入/产品的毛利率变动幅度，作出审计结论 （4）编制"业务/产品销售分析表"工作底稿
5	执行营业收入细节测试	审计助理	（1）抽取若干张记账凭证，检查后附的原始凭证的完整性、记录的恰当性等 （2）编制"主营业务收入检查表"工作底稿
6	执行主营业务收入的截止测试	审计师	（1）选取资产负债表日前、后若干发货单据，追查至发票、记账凭证及主营业务收入明细账，判断发货单据、发票以及记账凭证日期是否在同一会计期间 （2）选取资产负债表日前、后若干笔主营业务收入明细账记录，追查至发货单据、发票、记账凭证，判断发货单据、发票以及记账凭证日期是否在同一会计期间 （3）编制"主营业务收入截止测试"工作底稿
7	确定营业收入审定数	审计师	（1）将"主营业务收入截止测试"等工作底稿中需要进行账项调整的收入过入"营业收入审定表"工作底稿 （2）根据本期未审数、账项调整分录计算本期审定数，编制"营业收入审定表"工作底稿
8	复核工作底稿	项目经理	审核"主营业务收入明细表""月度毛利率分析表""业务/产品销售分析表""主营业务收入检查表""主营业务收入截止测试""营业收入审定表"等工作底稿并在复核人处签字

十一、应收账款的实质性测试（事务所）

（一）业务概述

项目经理在对制造企业销售与收款内部控制测试的基础上，制订应收账款的实质性测试程序计划，并分派注册会计师及审计助理对应收账款和坏账准备的计提实施函证、替代测试、抽取凭证检查等审计程序，从而确定应收账款的审定数。在完成上述审计工作后，项目经理对注册会计师及审计助理编制的工作底稿进行现场复核。

（二）业务流程

具体业务流程见表9-105。

表9-105 应收账款的实质性测试业务流程

序号	活动名称	角色	活动描述-操作内容
1	制订应收账款实质性测试程序计划	项目经理	（1）确定审计目标与认定的对应关系 （2）选择计划执行的审计程序 （3）编制"应收账款实质性程序"工作底稿
2	编制应收账款明细表	审计助理	（1）获取本期应收账款总账、明细账并复核是否一致 （2）确定客户应收账款的账龄 （3）请制造企业财务经理标识重要的欠款单位 （4）编制"应收账款明细表"工作底稿
3	函证应收账款	审计师	（1）将客户按应收账款余额特征进行分层，确定函证样本数量、选取函证对象 （2）选择函证的方式和时间 （3）编制"应收账款函证结果汇总表"工作底稿
4	应收账款的替代测试	审计助理	（1）抽取未函证应收账款若干笔，检查后附的原始凭证的完整性、记录的恰当性等 （2）编制"应收账款替代测试表"工作底稿
5	坏账准备计算的测试	审计师	（1）明确制造企业坏账准备的计提政策和会计核算要求，评价其恰当性 （2）在确认应收账款账面余额的基础上，按照恰当的方法重新计算坏账准备本期应计提的金额 （3）编制"应收账款坏账准备计算表"工作底稿
6	确定应收账款审定数	审计师	（1）将"应收账款函证差异调整表""应收账款替代测试表""应收账款坏账准备计算表"等工作底稿中需要进行账项调整的金额过入"应收账款审定表"工作底稿 （2）根据本期未审数、账项调整分录计算本期审定数，编制"应收账款审定表"工作底稿
7	复核工作底稿	项目经理	审核"应收账款明细表""应收账款函证结果汇总表""应收账款函证差异调整表""应收账款替代测试表""应收账款坏账准备计算表"等工作底稿并在复核人处签字

十二、审计结束前的工作（事务所）

（一）业务概述

审计实质性测试工作结束后，会计师事务所项目经理应制定业务完成阶段的审计计划；汇总已更正错报以及列报和披露；评价识别出的错报；编制试算平衡表；与治理层进行沟通。最后评价审计结果，形成审计意见。

（二）业务流程

具体业务流程见表9-106。

表9-106 审计结束前的工作业务流程

序号	活动名称	角色	活动描述-操作内容
1	制订业务完成阶段的审计计划	项目经理	（1）确定业务完成阶段的主要工作及每项工作的具体执行人 （2）编制"业务完成阶段审计工作"工作底稿
2	汇总已更正错报以及已更正列报和披露	审计助理	（1）编制"错报累计和评价表"工作底稿 （2）将审计过程的所有工作底稿中已更正的错报进行汇总，编制"已更正错报汇总表"工作底稿 （3）将已更正的列报和披露进行汇总，编制"已更正的列报和披露错报汇总表"工作底稿
3	汇总未更正错报以及未更正列报和披露错报	审计师	（1）将识别出的影响本期财务报表的未更正错报进行汇总，编制"未更正错报汇总表"工作底稿 （2）将未更正的列报和披露进行汇总，编制"未更正的列报和披露错报汇总表"工作底稿
4	评价识别出的错报	审计师	（1）评价识别出的错报对审计的影响 （2）编制"评价识别出的错报"工作底稿
5	编制试算平衡表	审计师	（1）编制"资产负债表试算平衡表"工作底稿 （2）编制"利润表试算平衡表"工作底稿
6	与管理层和治理层进行沟通	项目经理	（1）就审计中发现的与董事会监督财务报告过程责任相关的重大事项与制造企业总经理进行面谈 （2）编制"与治理层的沟通函"工作底稿 （3）制造企业总经理在"与治理层的沟通函"中签署意见
7	评价审计结果，形成审计意见	项目经理	（1）认知审计意见类型的种类 （2）初步确定拟出具的审计报告意见
8	获取管理层声明书并确定日期	审计助理	（1）向制造企业总经理提交"未分组错报汇总表""未更正的列报和披露错报汇总表"以及"管理层声明书" （2）制造企业审核后盖章 （3）接收盖章后的"管理层声明书"
9	复核审计工作底稿	项目经理	（1）复核"错报累计和评价表""已更正错报汇总表""已更正的列报和披露错报汇总表""未更正错报汇总表""未更正的列报和披露错报汇总表""资产负债表试算平衡表""利润表试算平衡表"等 （2）在复核人处签字

十三、出具审计报告（事务所）

（一）业务概述

审计外勤工作结束后，会计师事务所项目经理召开项目总结会议，讨论审计中发现的重大问题，最后形成审计结论；逐级对审计工作底稿进行复核；出具审计报告并逐级复核签发，最后将审计报告送达制造企业。

（二）业务流程

具体业务流程见表9-107。

表9-107　　　　　　　　　　　　　　　出具审计报告业务流程

序号	活动名称	角色	活动描述-操作内容
1	召开审计项目总结会	项目经理	（1）确定会议召开的时间和地点以及参加的人员 （2）确定会议的主要议题
2	撰写审计报告初稿	审计师	（1）确定审计意见类型 （2）编写审计报告
3	工作底稿的一级复核	审计师	（1）接收全部审计工作底稿并复核 （2）在"业务复核核对表"中记录并在项目经理复核签字处签字并签署复核日期 （3）将工作底稿及"业务复核核对表"提交项目经理复核
4	工作底稿的二级复核	项目经理	（1）接收全部审计工作底稿并复核 （2）在"业务复核核对表"的部门经理复核签字处签字并签署复核日期 （3）将工作底稿及"业务复核核对表"提交项目质量控制部复核
5	出具审计报告	审计师	（1）根据复核意见修改审计报告措辞 （2）出具审计报告 （3）填写"审计报告复核签发单"中审计报告以及主送和报送单位信息 （4）将审计报告及"审计报告复核签发单"提交项目经理进行审核
6	项目经理复核审计报告	项目经理	（1）接收并审核审计报告 （2）在"审计报告复核签发单"的项目负责人意见处签署"同意"并签字
7	将审计报告送达制造企业	审计助理	（1）填写"业务报告客户签收单"相关信息并在事务所经办人处签字 （2）将经过复核同意签发的审计报告送达制造企业 （3）请制造企业人员接收审计报告并在"业务报告客户签收单"上签字
8	制造企业接收审计报告	制造企业财务部经理	（1）接收审计报告 （2）在"业务报告客户签收单"接收单位经办人处签字

十四、审计工作底稿整理归档（事务所）

（一）业务概述

审计工作完成后，将所有审计工作底稿进行归类、编号、整理，装订后移交档案室进行保管。

（二）业务流程

具体业务流程见表9-108。

表9-108　　　　　　　审计工作底稿整理归档业务流程

序号	活动名称	角色	活动描述-操作内容
1	整理审计工作底稿	审计助理	（1）复核被审单位相关信息 （2）按照审计工作底稿目录对工作底稿进行分类和编号 （3）对工作底稿进行归纳整理
2	填写审计工作底稿索引目录	审计助理	将对应的工作底稿页码填写在"审计工作底稿目录"中
3	装订审计工作底稿	审计师	将编制好的审计工作底稿目录以及分类编号的工作底稿一并装订成册
4	审计档案归档保管	审计师	将装订好的审计档案归入档案室进行保管

十五、办理审计收费（事务所）

（一）业务概述

会计师事务所在完成审计工作后，按照审计业务约定书的约定，向制造企业开具发票、收取审计费用并办理存入银行的相关手续。

（二）业务流程

具体业务流程见表9-109。

表9-109　　　　　　　办理审计收费业务流程

序号	活动名称	角色	活动描述-操作内容
1	为制造企业开具审计收费发票	项目经理	（1）开具增值税专用发票 （2）安排审计助理将增值税专用发票送至制造企业财务部
2	将开具的发票送达制造企业	审计助理	将服务业发票送至制造企业财务部的财务会计

十六、物流企业代理记账收费（事务所）

（一）业务概述

为物流企业开具增值税专用发票，交至物流企业，物流企业根据收到的增值税专用发票，向会计师事务所支付代理记账费用款项。

（二）业务流程

具体业务流程见表9-110。

表9-110　　　　　　　　　　　物流企业代理记账收费业务流程

序号	活动名称	角色	活动描述-操作内容
1	为物流企业开具代理记账发票	项目经理	（1）开具增值税专用发票 （2）安排审计助理将增值税专用发票送至物流企业
2	办理网银转账	物流总经理	（1）收到会计师事务所的增值税专用发票，随即在VBSE系统中办理网银转账 （2）到银行打印业务回单

十七、连锁企业代理记账收费（事务所）

（一）业务概述

为连锁企业开具增值税专用发票，交至连锁企业，连锁企业根据收到的增值税专用发票，向会计师事务所支付代理记账费用款项。

（二）业务流程

具体业务流程见表9-111。

表9-111　　　　　　　　　　　连锁企业代理记账收费业务流程

序号	活动名称	角色	活动描述-操作内容
1	为连锁企业开具代理记账发票	项目经理	（1）开具增值税专用发票 （2）安排审计助理将增值税专用发票送至连锁企业
2	办理网银转账	连锁总经理	（1）收到会计师事务所的增值税专用发票，随即在VBSE系统中办理网银转账 （2）到银行打印业务回单

十八、物流企业月末账务处理（事务所）

（一）业务概述

审计助理根据物流企业移交的资料、原始凭证编制记账凭证并根据记账凭证登记总分类账。

（二）业务流程

具体业务流程见表9-112。

表9-112　　　　　　　　　　　物流企业月末账务处理业务流程

序号	活动名称	角色	活动描述-操作内容
1	编制记账凭证	审计助理	根据物流企业发生经济业务的原始凭证，填写记账凭证
2	登记总账	审计师	依据记账凭证登记总分类账

十九、连锁企业月末账务处理（事务所）

（一）业务概述

审计师根据连锁企业移交的资料、原始凭证编制记账凭证并根据记账凭证登记总分类账。

（二）业务流程

具体业务流程见表9-113。

模块九

表9-113 连锁企业月末账务处理业务流程

序号	活动名称	角色	活动描述-操作内容
1	编制记账凭证	审计助理	根据连锁企业发生经济业务的原始凭证，填写记账凭证
2	登记总账	审计师	依据记账凭证登记总分类账

二十、为物流企业编制财务报表（事务所）

（一）业务概述

根据总分类账数据，审计助理编制利润表和资产负债表。

（二）业务流程

具体业务流程见表9-114。

表9-114 为物流企业编制财务报表业务流程

序号	活动名称	角色	活动描述-操作内容
1	编制利润表	审计助理	根据损益账户明细账本期发生额编制利润表
2	编制资产负债表	审计助理	根据资产、负债、所有者权益类账户的期末余额直接或计算、分析填列资产负债表

二十一、为连锁企业编制财务报表（事务所）

（一）业务概述

根据总分类账数据，审计师编制利润表和资产负债表。

（二）业务流程

具体业务流程见表9-115。

表9-115 为连锁企业编制财务报表业务流程

序号	活动名称	角色	活动描述-操作内容
1	编制利润表	审计师	根据损益账户明细账本期发生额编制利润表
2	编制资产负债表	审计师	根据资产、负债、所有者权益类账户的期末余额直接或计算、分析填列资产负债表

二十二、收到审计费用发票并支付（制造企业）

（一）业务概述

制造企业按照货币资金内部控制的要求，办理付款申请、付款审批、支付复核、办理支付、登记账簿等业务。

（二）业务流程

具体业务流程见表9-116。

表9-116 收到审计费用发票并支付业务流程

序号	活动名称	角色	活动描述-操作内容
1	填写支出凭单	财务会计	（1）根据收到的审计费用发票填写支出凭单 （2）将填写的支出凭单提交财务部经理审核并签字
2	审核支出凭单	财务部经理	（1）审核支出凭单填写的准确性 （2）审核支出凭单附件的合法性和真实性 （3）审核资金使用的合理性 （4）审核无误签字后交财务会计去出纳处办理付款手续
3	办理网银转账	出纳	（1）审核支出凭单的完整性和真实性 （2）根据审核后的支出凭单在VBSE系统中办理转账 （3）到银行打印业务回单
4	填制记账凭证	财务会计	（1）根据转账业务回单编制记账凭证 （2）将记账凭证送财务部经理审核
5	审核记账凭证	财务部经理	（1）接收财务会计交来的记账凭证 （2）审核记账凭证填写的准确性 （3）审核无误签字后交出纳登记银行存款日记账
6	登记银行存款日记账	出纳	（1）依据审核的记账凭证登记银行存款日记账 （2）登记后将记账凭证返还财务会计
7	登记科目明细账	财务会计	（1）根据审核后的记账凭证登记科目明细账 （2）记账后在记账凭证上签字或盖章
8	登记总分类账	财务部经理	（1）根据审核后的记账凭证登记总账 （2）记账后在记账凭证上签字或盖章

任务九　隆飞物流有限公司日常任务

一、与制造企业签订运输合同（物流）

（一）业务概述

物流企业与制造企业签订运输合同。

（二）业务流程

具体业务流程见表9-117。

表9-117 与制造企业签订运输合同业务流程

序号	活动名称	角色	活动描述-操作指导
1	填写运输合同	物流业务经理	（1）物流业务经理根据运输计划与客户沟通运输合同细节内容 （2）起草运输合同，一式两份
2	填写合同会签单	物流业务经理	（1）填写合同会签单 （2）将运输合同和合同会签单提交给物流总经理审核

序号	活动名称	角色	活动描述-操作指导
3	合同会签单签字	物流总经理	（1）接收物流业务经理送来的运输合同及合同会签单 （2）审核运输合同的准确性和合理性 （3）在合同会签单上签字 （4）在运输合同上签字 （5）物流总经理签完返还给物流业务经理
4	运输合同盖章	物流业务经理	（1）接收物流总经理返还的合同会签单及运输合同 （2）在运输合同上盖章
5	把运输合同送给对方	物流业务经理	业务经理把运输合同送给制造企业

二、与经销商签订运输合同（物流）

（一）业务概述

物流企业与经销商签订运输合同。

（二）业务流程

具体业务流程见表9-118。

表9-118　　　　　　　　　　　与经销商签订运输合同业务流程

序号	活动名称	角色	活动描述-操作指导
1	填制运输合同	物流业务经理	（1）物流业务经理根据运输计划与客户沟通运输合同细节内容 （2）起草运输合同，一式两份
2	填写合同会签单	物流业务经理	（1）填写合同会签单 （2）将运输合同和合同会签单提交给物流总经理审核
3	合同会签单签字	物流总经理	（1）接收物流业务经理送来的运输合同及合同会签单 （2）审核运输合同的准确性和合理性 （3）在合同会签单上签字 （4）在运输合同上签字 （5）物流总经理签完返还给物流业务经理
4	运输合同盖章	物流业务经理	（1）接收物流总经理返还的合同会签单及运输合同 （2）在运输合同上盖章
5	把运输合同送给对方	物流业务经理	物流业务经理把运输合同送给经销商

三、受理制造企业运输订单（物流）

（一）业务概述

受理制造企业下达的运输订单。

（二）业务流程

具体业务流程见表9-119。

表9-119　　　　　　　　　　受理制造企业运输订单业务流程

序号	活动名称	角色	活动描述-操作指导
1	接收、确认运输订单	物流业务经理	（1）接收制造企业提交的运输订单 （2）确认运输订单并签字
2	线路规划、车辆调度	物流业务经理	根据运输订单安排线路，调配车辆

四、去工贸企业取货并开发票（物流）

（一）业务概述

去工贸企业取货并开具增值税专用发票。

（二）业务流程

具体业务流程见表9-120。

表9-120　　　　　　　　　　去工贸企业取货并开发票业务流程

序号	活动名称	角色	活动描述-操作指导
1	下达取货命令	物流总经理	根据运输订单将取货命令下达给物流业务经理
2	填制运单	物流业务经理	（1）接收物流总经理取货命令 （2）根据运输订单填写运单
3	填制运输发票	物流业务经理	根据运单填制增值税专用发票
4	发车取货	物流业务经理	带齐单据，发车取货

五、装车发运给制造企业（物流）

（一）业务概述

货物装车并送货。

（二）业务流程

具体业务流程见表9-121。

表9-121　　　　　　　　　　装车发运给制造企业业务流程

序号	活动名称	角色	活动描述-操作指导
1	点验托运货物	物流业务经理	与工贸企业进行货物交接，点验托运货物
2	确认运单信息并签字	物流业务经理	请工贸企业确定运单信息并签字
3	装车作业	物流业务经理	安排装卸工将货物装车
4	送货作业	物流业务经理	运单签字后根据规划好的线路运输送货

六、送货到制造企业（物流）

（一）业务概述

送货到制造企业并卸货，将增值税专用发票交给制造企业。

（二）业务流程

具体业务流程见表9-122。

表9-122　　　　　　　　送货到制造企业业务流程

序号	活动名称	角色	活动描述-操作指导
1	车辆到达卸车前检查	物流业务经理	车辆到达制造企业，卸车前检查车辆
2	安排卸货、货物交接	物流业务经理	安排装卸工卸货，与制造企业交接货物，请制造企业清点货物数量，检查货物质量，确认合格后制造企业在运单上签字确认留存
3	将增值税专用发票交制造企业	物流业务经理	将增值税专用发票交给制造企业

七、收到制造企业运费业务回单（物流）

（一）业务概述

收到制造企业运费业务回单。

（二）业务流程

具体业务流程见表9-123。

表9-123　　　　　　收到制造企业运费业务回单业务流程

序号	活动名称	角色	活动描述-操作指导
1	查询网银	物流总经理	（1）查询网银，确认收到运费 （2）到银行打印业务回单
2	银行打印收款业务回单	银行柜员	根据物流总经理提供的信息查询流水打印回单并交给物流总经理

八、受理经销商运输订单（物流）

（一）业务概述

受理经销商下达的运输订单。

（二）业务流程

具体业务流程见表9-124。

表9-124　　　　　　受理经销商运输订单业务流程

序号	活动名称	角色	活动描述-操作指导
1	接收、确认运输订单	物流业务经理	（1）接收经销商提交的运输订单 （2）确认运输订单并签字
2	线路规划、车辆调度	物流业务经理	根据运输订单安排线路，调配车辆

九、去制造企业取货并开发票（物流）

（一）业务概述

去制造企业取货并开具增值税专用发票。

（二）业务流程

具体业务流程见表9-125。

表9-125　　　　　　　　　去制造企业取货并开发票业务流程

序号	活动名称	角色	活动描述-操作指导
1	下达取货命令	物流总经理	根据运输订单将取货命令下达给物流业务经理
2	填制运单	物流业务经理	（1）接收物流总经理取货命令 （2）根据运输订单填写运单
3	填制运输发票	物流业务经理	根据运单填制增值税专用发票
4	发车取货	物流业务经理	带齐单据，发车取货

十、装车发运给经销商（物流）

（一）业务概述

货物装车并送货。

（二）业务流程

具体业务流程见表9-126。

表9-126　　　　　　　　　装车发运给经销商业务流程

序号	活动名称	角色	活动描述-操作指导
1	点验托运货物	物流业务经理	与制造企业进行货物交接，点验托运货物
2	确认运单信息并签字	物流业务经理	请制造企业确定运单信息并签字
3	装车作业	物流业务经理	安排装卸工将货物装车
4	送货作业	物流业务经理	运单签字后根据规划好的线路运输送货

十一、送货到经销商（物流）

（一）业务概述

送货到经销商并卸货，将增值税专用发票交给经销商。

（二）业务流程

具体业务流程见表9-127。

表9-127　　　　　　　　　送货到经销商业务流程

序号	活动名称	角色	活动描述-操作指导
1	车辆到达卸车前检查	物流业务经理	车辆到达经销商，卸车前检查车辆
2	安排卸货、货物交接	物流业务经理	安排装卸工卸货，与经销商交接货物，请经销商清点货物数量，检查货物质量，确认合格后经销商在运单上签字确认留存
3	将增值税专用发票交经销商	物流业务经理	将增值税专用发票交给经销商

模块九

十二、收到经销商运费业务回单（物流）

（一）业务概述

收到经销商运费业务回单。

（二）业务流程

具体业务流程见表9-128。

表9-128　　　　　　　收到经销商运费业务回单业务流程

序号	活动名称	角色	活动描述-操作指导
1	查询网银	物流总经理	（1）查询网银，确认收到运费 （2）到银行打印业务回单
2	到银行打印收款业务回单	银行柜员	根据物流总经理提供的信息查询流水打印回单并交给物流总经理

模块十
关键任务顺序

模块十 关键任务顺序

一、经销商销售

经销商销售任务顺序见表10-1。

表10-1 经销商销售任务顺序

序号	任务	企业	发起人
1	提交市场开拓申请	经销商	经销商营销经理
2	收取市场开拓费发票	经销商	经销商营销经理
3	支付市场开拓费	经销商	经销商营销经理
4	提交广告投放申请	经销商	经销商营销经理
5	收取广告投放费用发票	经销商	经销商营销经理
6	支付广告投放费用	经销商	经销商营销经理
7	查看虚拟销售订单	经销商	经销商营销经理
8	组织经销商竞单	服务公司	服务公司总经理
9	查看竞单结果	经销商	经销商营销经理
10	给虚拟经销商发货	经销商	经销商营销经理
11	给虚拟经销商办理出库并开发票	经销商	经销商仓储经理
12	收到虚拟经销商货款	经销商	经销商营销经理

二、工贸企业采购

工贸企业采购任务顺序见表10-2。

表10-2 工贸企业采购任务顺序

序号	任务	企业	发起人
1	下达采购订单	工贸企业	工贸企业业务经理
2	支付虚拟工贸企业货款	工贸企业	工贸企业业务经理
3	到货并办理入库	工贸企业	工贸企业业务经理

三、制造企业分销、经销商采购

制造企业分销、经销商采购任务顺序见表10-3。

表10-3 制造企业分销、经销商采购任务顺序

序号	任务	企业	发起人
1	与制造企业签订购销合同	经销商	经销商采购经理
2	与经销商签订购销合同	制造企业	制造企业销售专员
3	录入采购订单	经销商	经销商采购经理
4	确认经销商的采购订单	制造企业	制造企业销售专员
5	下达发货通知给经销商	制造企业	制造企业销售专员
6	接到发货单	经销商	经销商采购经理
7	向物流下达运输订单	经销商	经销商仓储经理
8	受理经销商运输订单	物流	物流业务经理
9	去制造企业取货并开发票	物流	物流总经理

序号	任务	企业	发起人
10	给经销商办理出库及开票	制造企业	制造企业仓管员
11	装车发运给经销商	物流	物流业务经理
12	送货到经销商	物流	物流业务经理
13	到货并办理入库	经销商	经销商仓储经理
14	收到运费发票并支付	经销商	经销商仓储经理
15	收到制造企业发票并支付	经销商	经销商采购经理
16	收到经销商运费业务回单	物流	物流总经理
17	收到经销商货款银行回单	制造企业	制造企业出纳

四、制造企业采购、工贸企业销售

制造企业采购、工贸企业销售任务顺序见表10-4。

表10-4　　　　　　　　　制造企业采购、工贸企业销售任务顺序

序号	任务	企业	发起人
1	与工贸企业签订购销合同	制造企业	制造企业采购员
2	与制造企业签订购销合同	工贸企业	工贸企业业务经理
3	录入采购订单	制造企业	制造企业采购员
4	确认制造企业的采购订单	工贸企业	工贸企业业务经理
5	与制造企业签订运输合同	物流	物流业务经理
6	与物流公司签订运输合同	制造企业	制造企业仓管员
7	准备发货并通知制造企业取货	工贸企业	工贸企业业务经理
8	接到发货单准备取货	制造企业	制造企业采购员
9	向物流下达运输订单	制造企业	制造企业仓管员
10	受理制造企业运输订单	物流	物流业务经理
11	去工贸企业取货并开发票	物流	物流总经理
12	给制造企业办理出库及开票	工贸企业	工贸企业业务经理
13	装车发运给制造企业	物流	物流业务经理
14	送货到制造企业	物流	物流业务经理
15	到货并办理入库	制造企业	制造企业仓管员
16	支付运输费	制造企业	制造企业仓管员
17	支付工贸企业货款	制造企业	制造企业采购员
18	收到制造企业运费业务回单	物流	物流总经理
19	收到制造企业货款银行回单	工贸企业	工贸企业业务经理

五、工贸企业人力

工贸企业人力任务顺序见表10-5。

表 10-5   工贸企业人力任务顺序

序号	任务	企业	发起人
1	批量办理个人银行卡	工贸企业	工贸企业行政经理
2	签订税务同城委托收款协议	工贸企业	工贸企业行政经理
3	签订代发工资协议	工贸企业	工贸企业行政经理
4	签订社保、公积金同城委托收款协议	工贸企业	工贸企业行政经理
5	发放薪酬	工贸企业	工贸企业行政经理
6	申报个人所得税	工贸企业	工贸企业行政经理
7	缴纳个人所得税	工贸企业	工贸企业总经理
8	扣缴五险一金	工贸企业	工贸企业财务经理
9	核算薪酬	工贸企业	工贸企业行政经理

六、经销商人力

经销商人力任务顺序见表 10-6。

表 10-6   经销商人力任务顺序

序号	任务	企业	发起人
1	批量办理个人银行卡	经销商	经销商行政经理
2	签订代发工资协议	经销商	经销商行政经理
3	签订社保、公积金同城委托收款协议	经销商	经销商行政经理
4	签订税务同城委托收款协议	经销商	经销商行政经理
5	发放薪酬	经销商	经销商行政经理
6	申报个人所得税	经销商	经销商行政经理
7	缴纳个人所得税	经销商	经销商出纳
8	扣缴五险一金	经销商	经销商出纳
9	核算薪酬	经销商	经销商行政经理

七、制造企业人力

制造企业人力任务顺序见表 10-7。

表 10-7   制造企业人力任务顺序

序号	任务	企业	发起人
1	批量办理个人银行卡	制造企业	制造企业人力资源助理
2	签订税务同城委托收款协议	制造企业	制造企业财务部经理
3	签订代发工资协议	制造企业	制造企业人力资源部经理
4	签订社保、公积金同城委托收款协议	制造企业	制造企业财务部经理
5	发放薪酬	制造企业	制造企业人力资源助理
6	申报个人所得税	制造企业	制造企业人力资源助理
7	收到五险一金缴款通知及账务处理	制造企业	制造企业出纳
8	缴纳个人所得税	制造企业	制造企业出纳
9	核算薪酬	制造企业	制造企业出纳
10	社会保险和公积金增（减）员	制造企业	制造企业人力资源助理

八、制造企业生产

制造企业生产任务顺序见表10-8。

表10-8　　　　　　　　　　　制造企业生产任务顺序

序号	任务	企业	发起人
1	申请和办理ISO9000认证	制造企业	制造企业生产计划部经理
2	收到ISO9000认证发票	制造企业	制造企业生产计划员
3	支付ISO9000认证费	制造企业	制造企业生产计划员
4	整理销售需求	制造企业	制造企业销售专员
5	编制主生产计划	制造企业	制造企业生产计划员
6	编制物料净需求计划	制造企业	制造企业生产计划员
7	派工领料——车架	制造企业	制造企业生产计划员
8	派工领料——整车	制造企业	制造企业生产计划员
9	车架完工入库	制造企业	制造企业车间管理员
10	整车完工入库	制造企业	制造企业车间管理员
11	报送车间电费并收到服务公司的发票	制造企业	制造企业车间管理员
12	支付车间电费	制造企业	制造企业车间管理员

九、会计师事务所经营

会计师事务所经营任务顺序见表10-9。

表10-9　　　　　　　　　　会计师事务所经营任务顺序

序号	任务	企业	发起人
1	承接物流企业代理记账业务	事务所	事务所项目经理
2	承接连锁企业代理记账业务	事务所	事务所项目经理
3	委托会计师事务所承接审计业务	制造企业	制造企业财务部经理
4	总体审计策略制定与风险识别和评估	制造企业	制造企业财务部经理
5	固定资产的实质性测试	事务所	事务所项目经理
6	存货的实质性测试	事务所	事务所项目经理
7	应付账款的实质性测试	事务所	事务所项目经理
8	营业成本的实质性测试	事务所	事务所项目经理
9	货币资金的实质性测试	事务所	事务所项目经理
10	营业收入的实质性测试	事务所	事务所项目经理
11	应收账款的实质性测试	事务所	事务所项目经理
12	审计结束前的工作	事务所	事务所项目经理
13	出具审计报告	事务所	事务所项目经理
14	审计工作底稿整理归档	事务所	事务所审计助理
15	办理审计收费	事务所	事务所项目经理
16	收到审计费用发票并支付	制造企业	制造企业财务会计
17	物流企业代理记账收费	事务所	事务所项目经理
18	连锁企业代理记账收费	事务所	事务所项目经理
19	物流企业月末账务处理	事务所	事务所审计助理
20	连锁企业月末账务处理	事务所	事务所审计助理
21	为物流企业编制财务报表	事务所	事务所审计助理
22	为连锁企业编制财务报表	事务所	事务所会计师

十、制造企业财务

制造企业财务任务顺序见表10-10。

表10-10 制造企业财务任务顺序

序号	任务	企业	发起人
1	企管部借款	制造企业	制造企业行政助理
2	人力资源部借款	制造企业	制造企业人力资源助理
3	采购部借款	制造企业	制造企业采购员
4	营销部借款	制造企业	制造企业销售专员
5	仓储部借款	制造企业	制造企业仓管员
6	生产计划部借款	制造企业	制造企业生产计划员
7	申报企业增值税	制造企业	制造企业财务部经理
8	缴纳企业增值税	制造企业	制造企业财务部经理
9	认证增值税抵扣联	制造企业	制造企业财务会计
10	计提折旧	制造企业	制造企业财务会计
11	成本计算	制造企业	制造企业成本会计
12	期末账务处理	制造企业	制造企业成本会计
13	编制资产负债表	制造企业	制造企业财务部经理
14	编制利润表	制造企业	制造企业财务部经理

十一、经销商财务

经销商财务任务顺序见表10-11。

表10-11 经销商财务任务顺序

序号	任务	企业	发起人
1	企管部借款	经销商	经销商行政经理
2	营销部借款	经销商	经销商营销经理
3	采购部借款	经销商	经销商采购经理
4	仓储部借款	经销商	经销商仓储经理
5	申报企业增值税	经销商	经销商财务经理
6	缴纳企业增值税	经销商	经销商财务经理
7	认证增值税抵扣联	经销商	经销商财务经理
8	计提折旧	经销商	经销商财务经理
9	存货核算	经销商	经销商财务经理
10	期末账务处理	经销商	经销商财务经理
11	编制资产负债表	经销商	经销商财务经理
12	编制利润表	经销商	经销商财务经理

十二、工贸企业财务

工贸企业财务任务顺序见表10-12。

表10-12　　　　　　　　　　　　工贸企业财务任务顺序

序号	任务	企业	发起人
1	企管部借款	工贸企业	工贸企业行政经理
2	业务部借款	工贸企业	工贸企业业务经理
3	申报企业增值税	工贸企业	工贸企业财务经理
4	缴纳企业增值税	工贸企业	工贸企业财务经理
5	认证增值税抵扣联	工贸企业	工贸企业财务经理
6	计提折旧	工贸企业	工贸企业财务经理
7	存货核算	工贸企业	工贸企业财务经理
8	期末账务处理	工贸企业	工贸企业财务经理
9	编制资产负债表	工贸企业	工贸企业财务经理
10	编制利润表	工贸企业	工贸企业财务经理

十三、政务服务

政务服务任务顺序见表10-13。

表10-13　　　　　　　　　　　　政务服务任务顺序

序号	任务	企业	发起人
1	商标制作及注册	服务公司	服务公司总经理
2	商标制作及注册	物流	物流总经理
3	商标制作及注册	制造企业	制造企业行政助理
4	商标制作及注册	经销商	经销商行政助理
5	商标制作及注册	工贸企业	工贸企业行政助理
6	行政管理检查	市场监督管理局	市场监督管理专员
7	税务检查制度和奖惩机制的制定	税务局	税务专员
8	下达社保稽查通知书	人社局	社保/公积金专员
9	就业指导——职业规划	人社局	社保/公积金专员
10	企业年度报告公示	制造企业	制造企业行政助理
11	企业年度报告公示	物流	物流总经理
12	企业年度报告公示	经销商	经销商行政经理
13	企业年度报告公示	服务公司	服务公司总经理
14	企业年度报告公示	工贸企业	工贸企业行政经理
15	行政管理检查	市场监督管理局	市场监督管理专员
16	税务稽查	税务局	税务专员
17	社保稽查	人社局	社保/公积金专员
18	行政处罚	人社局	社保/公积金专员
19	就业指导-简历制作	人社局	社保/公积金专员
20	行政管理检查	市场监督管理局	市场监督管理专员
21	就业指导-面试技巧	人社局	社保/公积金专员

十四、招投标经营

招投标经营任务顺序见表10-14。

表10-14　　　　　　　　　　招投标经营任务顺序

序号	任务	企业	发起人
1	名称预先核准申请	招投标	招投标总经理
2	企业设立登记	招投标	招投标总经理
3	银行开户申请	招投标	招投标总经理
4	税务登记	招投标	招投标总经理
5	签订招标委托合同	招投标	招投标总经理
6	制作招标文件	招投标	招投标总经理
7	发布招标公告	招投标	招投标总经理
8	投标资格预审	制造企业	制造企业销售专员
9	出售招标文件	招投标	招投标总经理
10	制作投标文件	制造企业	制造企业销售专员
11	组织开标会	招投标	招投标总经理
12	参加招标会	制造企业	制造企业销售专员
13	定标并发出中标订单	招投标	招投标总经理
14	给招标客户发货	制造企业	制造企业销售专员
15	给招标客户办理出库	制造企业	制造企业仓管员
16	收到招标客户货款	制造企业	制造企业销售专员
17	结算招标服务费	招投标	招投标总经理

十五、制造企业直销（自主）

制造企业直销（自主）任务顺序见表10-15。

表10-15　　　　　　　　　制造企业直销（自主）任务顺序

序号	任务	企业	发起人
1	收到市场开拓费发票	制造企业	制造企业市场专员
2	支付市场开拓费	制造企业	制造企业市场专员
3	申请和办理广告投放	制造企业	制造企业市场专员
4	收到广告费发票	制造企业	制造企业市场专员
5	支付广告投放费用	制造企业	制造企业市场专员
6	查看虚拟销售订单	制造企业	制造企业销售专员
7	组织经销商竞单	服务公司	服务公司总经理
8	查看竞单结果	制造企业	制造企业销售专员
9	给虚拟经销商发货	制造企业	制造企业销售专员
10	给虚拟经销商办理出库并开发票	制造企业	制造企业仓管员
11	收到虚拟经销商货款	制造企业	制造企业销售专员

十六、制造企业生产（自主）

制造企业生产（自主）任务顺序见表10-16。

表10-16　　　　　　　　制造企业生产（自主）任务顺序

序号	任务	企业	发起人
1	办理3C认证	制造企业	制造企业生产计划部经理
2	支付3C认证款	制造企业	制造企业采购部经理
3	回收3C认证款	服务公司	服务公司业务员
4	办理产品研发	制造企业	制造企业生产计划部经理
5	招聘生产工人	制造企业	制造企业人力资源部经理
6	解聘生产工人	制造企业	制造企业人力资源部经理
7	购买厂房	制造企业	制造企业采购员
8	支付购买厂房款	制造企业	制造企业采购部经理
9	回收厂房销售款	服务公司	服务公司业务员
10	购买仓库	制造企业	制造企业采购员
11	支付购买仓库款	制造企业	制造企业采购部经理
12	回收仓库销售款	服务公司	服务公司业务员
13	购买设备	制造企业	制造企业采购员
14	支付设备购买款	制造企业	制造企业采购部经理
15	回收设备销售款	服务公司	服务公司业务员
16	出售设备	制造企业	制造企业采购员
17	支付设备回购款	服务公司	服务公司总经理
18	回收设备销售款	制造企业	制造企业采购员

十七、连锁经营

连锁经营任务顺序见表10-17。

表10-17　　　　　　　　连锁经营任务顺序

序号	任务	企业	发起人
1	门店借备用金	连锁	连锁东区店长
2	门店销售收款	连锁	连锁东区店长
3	门店零售日结	连锁	连锁东区店长
4	门店上缴营业款	连锁	连锁东区店长
5	门店向总部请货	连锁	连锁东区店长
6	总部请货分析	连锁	连锁东区店长
7	向东区门店下达配送通知	连锁	连锁仓储经理
8	向西区门店下达配送通知	连锁	连锁仓储经理
9	仓储中心配送出库	连锁	连锁仓储经理
10	门店收货签收	连锁	连锁东区店长
11	仓储中心补货申请	连锁	连锁仓储经理
12	总部编制采购计划	连锁	连锁总经理

序号	任务	企业	发起人
13	与制造企业签订购销合同	连锁	连锁仓储经理
14	与连锁企业签订购销合同	制造企业	制造企业销售专员
15	录入采购订单	连锁	连锁仓储经理
16	确认连锁企业采购订单	制造企业	制造企业销售专员
17	销售发货给连锁企业	制造企业	制造企业销售专员
18	采购入库	连锁	连锁仓储经理
19	向制造企业支付货款	连锁	连锁仓储经理
20	回收连锁企业货款	制造企业	制造企业出纳

十八、国贸经营

国贸经营任务顺序见表10-18。

表10-18　　　　　　　　　　　　　国贸经营任务顺序

序号	任务	企业	发起人
1	贸易洽谈	国贸	国贸进出口经理
2	出口合同签订	国贸	国贸进出口经理
3	催证、审证、改证	国贸	国贸进出口经理
4	开商业发票和装箱单	国贸	国贸进出口经理
5	订舱	国贸	国贸进出口经理
6	出口货物发货	国贸	国贸进出口经理
7	商检	国贸	国贸进出口经理
8	投保	国贸	国贸进出口经理
9	支付保险费获得保险单	国贸	国贸进出口经理
10	出口收汇核销单申领与备案	国贸	国贸进出口经理
11	报关	国贸	国贸进出口经理
12	装船	国贸	国贸进出口经理
13	支付海运费换取清洁海运提单	国贸	国贸进出口经理
14	制单	国贸	国贸进出口经理
15	货款议付和信用证下一步处理	国贸	国贸进出口经理
16	外汇核销	国贸	国贸进出口经理
17	与制造企业签订购销合同	国贸	国贸内陆业务经理
18	与国贸企业签订购销合同	制造企业	制造企业销售专员
19	录入采购订单	国贸	国贸内陆业务经理
20	确认国贸企业采购订单	制造企业	制造企业销售专员
21	销售发货给国贸	制造企业	制造企业销售专员
22	采购入库	国贸	国贸内陆业务经理
23	向制造企业支付货款	国贸	国贸内陆业务经理

参考文献

[1] 姚裕群. 团队建设与管理 [M]. 北京：首都经济贸易大学出版社，2017.

[2] 肖祥银. 管理心理学 [M]. 天津：天津科学技术出版社，2018.

[3] 李育蔚. 仓储物流精细化管理全案 [M]. 北京：人民邮电出版社，2015.

[4] 耿富德. 仓储管理与库存控制 [M]. 北京：中国财务出版社，2015.

[5] 财政部会计资格评价中心.2013年度全国会计专业技术资格考试辅导教材——财务管理 [M]. 北京：中国财政经济出版社，2013.

[6] 聂超军. 生产经理日常工作细节 [M]. 北京：中国经济出版社，2018.

[7] 潘尔顺. 生产计划与控制 [M]. 上海：上海交通大学出版社，2015.

[8] 坂本硕也，细野泰彦. 胜场管理入门宝典 [M]. 北京：化学工业出版社，2020.

[9] 柳荣. 采购与供应链管理 [M]. 北京：人民邮电出版社，2018.

[10] 刘宝红. 采购与供应量管理 [M]. 北京：机械工业出版社，2019.

[11] 裴益政. 财务管理案例 [M]. 大连：东北财经大学出版社，2011.

[12] 王东胜. 公司理财学 [M]. 天津：南开大学出版社，2013.

[13] 李锋. 采购管理必备制度与表格 [M]. 北京：化学工业出版社，2015.

[14] 布莱. 营销计划全流程执行手册 [M]. 广州：广东人民出版社，2017.

[15] 科特勒，凯勒. 营销管理 [M]. 王永贵，等，译. 北京：格致出版社，2016.

[16] 荆新，王化成，刘俊彦. 财务管理学 [M]. 北京：中国人民大学出版社，2018.

[17] 高爱萍. 会计真账实操全流程 [M]. 北京：中国铁道出版社，2019.

[18] 王红云. 税法 [M]. 北京：中国人民大学出版社，2019.

[19] 任康磊. 人力资源管理实操 [M]. 北京：人民邮电出版社，2018.

[20] 德斯勒. 人力资源管理 [M]. 刘昕，译. 北京：中国人民大学出版社，2017.

[21] 刘秋平，刘敏，常杰. 物流管理基础 [M]. 北京：北京大学出版社，2016.

[22] 陈岩.国际贸易理论与实务 [M]. 北京：清华大学出版社，2018.

[23] 郭宏伟. 招投标与合同管理 [M]. 北京：科学出版社，2017.

[24] 杨高英. 连锁企业经营管理与实务 [M]. 北京：化学工业出版社，2020.

[25] 龙晴. 零售运营 [M]. 北京：中国铁道出版社，2019.

[26] 幺秀杰. 审计全流程实操 [M]. 北京：中国铁道出版社，2018.

[27] 平云旺. 企业经营管理使用必备工具箱 [M]. 北京：中国法制出版社，2016.

[28] 夏季春. 职业规划创新与实战 [M]. 北京：科学出版社，2018.